Le matériel en électricité

• Pile

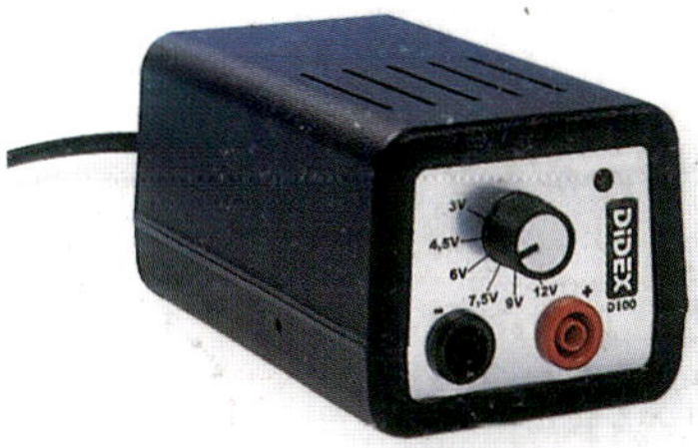

• Générateur réglable

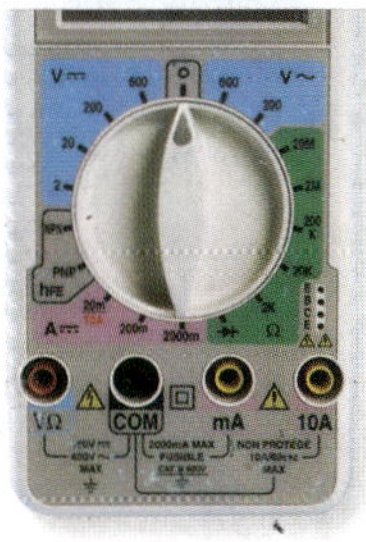

• Multimètre

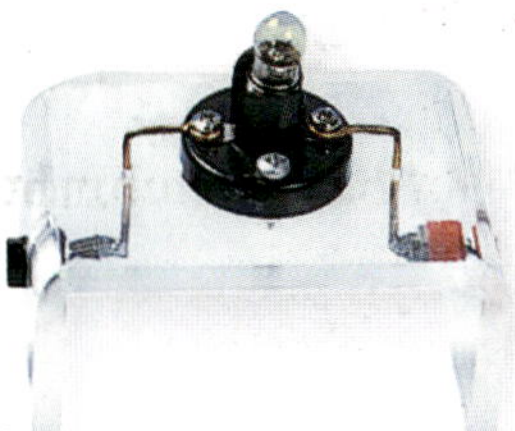

• Lampe

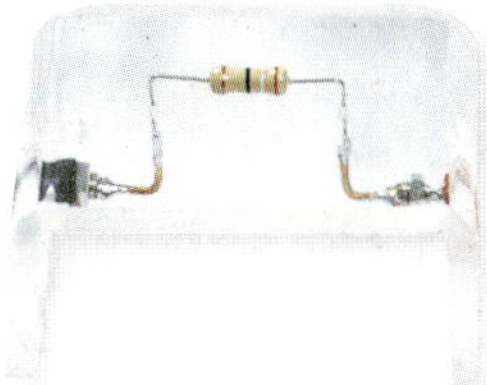

• Dipôle « résistance »

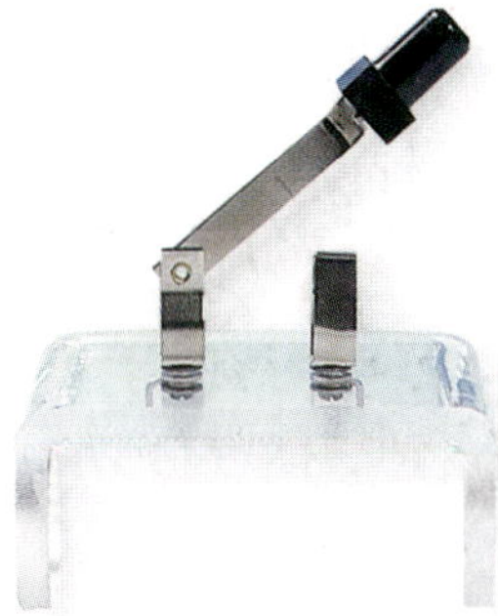

• Interrupteur

Le matériel en optique

• Source lumineuse à miroirs

• Spectroscope à réseau

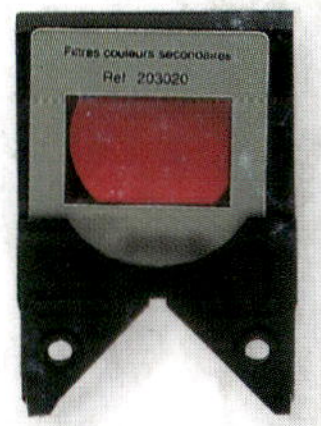

• Filtre Magenta

• Écran vert

• Lentille convergente

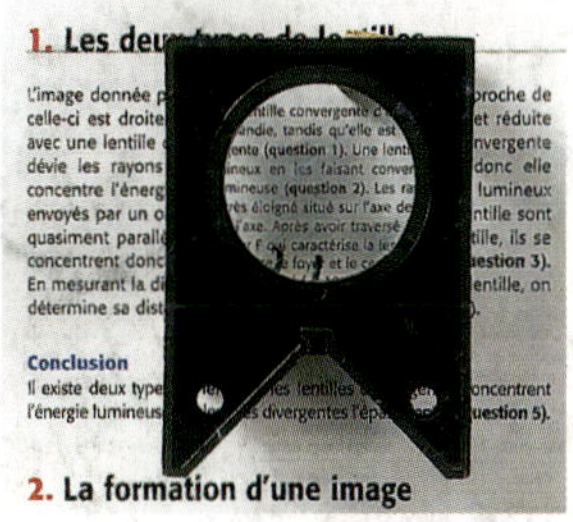

• Lentille divergente

Sommaire

PARTIE 1 L'air

PARTIE 2 L'électricité

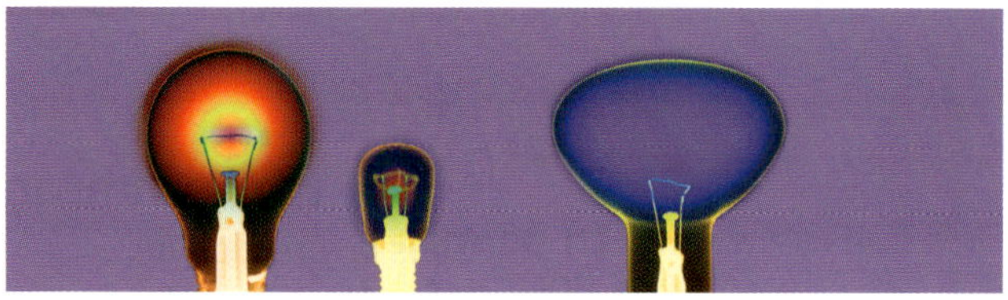

ISBN : 978-2-7011-4496-2

Un partenariat métier

Les pages métier présentées dans le manuel de l'élève ont été réalisées en partenariat avec l'ONISEP. D'autres fiches en relation avec les grands thèmes du programme, sont disponibles sur le site :

www.onisep.fr/belin-pc-4e

Je découvre mon manuel

L'ouverture du chapitre

- Pour réfléchir et émettre des hypothèses sur des situations de la vie courante : les « situations-problèmes ».
- Des propositions d'activité à mener pour infirmer/vérifier tes hypothèses.

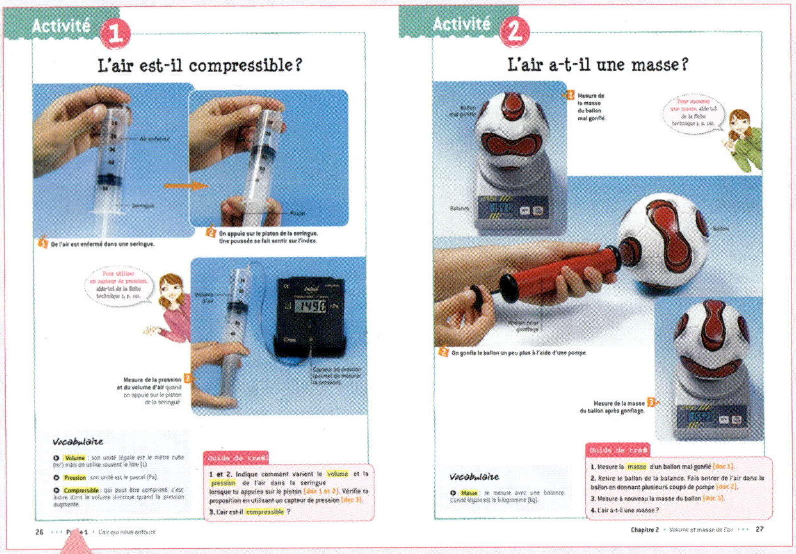

Les activités

- Des manipulations à effectuer.
- Des photos d'expériences pour faciliter la compréhension de la manipulation à effectuer.
- Un guide de travail.

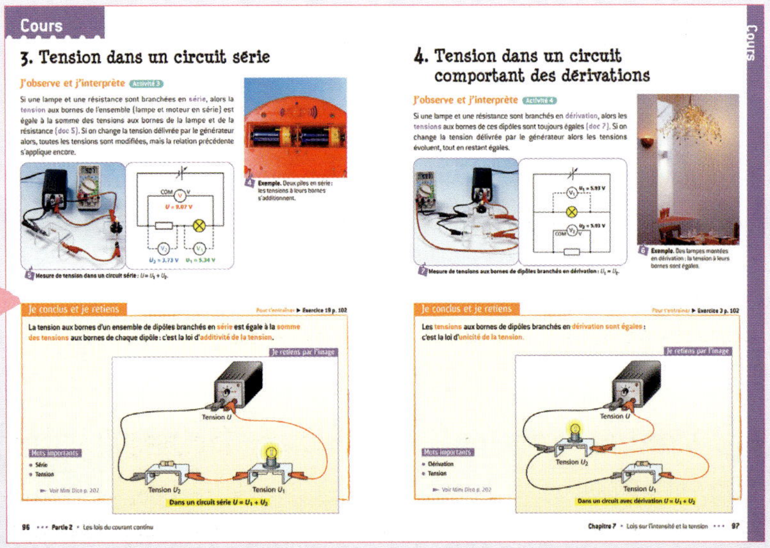

Le cours

- Deux pages pour récapituler tout ce que tu dois savoir. Retiens bien les notions essentielles grâce à « Je conclus et je retiens ».
- Les mots importants sont définis dans le lexique à la fin du manuel.

Pages documents

Des sujets motivants pour faire le lien entre le cours et la vie courante et établir une passerelle vers les autres disciplines : environnement et développement durable, Histoire des sciences, SVT, B2i.

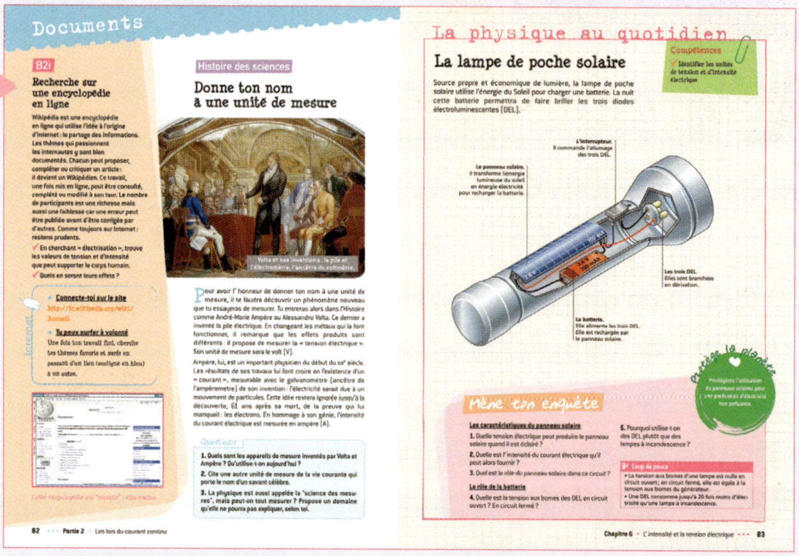

Les exercices

- Des exercices simples pour vérifier que tu connais bien ton cours.
- Des exercices plus complets, d'observation et de réflexion.

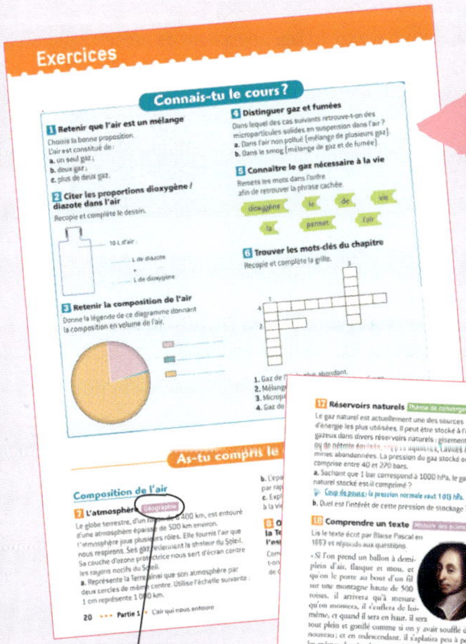

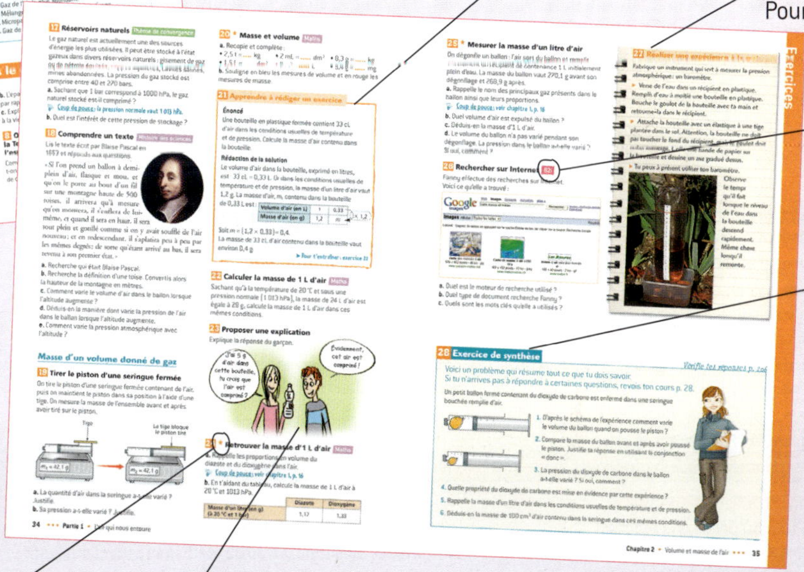

Apprendre à rédiger un exercice
Un exercice résolu suivi d'un exercice du même type pour t'entraîner.

Réaliser une expérience à la maison
Pour faire de la physique-chimie chez soi.

B2i Brevet informatique et internet.

Exercice de synthèse
Pour réviser tout le chapitre. Les réponses sont données à la fin du manuel.

Géographie
Signale des exercices en lien avec d'autres disciplines.

★ Signale des exercices plus complexes.

Un exercice ludique.

Les thèmes de convergence

Thème de convergence Dans les exercices et dans les pages documents : environnement et développement durable, santé, sécurité, pensée statistique, météorologie et climatologie.

Les fiches techniques

Les consignes à suivre pour réaliser les expériences fondamentales.

Programme 2007

A. De l'air qui nous entoure à la molécule

Durée conseillée 11 semaines

Connaissances	Capacités
Composition de l'air — chapitre 1 De quoi est composé l'air que nous respirons ? Est-il un corps pur ? L'air est un mélange de dioxygène et diazote. Le dioxygène est nécessaire à la vie. *Une fumée est constituée de micro-particules solides en suspension.*	
*[**Thème** : Environnement et développement durable (la pollution atmosphérique) ; **Santé** (troubles liés à un air « non pur »] — [**Technologie** : Énergie et environnement (effet de serre, énergies renouvelables)] — [**Géographie** : l'atmosphère] — [**SVT** : respiration]*	
Volume et masse de l'air — chapitre 2 L'air a t-il un volume propre ? A t-il une masse ? L'état gazeux est un des états de la matière. Un gaz est compressible. Unités de volume et de masse 1 L = 1 dm^3 ; 1 mL = 1 cm^3. Un litre d'air a une masse de l'ordre du gramme dans les conditions usuelles de température et de pression. Un volume donné de gaz possède une masse.	Interpréter une expérience par la matérialité de l'air. Mettre en évidence le caractère compressible d'un gaz. *Utiliser un capteur de pression.* Maîtriser les unités et les associer aux grandeurs correspondantes. Mesurer des volumes ; mesurer des masses.
*[**Thème** : Météorologie et climatologie] — [**Mathématiques** : grandeurs et mesure] — [**Technologie** : Architecture et cadre de vie ; Énergie et environnement]*	
Une description moléculaire pour comprendre — chapitre 3 Un modèle particulaire pour interpréter : - la compressibilité d'un gaz ; - la distinction entre mélange et corps pur pour l'air et la vapeur d'eau ; - la conservation de la masse lors des mélanges en solutions aqueuses et des changements d'état de l'eau. L'existence de la molécule. Les trois états de l'eau à travers la description moléculaire : - l'état gazeux est dispersé et désordonné ; - l'état liquide est compact et désordonné ; - l'état solide est compact ; les solides cristallins sont ordonnés.	Argumenter en utilisant la notion de molécules pour interpréter : - la compressibilité d'un gaz ; - les différences entre corps purs et mélanges ; - les différences entre les trois états physiques de l'eau ; - la conservation de la masse lors des mélanges en solutions aqueuses et des changements d'état de l'eau ; *- la non compressibilité de l'eau ;* *- la diffusion d'un gaz dans l'air ou d'un soluté dans l'eau.* *Percevoir les différences entre réalité et simulation.*
*[**Histoire des sciences** : De l'évolution du modèle moléculaire à la réalité de la molécule] — [**SVT** : solidification du magma]*	
Les combustions — chapitre 4 Qu'est-ce que brûler ? Une combustion nécessite la présence de réactifs (combustible et *comburant*) qui sont consommés au cours de la combustion : de nouveaux produits se forment. La combustion du carbone nécessite du dioxygène et produit du dioxyde de carbone. *Test du dioxyde de carbone : le dioxyde de carbone réagit avec l'eau de chaux pour donner un précipité de carbonate de calcium.* La combustion du butane et/ou du méthane dans l'air nécessite du dioxygène et produit du dioxyde de carbone et de l'eau. Ces combustions libèrent de l'énergie. Certaines combustions incomplètes peuvent être dangereuses.	Réaliser, décrire et schématiser la combustion du carbone dans le dioxygène. *Réaliser le test de reconnaissance du dioxyde de carbone.* Identifier lors de la transformation les réactifs (avant transformation) et les produits (après transformation). Réaliser, décrire et schématiser la combustion du butane et/ou du méthane dans l'air.
*[**Thème** : Météorologie et climatologie] — [**Mathématiques** : grandeurs et mesure] — [**Technologie** : Architecture et cadre de vie ; Énergie et environnement]*	
Les atomes pour comprendre la transformation chimique — chapitre 5 Lors des combustions, la disparition de tout ou partie des réactifs et la formation de produits correspondent à un réarrangement d'atomes au sein de nouvelles molécules. Les atomes sont représentés par des symboles, les molécules par des formules (O_2, H_2O, CO_2, C_4H_{10}, et/ou CH_4). L'équation de la réaction précise le sens de la transformation. Les atomes présents dans les produits (formés) sont de même nature et en même nombre que dans les réactifs. La masse totale est conservée au cours d'une transformation chimique.	Réaliser des modèles moléculaires pour les réactifs et les produits des combustions du carbone, du butane et/ou du méthane (aspect qualitatif et aspect quantitatif). Utiliser les langages scientifiques à l'écrit et à l'oral pour interpréter les formules chimiques. Écrire les équations de réaction pour les combustions du carbone, du butane et/ou du méthane et expliquer leur signification (les atomes présents dans les produits formés sont de même nature et en même nombre que dans les réactifs).
*[**Technologie** : les matériaux]*	

B. Les lois du courant continu

Durée conseillée 10 semaines

B1. Intensité et tension

Connaissances	Capacités
Intensité et tension : deux grandeurs électriques issues de la mesure — chapitre 6 Quelles grandeurs électriques peut-on mesurer dans un circuit ? L'intensité d'un courant électrique se mesure avec un ampèremètre branché en série. Unité d'intensité : l'ampère. Symbole normalisé de l'ampèremètre. La tension électrique aux bornes d'un dipôle se mesure avec un voltmètre branché en dérivation à ses bornes. Unité de tension : le volt. Symbole normalisé du voltmètre. *Notion de branche et de nœud.* *Il peut y avoir une tension entre deux points entre lesquels ne passe aucun courant ; un dipôle peut être parcouru par un courant sans tension notable entre ses bornes.*	Brancher un multimètre utilisé en ampèremètre et mesurer une intensité. Schématiser le circuit et le mode de branchement du multimètre pour mesurer une intensité positive. Brancher un multimètre utilisé en voltmètre et mesurer une tension. Schématiser le circuit et le mode de branchement du multimètre pour mesurer une tension positive. Repérer sur un schéma ou sur un circuit les différentes branches principale et dérivées et les nœuds éventuels. Identifier les bornes d'une pile, mettre en évidence la tension entre ses bornes en circuit ouvert.

Connaissances	Capacités
Lois d'unicité de l'intensité en courant continu dans un circuit série et d'additivité de l'intensité dans un circuit comportant des dérivations. **chapitre 7** *Lois d'additivité des tensions dans un circuit série* et d'égalité des tensions aux bornes de deux dipôles en dérivation. Le comportement d'un circuit série est indépendant de l'ordre des dipôles qui le constituent. *Caractère universel (indépendant de l'objet) des lois précédentes.*	Vérifier l'unicité de l'intensité en courant continu dans un circuit série et l'additivité de l'intensité dans un circuit comportant des dérivations. *Vérifier l'additivité de la tension dans un circuit série.*
Pour fonctionner normalement, un dipôle doit être adapté au générateur utilisé. **chapitre 8** *Intensité et tension nominales.* *Surtension et sous-tension.*	*Prévoir le fonctionnement d'une lampe connaissant sa tension nominale et la tension du générateur branché à ses bornes.* *Interpréter en termes de tension ou d'intensité l'éclat d'une lampe dont on connaît les valeurs nominales.*
*[**Thème** : Sécurité ; Pensée statistique]— [**Technologie** : environnement et énergie] — [**Mathématiques** : notation scientifique, ordre de grandeur : organisation et gestion de données] — [**Histoire des sciences** : les travaux d'Ampère ; les travaux de Volta]*	
B2. Un dipôle : la résistance	
La « résistance » **chapitre 9** Quelle est l'influence d'une « résistance » dans un circuit électrique série ? Pour un générateur donné, dans un circuit électrique série : - l'intensité du courant électrique dépend de la valeur de la « résistance » ; - plus la « résistance » est grande, plus l'intensité du courant électrique est petite ; - l'intensité du courant ne dépend pas de la place de la « résistance ». L'ohm (Ω) est l'unité de résistance électrique du SI. Le générateur fournit de l'énergie à la résistance qui la transfère essentiellement à l'extérieur sous forme de chaleur (transfert thermique).	Observer expérimentalement l'influence de la résistance électrique sur la valeur de l'intensité du courant électrique. Utiliser un multimètre en ohmmètre.
*[**Mathématiques** : notation scientifique, ordre de grandeur] — [**Thème** : Énergie]*	
La loi d'Ohm **chapitre 10** Comment varie l'intensité du courant électrique dans une « résistance » quand on augmente la tension électrique à ses bornes ? *Énoncé de la loi d'Ohm et relation précisant les unités.* *Un dipôle ohmique satisfait à la loi d'Ohm ; il est caractérisé par une grandeur appelée résistance électrique.* *Sécurité : coupe circuit*	*Schématiser puis réaliser un montage permettant d'aboutir à la caractéristique d'un dipôle ohmique. Présenter les résultats de mesures sous forme de tableau.* *Tracer et exploiter la caractéristique d'un dipôle ohmique.* *Utiliser la loi d'Ohm pour déterminer l'intensité du courant dans une résistance connaissant sa valeur et celle de la tension appliquée à ses bornes.*
*[**Mathématiques** : tableau de données, représentations graphiques et proportionnalité, grandeur quotient] — [**Histoire des sciences** : qu'est-ce qu'une loi ?] — [**Thème** : Sécurité : Énergie] — [**Technologie** : architecture et habitat, domotique ; environnement et énergie (réalisation d'un produit)]*	
C. La lumière : couleurs et images	Durée conseillée 9 semaines
C1. Lumières colorées et couleur des objets	
Lumières colorées et couleur des objets **chapitre 11** Comment obtenir des lumières colorées ? La lumière blanche est composée de lumières colorées *La lumière blanche peut être décomposée à l'aide d'un prisme ou d'un réseau : on obtient un (ou des) spectre(s) continu(s) de lumière.* Éclairé en lumière blanche, un filtre permet d'obtenir une lumière colorée par absorption d'une partie du spectre visible. *Des lumières de couleurs bleue, rouge et verte permettent de reconstituer des lumières colorées et la lumière blanche par synthèse additive.* La couleur perçue lorsqu'on observe un objet dépend de la lumière diffusée par cet objet, donc de la lumière qu'il reçoit et de la lumière qu'il absorbe. En absorbant la lumière, la matière reçoit de l'énergie. Elle s'échauffe et transfère une partie de l'énergie reçue à l'extérieur sous forme de chaleur.	*Réaliser la décomposition de la lumière en utilisant un prisme ou un réseau.* Utiliser des filtres pour obtenir des lumières colorées. *Obtenir de lumières colorées par superposition de lumières colorées.* Réaliser des expériences mettant en jeu des lumières, des écrans, des filtres pour mettre en évidence le fait que la couleur d'un objet dépend de la lumière qu'il reçoit et de la lumière qu'il absorbe.
*[**Arts graphiques** : la couleur] — [**Technologie** : architecture et habitat, design et produit, les matériaux] — [**Histoire des sciences** : le trichromatisme] — [**Thème** : Énergie]*	
C2. Que se passe t-il quand la lumière traverse une lentille ?	
Lentilles minces : Foyers et images **chapitre 12** Comment obtient-on une image à l'aide d'une lentille mince convergente ? Dans certaines positions de l'objet par rapport à la lentille, une lentille convergente permet d'obtenir une image sur un écran. Il existe deux types de lentilles minces, convergente et divergente. Une lentille mince convergente concentre pour une source éloignée l'énergie lumineuse en son foyer. Sécurité : danger de l'observation directe du soleil à travers une lentille convergente.	Obtenir avec une lentille convergente l'image d'un objet sur un écran. Distinguer une lentille convergente d'une lentille divergente. Trouver expérimentalement le foyer d'une lentille convergente et estimer sa distance focale.
La vision résulte de la formation d'une image sur la rétine, interprétée par le cerveau. **chapitre 13** Les verres correcteurs et les lentilles de contact correctrices sont des lentilles convergentes ou divergentes.	Identifier les éléments de l'œil sur un modèle élémentaire (ensemble de parties transparentes de l'œil/ lentille, rétine/écran). *Réaliser des expériences pour expliquer et corriger les défauts de l'œil (myopie, hypermétropie).*
*[**Thème** : Sécurité, Énergie] — [**SVT** : organe sensoriel = récepteur, observation à l'œil nu, à la loupe (classe de 4e)] — [**Arts plastiques** : l'image]*	
C3. Vitesse de la lumière	
Dans quels milieux et à quelle vitesse se propage la lumière ? **chapitre 14** La lumière peut se propager dans le vide et dans des milieux transparents comme l'air, l'eau et le verre. Vitesse de la lumière dans le vide (3 x 10^{8} m/s ou 300 000 km/s). *Ordres de grandeur de distances de la Terre à quelques étoiles et galaxies dans l'Univers ou des durées de propagation de la lumière correspondantes.*	Faire des calculs entre distance, vitesse et durée.

Partie 1

De l'air qui nous entoure à

Un vol en montgolfière dans les Alpes, lors du festival International de ballons, château d'Oex (Suisse).

la molécule

Je vérifie mes connaissances de 5e

Attention, plusieurs solutions sont parfois possibles.

1 L'eau boueuse d'une rivière :

a. est un mélange homogène ❑
b. est un mélange hétérogène ❑
c. bleuit le sulfate de cuivre anhydre ❑

2 Le dioxyde de carbone est un gaz :

a. qui bleuit le sulfate de cuivre anhydre ❑
b. qui a un volume propre ❑
c. qui trouble l'eau de chaux ❑

3 La masse de l'eau :

a. se mesure avec une balance et peut s'exprimer en kg ❑
b. se mesure avec une éprouvette graduée et peut s'exprimer en m^3 ❑
c. ne varie pas lors de sa solidification ou de son ébullition ❑

4 Le volume de l'eau :

a. se mesure avec une balance et peut s'exprimer en g ❑
b. se mesure avec une éprouvette graduée et peut s'exprimer en L ❑
c. ne varie pas lors de sa fusion ou de sa liquéfaction ❑

5 Lorsqu'on dissout 5 g de sucre dans 100 g d'eau, le mélange obtenu :

a. a une masse de 95 g ❑
b. a une masse de 105 g ❑
c. est hétérogène ❑

6 Un solide, un liquide et un gaz n'ont pas les mêmes propriétés :

a. un solide possède un volume et une forme propres ❑
b. un liquide possède un volume propre, mais pas de forme propre ❑
c. un gaz ne possède ni volume, ni forme propre ❑

Chapitre 1

La composition de l'air

Objectifs

- Retenir que l'air est un mélange
- Citer les proportions de dioxygène et de diazote dans l'air
- Distinguer les gaz et les fumées

Situation 1

À chaque inspiration, tu fais entrer de l'air dans tes poumons. L'air nous permet de vivre.

À ton avis, de quoi est composé l'air que tu respires ?

Un alpiniste reprend son souffle.

Un technicien mesure la qualité de l'air sur une voie rapide près de Grenoble (Isère).

Situation 2

Lors de bouchons sur les autoroutes, des techniciens mesurent la pollution de l'air pour déclencher éventuellement un plan d'alerte. Cette pollution peut avoir des conséquences graves sur la santé.

À ton avis, d'où provient cette pollution ?

Je me documente pour répondre

Activité 1
Se documenter sur la composition de l'air p. 12 et 13

Activité 2
Se documenter sur la pollution atmosphérique p. 14 et 15

Activité 1

Quelle est la composition de l'air ?

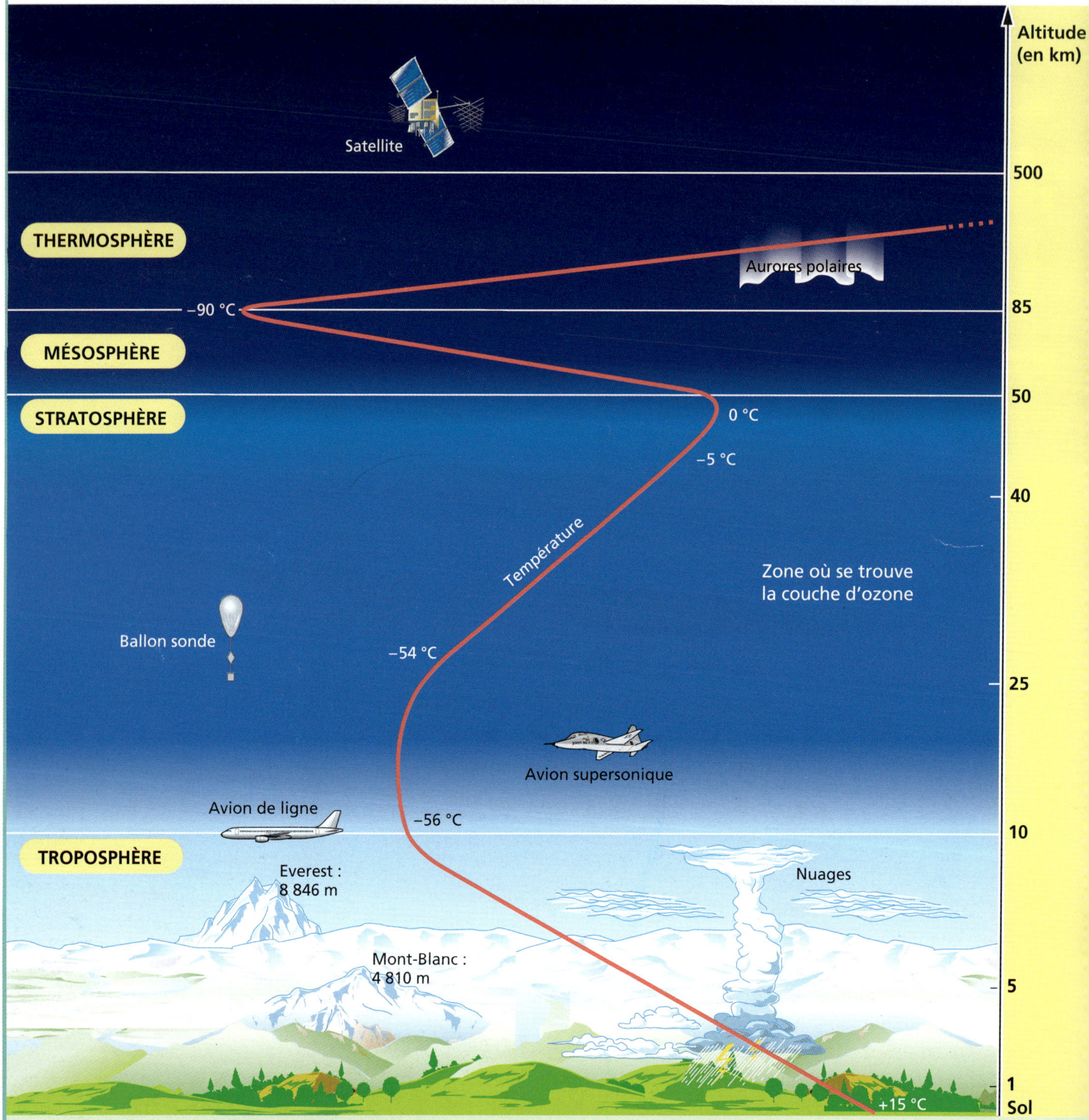

L'atmosphère, d'une épaisseur de 500 km environ, protège la Terre et ses habitants de la chute de la plupart des météorites, du bombardement des particules cosmiques et des rayons ultraviolets dangereux du Soleil. L'air est le gaz qui constitue la couche la plus basse de l'atmosphère, appelée troposphère. L'air est un mélange de plusieurs gaz.

1 Les différentes couches de l'atmosphère.

2 La Terre vue de l'espace : elle est entourée d'une couche de gaz peu épaisse, l'atmosphère.

Comme tous les animaux et les végétaux, nous respirons. Nous prélevons dans l'air du dioxygène et nous rejetons du dioxyde de carbone : le dioxygène de l'air est donc essentiel à la vie.

Au repos, nous inspirons environ 6 L d'air chaque minute. Ce volume augmente lors d'un effort physique pour répondre aux besoins plus importants de notre organisme. En altitude, l'air se raréfie : il faut de ce fait inspirer plus souvent pour disposer d'une quantité suffisante de dioxygène. En très haute montagne, la quantité de dioxygène lors d'une inspiration peut être si faible que l'on risque la mort. C'est pourquoi les alpinistes de l'extrême utilisent parfois un masque à dioxygène à proximité du sommet.

3 Le dioxygène de l'air et la respiration.

Gaz	Proportions en volume
Diazote	78 %
Dioxygène	21 %
Autres gaz (vapeur d'eau, argon, dioxyde de carbone, hélium, krypton, xénon, méthane, monoxyde de carbone, dihydrogène, ozone, etc.)	1 % (dont argon 0,933 % et dioxyde de carbone 0,033 %)

4 La composition de l'air.

Guide de travail

1. Indique ce que l'on appelle air. L'air est-il un corps pur ou un mélange (doc 1 et 2) ?

2. Quel gaz de l'air est nécessaire à la vie (doc 3) ?

3. Représente la composition en volume de l'air sur un diagramme circulaire (doc 4).

4. Quels sont les deux principaux gaz présents dans l'air ? Quelles sont leurs proportions ?

Activité 2

Que contient l'air pollué ?

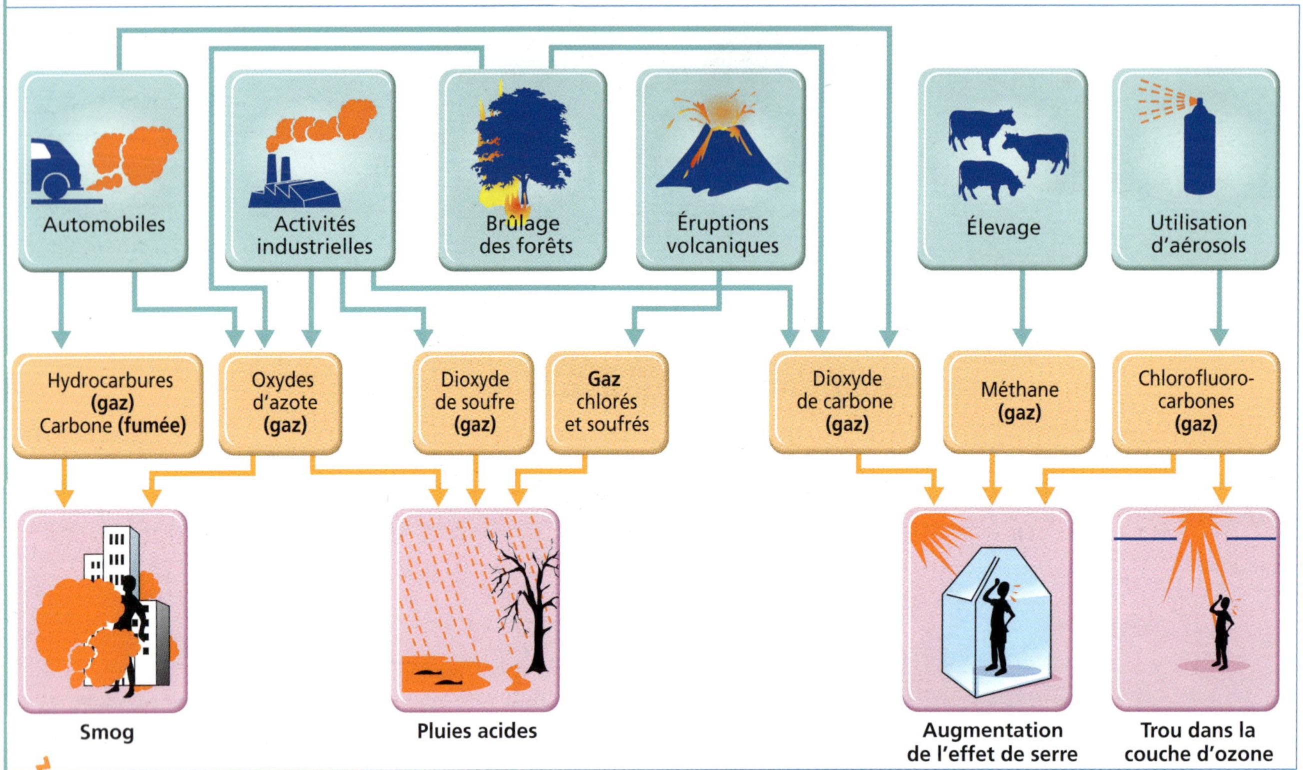

1 **Les principales causes et conséquences de la pollution atmosphérique.**

Les moteurs (diesels ou à essence) et les systèmes de chauffage libèrent des hydrocarbures, des fumées de carbone, des oxydes d'azote et des oxydes de soufre. Ces rejets ont des conséquences graves sur la santé. Ils provoquent la formation du smog les jours de forte chaleur sous l'effet de la lumière de Soleil. Le smog est une brume brunâtre constituée d'un mélange d'air, d'ozone (gaz irritant pour les voies respiratoires) et de microparticules solides en suspension dans l'air.

2 **Un smog à Grenoble.**

Les activités humaines, par exemple l'utilisation de combustibles fossiles (charbon, pétrole, etc.) pour produire de l'énergie, rejettent dans l'atmosphère d'importantes quantités de gaz polluants comme le dioxyde de soufre et les oxydes d'azote. Associés à l'humidité de l'air, ces gaz forment de l'acide sulfurique et de l'acide nitrique qui se dissolvent dans l'eau de pluie. Les pluies acides ainsi formées endommagent les monuments, les forêts et nuisent à la santé.

3 **Statue rongée par les pluies acides.**

Certains gaz présents en petite quantité dans l'atmosphère (vapeur d'eau, dioxyde de carbone...) jouent le même rôle que les vitres d'une serre : ils « piègent » la chaleur du Soleil. Malheureusement, les activités humaines provoquent une augmentation rapide dans l'air du taux de gaz à effet de serre. La température moyenne de la Terre s'élève dangereusement. À terme, l'agriculture serait menacée, nos réserves d'eau pourraient être réduites, les surfaces désertiques pourraient s'étendre et le niveau des océans monter sensiblement.

4 **Ce désert s'étend et menace les cultures sous l'effet de l'intensification de l'effet de serre (désert du Sahel, Lybie).**

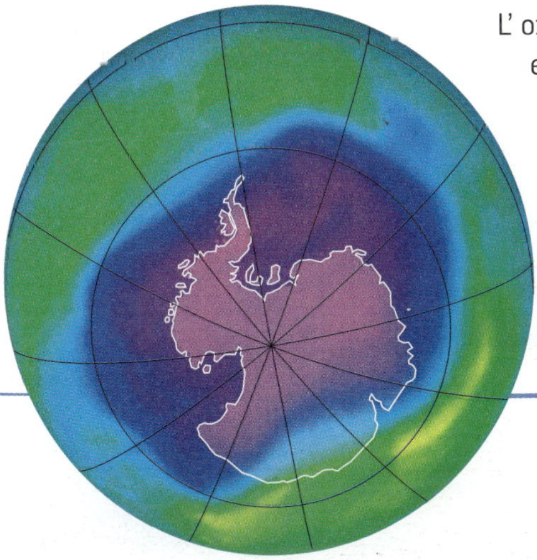

L'ozone est un gaz présent naturellement dans l'atmosphère entre 12 et 50 km d'altitude. À ces altitudes, il nous protège des dangereux rayons ultraviolets du Soleil. Mais aujourd'hui, cette couche d'ozone est abîmée. Des « trous » s'y forment, à cause notamment des rejets de gaz CFC contenus dans les réfrigérateurs ou les aérosols. Les conséquences sont nombreuses. Parmi elles, l'augmentation des cancers de la peau, la détérioration des cultures ou la destruction du phytoplancton à la base de la chaîne alimentaire des océans.

5 **« Trou » de la couche d'ozone au-dessus de l'Antarctique (septembre 2006).** Les zones bleues et violettes marquent le déficit en ozone.

Vocabulaire

- **Smog** : contraction des termes anglais « smoke » [fumée] et « fog » [brouillard]. Nom donné à la brume brunâtre qui recouvre parfois certaines grandes villes.
- **Pollution atmosphérique** : augmentation des quantités de substances nocives (gaz ou fumée) dans l'atmosphère.
- **Fumée** : microparticules solides en suspension dans un gaz.

Guide de travail

1. Indique si la pollution atmosphérique modifie la composition de l'air.

2. Cite et explique les principales conséquences de la pollution atmosphérique (doc 1 à 5).

3. Nomme le mélange polluant qui contient des gaz et des fumées (doc 1 et 2).

4. Que contient l'air pollué ? Utilise les mots gaz et fumées.

1. Le dioxygène, constituant de l'air avec le diazote Activité 1

- L'atmosphère est la couche gazeuse qui entoure la Terre. C'est un véritable bouclier qui nous protège. L'**air** est le constituant de la troposphère, la partie basse de l'atmosphère dans laquelle nous vivons.

- L'air est un mélange de plusieurs **gaz**, constitué, en volume, de 21 % de **dioxygène**, de 78 % de **diazote** et 1 % d'autres gaz (vapeur d'eau, hélium, krypton, xénon, méthane, monoxyde de carbone, dihydrogène, ozone, etc.). C'est le dioxygène de l'air qui entretient la vie.

1 **Exemple.** Trois principaux gaz de l'air stockés dans des réservoirs.

Je conclus et je retiens

Pour t'entraîner ▶ Exercices 14 et 17 p. 21

- **L'air** n'est pas un corps pur : c' est un **mélange** de plusieurs gaz.
- **L'air** contient principalement du **dioxygène**, nécessaire à la vie (environ 20 % en volume) et du **diazote** (environ 80 % en volume).

Mots importants

- Air
- Mélange de gaz
- Dioxygène
- Diazote

► Voir Mini Dico p. 202

Je retiens par l'image

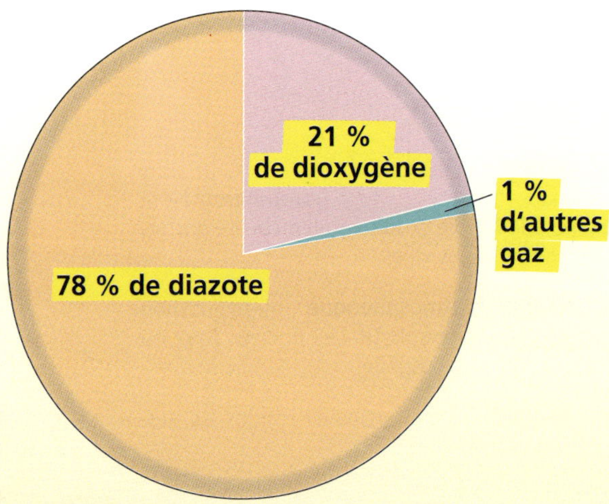

2. L'air pollué Activité 2

La composition de l'air peut être modifiée par les **pollutions atmosphériques** essentiellement d'origine humaine. Les principales conséquences de la pollution atmosphérique sont : le smog qui contient un **gaz** (l'ozone) et des **fumées** (microparticules en suspension dans l'air), les pluies acides, l'augmentation de l'effet de serre, le « trou » de la couche d'ozone **(doc 2)**.

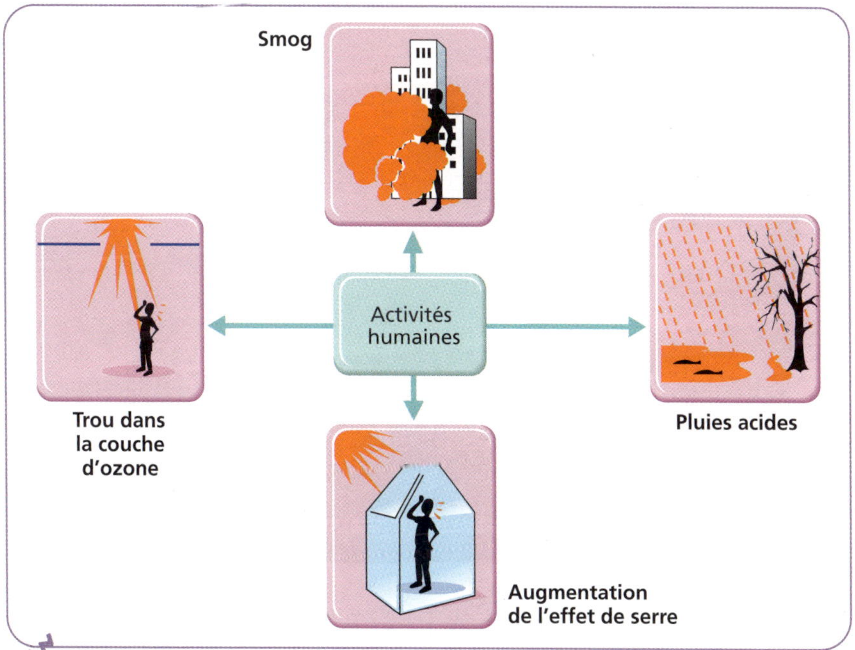

2 **Les principales causes des pollutions atmosphériques.**

3 **Exemple.** Fumées polluantes rejetées par les voitures.

Je conclus et je retiens

Pour t'entraîner ▶ **Exercices 20 et 21 p. 22**

L'air pollué contient des **fumées et/ou des gaz nocifs** à un taux anormalement élevé.

Je retiens par l'image

Mots importants

- Air pollué
- Gaz
- Fumées

► Voir Mini Dico p. 202

Documents

B2i Météorologie et climatologie

Surveille la pollution atmosphérique

La pollution urbaine est la cause de certains problèmes de santé. La France s'est dotée d'un réseau d'appareils de mesure dans les grandes villes afin d'informer et d'alerter la population et particulièrement les personnes sensibles. Les périodes dangereuses sont appelées « pics de pollution ». Leur apparition est liée aux conditions météorologiques du moment. Ces pics se produisent généralement les jours sans vent ni pluie, quand les gaz et particules polluantes ne peuvent être dispersés. Pour éviter d'aggraver la situation, les industries polluantes doivent alors diminuer leurs activités et les vitesses limite des voitures sont abaissées.

✓ Quelle est la situation actuelle près de chez toi ?

✓ Relève l'indice atmo du jour.

internet

- **Informe-toi**

Retrouve sur le site "buld'air" www.buldair.org la situation dans une grande ville de ta région.

- **Pour mieux comprendre**

Fais la liste des polluants sous surveillance et note leurs effets sur la santé.

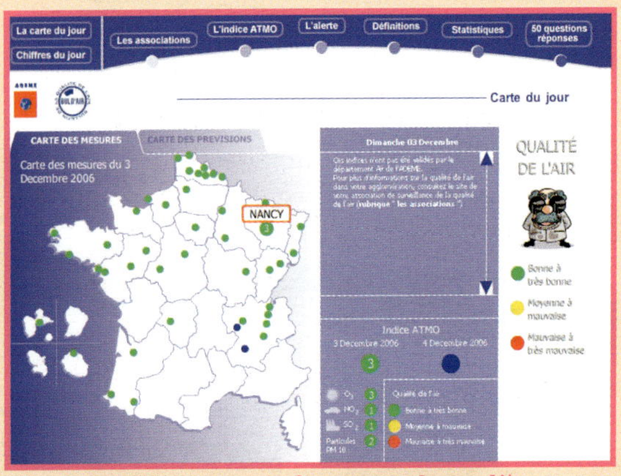

Le site buldair nous informe sur la qualité de l'air dans les principales villes françaises.

Environnement et développement durable

Les océans limiteront-ils le réchauffement atmosphérique ?

La mort du corail dans les mers chaudes est due au CO_2 dissous.

Il y a actuellement 0,033 % de dioxyde de carbone (CO_2) dans l'atmosphère. Depuis le XIXe siècle, les êtres humains ont brisé un équilibre fragile. La quantité de dioxyde de carbone dans l'air augmente, intensifiant l'effet de serre, ce qui provoque le réchauffement atmosphérique. Les scientifiques estiment que les océans captent un quart du CO_2 émis par les activités humaines. Soluble dans l'eau, il se dissout peu à peu et il s'y transforme lentement en roches calcaires. Il est aussi utilisé par les végétaux marins pour leur croissance. Mais les prévisions sont inquiétantes. Si la température continuait à augmenter, alors le CO_2 serait moins soluble dans l'eau et l'océan ne pourrait plus le dissoudre. Pire, l'océan pourrait alors relâcher dans l'atmosphère le CO_2 dissous. Au changement climatique s'ajoute une catastrophe écologique : la dissolution du CO_2 entraîne une légère acidification de l'eau de mer. On observe déjà la mort massive d'organismes fragiles.

Questions

1. Quelle est la proportion actuelle de dioxyde de carbone dans l'air ? Qu'est-ce qui provoque son augmentation ?

2. Quels phénomènes liés aux océans limitent la quantité de CO_2 dans l'atmosphère ?

3. Réponds à la question posée dans le titre.

Le détecteur de fumée

Connaissance
✓ Distinguer gaz et fumée

La première cause de décès lors d'un incendie est l'intoxication due aux fumées. Le détecteur de fumée permet la détection de l'incendie avant qu'il ne se propage. Comment fonctionne-t-il ?

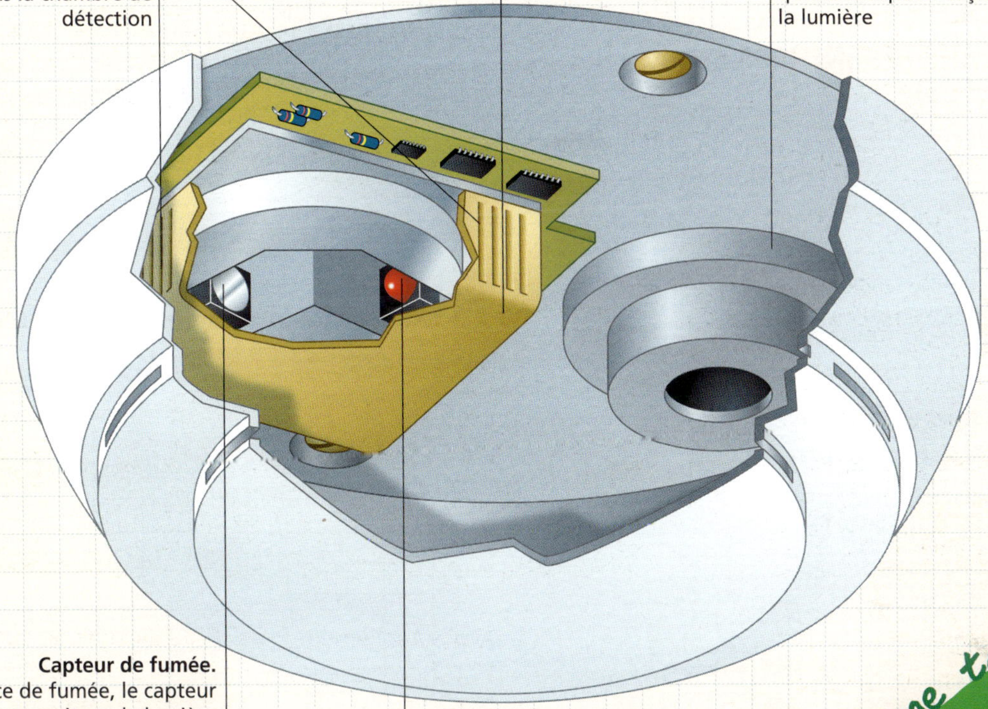

Protège ton habitation

Depuis octobre 2005, l'installation d'un détecteur de fumée est obligatoire dans tous les lieux d'habitation.

Mène ton enquête

Matériel
- ✓ Un bâton d'encens
- ✓ Un aspirateur
- ✓ Un chiffon blanc

Qu'est-ce que la fumée ?

1. Allume le bâton d'encens. Souffle dessus pour qu'il produise de la fumée.

2. Maintiens fermement le chiffon sur l'extrémité du tuyau de l'aspirateur. Aspire le plus lentement possible la fumée.

3. Observe le chiffon. Que peux-tu en conclure sur la nature d'une fumée ?

Comment fonctionne le détecteur ?

4. Qu'est-ce qui permet à la lumière d'arriver sur le capteur et de déclencher l'alarme ? Aide-toi du Coup de pouce.

5. Pourquoi l'air ne peut-il pas déclencher l'alarme ?

6. Pourquoi ce type d'appareil est-il appelé un détecteur optique ?

Coup de pouce

Le capteur reçoit la lumière si des petites particules la diffusent.

Connais-tu le cours ?

1 Retenir que l'air est un mélange

Choisis la bonne proposition.
L'air est constitué de :
a. un seul gaz ;
b. deux gaz ;
c. plus de deux gaz.

2 Citer les proportions dioxygène / diazote dans l'air

Recopie et complète le dessin.

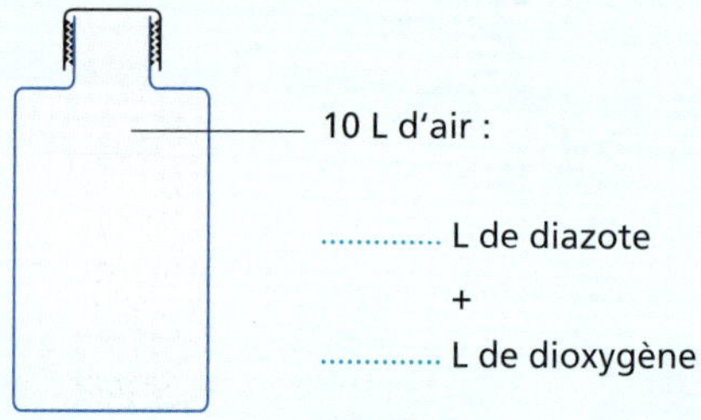

3 Retenir la composition de l'air

Donne la légende de ce diagramme donnant la composition en volume de l'air.

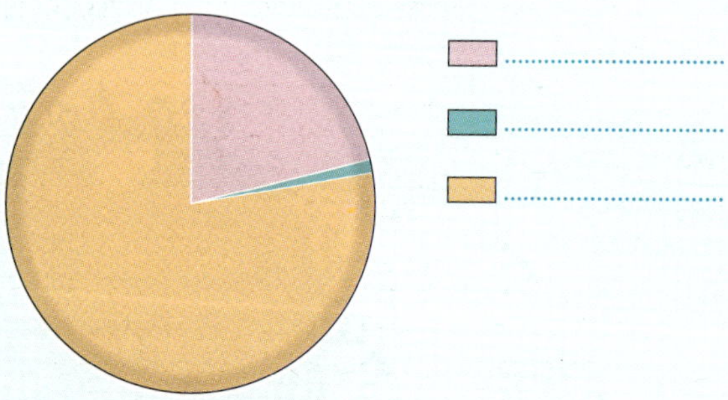

4 Distinguer gaz et fumées

Dans lequel des cas suivants retrouve-t-on des microparticules solides en suspension dans l'air ?
a. Dans l'air non pollué (mélange de plusieurs gaz).
b. Dans le smog (mélange de gaz et de fumée).

5 Connaître le gaz nécessaire à la vie

Remets les mots dans l'ordre afin de retrouver la phrase cachée.

dioxygène · le · de · vie · la · permet · l'air

6 Trouver les mots-clés du chapitre

Recopie et complète la grille.

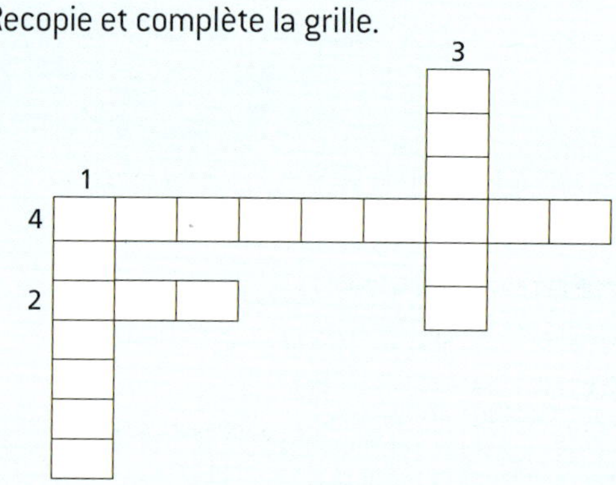

1. Gaz de l'air le plus abondant.
2. Mélange de gaz dans lequel nous vivons.
3. Microparticules solides en suspension dans un gaz.
4. Gaz de l'air nécessaire à la vie.

As-tu compris le cours ?

Composition de l'air

7 L'atmosphère Géographie

Le globe terrestre, d'un rayon de 6 400 km, est entouré d'une atmosphère épaisse de 500 km environ. L'atmosphère joue plusieurs rôles. Elle fournit l'air que nous respirons. Ses gaz retiennent la chaleur du Soleil. Sa couche d'ozone protectrice nous sert d'écran contre les rayons nocifs du Soleil.
a. Représente la Terre ainsi que son atmosphère par deux cercles de même centre. Utilise l'échelle suivante : 1 cm représente 1 000 km.
b. L'épaisseur de l'atmosphère est-elle grande ou petite par rapport au rayon de la Terre ?
c. Explique pourquoi l'atmosphère est indispensable à la vie sur Terre.

8 Observer la Terre depuis l'espace

Comment appelle-t-on ce fin halo de couleur bleue ?

9 Connaître les constituants de l'air

Les principaux constituants de l'air, une fois séparés, sont stockés dans des réservoirs. Donne le nom du constituant de l'air manquant.

10 ★ Reconnaître de l'air Maths

Un de ces flacons contient de l'air. Lequel ? Justifie ta réponse.

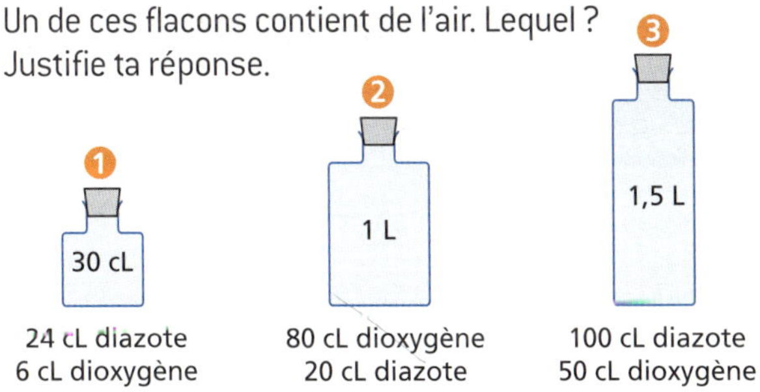

11 ★ Calculer un volume Maths

À chaque fois que tu inspires, tu fais entrer environ 0,5 L d'air dans ton organisme.

a. Calcule le volume de dioxygène introduit à chaque inspiration.

b. Au repos, tu inspires environ 15 fois par minute : quel est le volume de dioxygène inspiré en 1 heure ? en 1 journée ?

12 Apprendre à rédiger un exercice

Énoncé

a. Indique la composition en volume de l'air.

b. Représente-la à l'aide d'un diagramme circulaire.

Rédaction de la solution

a. L'air est composé en volume de 80 % de diazote et de 20 % de dioxygène.

b. Un diagramme circulaire compte 360° correspondant à la totalité de l'air, soit 100 %.

Composition (en %)	Angle (en degrés)
100	360
80	288
20	72

(× 3,6)

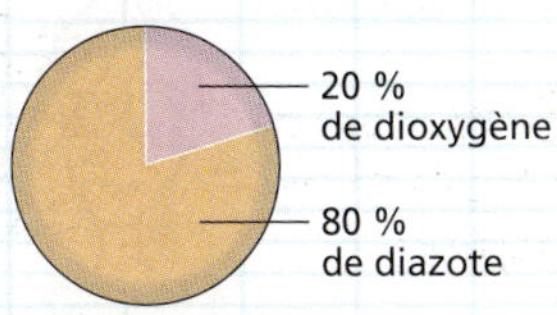

▶ Pour t'entraîner : exercice 13

13 ★ Construire un diagramme circulaire

a. Construis le diagramme circulaire présentant la composition, en volume, de l'atmosphère de Mars (environ 95 % de dioxyde de carbone ; 2,7 % de diazote et 2,3 % d'autres gaz).

b. Vérifie ton diagramme à l'aide d'un tableur-grapheur.

14 Retrouver l'atmosphère terrestre

Camille a-t-elle correctement associé l'étiquette à son diagramme ?

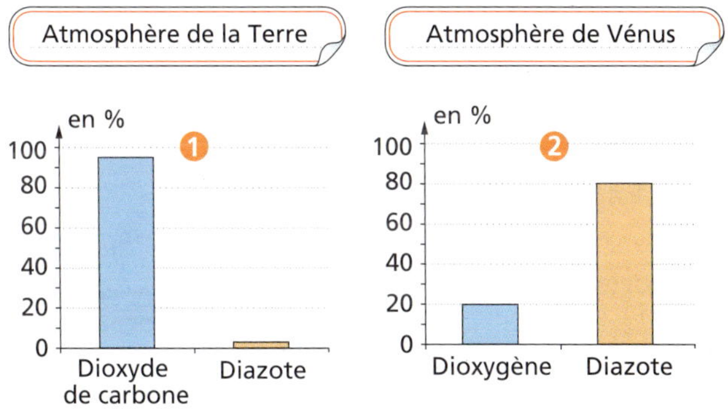

15 Comparer des atmosphères

Parmi les huit planètes de notre système solaire, seules Vénus, la Terre et Mars possèdent une atmosphère. Voici les proportions en volume de quelques gaz qui composent leur atmosphère.

Gaz	Vénus	Terre	Mars
Dioxyde de carbone	96 %	0,035 %	95 %
Diazote	3,5 %		2,7 %
Dioxygène	0,03 %		0,13 %

a. Donne les proportions manquantes de ce tableau.

b. Cite le gaz majoritaire de chaque atmosphère.

c. Pourquoi seule la composition de l'atmosphère de la Terre permet-elle la vie ?

16 Étudier l'atmosphère de Mars B2i

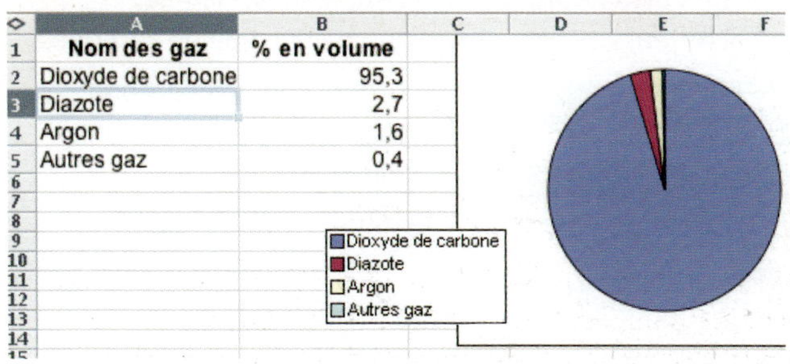

a. Comment appelle-t-on la représentation graphique de ce tableau ?

b. Quelle information peut-on lire dans la cellule B2 ?

c. Quelle est la cellule sélectionnée à l'écran ?

d. L'atmosphère martienne est-elle respirable pour l'être humain ? Justifie ta réponse.

17 La respiration SVT

La respiration se traduit par l'entrée d'air dans les poumons lors de l'inspiration, et la sortie de gaz lors de l'expiration. Le gaz expiré contient 78 % de diazote, 16 % de dioxygène, 5 % de dioxyde de carbone et 1 % d'autres gaz.

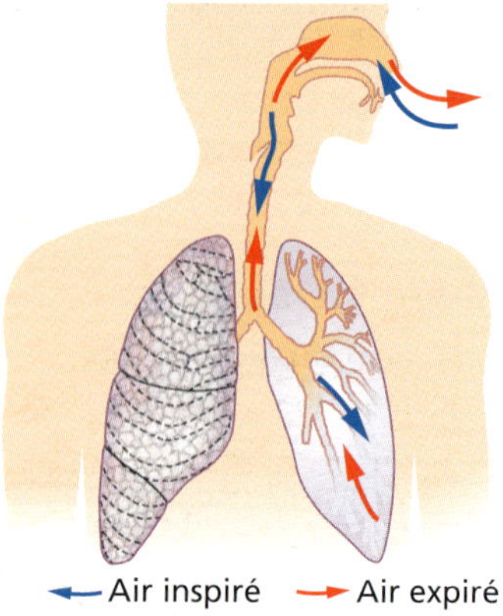

a. Rappelle la composition de l'air inspiré.
b. Quel est le gaz consommé au cours de la respiration ? Justifie ta réponse en utilisant la conjonction « donc ».
c. Quel gaz se forme au cours de la respiration ?

18 ★ Expérience Histoire des sciences

Voici l'expérience réalisée en 1771 par Joseph Priestley : une bougie placée dans un bocal fermé s'éteint rapidement (1). Si, par la suite, on enferme une souris dans ce même bocal, elle meurt rapidement (2). En revanche, si on place en même temps que la souris des feuilles de menthe, elle ne meurt pas (3).

a. Quel est le gaz manquant dans le bocal dans la situation (2) ? Justifie ta réponse.
b. Propose une explication sur le rôle de la menthe.

19 Technologie Environnement et énergie

En France, une étiquette-énergie est apposée sur les véhicules neufs mis en vente. Elle renseigne les acheteurs sur les émissions de dioxyde de carbone.

inférieures ou égales à 100 g/km	A
de 101 à 120 g/km	B
de 121 à 140 g/km	C
de 141 à 160 g/km	D
de 161 à 200 g/km	E
de 201 à 250 g/km	F
supérieures à 250 g/km	G

a. Pourquoi sensibilise-t-on les acheteurs aux émissions du dioxyde de carbone ?
b. Dans quelle catégorie sont classées les voitures les moins polluantes ?
c. Que signifie l'inscription « supérieure à 250 g/km » pour les voitures de la catégorie « G » ?

L'air pollué

20 Distinguer brouillard, fumée et gaz

1 Brouillard

2 Vapeurs rousses

3 Fumée noire

Dans quel cas se trouve-t-on en présence :
a. d'un gaz ;
b. des particules solides en suspension dans l'air ;
c. des particules liquides en suspension dans l'air ?

21 Utiliser une pastille fumigène

On peut trouver des pastilles fumigènes dans les boutiques de farces et attrapes. Lorsqu'elles brûlent dans un récipient, il se forme un panache blanc qui blanchit les parois.

a. Ce panache est-il un gaz ou une fumée ? Justifie ta réponse.
b. Recherche dans un dictionnaire la définition du mot fumigène.
c. Est-il justifié de dire que ces pastilles sont fumigènes ?

22 Expliquer une réponse

Explique la réponse de Lucile.

23 Connaître les effets de la pollution atmosphérique

Recopie et relie les causes à leurs effets.

Rejets de gaz CFC ●	● Smog
Formation de dioxyde de soufre et d'oxydes d'azote ●	● Trou dans la couche d'ozone
Gaz d'échappement des voitures par temps chaud ●	● Effet de serre renforcé
Rejets exagérés de dioxyde de carbone ●	● Pluies acides

24 Reconnaître une cause de pollution

Un morceau de coton est placé quelques minutes à la sortie du pot d'échappement d'une voiture dont le moteur tourne. Voici ce que l'on observe :

a. Ce pot d'échappement rejette-t-il un gaz ou une fumée ? Justifie ta réponse.
b. Quel type de pollution peut provoquer cette voiture ?

25 L'effet de serre Thème de convergence

La température moyenne à la surface de la Terre est de 15 °C. La Lune, le satellite de la Terre, n'a pas d'atmosphère : la température moyenne à sa surface vaut 7 °C.
a. Compare les températures de ces deux astres.
b. Qu'est-ce qui explique une température plus élevée à la surface de l'un d'eux ?
c. Nomme le phénomène provoqué par l'atmosphère terrestre.

26 Réaliser une expérience à la maison

▸ Installe un saladier en verre transparent retourné dans un endroit ensoleillé. Place un thermomètre à l'intérieur du saladier et un autre à l'extérieur.

▸ Compare les températures indiquées par les deux thermomètres au cours de la journée. Conclus sur l'effet de ce saladier. Rappelle le type de pollution atmosphérique dont l'effet est comparable à celui observé ici.

27 Exercice de synthèse

Vérifie tes réponses p. 206

Voici un problème qui résume tout ce que tu dois savoir.
Si tu n'arrives pas à répondre à certaines questions, revois ton cours p. 16.

1. L'air est-il un corps pur ou un mélange ? Justifie ta réponse.

2. L'air non pollué ne contient pas de fumée. Qu'est-ce qu'une fumée ?

3. Afin de vérifier la composition de l'air, on réalise l'expérience suivante. Une éprouvette contenant de la paille de fer et de l'air est retournée sur une cuve à eau (1). Après quelques jours, l'eau est montée dans l'éprouvette (2) et le niveau ne varie plus.

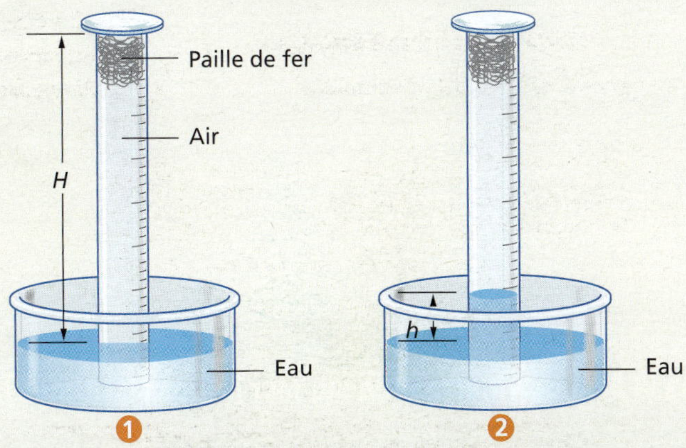

Sachant que le fer ne se lie qu'avec le dioxygène de l'air, nomme le gaz qui reste dans l'éprouvette (2).

4. À partir de la hauteur initiale d'air $H = 22$ cm et de la hauteur finale d'eau dans l'éprouvette $h = 4,4$ cm, calcule la proportion du dioxygène dans l'air. Déduis-en celle de l'autre gaz.

Chapitre 2

Volume et masse de l'air

Objectifs

- Montrer qu'un gaz est compressible
- Utiliser un capteur de pression
- Utiliser les notions de masse et de volume
- Retenir la masse de 1 L d'air

Situation 1

Les plongeurs respirent l'air contenu dans des bouteilles. Ces bouteilles, d'un volume de 12 L, peuvent contenir jusqu'à 3 600 L d'air.

À ton avis, comment une si petite bouteille de plongée peut-elle contenir autant d'air ?

Baptême de plongée dans la baie de Villefranche sur Mer (Alpes Maritimes).

Un cycliste gonfle son vélo.

Situation 2

Quand on gonfle un vélo, on fait entrer de l'air dans le pneu.

Selon toi, le vélo sera-t-il plus lourd une fois le pneu gonflé ?

J'expérimente pour répondre

Activité 1
Comprimer un gaz p. 26

Activité 2
Mesurer une masse d'air p. 27

Activité 1

L'air est-il compressible ?

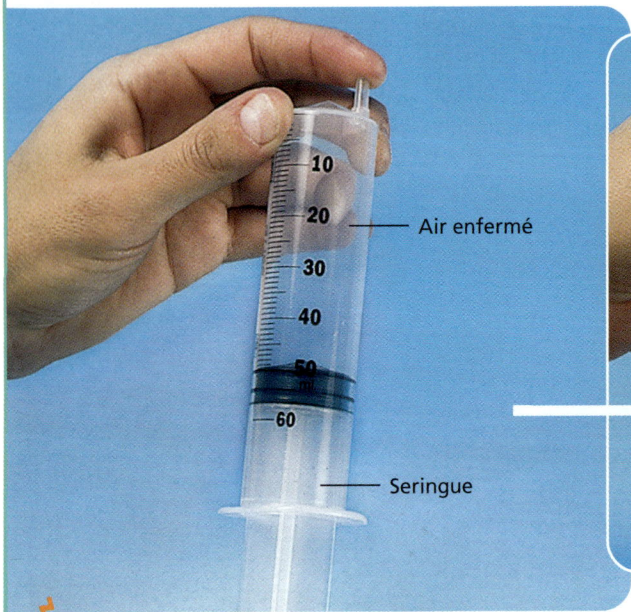

1 **De l'air est enfermé dans une seringue.**

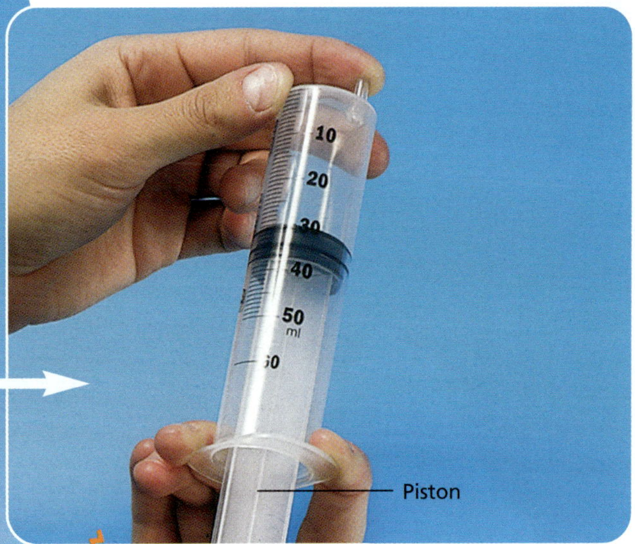

2 **On appuie sur le piston de la seringue.** Une poussée se fait sentir sur l'index.

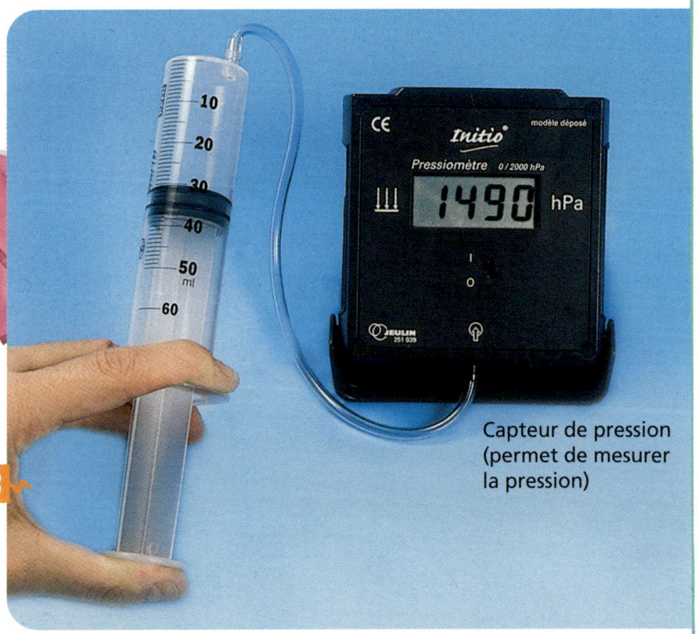

3 **Mesure de la pression et du volume d'air** quand on appuie sur le piston de la seringue.

Vocabulaire

- **Volume** : son unité légale est le mètre cube (m^3) mais on utilise souvent le litre (L).
- **Pression** : son unité est le pascal (Pa).
- **Compressible** : qui peut être comprimé, c'est-à-dire dont le volume diminue quand la pression augmente.

Guide de travail

1. Indique comment varient le volume et la pression de l'air dans la seringue lorsque tu appuies sur le piston (doc 1 et 2).

2. Vérifie ta proposition en utilisant un capteur de pression (doc 3).

3. L'air est-il compressible ?

Activité 2

L'air a-t-il une masse ?

1 **Mesure de la masse du ballon mal gonflé.**

2 **On gonfle le ballon un peu plus à l'aide d'une pompe.**

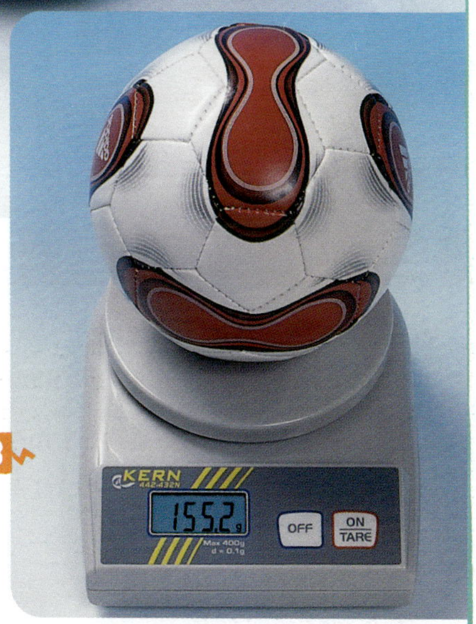

3 **Mesure de la masse du ballon après gonflage.**

Vocabulaire

- **Masse** : se mesure avec une balance. L'unité légale est le kilogramme (kg).

Guide de travail

1. Mesure la masse d'un ballon mal gonflé (doc 1).

2. Retire le ballon de la balance. Fais entrer de l'air dans le ballon en donnant plusieurs coups de pompe (doc 2).

3. Mesure à nouveau la masse du ballon (doc 3).

4. L'air a-t-il une masse ?

1. Caractère compressible d'un gaz

- Le **volume** d'un gaz mesure l'espace qu'il occupe. Comme un gaz n'a pas de volume propre, son volume est celui du récipient qui le contient. L'unité légale de volume est le **mètre cube** (symbole m^3). On utilise aussi le litre (symbole L).

- La **pression** d'un gaz s'exprime en **pascal** (symbole Pa), mais on utilise souvent son multiple, l'hectopascal (1 hPa = 100 Pa). On appelle pression normale la valeur de 1013 hPa. La *fiche technique* 2, p. 191 indique comment mesurer une pression avec un **capteur de pression**.

1 **Exemple.** Un capteur de pression : le manomètre mesure la pression de l'air dans les pneus.

J'observe et j'interprète Activité 1

Si on enferme une certaine quantité d'air dans une seringue et que l'on pousse son piston, alors l'air occupe un volume plus petit et sa pression augmente : l'air est comprimé. On dit que l'air est compressible **(doc 2)**. Inversement, le volume d'une certaine quantité d'air peut augmenter quand sa pression diminue.

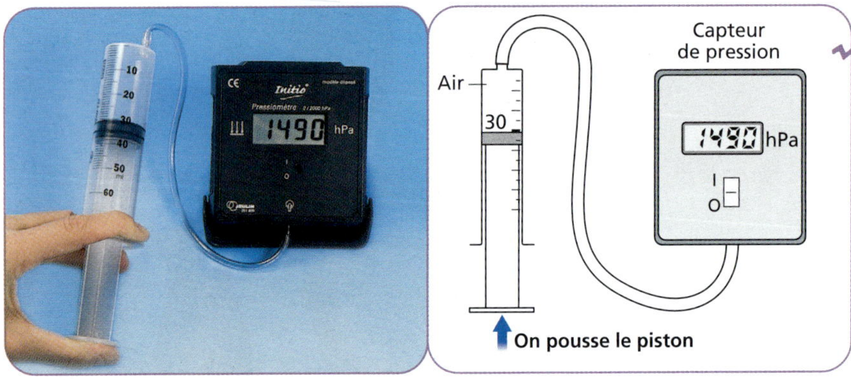

2 **Mesure de la pression et du volume d'air** quand on pousse le piston de la seringue.

Je conclus et je retiens

Pour t'entraîner ▶ **Exercices 8 et 14 p. 32 et 33**

- **À une température donnée, le volume d'une certaine quantité de gaz diminue quand sa pression augmente : un gaz est compressible.**

- **Conversions de volume : $1\ m^3 = 1\ 000\ L$ donc $1\ dm^3 = 1\ L$ et $1\ cm^3 = 1\ mL$.**

Mots importants

- Gaz
- Volume
- Pression
- Capteur de pression
- Compressible

► Voir Mini Dico p. 202

Je retiens par l'image

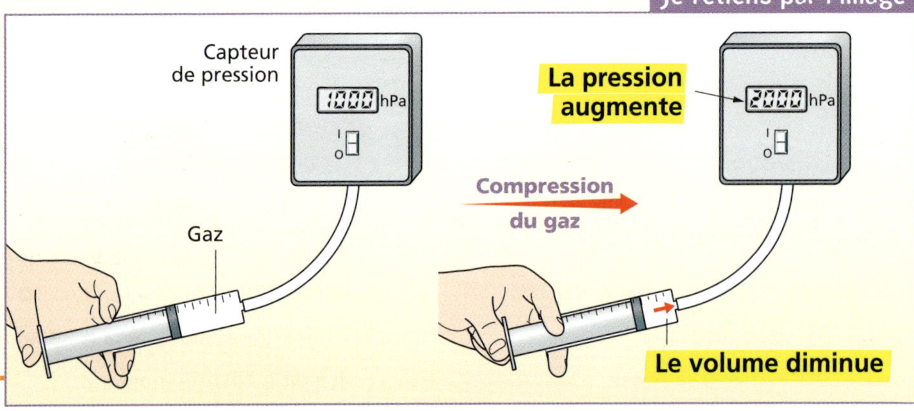

2. Masse d'un volume donné de gaz

La masse et le volume sont deux grandeurs distinctes. Il ne faut pas les confondre. La masse se mesure avec une balance. L'unité légale de **masse** est le **kilogramme** (symbole kg). La *fiche technique* 3, p. 192 indique comment mesurer une masse.

J'observe et j'interprète Activité 2

Si on gonfle avec de l'air un ballon indéformable, alors la masse du ballon augmente mais pas son volume **(doc 4)**. Cette augmentation de masse correspond à la masse d'air introduit dans le ballon. **L'air a donc une masse** : 1 L d'air a une masse d'environ 1 g dans les conditions usuelles de température et de pression (20 °C et 1 013 hPa).

3 **Exemple.** Des ballons remplis d'hélium, un gaz 7 fois plus léger que l'air.

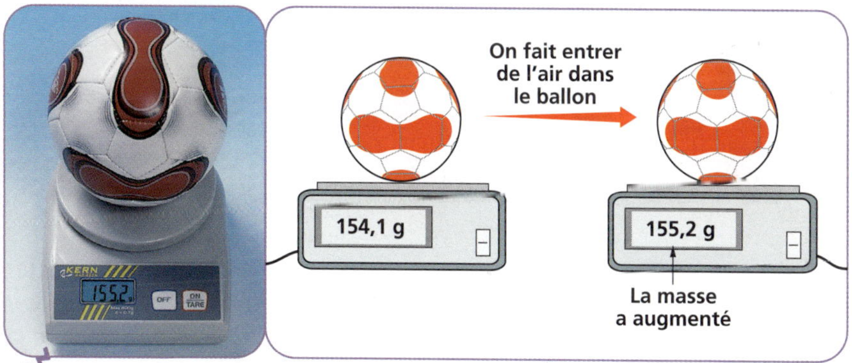

4 Mesure de la masse du ballon.

Je conclus et je retiens

Pour t'entraîner ▶ Exercices 23 et 25 p.34 et 35

Un litre d'air a une masse **de l'ordre du gramme** dans les conditions usuelles de température et de pression. Plus généralement, un volume donné de gaz possède une masse.

Mots importants
- Gaz
- Masse
- Volume

► Voir Mini Dico p. 202

Je retiens par l'image

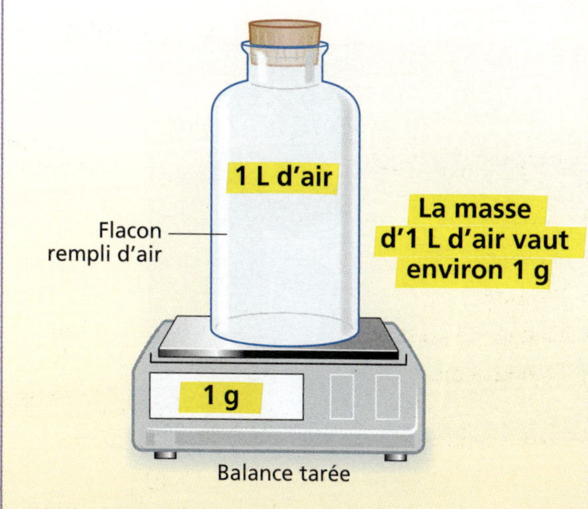

Documents

B2i Météorologie et climatologie

Le mouvement des masses d'air

« ... la descente d'une masse d'air froid et humide venant de l'Atlantique crée un front froid sur la France. Donc, demain, un ciel de traîne et beaucoup de nébulosité sont à attendre... ».

Ce présentateur météo nous décrit un mouvement d'air qui explique l'évolution de la température, des vents et des nuages. Il utilise un vocabulaire technique que nous connaissons (pour l'avoir souvent entendu) mais que nous ne comprenons pas toujours ; en plus, les différentes cartes proposées ne sont pas toujours très lisibles.

✓ Que signifient les expressions « masses d'air », « front froid » et « front chaud » ?

✓ Comment les reconnaît-on sur la carte ?

✓ Et quels seront les types de temps possibles en cas de front froid ?

internet

- **Pour trouver tes réponses**
  Connecte-toi sur www.meteonet.org/, c'est un des nombreux sites qui explique la météorologie sur internet.
- **Pour t'y retrouver**
  Utilise le sommaire ou le moteur de recherche du site.

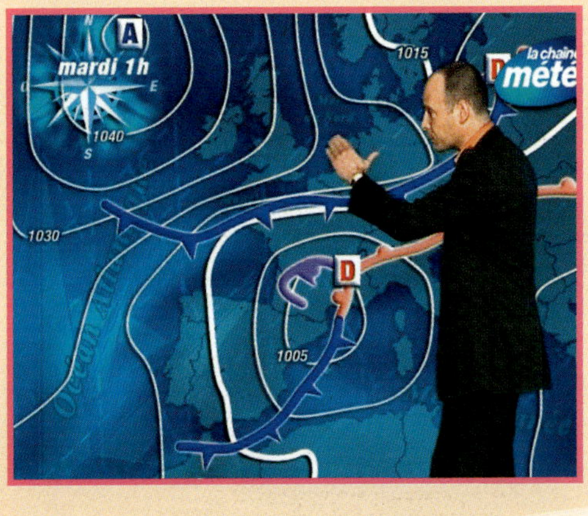

Éducation physique et sportive

La taille et le gonflage du ballon : la 2e loi du jeu

Cette action ne peut être réussie qu'avec un ballon bien gonflé !

Le footballeur, comme tous les sportifs, doit respecter des règles : ce sont les « lois du jeu ». Au football, il en existe 17, fixant la taille du terrain ou le déroulement de la partie. La loi n° 2, formulée dès 1937, impose le choix du ballon. Ce dernier doit être sphérique, avoir une circonférence de 68 à 70 cm, il doit peser entre 410 g et 450 g. Il est gonflé à une pression comprise entre 1,6 et 2,1 atmosphères (1 atmosphère est la valeur de la pression atmosphérique moyenne telle que 1 atmosphère = 1013 hectopascal). Le bon état du ballon est indispensable au déroulement optimal de la partie. Un ballon mal gonflé rebondira moins, réagira mollement pendant les tirs : l'enveloppe du ballon va absorber l'énergie lors des chocs sur le pied, la tête ou le sol. Lorsqu'on le gonfle, son volume ne change quasiment pas, et la masse d'air contenue dans le ballon augmente ainsi que la pression. L'air pousse sur les parois du cuir : une fois gonflé le ballon est dur mais légèrement élastique, il va restituer l'énergie qu'on lui transmet.

Questions

1. Que doit emporter l'arbitre pour vérifier la pression du ballon ? Quelle est la valeur attendue ?

2. Quelle propriété possède un ballon gonflé par rapport à un autre dégonflé ?

3. Sachant que le volume d'un ballon est de 5,5 litres, quelle masse d'air contient-il lorsqu'il est dégonflé ?

Comment fonctionne la pompe à vélo ?

Capacité

✓ Mettre en évidence le caractère compressible d'un gaz

La pompe à vélo est l'accessoire indispensable du cycliste. Qu'elle soit à main ou à pied, avec ou sans manomètre, elle comporte toujours un piston. Ce piston, en forme de cloche, est relié à la poignée de la pompe par l'intermédiaire de la tige.

1 Quand tu tires la poignée, le piston monte et laisse entrer l'air extérieur dans la pompe.

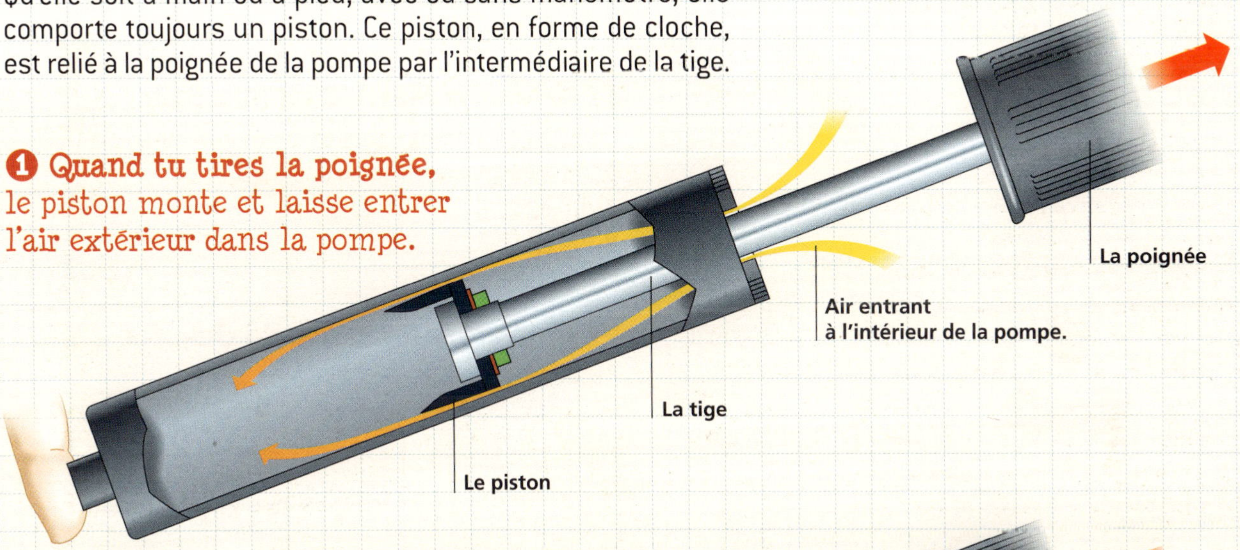

2 Lorsque tu pousses la poignée, le piston descend. L'air extérieur ne peut plus entrer dans la pompe.

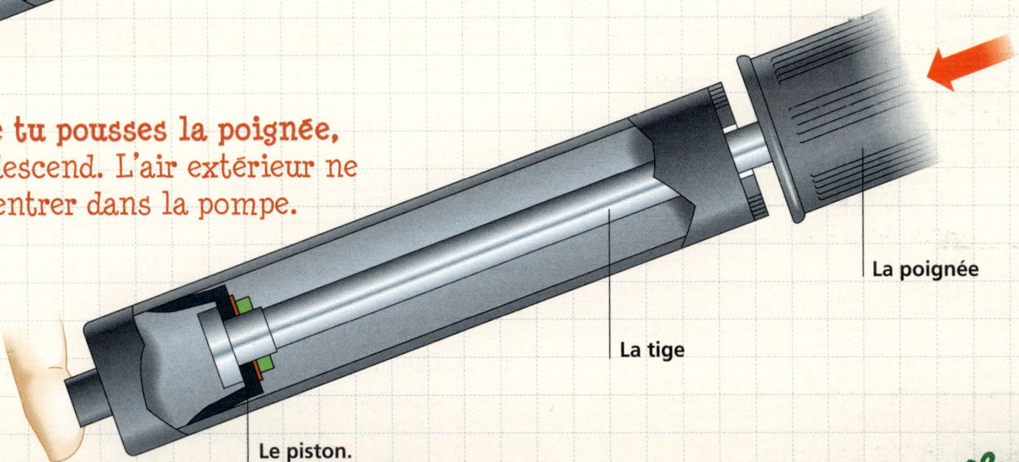

Protège la planète

Utilise ta bonne vieille pompe pour regonfler tes pneus plutôt qu'une cartouche de gaz qu'il faudra jeter après usage !

Mène ton enquête

Matériel

✓ Une pompe à vélo

Peut-on réduire le volume de l'air ?

1. Bouche l'orifice de la pompe avec ton doigt. Tire la poignée pour faire entrer une certaine quantité d'air dans la pompe.

2. Pousse maintenant la poignée. L'air sort-il ?

3. Conclus : comment varie le volume d'air enfermé dans la pompe quand tu pousses la poignée ?

La pression de l'air

4. Que ressens-tu sur ton doigt quand tu pousses la poignée ?

5. Conclus : comment varie la pression de l'air dans la pompe quand tu diminues son volume ?

Coup de pouce

Lorsque le volume d'un gaz diminue, alors sa pression augmente.

Connais-tu le cours ?

1 Mettre en évidence le caractère compressible d'un gaz

Recopie en choisissant les propositions correctes.
Si on appuie sur le piston d'une seringue bouchée :
a. le volume de l'air dans la seringue *augmente/diminue* ;
b. la pression de l'air dans la seringue *augmente/diminue* ;
c. l'air dans la seringue *est/n'est pas* comprimé.

2 Utiliser un capteur de pression

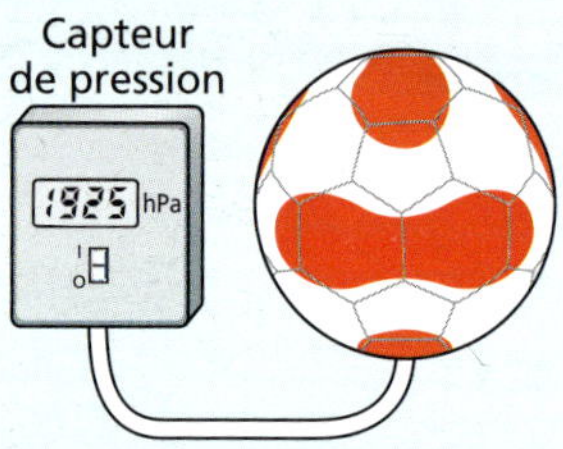

a. Ce capteur de pression mesure-t-il la pression de l'air à l'extérieur ou à l'intérieur du ballon ?
b. Que vaut la pression mesurée ?

3 Connaître les notions de masse et de volume

Recopie et relie chaque grandeur à ses caractéristiques.

Masse •
Volume •

• s'exprime légalement en mètre cube
• représente la place occupée
• se mesure avec une balance
• s'exprime légalement en kilogramme

4 Utiliser les unités de masse et de volume

Recopie en bleu les unités de masse et en rouge les unités de volume.
kilogramme, litre, centimètre cube, tonne, millilitre, mètre cube, gramme.

5 Convertir des unités de volume

Recopie et complète.
1 L = ... dm^3
1 .... = 1 cm^3

6 Retenir la masse d'un litre d'air

Dans les conditions usuelles de température et de pression, la masse d'un litre d'air est :
a. 1,2 kg ;
b. 1,2 g ;
c. 12 g.

7 Trouver les mots-clés du chapitre

Recopie et complète la grille.

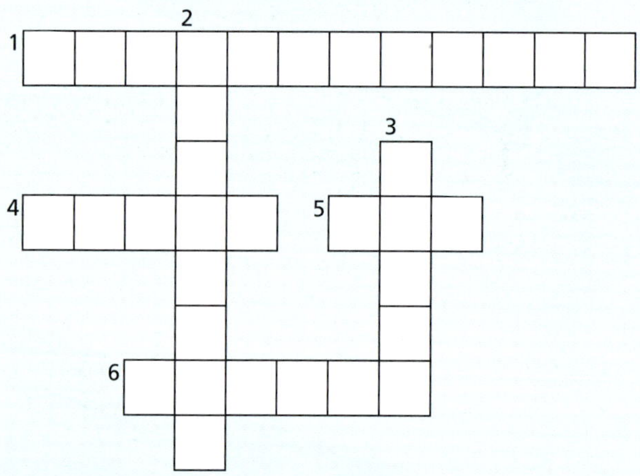

1. Dont le volume diminue quand la pression augmente.
2. S'exprime en pascal.
3. Unité de volume souvent utilisée.
4. Se mesure avec une balance.
5. La masse d'un litre de ce gaz vaut 1,2 g dans les conditions usuelles de température et de pression.
6. S'exprime en m^3.

As-tu compris le cours ?

Caractère compressible d'un gaz

8 Comprimer de l'air

Sachant que les deux seringues bouchées contiennent la même quantité d'air, indique celle dans laquelle l'air est le plus comprimé.

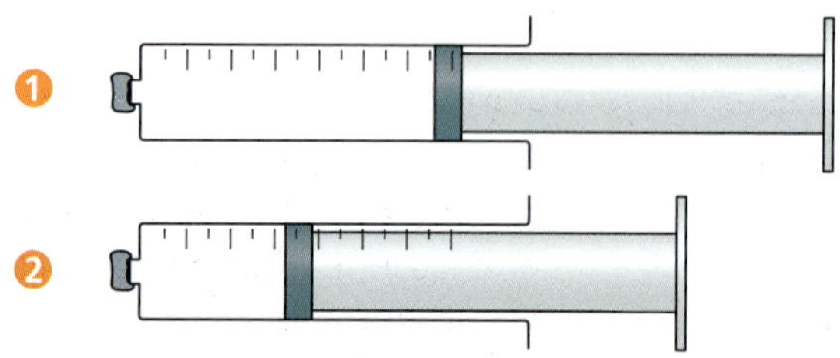

9 ★ Comparer l'eau et l'air

Thomas remplit complètement une seringue d'eau (1) tandis que Laeticia fait de même avec une seringue d'air (2). Ils appuient ensuite de la même manière sur le piston de chaque seringue en les bouchant.

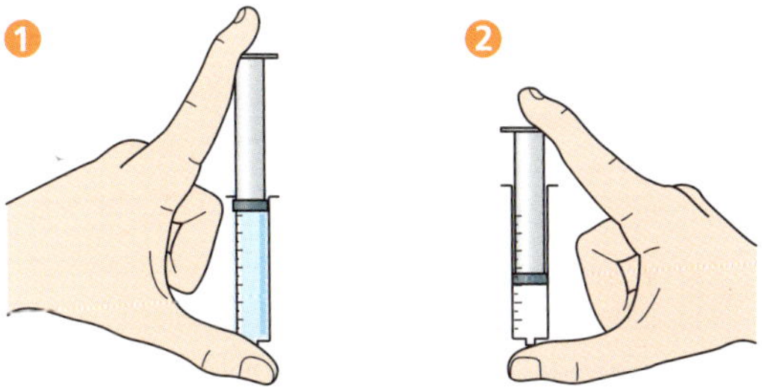

a. Dans quel cas le volume varie-t-il ?
b. Quelle est la propriété de l'air mise en évidence par cette expérience ?
c. L'eau possède-t-elle aussi cette propriété ?

10 Utiliser une cloche à vide

Voici ce que l'on observe avant et après avoir enlevé de l'air dans une cloche à vide contenant un ballon fermé.

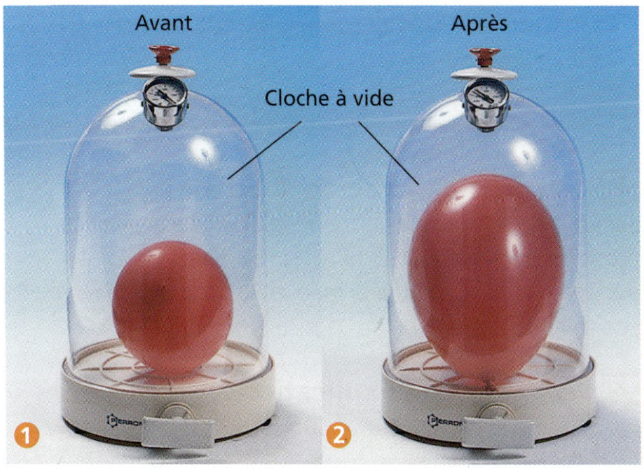

a. La masse d'air dans le ballon a-t-elle varié ? Pourquoi ?
b. La pression de l'air dans le ballon a-t-elle varié ? Pourquoi ?

11 Faire de la plongée sous-marine

En plongée, lors de la remontée, la pression de l'eau diminue ainsi que celle de l'air contenu dans les poumons d'un plongeur. Ces derniers risquent d'éclater si certaines consignes ne sont pas respectées.
a. Comment le volume de l'air contenu dans les poumons varie-t-il lors de la remontée ?
Coup de pouce : tu peux t'aider de l'exercice 10.
b. Le plongeur doit-il inspirer ou expirer ?

12 Stocker du dioxygène

Le dioxygène peut être stocké à l'état gazeux dans des bouteilles. Certaines bouteilles de 1 L peuvent libérer environ 10 L de dioxygène dans les conditions usuelles de température et de pression.
Explique comment ce stockage est possible.

13 Mesurer une pression

Que vaut la pression affichée par le manomètre ?

14 La pression artérielle SVT

On mesure la pression artérielle avec un manomètre relié à un brassard que l'on gonfle puis dégonfle progressivement.

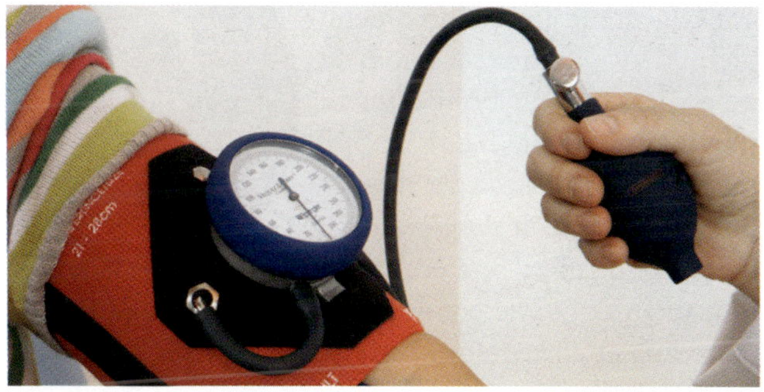

a. Comment le brassard est-il gonflé ?
b. Comment la pression évolue-t-elle dans le brassard quand on le gonfle ? Et quand on le dégonfle ?

15 ★ Utiliser un baromètre à mercure

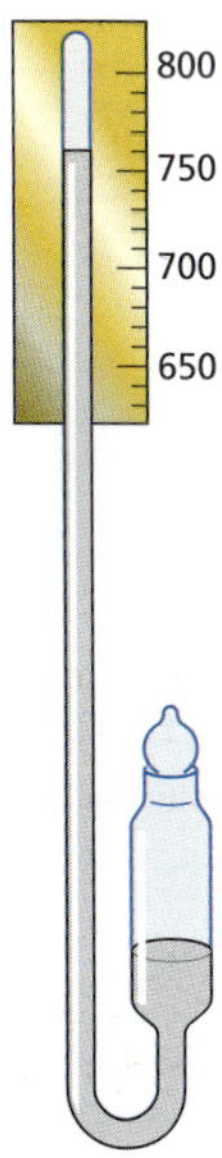

En 1643, Torricelli met au point un baromètre à mercure. Plus la pression de l'air est forte, plus la hauteur atteinte par le mercure dans la colonne est grande, et inversement. La pression, qui s'obtient en mesurant cette hauteur, s'exprime alors en millimètre de mercure ou en centimètre de mercure.
a. Que mesure un baromètre ?
b. Sachant que la pression atmosphérique usuelle est de 1 013 hpa soit 76 cm de mercure, quelle est la longueur minimale d'un baromètre ?
c. Exprime la pression usuelle en mm de mercure.
d. On peut rencontrer des mesures de pression exprimées en cm de mercure. Convertis en pascal une pression de 80 cm de mercure.

16 Anticyclone Thème de convergence

a. Dans quel domaine les mots « anticyclone » et « dépression » sont-ils utilisés ?
b. Recherche la définition de ces mots dans le dictionnaire.
c. Recherche l'unité de pression utilisée habituellement en météorologie.

17 Réservoirs naturels Thème de convergence

Le gaz naturel est actuellement une des sources d'énergie les plus utilisées. Il peut être stocké à l'état gazeux dans divers réservoirs naturels : gisement de gaz ou de pétrole épuisés, nappes aquifères, cavités salines, mines abandonnées. La pression du gaz stocké est comprise entre 40 et 270 bars.

a. Sachant que 1 bar correspond à 1000 hPa, le gaz naturel stocké est-il comprimé ?

Coup de pouce : la pression normale vaut 1 013 hPa.

b. Quel est l'intérêt de cette pression de stockage ?

18 Comprendre un texte Histoire des sciences

Lis le texte écrit par Blaise Pascal en 1653 et réponds aux questions.

« Si l'on prend un ballon à demi-plein d'air, flasque et mou, et qu'on le porte au bout d'un fil sur une montagne haute de 500 toises, il arrivera qu'à mesure qu'on montera, il s'enflera de lui-même, et quand il sera en haut, il sera tout plein et gonflé comme si on y avait soufflé de l'air nouveau ; et en redescendant, il s'aplatira peu à peu par les mêmes degrés ; de sorte qu'étant arrivé au bas, il sera revenu à son premier état. »

a. Recherche qui était Blaise Pascal.
b. Recherche la définition d'une toise. Convertis alors la hauteur de la montagne en mètres.
c. Comment varie le volume d'air dans le ballon lorsque l'altitude augmente ?
d. Déduis-en la manière dont varie la pression de l'air dans le ballon lorsque l'altitude augmente.
e. Comment varie la pression atmosphérique avec l'altitude ?

Masse d'un volume donné de gaz

19 Tirer le piston d'une seringue fermée

On tire le piston d'une seringue fermée contenant de l'air, puis on maintient le piston dans sa position à l'aide d'une tige. On mesure la masse de l'ensemble avant et après avoir tiré sur le piston.

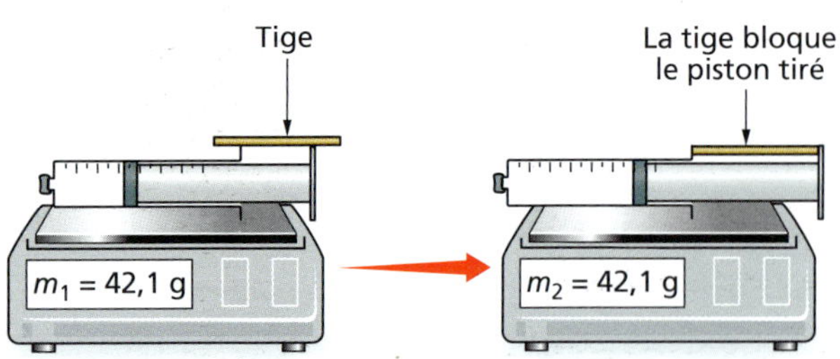

a. La quantité d'air dans la seringue a-t-elle varié ? Justifie.
b. Sa pression a-t-elle varié ? Justifie.

20 ★ Masse et volume Maths

a. Recopie et complète :
- 2,5 t = ... kg
- 2 mL = ... dm^3
- 8,3 g = ... kg
- 1,5 L = ... dm^3
- 3 m^3 = ... L
- 5,4 g = ... mg

b. Souligne en bleu les mesures de volume et en rouge les mesures de masse.

21 Apprendre à rédiger un exercice

Énoncé

Une bouteille en plastique fermée contient 33 cL d'air dans les conditions usuelles de température et de pression. Calcule la masse d'air contenu dans la bouteille sachant que 1 L d'air a une masse de 1,2 g.

Rédaction de la solution

Le volume d'air dans la bouteille, exprimé en litre, est : 33 cL = 0,33 L. La masse d'air, *m*, contenu dans la bouteille de 0,33 L est :

Volume d'air (en L)	1	0,33
Masse d'air (en g)	1,2	*m*

(× 1,2)

Soit $m = (1{,}2 \times 0{,}33) \approx 0{,}4$.
La masse de 33 cL d'air contenu dans la bouteille vaut environ 0,4 g.

▶ Pour t'entraîner : exercice 22

22 Calculer la masse de 1 L d'air Maths

Sachant qu'à la température de 20 °C et sous une pression normale (1 013 hPa), la masse de 24 L d'air est égale à 29 g, calcule la masse de 1 L d'air dans ces mêmes conditions.

23 Proposer une explication

Explique la réponse du garçon.

24 ★ Retrouver la masse d'1 L d'air Maths

a. Rappelle les proportions en volume du diazote et du dioxygène dans l'air.

Coup de pouce : voir chapitre 1, p. 16

b. En t'aidant du tableau, calcule la masse de 1 L d'air à 20 °C et 1 013 hPa.

	Diazote	Dioxygène
Masse d'un litre (en g) (à 20 °C et 1 013 hPa)	1,17	1,33

25 ★ Mesurer la masse d'un litre d'air

On dégonfle un ballon : l'air sort du ballon et remplit exactement un récipient de contenance 1 L initialement plein d'eau. La masse du ballon vaut 270,1 g avant son dégonflage et 268,9 g après.

a. Rappelle le nom des principaux gaz présents dans le ballon ainsi que leurs proportions.

Coup de pouce : voir chapitre 1, p. 16

b. Quel volume d'air est expulsé du ballon ?

c. Déduis-en la masse d'1 L d'air.

d. Le volume du ballon n'a pas varié pendant son dégonflage. La pression dans le ballon a-t-elle varié ? Si oui, comment ?

26 Rechercher sur Internet B2i

Fanny effectue des recherches sur Internet. Voici ce qu'elle a trouvé :

a. Quel est le moteur de recherche utilisé ?

b. Quel type de document recherche Fanny ?

c. Quels sont les mots clés qu'elle a utilisés ?

27 Réaliser une expérience à la maison

Fabrique un instrument qui sert à mesurer la pression atmosphérique : un baromètre.

▶ Verse de l'eau dans un récipient en plastique. Remplis d'eau à moitié une bouteille en plastique. Bouche le goulot de la bouteille avec ta main et retourne-la dans le récipient.

▶ Attache la bouteille avec un élastique à une tige plantée dans le sol. Attention, la bouteille ne doit pas toucher le fond du récipient, mais le goulot doit rester immergé. Colle une bande de papier sur la bouteille et dessine un axe gradué dessus.

▶ Tu peux à présent utiliser ton baromètre.

Observe le temps qu'il fait lorsque le niveau de l'eau dans la bouteille descend rapidement. Même chose lorsqu'il remonte.

28 Exercice de synthèse

Vérifie tes réponses p. 206

Voici un problème qui résume tout ce que tu dois savoir.
Si tu n'arrives pas à répondre à certaines questions, revois ton cours p. 28.

Un petit ballon fermé contenant du dioxyde de carbone est enfermé dans une seringue bouchée remplie d'air.

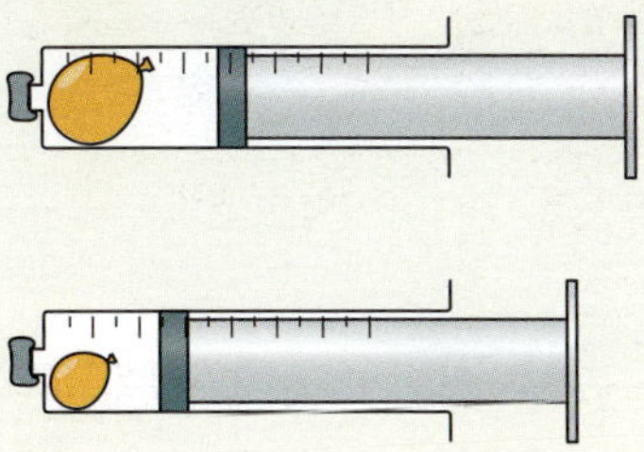

1. D'après le schéma de l'expérience comment varie le volume du ballon quand on pousse le piston ?
2. Compare la masse du ballon avant et après avoir poussé le piston. Justifie ta réponse en utilisant la conjonction « donc ».
3. La pression du dioxyde de carbone dans le ballon a-t-elle varié ? Si oui, comment ?
4. Quelle propriété du dioxyde de carbone est mise en évidence par cette expérience ?
5. La masse d'un litre d'air dans les conditions usuelles de température et de pression, vaut-elle 1,2 kg, 1,2 g ou 12 g ?
6. Déduis-en la masse de 100 cm^3 d'air contenu dans la seringue dans ces mêmes conditions.

Chapitre 3

Matière et molécules

Objectifs

- Utiliser la notion de molécules
- Réaliser des mélanges homogènes
- Réaliser des pesées

Situation 1

De loin, la dune apparaît lisse. Mais en regardant de près, elle est constituée d'un très grand nombre de grains de sable.

Selon toi, la matière ressemble-t-elle à du sable ?

Une jeune fille jetant du sable.

Une jeune fille sent une fleur.

Situation 2

Un parfum se répand dans l'air assez rapidement.

Comment les arômes de ce parfum peuvent-ils arriver jusqu'à ton nez ?

J'expérimente pour répondre

Activité 1

De quoi est constituée la matière ?

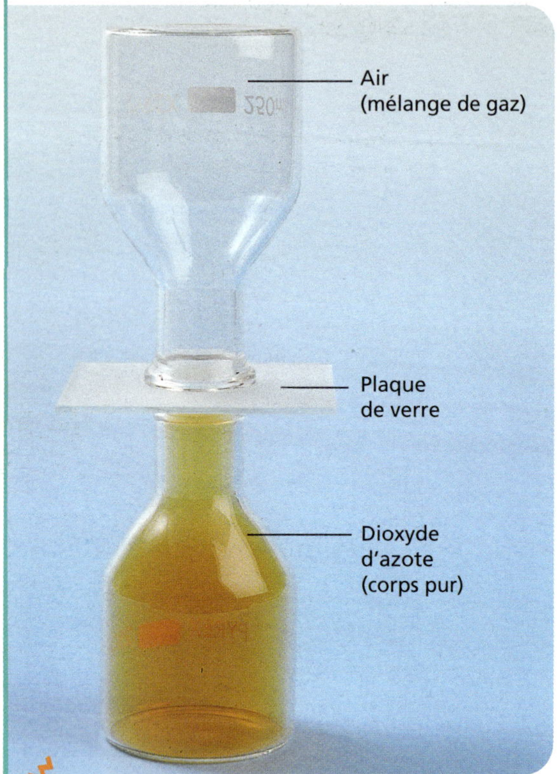

1 **Deux flacons séparés par une plaque de verre :** l'un est rempli d'air, l'autre de dioxyde d'azote.

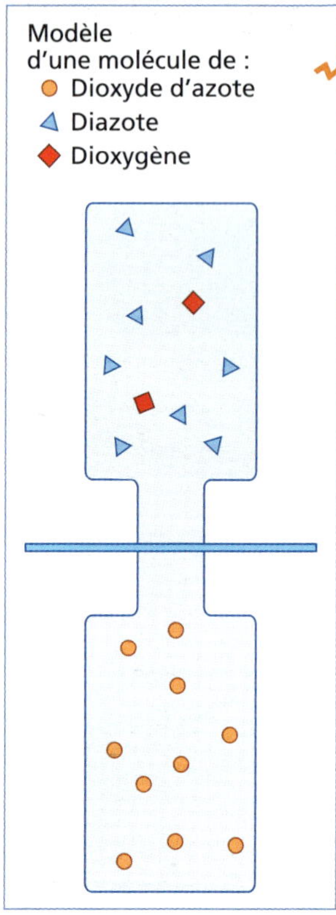

2 **Représentation des molécules dans les deux flacons.**

4 **La plaque de verre a été retirée.**

- **La matière** est constituée de molécules.
- **Les molécules** sont très petites. Une molécule ne change pas de taille, de forme et de masse. Elle ne se coupe pas facilement.
- **Un corps pur** est constitué d'un seul type de molécules, toutes identiques. Un mélange est constitué de molécules de types différents. L'air, par exemple, est un mélange de molécules de dioxygène et de molécules de diazote essentiellement.

3 **Le modèle de la molécule.** Il permet de comprendre le comportement de la matière.

⚠ Attention

Gaz roux Sécurité

Le dioxyde d'azote est un gaz roux **très toxique**. Il doit être manipulé uniquement par le professeur sous une hotte ventilée ou en milieu très aéré.

Guide de travail

1. Deux flacons sont séparés par une plaque de verre. L'un est rempli d'air, l'autre de dioxyde d'azote. Observe leurs couleurs (doc 1).

2. Explique pourquoi on représente les molécules du flacon du bas par des symboles tous identiques, et les molécules du flacon du haut par des symboles différents (doc 1, 2 et 3).

3. On retire avec précaution la plaque de verre. Que constates-tu après quelques minutes (doc 4) ?

4. Représente alors les molécules dans les deux flacons.

5. De quoi est constituée la matière ?

Activité 2

Comment expliquer les propriétés de la matière ?

1 Pesée d'un mélange d'eau et de colorant encore hétérogène.

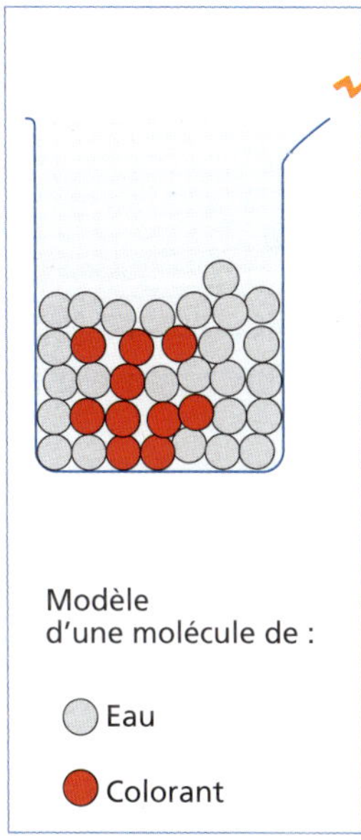

2 Représentation moléculaire du mélange lorsqu'il est encorc hétérogène.

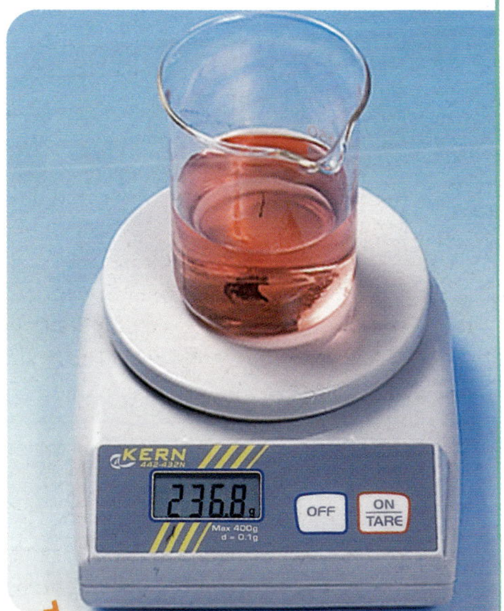

4 Pesée du mélange devenu homogène après agitation.

- **L'état solide** cristallin (cas de la glace) est **compact** et **ordonné** : un solide n'est donc pas compressible. De plus, les molécules ne se déplacent pratiquement pas les unes par rapport aux autres : un solide ne change pas de forme.
- **L'état liquide** est compact et **désordonné** : un liquide n'est donc pas compressible. Les molécules se déplacent les unes par rapport aux autres de façon désordonnée : un liquide change facilement de forme.
- **L'état gazeux** est **dispersé** et désordonné. Il est donc possible de rapprocher les molécules d'un gaz : un gaz est compressible. De plus, les molécules sont animées de mouvements très rapides, désordonnés, dans tous les sens : un gaz change de volume facilement.

3 Propriétés des trois états de la matière.

Vocabulaire

- **Diffusion** : action de se répandre.
- **Compact** (état) : état de la matière où les molécules sont rapprochées.
- **Dispersé** (état) : état de la matière où les molécules sont très éloignées les unes des autres et séparées par du vide.
- **Ordonné** (état) : état de la matière où les molécules sont ordonnées.
- **Désordonné** (état) : état de la matière où les molécules sont mobiles les unes par rapport aux autres.

Guide de travail

1. Observe la **diffusion** lente du colorant dans l'eau (doc 1). Explique pourquoi la diffusion est possible dans un liquide ou dans un gaz (doc 3).

2. La masse totale varie-t-elle au cours de la diffusion du colorant dans l'eau (doc 1 et doc 4) ? Justifie ta réponse (doc 3).

3. Représente alors le mélange après agitation, sur le même modèle que le doc 2.

4. Le modèle des molécules permet-il d'expliquer les propriétés de la matière ?

1. Les molécules

La matière est constituée de **molécules (doc 1)**. Par exemple, le dioxyde d'azote est un gaz constitué de molécules toutes identiques : c'est un **corps pur**. Par contre, l'air est constitué de molécules différentes, (1/5 de dioxygène et 4/5 de diazote) : c'est un **mélange**.

1 **Exemple.** Des molécules d'eau : ce verre d'eau en contient six cent millions de milliards de milliards !

J'observe et j'interprète Activité 1

Lorsque deux gaz sont mis en contact, les molécules se répartissent dans tout le volume disponible **(doc 2)**. Elles finissent par former un mélange homogène.

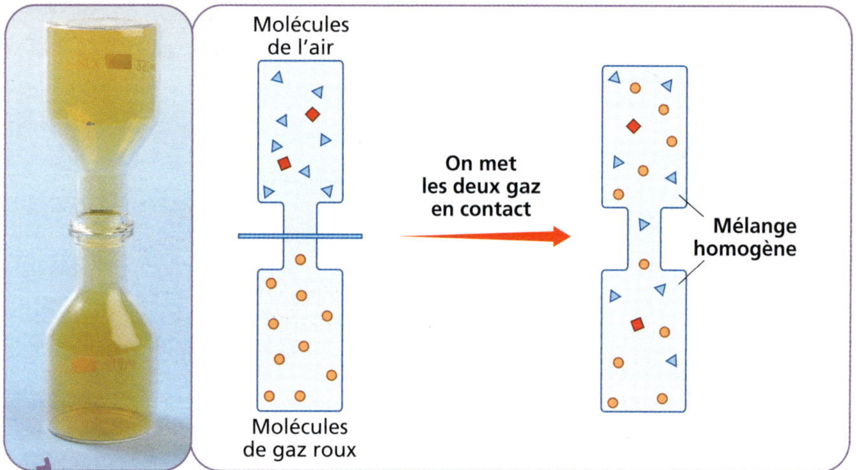

2 **Diffusion d'un gaz dans l'air.** Les molécules de gaz roux et de l'air forment un mélange homogène.

Je conclus et je retiens

Pour t'entraîner ▶ **Exercices 12 et 13 p. 45**

- La matière est constituée de **molécules**.
- Un **corps pur** contient des **molécules toutes identiques**.
- Un **mélange** contient des **molécules différentes**.

Mots importants

- Molécule
- Corps pur
- Mélange

► Voir Mini Dico p. 202

Je retiens par l'image

Corps pur
(vapeur d'eau)

Mélange
(air)

2. Les propriétés de la matière

- Dans un **solide** cristallin, les molécules sont proches et ordonnées, pratiquement fixes les unes par rapport aux autres : l'état solide est **compact** et **ordonné**.
- Dans un **liquide**, les molécules sont proches mais mobiles : l'état liquide est **compact** et **désordonné**.
- Dans un **gaz**, elles sont éloignées et mobiles : l'état gazeux est **dispersé** et **désordonné**. Un gaz est compressible car ses molécules, qui se trouvent dans du vide, peuvent être rapprochées.

3 **Exemple.** Une glace qui fond ne change pas de masse.

J'observe et j'interprète Activité 2

Si on agite un **mélange** hétérogène, les différentes molécules diffusent. Elles se répandent dans tout le récipient mais leur nombre reste le même. Donc la **masse totale ne change pas (doc 4)**. De même lors d'un **changement d'état**, la masse ne change pas.

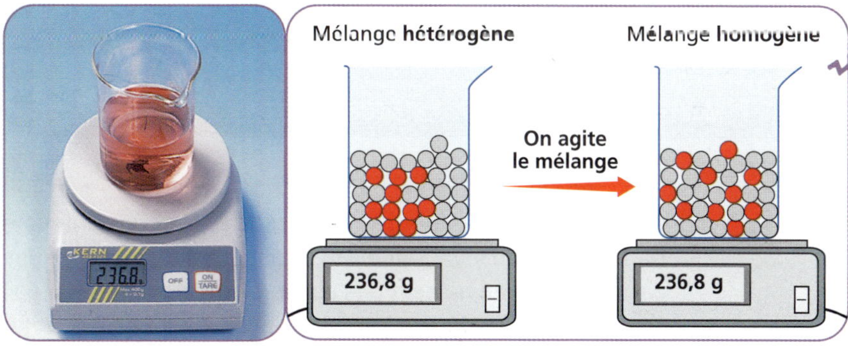

4 **Diffusion d'un soluté dans l'eau.** La masse du mélange d'eau et de colorant ne change pas.

Je conclus et je retiens

Pour t'entraîner ▶ **Exercices 25 et 27 p. 46**

- L'**état solide** cristallin est compact et ordonné, l'**état liquide** est compact et désordonné, l'**état gazeux** est dispersé et désordonné.
- Le **modèle des molécules** permet d'expliquer les **propriétés de la matière** : compressibilité d'un gaz, diffusion, conservation de la masse totale.

Mots importants
- Solide
- Liquide
- Gaz

► Voir Mini Dico p. 202

Je retiens par l'image

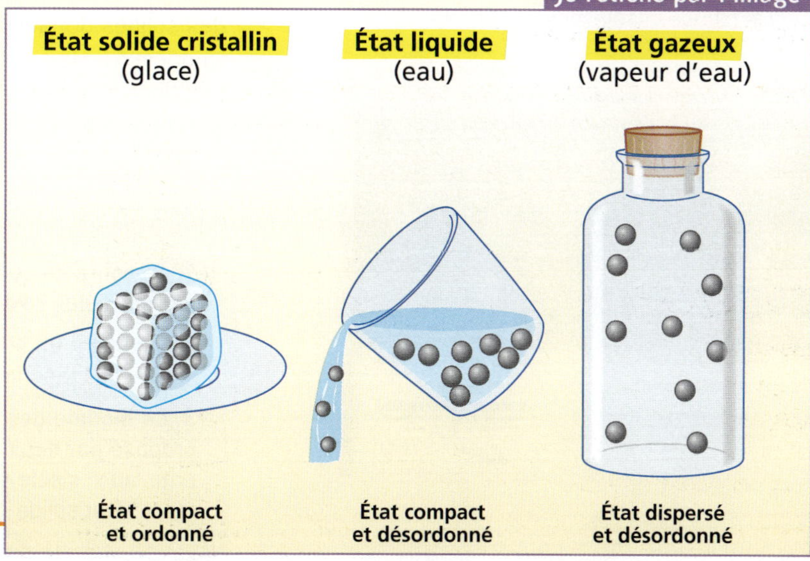

Documents

B2i

Un modèle moléculaire de gaz

Le mouvement désordonné des molécules d'un gaz est bien expliqué par la science et les mathématiques. À l'aide de l'outil informatique, les simulations permettent d'analyser ou de prévoir ce phénomène. Animol (animation moléculaire) est un logiciel qui donne une vision simplifiée de la réalité mais satisfaisante de l'agitation des molécules de l'air : c'est un modèle.

✓ Donne une explication de la pression d'un gaz à partir du mouvement des molécules.

✓ En identifiant les molécules et leurs proportions dans le mélange, prouve que les gaz représentés dans ce logiciel forment de l'air.

internet

- **Télécharge le logiciel Animol**

Choisis-le parmi les logiciels disponibles à l'adresse suivante : www3.ac-lille.fr/cd-logiciels/SPH/Sommaire_2.htm.
C'est un fichier compressé (.zip), tu auras besoin de Winzip ou de Winrar pour l'ouvrir.

- **Pour te guider**

Bouge le piston ou fais varier la température (en changeant la vitesse des molécules) et observe les changements.

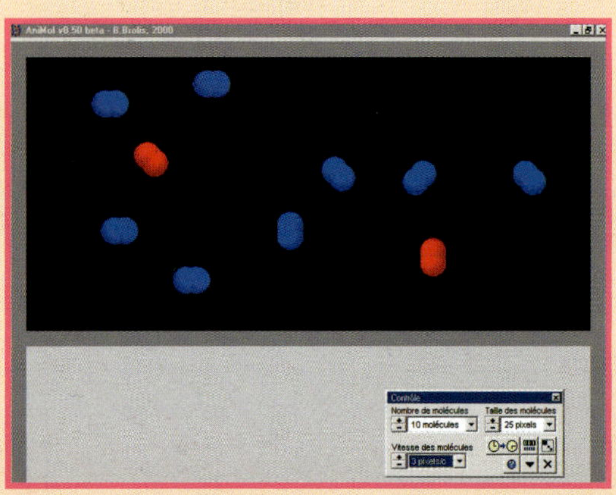

Histoire des sciences

Les modèles pour mieux comprendre

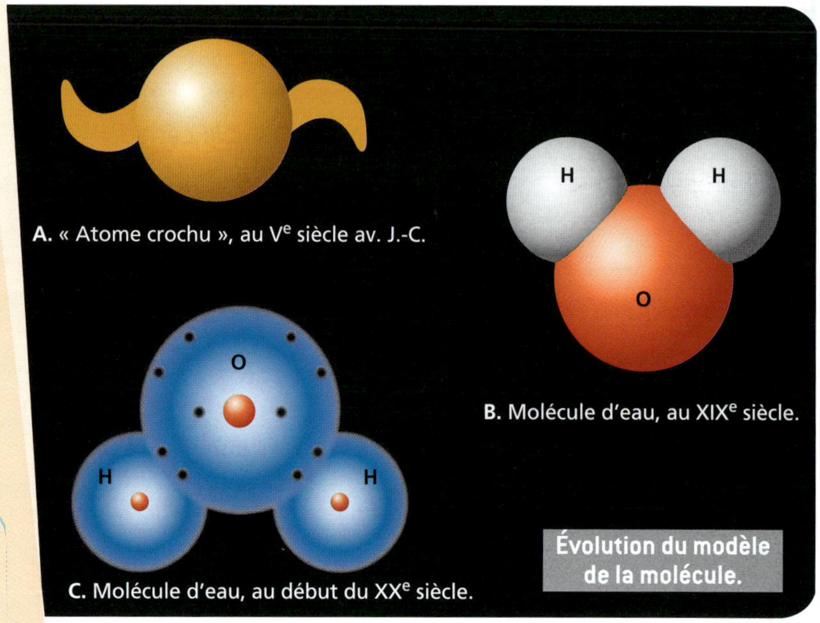

A. « Atome crochu », au Ve siècle av. J.-C.

B. Molécule d'eau, au XIXe siècle.

C. Molécule d'eau, au début du XXe siècle.

Évolution du modèle de la molécule.

Dans l'histoire de la chimie, le mot « molécule » apparaît tardivement. En 1833, Marc Gaudin, un chimiste français, lui donne sa signification actuelle. Car découvrir une particule que l'on ne peut pas observer directement n'est pas si simple : par l'expérience les scientifiques du XVIIIe, XIXe et XXe siècle ont réuni peu à peu les preuves de son existence. Cette idée vieille de plus de 2200 ans est finalement devenue une réalité scientifique, jetant à la poubelle des dizaines d'autres théories sur la matière.

Les propriétés physiques des trois états de la matière peuvent être expliquées par des molécules ressemblant à des solides de taille microscopique : c'est un modèle simple (modèle A). Mais cela reste insuffisant pour comprendre les réactions chimiques (voir chap. 4 et 5).

Questions

1. Au cours de quel siècle a-t-on expliqué la matière par les molécules ? Pourquoi cela est-il apparu si tard ?

2. Comment un scientifique apporte-t-il des preuves pour valider ses théories ?

3. Le modèle des « atomes crochus » (Modèle A) a été proposé par deux philosophes grecs, Leucippe et Démocrite, au Ve siècle av. J.-C. Permettrait-il de décrire simplement l'état solide ? L'état gazeux ?

Comment fabrique-t-on le café lyophilisé ?

Capacités

✓ Utiliser la notion de molécules pour interpréter :
- les différences entre corps pur et mélange ;
- les différences entre les états physiques de l'eau.

L'Homme moderne est pressé : quelques granulés, de l'eau chaude et voilà un café ! Mais comment obtient-on ces granulés ?

La production du café lyophilisé s'effectue en plusieurs étapes :

1. On prépare la boisson café puis on la congèle rapidement à – 40 °C pour obtenir des barres solides.
2. On place ces barres dans une pièce où on fait le vide. L' eau contenue dans la barre passe directement à l'état gazeux : elle se sublime.
3. Il ne reste que des granulés avec lesquels on peut préparer une boisson café, qui a cependant perdu la moitié de ses arômes.

Simple, un café ? Pas si sûr.

La boisson contient plus de 1 500 molécules différentes dont celles de l'eau.

Représentation simplifiée du café (seuls 5 types de molécules sont représentées.)

Protège la planète

Privilégie l'achat de café portant le logo « commerce équitable ». Le producteur s'engage à favoriser la préservation de l'environnement.

Mène ton enquête

1. Observe la représentation du café. S'agit-il d'un corps pur ou d'un mélange ? Pourquoi ?
2. Utilise le modèle des molécules pour représenter le café lyophilisé. Quelles molécules ont disparu ?
3. Quel est l'inconvénient de la lyophilisation ?
4. Utilise la représentation moléculaire pour schématiser le principe de la sublimation de l'eau.

Coup de pouce

Lyophilisation : déshydratation par sublimation à basse température et sous vide.

Connais-tu le cours ?

1 Réaliser des mélanges homogènes

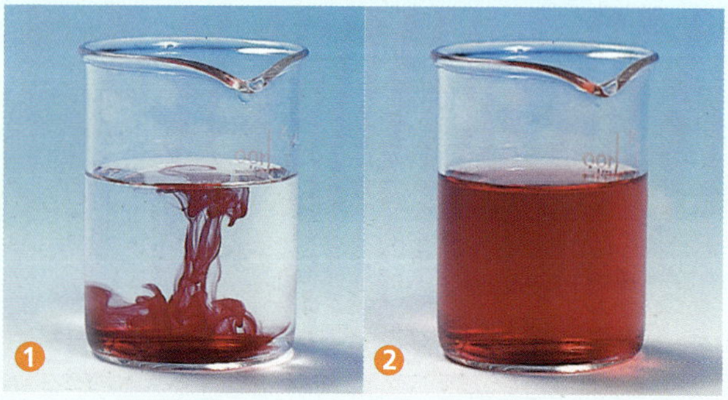

De ces deux mélanges d'eau et de colorant, indique celui :

a. qui est homogène ;
b. qui a été agité.

2 Réaliser des pesées

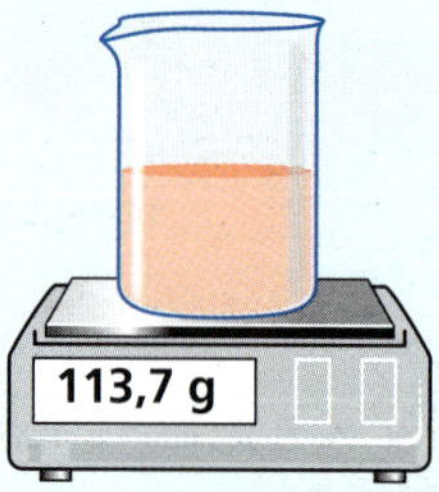

a. Quel est le nom de cet instrument de mesure ?
b. Que mesure-t-il ici ?
c. Note le résultat de cette pesée.

3 Interpréter la compressibilité de l'air

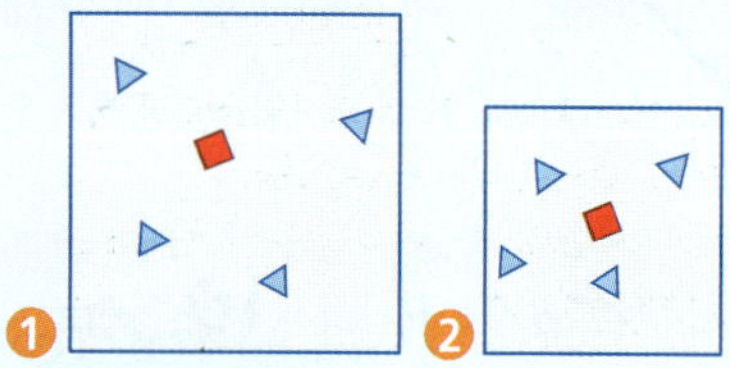

Dans quel cas, l'air est-il le plus comprimé ?

4 Interpréter les différences entre corps purs et mélanges

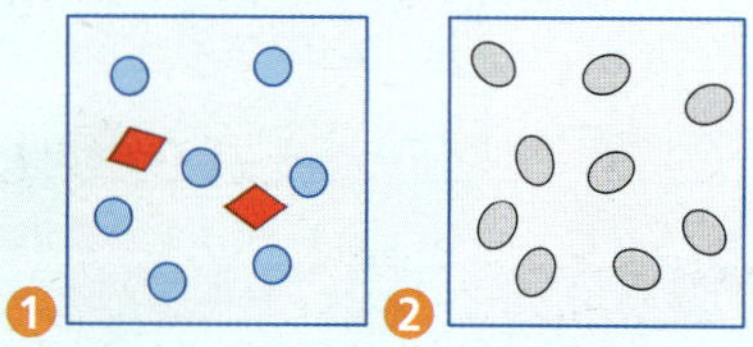

Précise, dans chaque cas, s'il s'agit d'un corps pur ou d'un mélange.

5 Interpréter la conservation de la masse

Recopie en choisissant la bonne réponse.
Lors d'un mélange ou d'un changement d'état, la masse totale ne change pas car :

a. le nombre de molécules ne change pas ;
b. la distance entre les molécules ne change pas ;
c. il y a de l'espace entre les molécules.

6 Interpréter les différents états de l'eau

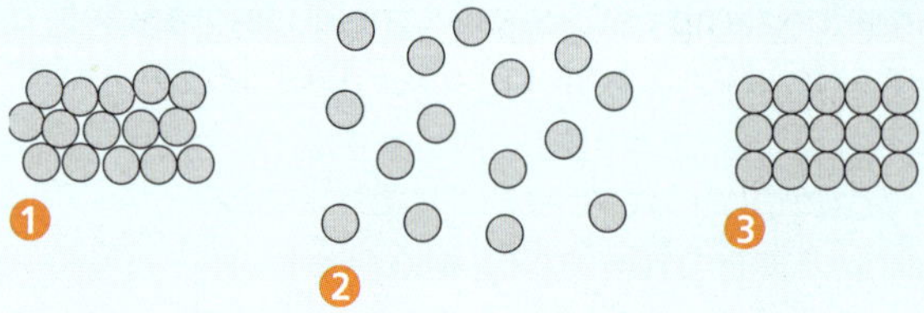

Quelle est la représentation :
a. de la vapeur d'eau ? **b.** de l'eau liquide ?
c. de la glace ?

7 Interpréter la non-compressibilité

Recopie la phrase en choisissant les bonnes propositions.
L'eau liquide *est / n'est pas* compressible car ses molécules *sont / ne sont pas* éloignées.

8 Interpréter la diffusion

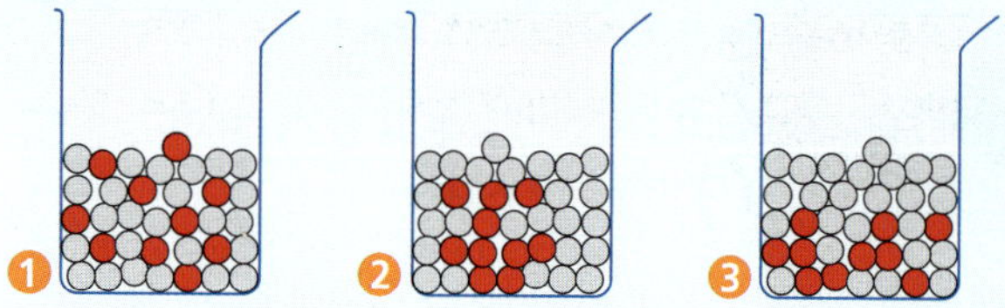

Classe dans l'ordre chronologique ces trois représentations moléculaires de la diffusion d'un colorant dans l'eau.

9 Trouver les mots-clés du chapitre

Recopie et complète la grille.
Donne la définition du mot caché.

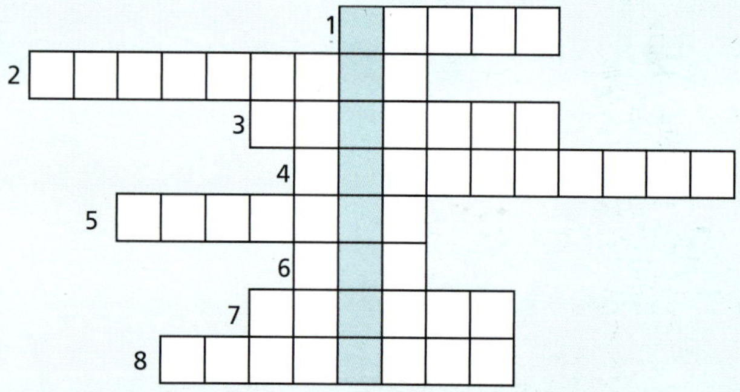

1. Se conserve lors d'un mélange.
2. Action de se répandre.
3. Contient des molécules différentes.
4. Se dit du mouvement des molécules d'un liquide.
5. Propriété de l'état solide.
6. Se dit d'un corps qui contient des molécules identiques.
7. Cet état est ordonné.
8. Propriété de l'état gazeux.

As-tu compris le cours ?

Les molécules

10 Représenter des molécules

Le schéma 1 représente des molécules à un instant donné. Ingrid a représenté sur les schémas 2, 3 et 4, les mêmes molécules à des instants différents. Seulement, elle a commis une erreur à chaque fois. Retrouve cette erreur.

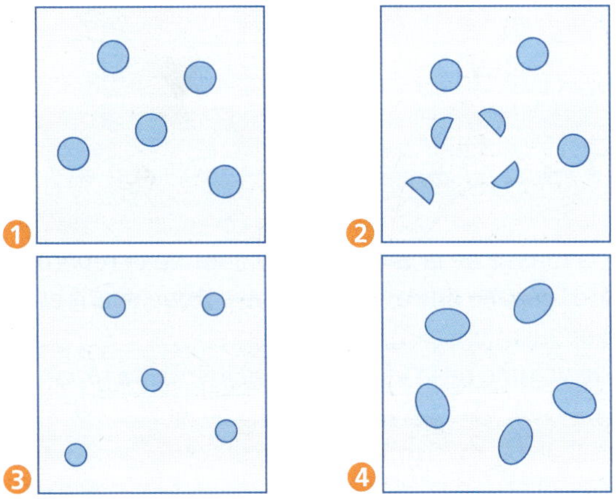

11 Légender la représentation de l'air

Recopie et complète la légende de cette représentation moléculaire de l'air.

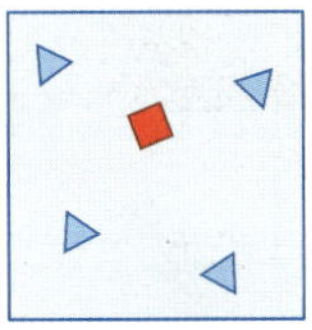

△ Molécule de ....

■ Molécule de ....

12 Mélanger des gaz

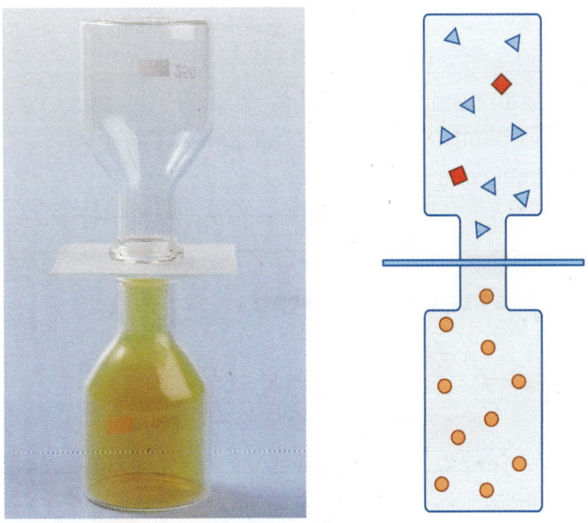

Observe la représentation moléculaire des gaz contenus dans les deux flacons photographiés.

a. Précise, pour chaque flacon, s'il contient un corps pur ou un mélange. Justifie ta réponse en utilisant la conjonction « car ».

b. On retire la plaque de verre. Représente les flacons et les molécules qu'ils contiennent après quelques minutes.

13 Différencier corps pur et mélange

Voici trois représentations de molécules. Précise, dans chaque cas, s'il s'agit d'un mélange ou d'un corps pur.

14 ★ Analyser un document

La représentation ci-dessous montre les échanges de molécules qui s'effectuent entre un cours d'eau et l'atmosphère.

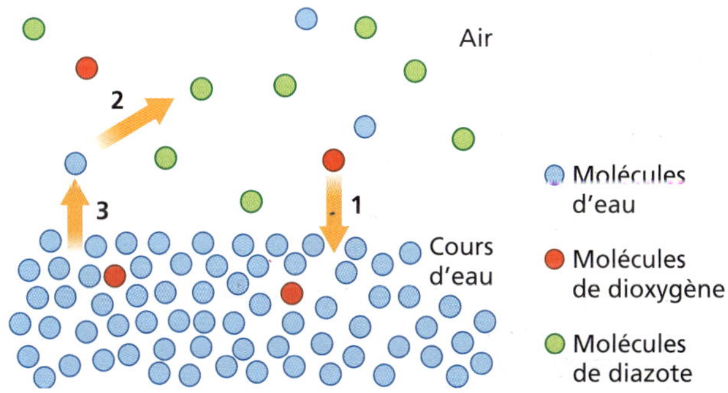

Parmis les phrases suivantes attribue à chaque numéro du dessin celle qu'il convient.

a. Des molécules d'eau quittent la surface libre et forment de la vapeur d'eau.

b. L'agitation de l'air entraîne les molécules d'eau. Elles sont alors remplacées par d'autres molécules provenant du cours d'eau : c'est l'évaporation.

c. Le brassage de l'eau (cascade, vague, etc.) favorise la dissolution du dioxygène dans l'eau.

15 Communiquer B2i

Lucien était malade lors du dernier cours de chimie. Maryama lui a envoyé la leçon par message électronique qu'il a imprimé.

Jeu 11 Juin 2007 17:45

Date : jeudi 11 juin 2007 17:45
De : « Maryama PAPPO » < maryadu02@orange.fr >
A : « Lucien SCHWAB » <lulu.schwab@free.fr >
Joindre : cours_matière_molecules.doc ; schéma_molecule.jpg
Objet : Le cours de jeudi matin

Coucou Lucien. J'espère que tu n'es pas trop malade.
Voici le cours.

a. Donne le nom et l'adresse électronique de l'auteur du message.

b. Pourquoi le cours ne figure-t-il pas dans le message imprimé par Lucien ?

c. Quels types de fichier a envoyé Maryama ?

Les propriétés de la matière

16 Représenter les états de l'eau

a. Quel état de l'eau est représenté ci-contre ?
b. Représente les deux autres états de l'eau.

17 Trouver l'erreur

Identifie l'erreur qui s'est glissée dans chacune de ces représentations moléculaires de l'air.

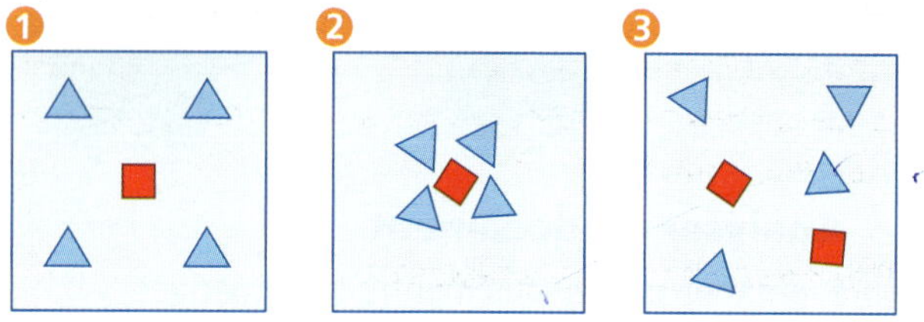

■ Molécule de dioxygène △ Molécule de diazote

18 Reconnaître un état

a. Cette représentation moléculaire est-elle celle d'un corps pur ou d'un mélange ? Justifie ta réponse en utilisant la conjonction « donc ».
b. Précise s'il s'agit d'un solide, d'un liquide ou d'un gaz. Justifie ta réponse.

19 Reconnaître un changement d'état

Voici la représentation de molécules lors d'un changement d'état. De quel changement d'état s'agit-il ? Justifie ta réponse.

20 Sentir un parfum

Explique la réponse du garçon.

21 ★ Comparer des masses

En utilisant la notion de molécule, explique pourquoi un volume donné d'un corps est bien plus léger sous forme de gaz que sous forme liquide ou solide.

22 ★ Interpréter une expérience

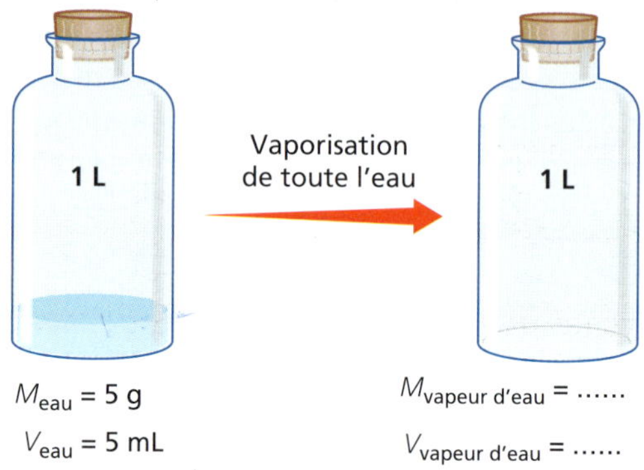

a. Donne la masse de la vapeur d'eau. Justifie ta réponse.
b. Compare l'espace entre les molécules d'eau avant et après la vaporisation.
c. Donne le volume de la vapeur d'eau. Justifie ta réponse.

23 Apprendre à rédiger un exercice

Énoncé

On a représenté les molécules de l'air dans deux flacons. Compare les masses et les pressions de l'air contenu dans ces flacons.

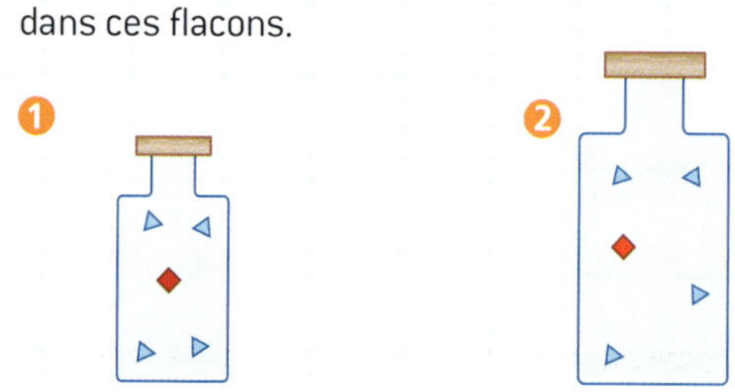

Rédaction de la solution

Les deux flacons contiennent le même nombre de molécules, donc les masses d'air sont égales.
Le volume du flacon 2 est plus grand que le volume du flacon 1 donc la pression de l'air dans le flacon 2 est plus faible que dans le flacon 1.

▶ Pour t'entraîner : exercice 24

24 Interpréter une pression

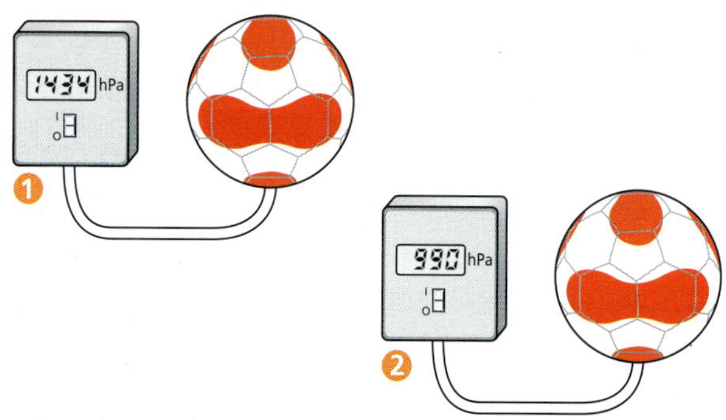

Dans quel ballon les molécules de l'air sont-elles davantage rapprochées ? Justifie ta réponse.

25 Comprimer un gaz

Nordine appuie sur le piston d'une seringue bouchée contenant un gaz, puis il représente les états initial (1) et final (2) de son expérience.

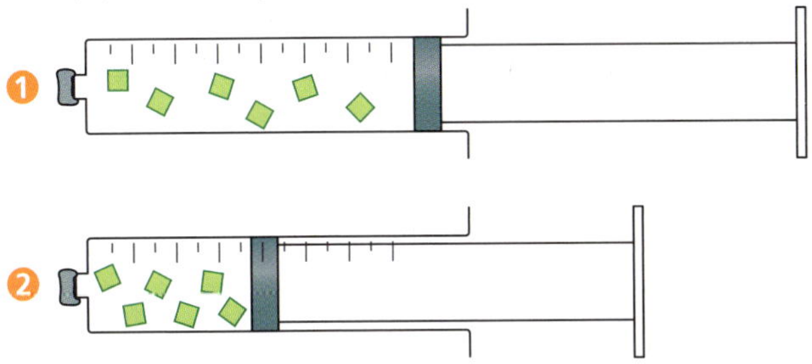

a. Le gaz contenu dans la seringue est-il un corps pur ou un mélange ? Justifie ta réponse en utilisant la conjonction « donc ».
b. En utilisant la notion de molécule, explique pourquoi la variation du volume du gaz est possible, et pourquoi la masse de la seringue n'a pas varié.

26 Comparer des compressibilités

Observe la représentation des molécules d'eau (1) et des molécules de l'air (2) contenues dans deux seringues bouchées.

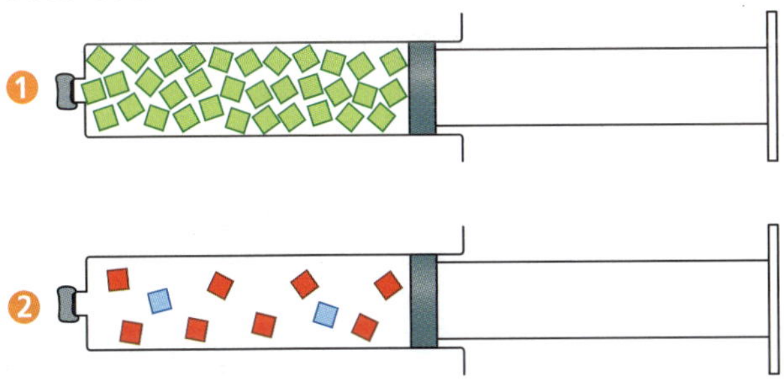

a. Compare l'espace entre les molécules d'eau et l'espace entre les molécules de l'air.
b. Déduis-en dans quel cas il est facile de pousser le piston de la seringue.

27 Représenter une diffusion

Corentin a représenté le début de la diffusion d'un gaz dans l'air, et celle d'un colorant dans l'eau.

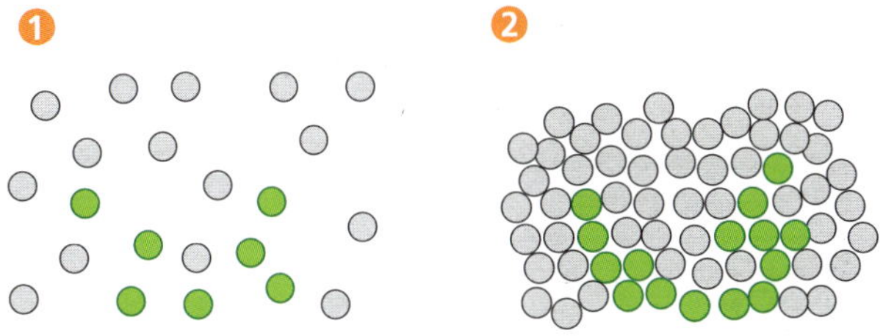

a. Quelle est la représentation de la diffusion du gaz dans l'air ? Justifie ta réponse.
b. Représente les molécules quand la diffusion du gaz dans l'air est terminée.

28 Représenter une solution

Utilise la représentation moléculaire pour schématiser une eau sucrée. Tout le sucre est dissous dans l'eau. Symbolise les molécules de sucre par des ronds bleus et les molécules d'eau par des ronds rouges.

29 Réaliser une expérience à la maison

▶ Verse du colorant alimentaire dans un verre. Retourne une petite bouteille remplie d'eau à ras bord dans le colorant. Attends quelques minutes.

▶ Que constates-tu ? S'agit-il d'une diffusion ? Interprète ton observation en utilisant le modèle de la molécule.

30 Exercice de synthèse

Vérifie tes réponses p. 206

Voici un problème qui résume tout ce que tu dois savoir.
Si tu n'arrives pas à répondre à certaines questions, revois ton cours p. 40.

M. Toufoot dispose d'un ballon mal gonflé. Il représente les molécules de l'air qu'il contient. Il gonfle ensuite son ballon à l'aide d'une pompe.

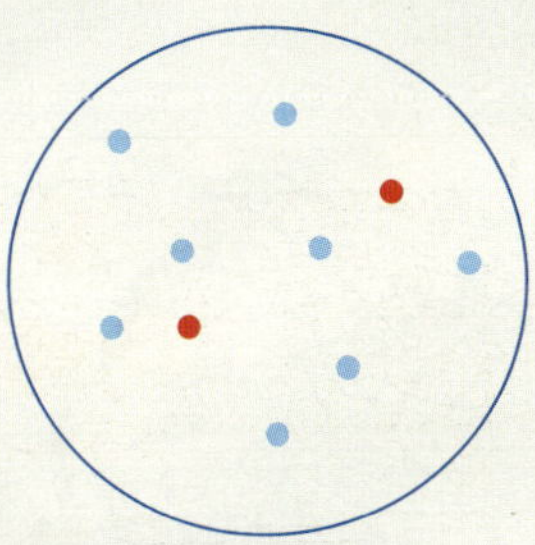

• Molécule de diazote
• Molécule de dioxygène

1. Qu'est-ce qu'une molécule ?

2. D'après la représentation moléculaire de M. Toufoot, l'air est-il un mélange ou un corps pur ? Justifie ta réponse.

3. Cite deux propriétés des molécules de l'air communes à tous les gaz.

4. Sur le même modèle que M. Toufoot, représente l'air dans le ballon après gonflage.

5. La pression et la masse de l'air dans le ballon ont-elles changé ? Utilise la notion de molécule pour justifier ta réponse.

Chapitre 4

Les combustions

Objectifs

- Réaliser et décrire une expérience de combustion
- Identifier les réactifs et les produits
- Reconnaître un précipité
- Connaître les dangers des combustions incomplètes
- Savoir que les combustions libèrent de l'énergie

Des steaks cuisant sur la grille d'un barbecue à charbon.

Situation 1

La combustion du charbon de bois libère de l'énergie permettant de cuire la viande.

Pourquoi un courant d'air permet-il de raviver les braises ?

Une jeune femme surveille les flammes d'une cuisinière.

Situation 2

Dans une cuisinière à gaz, la combustion d'un gaz libère de l'énergie servant à cuire les aliments.

Pourquoi des flammes bleues sont-elles un signe de bon fonctionnement de la cuisinière ?

J'expérimente pour répondre

Activité 1
Faire brûler du carbone p. 50

Activité 2
Faire brûler du butane p. 51

Activité 1

Que se passe-t-il quand du carbone brûle dans l'air ?

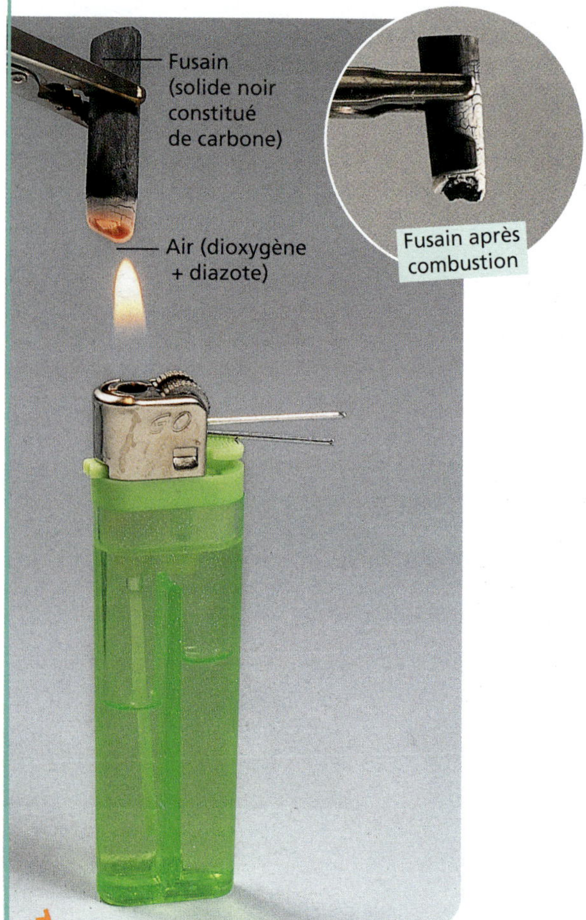

1 **Combustion d'un morceau de carbone dans l'air.**

2 **Combustion d'un morceau de carbone dans le dioxygène.**

3 **Test d'identification du gaz formé.** Le dioxyde de carbone trouble l'eau de chaux.

Pour réaliser une combustion aide-toi de la fiche technique 4, p. 193.

Pour identifier certaines substances, aide-toi de la fiche technique 5, p. 194.

Vocabulaire

- **Combustion** : transformation chimique libérant de l'énergie.
- **Incandescent** : qui émet de la lumière quand on le chauffe.
- **Transformation chimique** : transformation où des corps sont consommés et d'autres formés.
- **Réactif** : corps consommé au cours d'une transformation chimique.
- **Produit** : corps formé au cours d'une transformation chimique.

Guide de travail

1. Observe la taille du fusain après combustion dans l'air (doc 1). Que constates-tu ?
2. À ton avis, quel gaz de l'air permet au fusain de brûler (doc 1) ? Vérifie ta proposition en plaçant du fusain incandescent dans un flacon rempli de dioxygène. Que constates-tu (doc 2) ?
3. Identifie le gaz formé dans le flacon (doc 3).
4. Explique pourquoi la combustion du carbone est une transformation chimique.
5. Nomme les réactifs et le produit de la combustion du carbone dans l'air.

Activité 2

Que se passe-t-il quand du butane brûle dans l'air ?

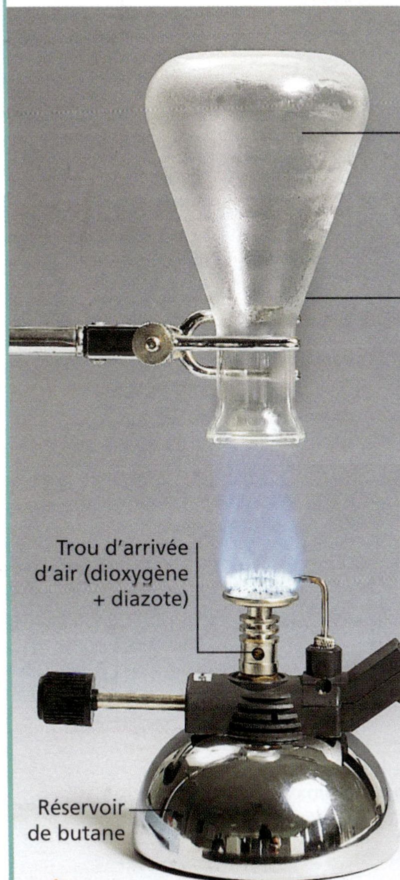

1 Combustion complète du butane et récupération des gaz formés dans l'erlenmeyer.

2 Test à l'eau de chaux après combustion du butane. Le gaz formé trouble l'eau de chaux.

3 Combustion incomplète du butane et caractérisation des produits formés. Il se forme, en plus des produits de la combustion complète, des fumées de carbone et du monoxyde de carbone, gaz incolore, inodore et très toxique.

⚠ Attention

Chauffage Sécurité

Porte des lunettes de protection et attache tes cheveux.

Vocabulaire

- **Combustion complète** : combustion qui a lieu en présence d'une quantité suffisante de dioxygène.
- **Combustion incomplète** : combustion qui a lieu en présence d'une quantité insuffisante de dioxygène.

Guide de travail

1. Quels sont les deux gaz formés lors de la combustion complète du butane dans l'air (doc 1 et 2) ?

2. Nomme les réactifs et les produits de la combustion complète du butane dans l'air.

3. Quels sont les produits formés lors de la combustion incomplète du butane dans l'air (doc 3) ? Pourquoi y-a-t-il danger lors d'une combustion incomplète ?

1. La combustion du carbone

J'observe et j'interprète Activité 1

1 **Exemple.** Une combustion du carbone : celle du bois dans une cheminée.

- Lorsque du carbone brûle dans l'air, il y a **transformation chimique**. Le carbone et le dioxygène de l'air sont consommés : ce sont les **réactifs**. Du dioxyde de carbone (qui trouble l'eau de chaux) est formé : c'est le **produit (doc 2)**. Cette transformation chimique libérant de l'énergie est une **combustion**.

Le dioxygène est un **comburant**, car il permet la combustion du carbone, le **combustible**.

- *Remarque :* le test à l'eau de chaux est également une transformation chimique avec formation d'un **précipité** blanc de carbonate de calcium, mais ce n'est pas une combustion.

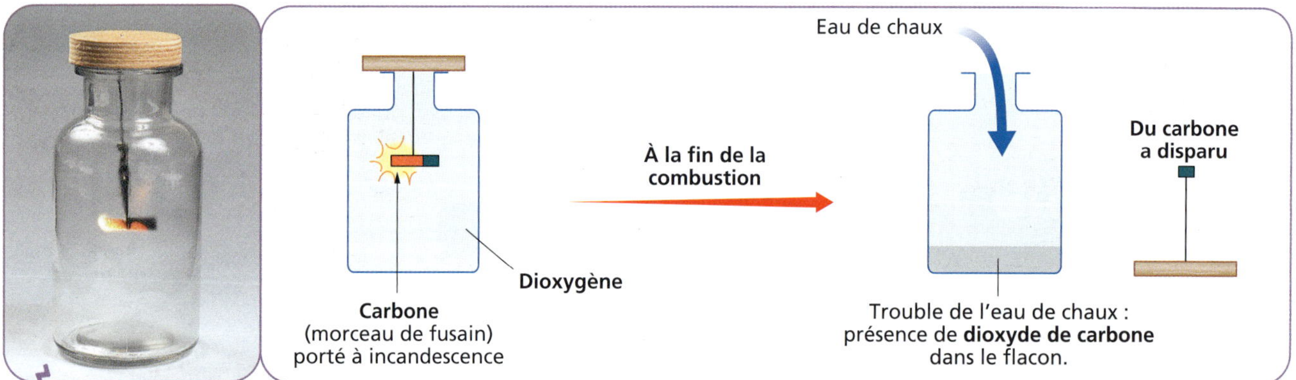

2 **Combustion du carbone dans le dioxygène.**

Je conclus et je retiens

Pour t'entraîner ▶ Exercices 8 et 10 p. 57

- Le carbone, **combustible**, réagit avec le dioxygène, **comburant**, pour former du dioxyde de carbone.
- **Bilan de la combustion** :

Carbone + Dioxygène	Transformation chimique → (donne)	Dioxyde de carbone
Réactifs (ils sont consommés)		**Produit** (il est formé)

Mots importants

- Transformation chimique, réactif, produit
- Combustion, combustible, comburant
- Précipité

► Voir Mini Dico p. 202

Je retiens par l'image

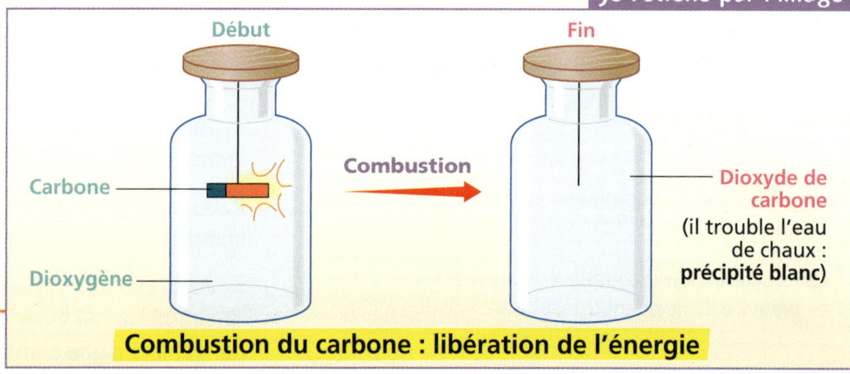

2. La combustion du butane et du méthane

J'observe et j'interprète Activité 2

● Lorsque du **butane** brûle dans l'air, le butane et le dioxygène de l'air sont consommés : ce sont les réactifs. De l'eau (apparition de buée) et du dioxyde de carbone (qui trouble de l'eau de chaux) sont formés : ce sont les produits **(doc 3)**.

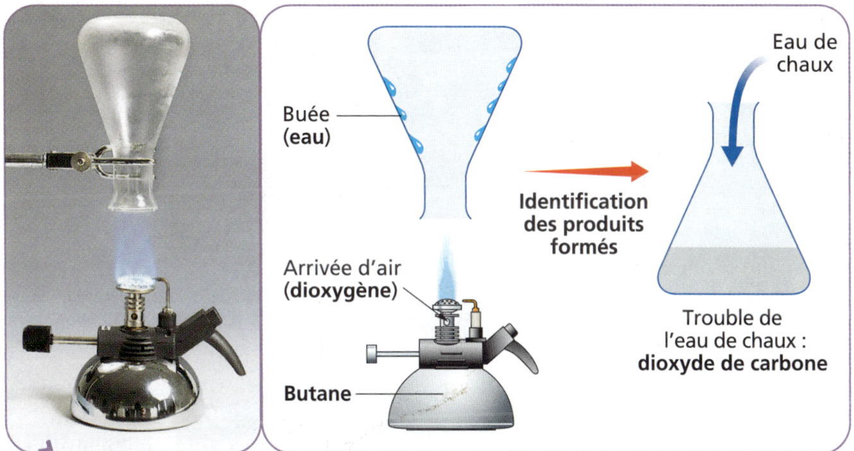

3 La combustion du butane.

4 Exemple. La combustion du méthane : les flammes d'une cuisinière à gaz de ville.

● Si la quantité de dioxygène est insuffisante, la combustion devient **incomplète** : il se forme en plus des particules solides noires de **carbone**, et du **monoxyde de carbone**, gaz très toxique.

Remarque : on fait les mêmes observations avec le **méthane** (gaz de ville), combustible couramment utilisé pour le chauffage.

Je conclus et je retiens

Pour t'entraîner ▶ Exercices 12 et 17 p. 57

● Lors d'une **combustion complète**, le butane (ou le méthane) réagit à chaud avec le dioxygène pour former de l'eau et du dioxyde de carbone.

Bilan : Butane + Dioxygène ⟶ Eau + Dioxyde de carbone

● Lors d'une **combustion incomplète**, il se forme en plus du carbone et du monoxyde de carbone, **gaz très toxique.**

Mots importants

- Combustion complète
- Combustion incomplète

► Voir Mini Dico p. 202

Je retiens par l'image

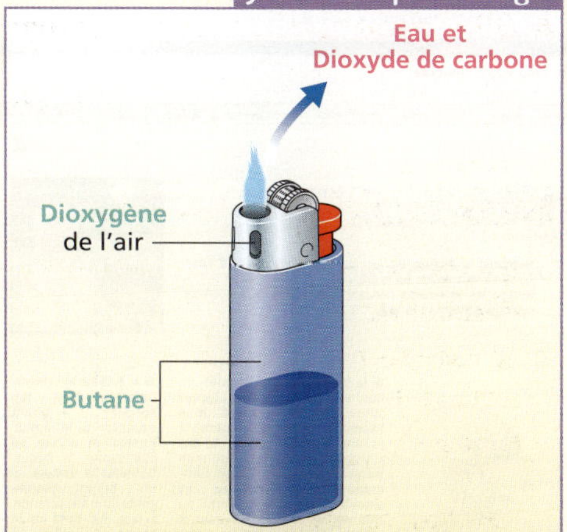

Combustion complète du butane : libération de l'énergie

B2i Sécurité

Brûlure : avoir les bons réflexes

À la maison, l'énergie libérée par les combustions cause parfois des accidents qui pourraient être moins graves si les premiers secours étaient apportés rapidement. Une cigarette mal éteinte, une bougie ou un enfant qui joue avec un briquet peuvent avoir des conséquences dramatiques : la chaleur peut provoquer des brûlures mais peut aussi enflammer des cheveux ou des vêtements. De tels accidents ne sont pas rares et ils laissent des traces indélébiles. En plus d'être prudent, tu peux sûrement apprendre, dans ton collège, les gestes qui sauvent et passer l'attestation de formation aux premiers secours (AFPS), renseigne-toi.

✓ Que faut-il faire en cas de brûlure ?

✓ Explique pourquoi il faut toujours arroser une brûlure avec de l'eau froide.

internet

- **Pour trouver tes réponses**

Rendez-vous dans la rubrique "6 gestes élémentaires", sur le site de la Croix rouge www.croix-rouge.fr/goto/secours/index.asp

- **Informe-toi**

Tu peux aussi tester tes connaissances avec le quiz.

Les gestes qui sauvent

CROIX-ROUGE FRANÇAISE

Accès au site national

Accueil | Alerte | Saignement | Étouffement | Inconscience | Malaise | Brûlure | Plaie | +

imprimer

Brûlure

>> Que faire ?

- **Refroidir la brûlure** en l'arrosant immédiatement à l'eau froide, sans pression sur la brûlure.
Retirer les vêtements pendant l'arrosage, à l'exception de ceux qui adhèrent à la peau.

Si la brûlure est très étendue, ou que les cloques sont de grandes tailles (plus de la moitié de la paume de la main de la victime), la brûlure est dite grave. Il faut allonger la victime sur la région non brûlée. L'installer en position demi-assise si elle présente des difficultés respiratoires. Alerter au plus vite les secours. Surveiller la victime jusqu'à l'arrivée des secours.

Si la brûlure est simple, l'arrosage peut être poursuivi jusqu'à disparition de la douleur. Protéger la brûlure, ne pas percer la cloque. Surveiller la brûlure, si elle devient chaude, gonfle ou si elle continue à faire mal dans les 24 heures, consulter un médecin

Santé

Fumer tue

Les produits toxiques se dispersent et peuvent être respirés par tous !

En France, le tabac tue 66 000 personnes par an. Il contient une drogue, la nicotine, qui rend dépendant. Mais le danger pour la santé provient des produits de la combustion incomplète du tabac. Le monoxyde de carbone réduit les capacités respiratoires en rendant les globules rouges inefficaces. Les goudrons se déposent dans les poumons, causant des toux régulières et augmentant les risques cardiaques, respiratoires ou de cancers. À ces poisons s'ajoutent des milliers de molécules plus ou moins dangereuses. Présentes dans l'air autour des fumeurs, elles intoxiquent aussi ceux qui ne fument pas : c'est le tabagisme passif.

Quand un fumeur réussit à arrêter, il récupère ses capacités respiratoires en quelques semaines. Au bout de 10 à 15 ans, les risques de cancer sont les mêmes qu'un non-fumeur. Tous ceux qui essayent d'arrêter rêvent de ne jamais avoir commencé !

Questions

1. Pourquoi un fumeur a-t-il du mal à arrêter ?

2. Quels sont les dangers pour la santé dus au tabac ?

3. Lorsqu'un fumeur aspire à travers sa cigarette, la braise rougit davantage. Apporte une explication à cette constation.

4. Le tabac est une drogue qui tue. D'après toi, qu'est-ce qui pousse un adolescent à fumer ?

Le briquet à gaz

Capacités
✓ Décrire une combustion
✓ Reconnaître les réactifs et les produits

Quoi de plus courant qu'un briquet à gaz ? Chaque jour il s'en vend plus de cinq millions ! Le principe de fonctionnement du briquet est simple. Il consiste à provoquer la combustion d'un gaz en utilisant les étincelles obtenues par le frottement de l'acier contre une pierre.

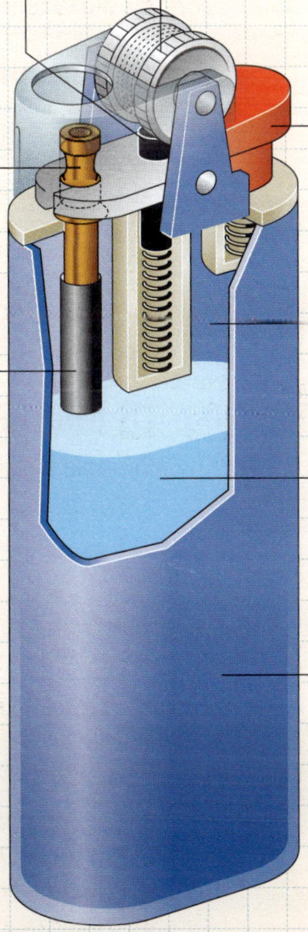

Un peu d'histoire

Il y a 250 000 ans nos ancêtres frottaient un silex contre de la marcassite (roche ferreuse) pour former des étincelles.

Mène ton enquête

Matériel
✓ Un briquet

Réaction de combustion ?

1. Appuie sur le poussoir du briquet sans tourner la molette. Qu'observes-tu ?

2. Appuie maintenant sur le poussoir du briquet en créant une étincelle. Qu'observes-tu ? Conclus.

Réactifs et produits

3. Avec quel gaz contenu dans l'air le butane réagit-il ?

4. Comment peux-tu montrer qu'un des produits formés est de l'eau ?

Coup de pouce
Lorsque du butane brûle dans l'air, du dioxygène est consommé.

Exercices

Connais-tu le cours ?

1 Réaliser une combustion

Qu'as tu dû faire pour que le morceau de carbone brûle dans ce flacon rempli de dioxygène ?

2 Décrire une combustion

Ces schémas décrivent la combustion du carbone dans le dioxygène. Donne les légendes manquantes.

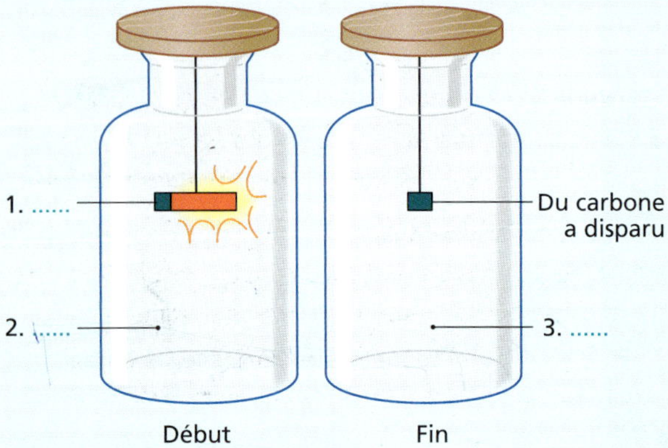

3 Exprimer un danger

Retrouve l'ordre de ce puzzle et écris la phrase.

un gaz toxique | une combustion incomplète

il se forme | du monoxyde de carbone

car | qui est | est dangereuse

4 Identifier les réactifs et les produits

Recopie en bleu les réactifs et en rouge les produits pour les deux combustions suivantes.

a. Lorsque du carbone brûle dans l'air, le carbone et le dioxygène de l'air sont consommés tandis que du dioxyde de carbone est formé.

b. Lorsque du butane brûle dans l'air, du butane et du dioxygène de l'air disparaissent tandis que de l'eau et du dioxyde de carbone apparaissent.

5 Reconnaître un précipité

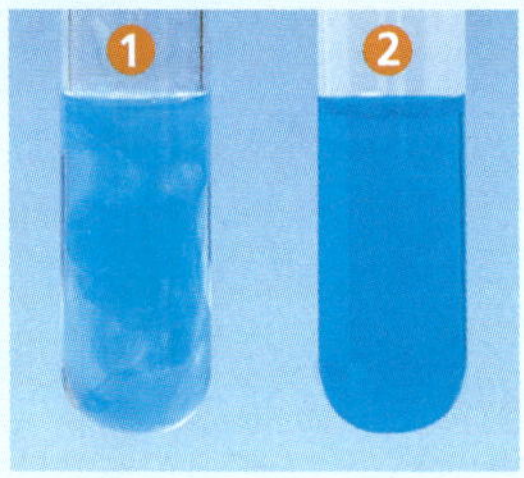

Dans quel cas, observe-t-on un précipité ?

6 Trouver les mots-clés du chapitre

Recopie et complète la grille : tu trouveras le mot caché.

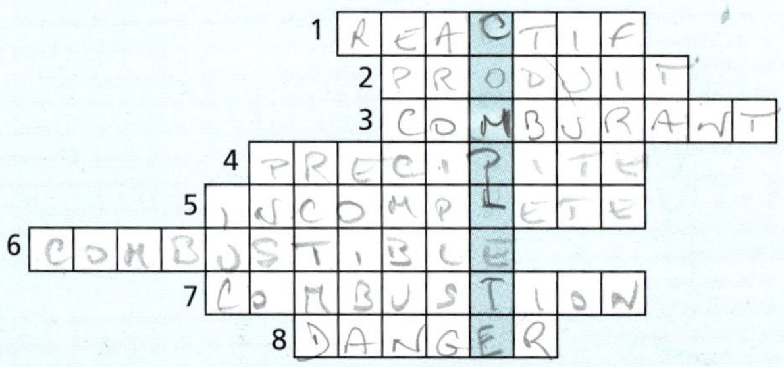

1. Est consommé lors d'une transformation chimique.
2. Est formé lors d'une transformation chimique.
3. Substance qui permet de brûler.
4. Synonyme de trouble dans un liquide.
5. Une telle combustion présente un danger.
6. Substance qui brûle.
7. Transformation chimique libérant de la chaleur.
8. Une combustion incomplète en présente un.

As-tu compris le cours ?

La combustion du carbone

7 ★ Calculer la masse de fusain Maths

Pour faire brûler complètement 1 g de fusain (carbone), il faut 10 L d'air. Calcule la masse de fusain qui est consommé si la combustion débute avec :

a. 2 g de fusain dans 10 L d'air ;
b. 1 g de fusain dans 5 L d'air ;
c. 0,5 g de fusain dans 10 L d'air.

8 Comprendre un bilan

Voici le bilan d'une transformation chimique :
Carbone + Dioxygène ⟶ Dioxyde de carbone
a. Cite le (ou les) réactif(s).
b. Cite le (ou les) produit(s).
c. Quel est le nom de la transformation chimique qui correspond à ce bilan ?

9 Qui a raison ?

Explique pourquoi ils ont raison tous les deux.

10 Allumer un barbecue

Lorsqu'on produit un courant d'air sur un barbecue à l'aide d'un soufflet, les morceaux de charbon de bois rougissent et des flammes apparaissent.
a. Précise ce qu'apporte le courant d'air.
b. Quel est le gaz qui est responsable des phénomènes décrits ici ?
c. Quel est le nom de la transformation chimique qui se déroule ici ?
d. Le charbon de bois n'est pratiquement constitué que de carbone : écris le bilan de cette transformation chimique.

11 Différencier des transformations

Si de l'eau bout, elle passe de l'état liquide à l'état gazeux mais ne change pas de composition. Il s'agit d'une transformation physique.
Retrouve les transformations chimiques dans la liste suivante. Pour chacune d'elles, donne au moins un réactif ou un produit.
a. Du carbone brûle dans l'air. **b.** De l'eau gèle.
c. Une pierre tombe. **d.** L'eau de chaux se trouble.

La combustion du butane et du méthane

12 Prévoir des résultats expérimentaux

Le dispositif ci-dessous permet de mettre en évidence les produits de la combustion complète du méthane. La fiole à vide aspire les gaz dégagés lors de la combustion. Ces gaz traversent alors le sulfate de cuivre anhydre et se mélangent à l'eau de chaux.

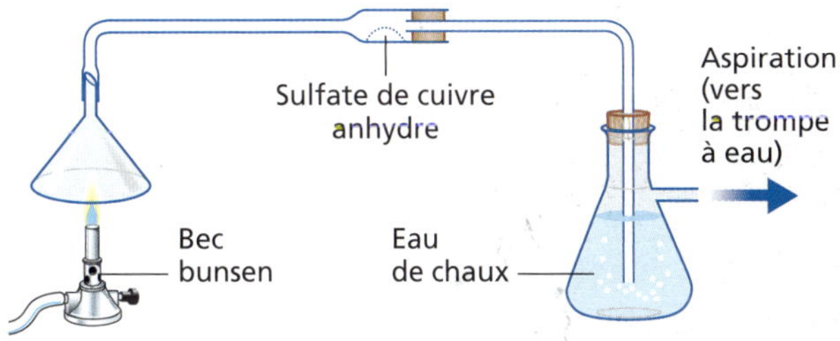

a. Précise le rôle du sulfate de cuivre anhydre et celui de l'eau de chaux.
b. Donne les observations prévisibles pour ces deux substances. Justifie.

13 Apprendre à rédiger un exercice

Énoncé
Le dioxyde de carbone est un gaz qui réagit avec l'eau de chaux. Il se forme alors du carbonate de calcium et de l'eau. Écris le bilan de cette transformation chimique.

Rédaction de la solution
Le dioxyde de carbone et l'eau de chaux sont les réactifs ; le carbonate de calcium et l'eau sont les produits.
La transformation chimique s'écrit alors :
Dioxyde de carbone + Eau de chaux ⟶ Carbonate de calcium + Eau

▶ Pour t'entraîner : 14

14 Écrire un bilan

Utilise les symboles + et ⟶ pour écrire le bilan de la transformation suivante :
« Du méthane et du dioxygène sont consommés tandis que de l'eau et du dioxyde de carbone sont formés. »

15 ★ Calculer un volume de dioxygène Maths

Un appareil de chauffage au butane bien réglé réalise une combustion complète du butane. Il peut consommer alors 0,7 m^3 de dioxygène par heure.
a. Calcule le volume d'air contenu dans une salle dont les dimensions, en mètre, sont $4 \times 5 \times 2$.
b. Calcule le volume de dioxygène contenu dans cette salle.
Coup de pouce : proportions de dioxygène dans l'air p. 16
c. Déduis-en au bout de combien de temps tout le dioxygène de la salle est consommé au cours de la combustion complète du butane.
d. Explique pourquoi on ne peut pas laisser cette salle sans aération quand l'appareil de chauffage fonctionne.

16 Connaître le danger des combustions

a. À quelle condition certaines combustions sont-elles incomplètes ?
b. Quel est leur danger ?
c. De ces deux bilans, lequel correspond à une combustion incomplète ? Justifie ta réponse.

❶ Méthane + Dioxygène ⟶ Eau + Dioxyde de carbone

❷ Méthane + Dioxygène ⟶ Eau + Dioxyde de carbone + Carbone + Monoxyde de carbone

17 Utiliser un bec Bunsen

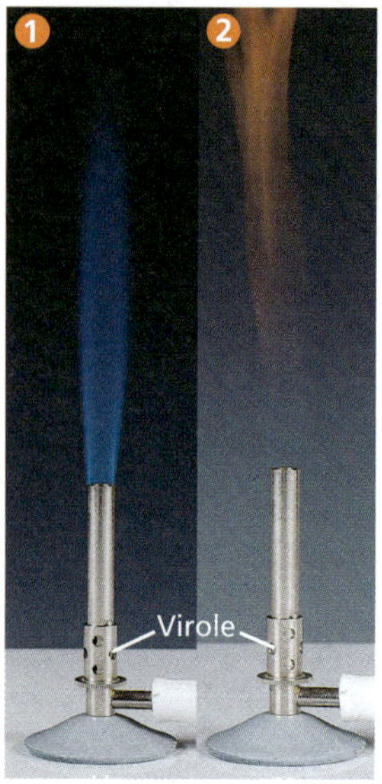

Le bec Bunsen est un appareil de chauffage utilisé dans les laboratoires de chimie. Si la virole est ouverte (1), la combustion du méthane est complète. Si elle est fermée (2), la combustion est incomplète : les particules solides formées brûlent alors dans la flamme et la colorent.
a. Pourquoi une combustion est-elle incomplète ?
b. Quelles particules solides évoquées ici rendent la flamme jaune ?
c. Quel autre produit rend la combustion dangereuse en (2) ?

18 Comparer des flammes de briquet

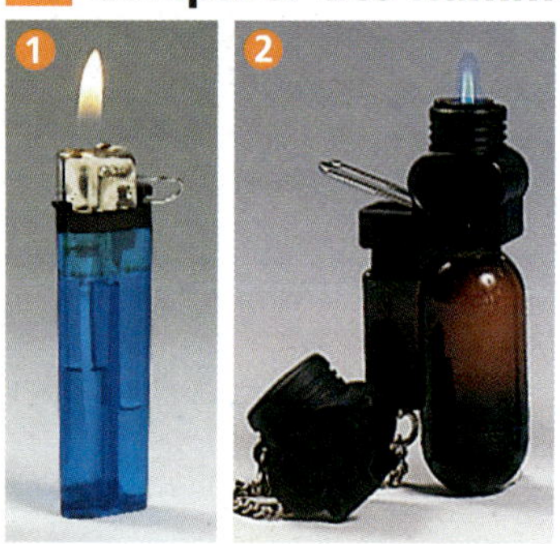

Ces deux briquets contiennent le même combustible : le butane. D'après la couleur des flammes, quel est celui qui réalise une combustion incomplète ?

Coup de pouce : aide-toi de l'exercice 17

19 Contrôler le taux de « CO »

Pour quelle raison ce technicien contrôle-t-il le taux de « CO » (monoxyde de carbone) rejeté par le chauffe-eau brûlant du méthane ?

20 Règles de sécurité Thème de convergence

Afin d'éviter une intoxication au monoxyde de carbone, une des règles de sécurité est d'aérer en permanence les salles où sont installés les appareils de chauffage à butane ou à méthane. Pourquoi ?

D'autres combustions

21 Utiliser le triangle du feu

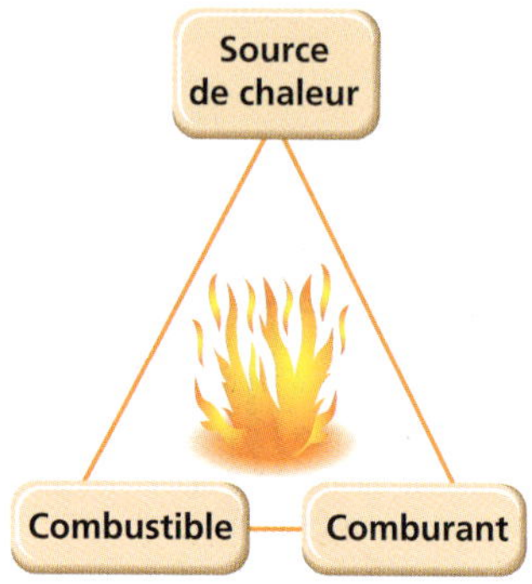

Le feu résulte de la réunion de trois facteurs constituant le « triangle du feu ». Pour éteindre un feu, les pompiers éliminent un de ces trois facteurs.
a. Cite les trois facteurs d'un feu.
b. Donne un exemple pour chacun d'eux.
c. Quel facteur est éliminé par les pompiers dans les cas suivants ?
- Les flammes sont recouvertes par une couverture.
- La bouteille de gaz est fermée.
- Les flammes sont aspergées d'eau.

22 Toxicité Thème de convergence

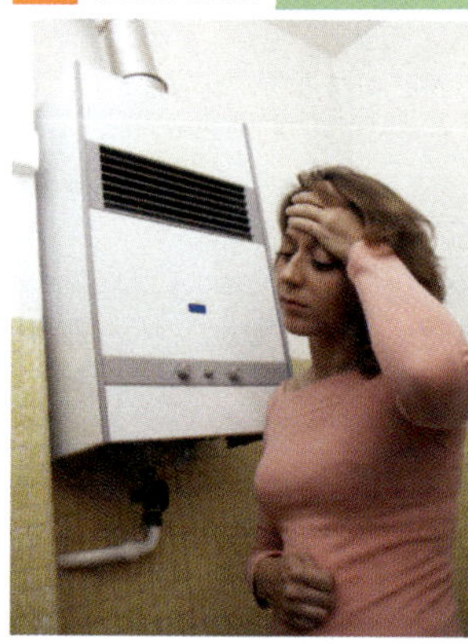

Chaque année, des accidents, parfois mortels, surviennent à cause de systèmes de chauffage défaillants ou de locaux mal ventilés. La combustion du gaz ou du fioul est alors incomplète et produit, entre autres, du monoxyde de carbone. Ce gaz est inodore, incolore et non irritant, mais il est très toxique.
a. Pourquoi dit-on souvent que le monoxyde de carbone est un gaz sournois ?
b. Quels sont les autres produits de la combustion incomplète du gaz ou du fioul ?

23 Effet de serre Thème de convergence

La combustion de combustibles fossiles (gaz, charbon, pétrole) couvre aujourd'hui 80 % des besoins en énergie de la population mondiale.
a. Quel est le gaz accentuant l'effet de serre qui est produit par la combustion de ce type de combustible ?

Coup de pouce : voir le chapitre 1, p. 15

b. Quelle est la conséquence du rejet des gaz à effet de serre dans l'atmosphère ?
c. Quelles solutions peut-on envisager pour éviter le réchauffement de notre planète ?

Coup de pouce : voir les dessins de l'exercice 27.

24 Transformation biologique SVT

Le sang alimente en permanence nos organes (muscles, cerveau, etc.) en glucose et en dioxygène. En effet, une transformation chimique entre ces deux substances forme du dioxyde de carbone, de l'eau, et libère l'énergie nécessaire au fonctionnement de nos organes et au réchauffement du corps (énergie thermique).

a. Quels sont les réactifs de cette transformation chimique ?

b. Quels sont les produits de cette transformation chimique ?

25 Les sources d'énergie Techno

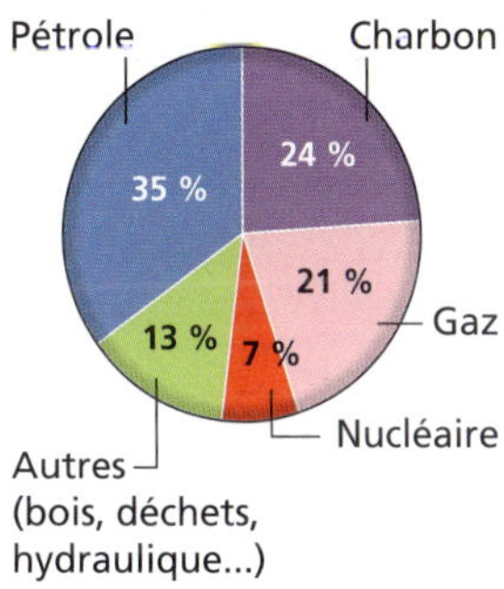

Voici la répartition de l'utilisation des sources d'énergies dans le monde.

a. Quelle est la source d'énergie la plus utilisée ?

b. Selon toi, comment récupère-t-on de l'énergie à partir de cette source ?

26 Pictogrammes de sécurité B2i

Sur l'étiquette d'un produit chimique, un pictogramme permet d'identifier le danger que présente le produit afin d'assurer la protection des personnes le manipulant.

a. Saisis l'adresse *http://www.inrs.fr* dans ton navigateur.

b. Saisis *Pictogrammes* dans la fenêtre «recherche simple».

c. Sélectionne le lien du dossier de 2003.

d. Recherche la rubrique « Téléchargement des pictogrammes et symboles ». Peux-tu copier et utiliser les symboles ? Pourquoi ?

27 Environnement et énergie Techno

a. Associe à chaque installation électrique sa source d'énergie.

b. Quelle installation utilise une combustion ?

c. Quelle source d'énergie est polluante ? Pourquoi ?

28 Réaliser une expérience à la maison

▶ Allume une bougie et recouvre-la d'un verre.

▶ Observe l'apparition de buée, puis attends. Que constates-tu ?

▶ Justifie l'apparition de buée en utilisant les mots « transformation chimique » et « produit », puis explique pourquoi la flamme s'éteint en utilisant le mot « comburant ».

29 Exercice de synthèse

Vérifie tes réponses p. 206

Voici un problème qui résume tout ce que tu dois savoir.
Si tu n'arrives pas à répondre à certaines questions, revois ton cours p. 52.

Dans un tube à essai, Mme Touflamme brûle du butane provenant d'une recharge de briquet (1). Lorsque tout le butane a disparu, elle verse de l'eau de chaux dans le tube (2).

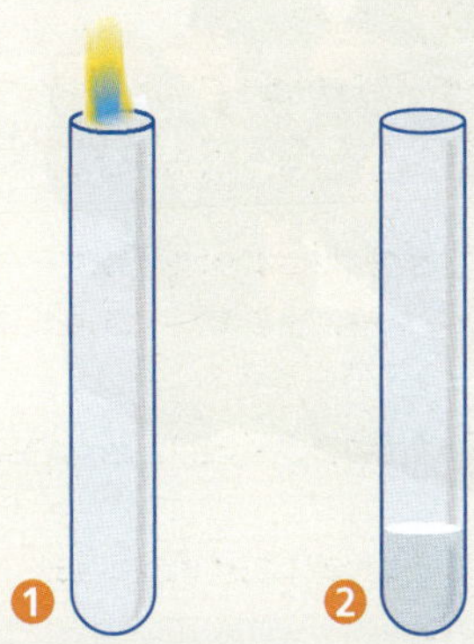

1. Le butane est-il un réactif ou un produit ? Justifie ta réponse en utilisant la conjonction « donc ».

2. Donne le nom du mélange blanchâtre observé dans le tube 2.

3. Déduis-en le nom d'un produit formé lors de la combustion du butane. Quel est l'autre produit ?

4. Écris le bilan de la combustion complète du butane.

5. Pourquoi ne faut-il jamais faire brûler du butane dans une pièce mal aérée ?

Chapitre 5

Les atomes et la transformation chimique

Objectifs

- Réaliser des modèles moléculaires
- Citer et interpréter des formules chimiques
- Écrire et comprendre une équation de réaction de combustion
- Retenir que la masse totale est conservée au cours d'une transformation chimique

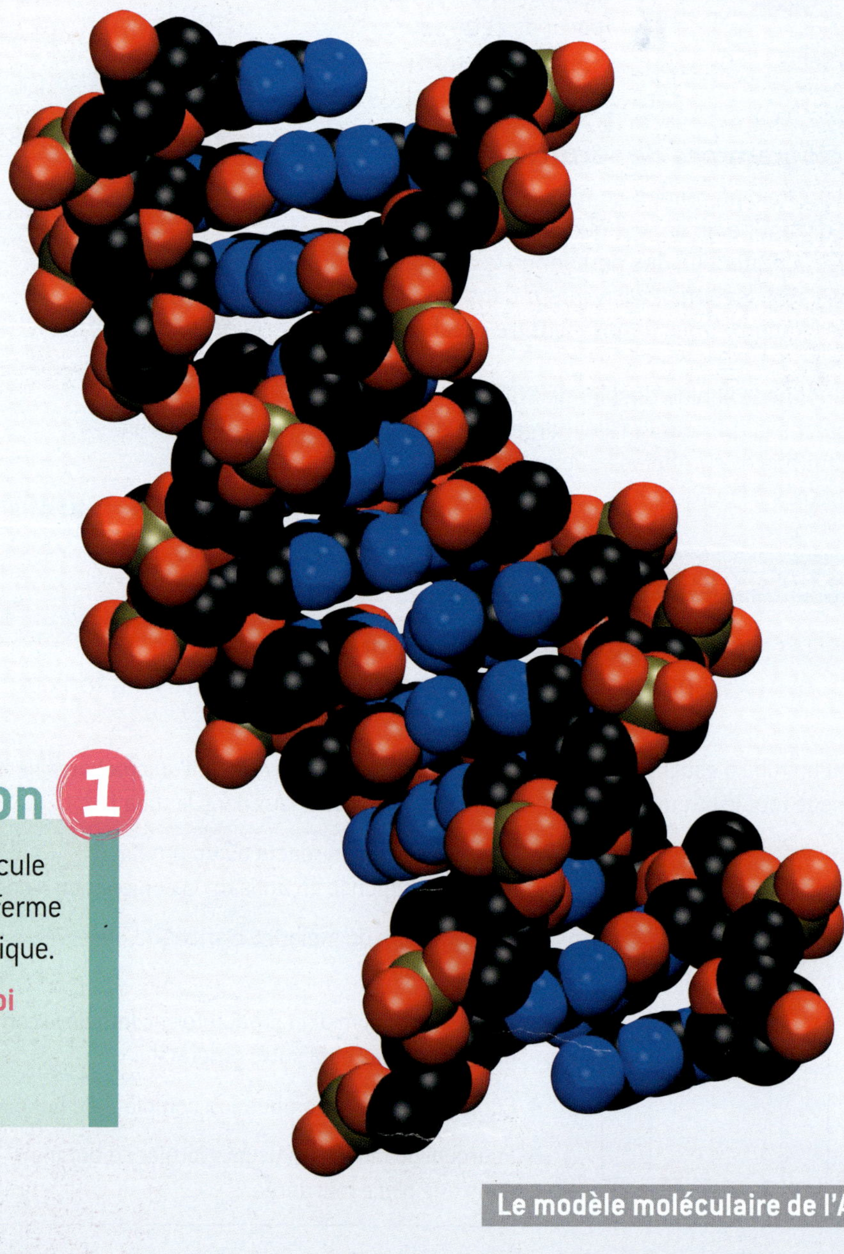

Le modèle moléculaire de l'ADN.

Situation 1

L'ADN est la molécule de la vie. Elle renferme notre code génétique.

À ton avis, de quoi est constituée une molécule ?

Un test de déclenchement d'un airbag après un choc.

Situation 2

Dans l'airbag a lieu une transformation chimique explosive qui produit un gaz. Celui-ci gonfle un sac amortissant le choc.

À ton avis, pourquoi la masse du sac ne change-t-elle pas au cours de la transformation chimique ?

J'expérimente pour répondre

Activité 1

Comment interpréter une transformation chimique ?

Maquettes moléculaires des réactifs de la combustion du méthane : une molécule de méthane et deux molécules de dioxygène.

Maquettes moléculaires du dioxyde de carbone et de l'eau.

Maquettes moléculaires de la combustion du méthane.

Vocabulaire

- **Molécule** : association d'atomes semblables ou différents.
- **Atome** : plusieurs atomes, semblables ou non, liés entre eux forment une molécule.
- **Équation de réaction** : écriture symbolique qui traduit la réorganisation des atomes des réactifs pour former les produits.

Guide de travail

1. À partir de maquettes moléculaires des réactifs de la combustion du méthane (doc 1), construis celles des produits : dioxyde de carbone et eau (doc 2).

2. Combien de maquettes de molécules de dioxyde de carbone et d'eau as-tu construit (doc 3) ?

3. Déduis-en l'écriture de l'équation de réaction de la combustion du méthane en complétant le modèle suivant par des nombres entiers :

$$..... CH_4 + ... O_2 \longrightarrow ..... CO_2 + ... H_2O$$

Remarque : quand le nombre vaut 1, il ne s'écrit pas.

4. Au cours d'une transformation chimique, que deviennent les atomes des réactifs ?

Activité 2

La masse change-t-elle au cours d'une transformation chimique ?

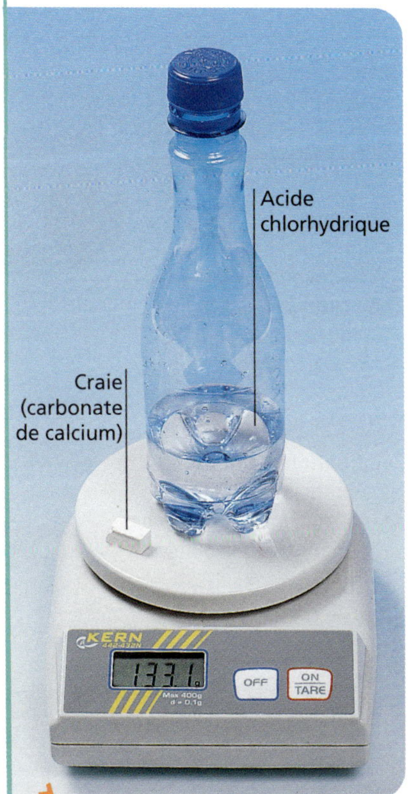

1 Mesure de la masse avant la transformation chimique.

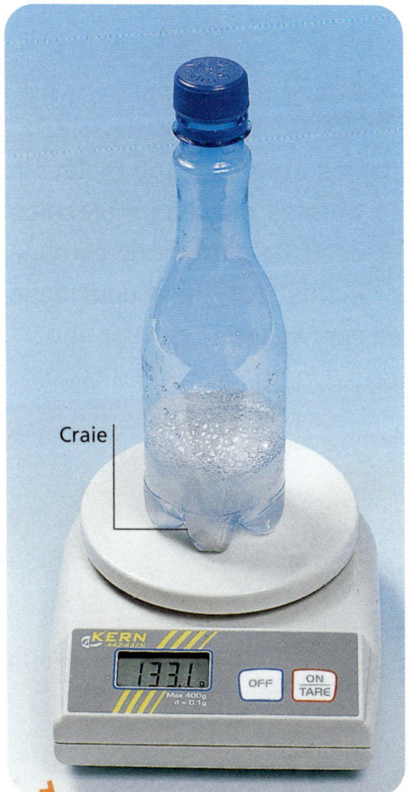

2 Mesure de la masse pendant la transformation chimique.
On a introduit le morceau de craie dans la bouteille et refermé rapidement la bouteille.

3 Mesure de la masse à la fin de la transformation chimique.

Pour mesurer une masse, aide-toi de la fiche technique 3, p. 192.

⚠ Attention

Acide chlorhydrique Sécurité

L'acide chlorhydrique est nocif.
Il faut **protéger tes yeux** avec des lunettes de sécurité et **porter une blouse**.

Guide de travail

1. Mesure la masse d'un morceau de craie et d'une bouteille contenant de l'acide chlorhydrique (doc 1).

2. Quelles observations permettent d'affirmer qu'une transformation chimique a lieu dans la bouteille (doc 2) ?

3. Une fois la transformation chimique terminée, relève à nouveau la masse affichée par la balance (doc 3).

4. La masse change-t-elle au cours d'une transformation chimique ? Pourquoi ?

Cours

1. Les atomes, la transformation chimique

Les **molécules** sont constituées d'atomes liés entre eux. Les atomes sont représentés par des **symboles** (C, O, H, N etc.) **(doc 1)**. Les molécules sont représentées par des **formules** (H_2O, CH_4, etc.). La fiche technique 6, p. 195 indique comment construire des modèles de molécules.

Nom de l'atome	Symbole	Modèle
Carbone	C	
Hydrogène	H	
Oxygène	O	

1 **Exemple.** Symbole et modèle de quelques atomes.

J'observe et j'interprète Activité 1

- Lors de la combustion du méthane, les atomes d'une molécule de méthane se réarrangent avec les atomes de deux molécules de dioxygène. Il se forme alors une molécule de dioxyde de carbone et deux molécules d'eau **(doc 2)**. Les réactifs réagissent donc dans des proportions bien définies indiquées par l'**équation de réaction** :

$$CH_4 + 2\ O_2 \longrightarrow CO_2 + 2\ H_2O.$$

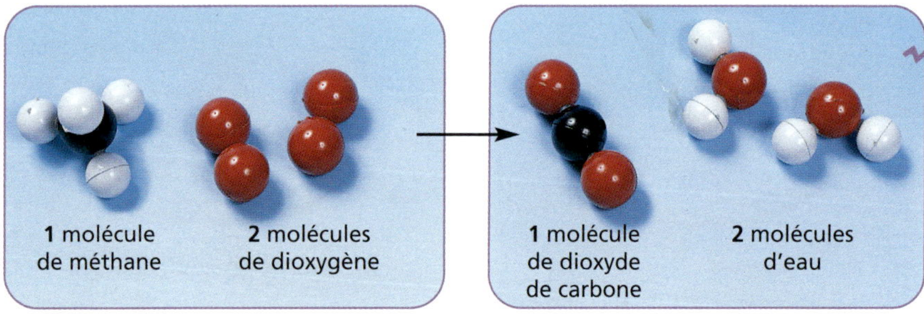

2 **Combustion du méthane** : les atomes des réactifs se réassocient différemment pour donner les produits.

- L'équation de réaction de la combustion du carbone s'écrit :

$$C + O_2 \longrightarrow CO_2.$$

Je conclus et je retiens

Pour t'entraîner ▶ Exercices 10 et 12 p. 69

- Les **molécules** sont constituées **d'atomes**.
- Au cours d'une **transformation chimique**, les atomes des réactifs se réarrangent et se retrouvent en même nombre dans les produits : cela se traduit par une **équation de réaction**.

Mots importants

- Atome
- Molécule
- Transformation chimique
- Équation de réaction

► Voir Mini Dico p. 202

Je retiens par l'image

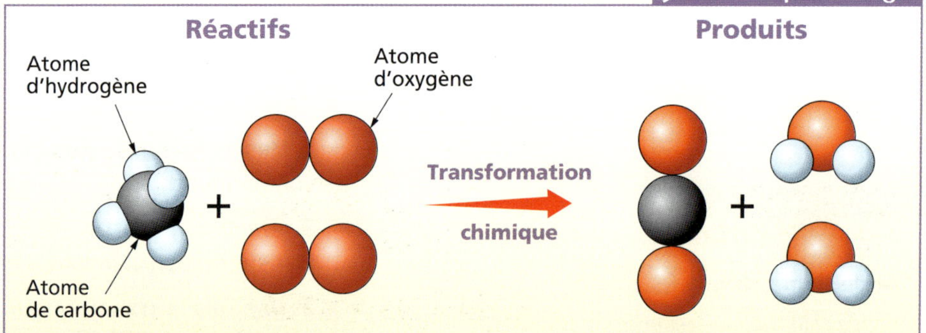

Équation de réaction

$$CH_4 + 2\ O_2 \longrightarrow CO_2 + 2\ H_2O$$

2. La masse et la transformation chimique

J'observe et j'interprète Activité 2

- Si l'on plonge de la craie dans un acide, elle disparaît progressivement. Il se produit une effervescence, due à la formation d'un gaz : une **transformation chimique** a lieu. Au cours de celle-ci, la **masse** totale ne varie pas. En effet, les atomes présents dans les produits sont ceux qui composaient les réactifs : **les atomes se conservent**.

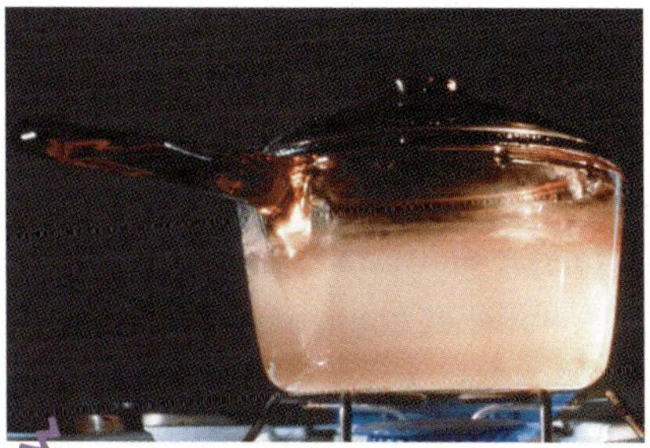

3 **Exemple.** La masse ne change pas lors de la cuisson dans une casserole fermée.

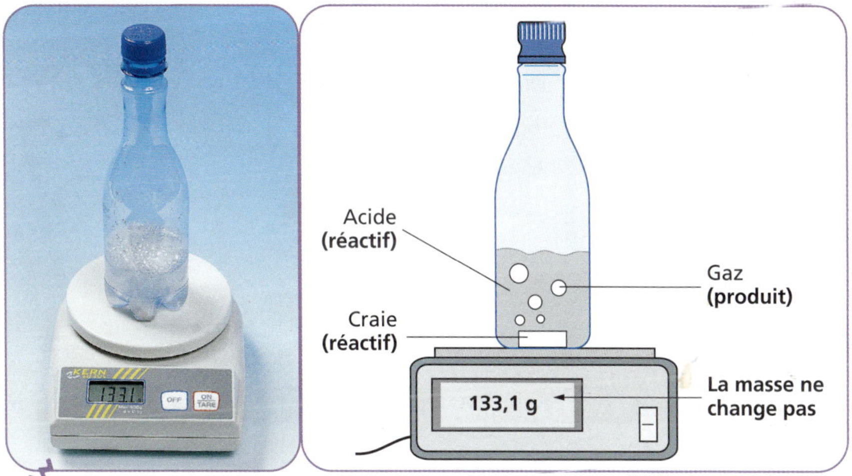

4 **Conservation de la masse au cours d'une transformation chimique.**

- La conservation de la masse lors d'un **changement d'état** ou d'un **mélange** est due à la conservation des molécules : ce ne sont pas des transformations chimiques mais des **transformations physiques**.

Je conclus et je retiens

Pour t'entraîner ▶ **Exercices 19 et 22 p. 70**

- La **masse totale est conservée** au cours d'une **transformation chimique** car il y a conservation des atomes.

Je retiens par l'image

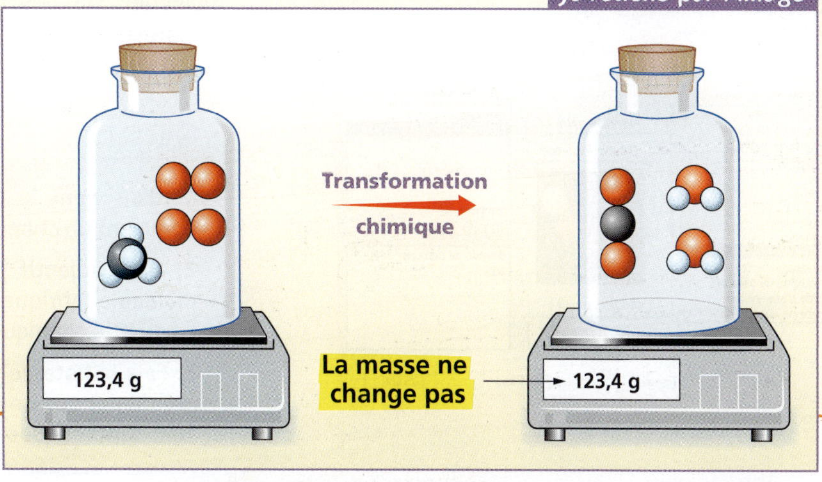

Mots importants

- Masse
- Transformation chimique

► Voir Mini Dico p. 202

B2i

Entraîne-toi à la maison !

Eqbilan est un programme de découverte et de perfectionnement sur les équations de réaction. À partir d'une réaction chimique écrite en français, tu devras :

– Identifier et donner les réactifs et les produits ;

– Retrouver leur formule à l'aide de leur modèle moléculaire ;

– Retrouver les bonnes proportions de chacune des molécules pour respecter la conservation des atomes.

✓ Reprends, à l'aide du logiciel une combustion que tu connais, puis essaye celle du propane ou de l'éthanol.

✓ Écris les équations de réactions obtenues.

internet

- **Télécharge le programme compressé Eqbilan**

http://phys.free.fr/zip/eqbil.zip

- **Installe-le sur ton PC**

Le fichier eqbil.zip est un fichier compressé qui demande l'utilisation de Winzip ou Winrar. Il faut l'ouvrir et extraire tout son contenu dans un dossier sur ton disque dur. Dans ce dossier, tu trouveras l'application eqbilan.exe que tu n'auras qu'à lancer pour commencer.

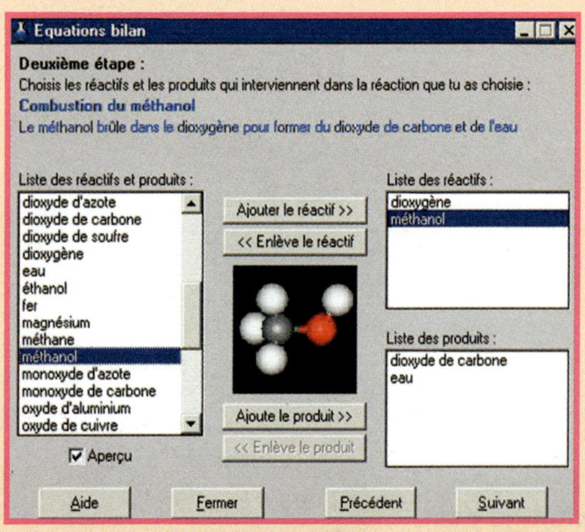

Technologie

La matière organique

Le plastique et le carton sont organiques, le verre est minéral ainsi que l'inox.

D'où viennent ces molécules à base de carbone C et d'hydrogène H ? Les chimistes les appellent molécules organiques. Elles constituent une famille d'une incroyable variété. Par exemple, pour la fabrication d'objets, le bois et les plastiques sont utilisés pour leurs propriétés de légèreté et de facilité de façonnage.

Dans la nature, les molécules organiques sont fabriquées par des organismes vivants qui sont des laboratoires hyper-spécialisés dans la chimie du carbone. Un arbre crée ses fibres à partir de dioxyde de carbone et d'eau. De même, notre chair, nos ongles, nos cheveux sont fabriqués à partir du carbone tiré de notre alimentation.

Aujourd'hui, on sait concevoir des milliers de molécules en laboratoire : c'est la chimie organique de synthèse. Des molécules simples, tirées du pétrole ou de l'agriculture, sont transformées pour créer des matières plastiques, des médicaments ou des aliments.

Questions

1. D'où vient le nom des molécules « organiques » ? Comment un chimiste les reconnait-elles ?

2. Quel adjectif pourrais-tu utiliser pour décrire une molécule fabriquée par la nature ? Et une fabriquée par l'industrie chimique ?

3. Fais la liste de tous les objets constitués de matière organique sur une table de petit-déjeuner. Précise s'ils sont synthétiques ou naturels.

Fabrique ta « moléculothèque »

Capacité

✓ Réaliser des modèles moléculaires

Quoi de plus passionnant que le monde des atomes et des molécules ? Enfile ta blouse ! Mets tes lunettes et pars à l'assaut des cotillons, des feutres et du tube de colle.

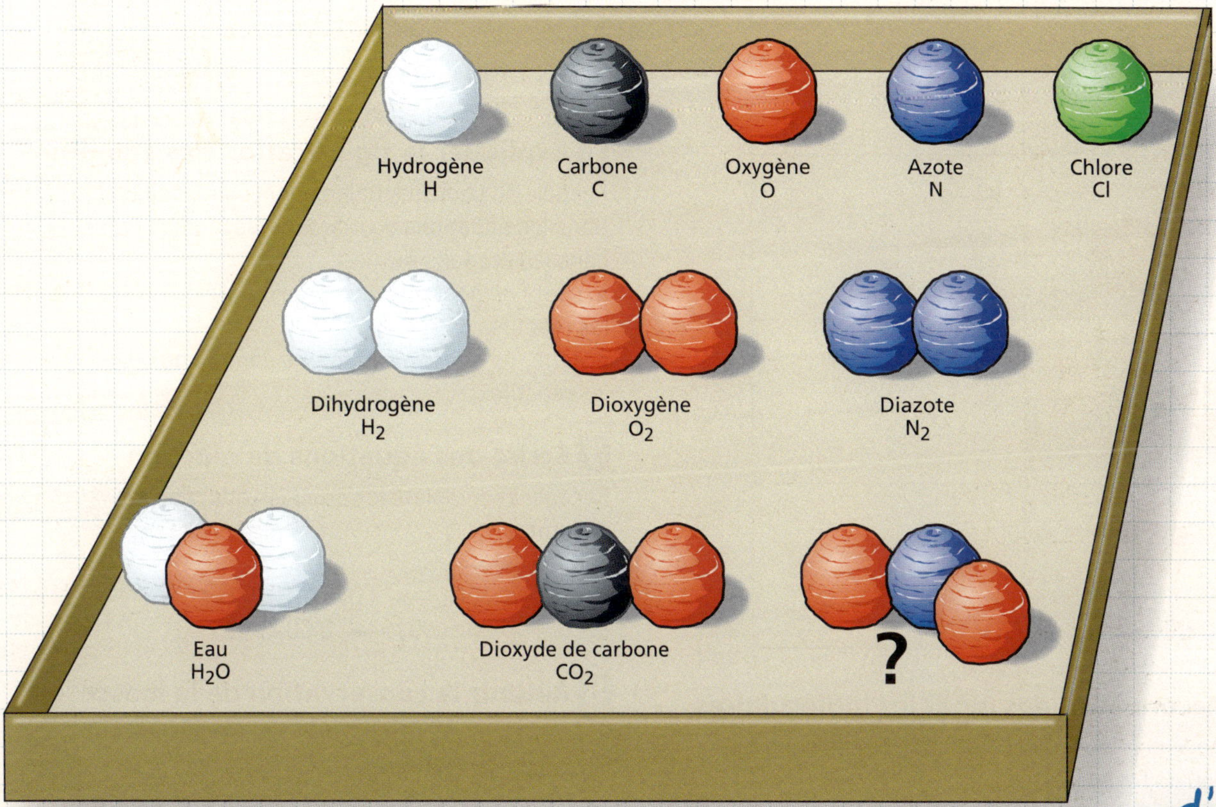

Un peu d'histoire

C'est au début du XIXe siècle que le chimiste anglais John Dalton proposa une représentation des modèles à partir d'atomes.

Mène ton enquête

Matériel

- ✓ Couvercle de boîte à chaussure
- ✓ Cotillons, colle forte
- ✓ Feutre noir

Construis ta bibliothèque d'atomes et de molécules

1. Utilise les cotillons pour construire les molécules représentées dans la boîte.

2. Colle les atomes et les molécules sur le couvercle, indique leur nom et leur formule chimique.

Identifie atomes et molécules

3. Quel est le nom de l'atome représenté par la boule verte ?

4. Donne le nom des atomes constituant la molécule inconnue puis écris sa formule chimique.

5. Quel nom pourrais-tu lui donner ?

Coup de pouce

Dans une molécule de dioxyde d'azote, 1 atome d'azote est lié à 2 atomes d'oxygène : NO_2.

Exercices

Connais-tu le cours ?

1 Réaliser des modèles moléculaires

Recopie et complète le tableau.

Modèle moléculaire	Composition du modèle
	1 atome de carbone 4 atomes ....
	2 atomes ....
	....
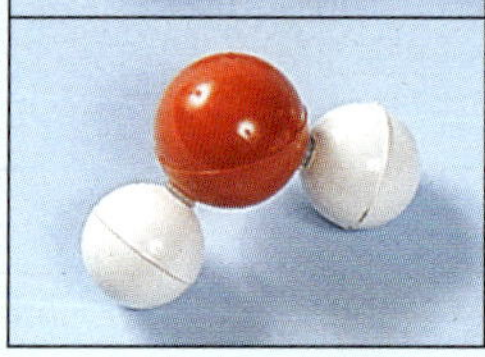	....

2 Reconnaître des modèles moléculaires

Donne le nom des molécules modélisées dans le tableau de l'exercice 1.

3 Interpréter un modèle moléculaire

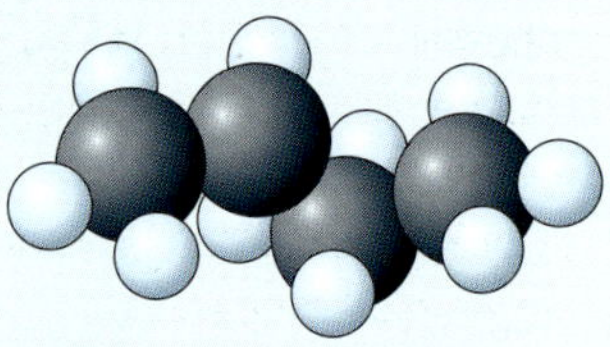

a. Indique le nom et le nombre de chacun des atomes formant cette molécule de butane.
b. Écris sa formule.

4 Interpréter des formules chimiques

Recopie et relie chaque formule de molécule à sa signification.

H_2O ●	● 2 atomes d'oxygène
CH_4 ●	● 4 atomes de carbone et 10 d'hydrogène
O_2 ●	● 1 atome de carbone et 4 d'hydrogène
C_4H_{10} ●	● 1 atome de carbone et 2 d'oxygène
CO_2 ●	● 2 atomes d'hydrogène et 1 d'oxygène

5 Citer des formules chimiques

Recopie et relie chaque molécule à sa formule.

Dioxygène ●	● H_2O
Dioxyde de carbone ●	● CH_4
Eau ●	● O_2
Méthane ●	● CO_2

6 Expliquer la signification des équations

Recopie en choisissant les bonnes propositions.
Dans les équations de réaction, les atomes présents dans les produits formés :
a. *sont / ne sont pas* de même nature que dans les réactifs.
b. *sont / ne sont pas* en même nombre que dans les réactifs.

7 Écrire des équations de réaction

Recopie et complète les équations de réaction suivantes.
a. $C + O_2 \longrightarrow$ ....
b. $CH_4 +$ ....$O_2 \longrightarrow CO_2 + 2\ H_2O$
c. $2\ C_4H_{10} +$ .... $O_2 \longrightarrow 8\ CO_2 + 10\ H_2O$

8 Retenir la conservation de la masse

Remets ce puzzle dans l'ordre pour trouver la phrase cachée.

car
sont conservés | la masse totale | est conservée
les atomes | lors d'une | transformation chimique

9 Trouver les mots-clés du chapitre

Recopie et complète la grille : tu trouveras le mot caché.

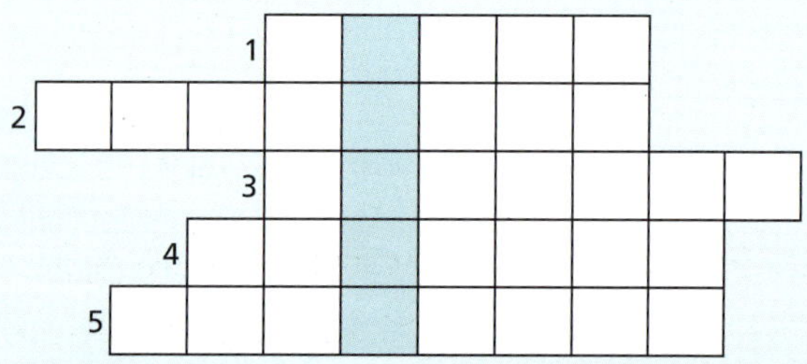

1. Elle se conserve au cours d'une transformation chimique.
2. Elle traduit la conservation des atomes au cours d'une transformation chimique.
3. Elle représente une molécule.
4. Il représente un atome.
5. Elle est constituée d'atomes.

As-tu compris le cours ?

Atomes et transformation chimique

10 Modéliser le glucose

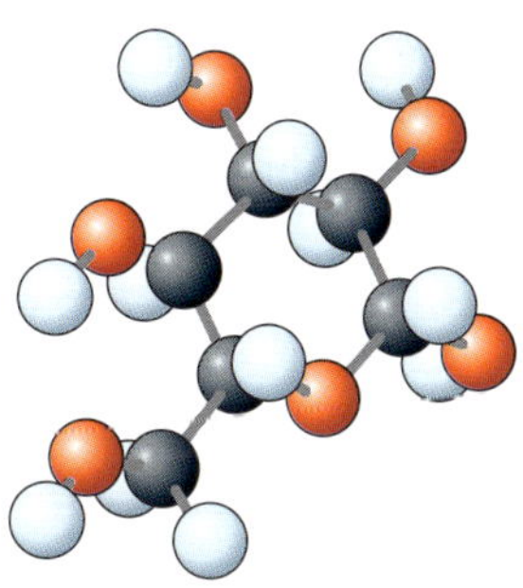

Synthétisé par les plantes, le glucose est un sucre naturel. Observe le modèle de cette molécule.
a. Donne le nom et le nombre de chacun des atomes de la molécule de glucose.
b. Déduis-en sa formule.

11 Représenter l'air pur

Inès a représenté des molécules de l'air.

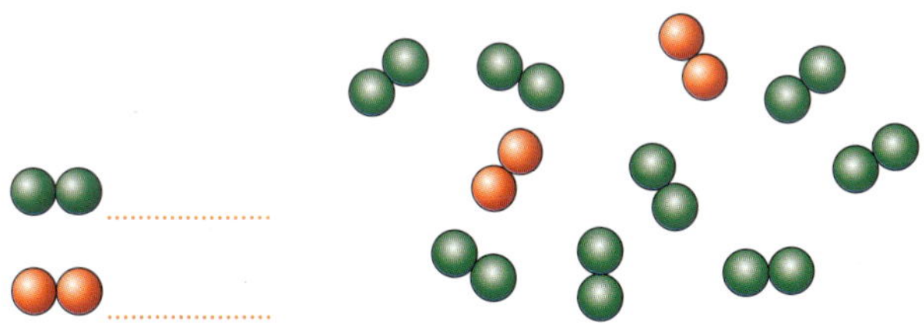

a. Recopie et complète la légende.
b. Que représente une boule rouge ? Une boule verte ?
c. Écris la formule de la molécule de dioxygène et celle de la molécule de diazote.

Coup de pouce : un atome d'azote est représenté par le symbole N.

12 Écrire une équation de réaction

Une transformation chimique a été représentée ci-dessous.

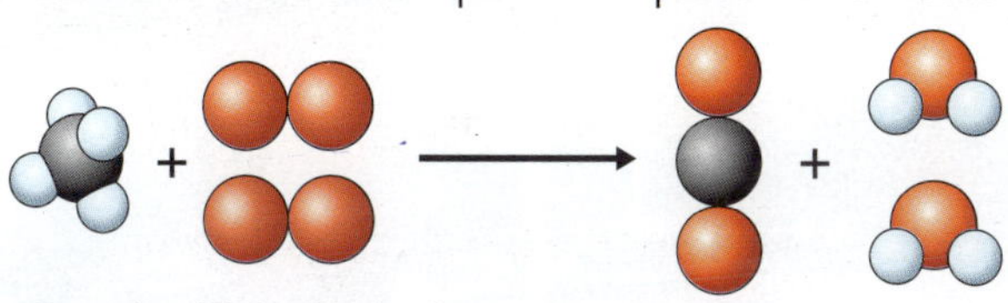

a. Que signifie la flèche ?
b. Vérifie que les atomes des produits sont de même nature et en même nombre que dans les réactifs.
c. Écris l'équation de cette transformation chimique.
d. De quelle transformation chimique s'agit-il ?

13 Un logiciel de traitement de texte B2i

La combustion du méthane dans le dioxygène produit du dioxyde de carbone et de l'eau :

$$CH_4 + 2O_2 \longrightarrow CO_2 + 2H_2O$$

a. Recopie ce texte dans un logiciel de traitement de texte.
b. Dans la phrase, surligne en rouge le nom des réactifs et en bleu nom des produits.
c. Dans l'équation, surligne en rouge les formules chimiques des réactifs et en bleu celle des produits.

14 Lire une équation de réaction

Recopie et complète la phrase ci-dessous traduisant l'équation de réaction suivante :

$$CH_4 + 2O_2 \longrightarrow CO_2 + 2H_2O$$

« Pour .... molécule de méthane disparue et .... molécules de dioxygène disparues, il se forme .... molécule de dioxyde de carbone et .... molécules d'eau. »

15 Écrire une équation de réaction

Écris l'équation de réaction décrite par la phrase : « Un atome de carbone réagit avec une molécule de dioxygène pour donner une molécule de dioxyde de carbone. »

16 ★ Comprendre une équation de réaction

On considère la combustion complète de 3 molécules de méthane. En t'aidant de l'équation de réaction de cette combustion, recopie et complète le tableau suivant.
Équation de réaction $CH_4 + 2O_2 \longrightarrow CO_2 + 2H_2O$

	Nombre de molécules			
	Méthane	Dioxygène	Dioxyde de carbone	Eau
Avant la réaction	3	6	0	0
Qui réagissent	3	....	....	....
Après la réaction	....	....	....	....

17 ★ Écrire des équations

Les brûleurs d'une cuisinière permettent de régler le débit du gaz servant de combustible. Ce débit dépend du combustible utilisé : la combustion du propane (gaz en bouteille) ne nécessite pas la même quantité d'air que la combustion du méthane (gaz de ville).
a. Écris l'équation de réaction de la combustion complète du méthane.
b. Recopie et complète l'équation de réaction de la combustion complète du propane.

$$C_3H_8 + \text{........}\, O_2 \longrightarrow \text{........}\, CO_2 + \text{........}\, H_2O$$

c. Pour quel combustible les brûleurs ont-ils le plus grand débit ? Justifie ta réponse.

18 La photosynthèse SVT

Dans les feuilles d'une plante verte, et en présence de lumière, de l'eau et du dioxyde de carbone sont transformés en glucose et en dioxygène. Cette transformation chimique est appelée la photosynthèse. Son équation de réaction est la suivante :

$$6CO_2 + 6H_2O \longrightarrow C_6H_{12}O_6 + 6O_2$$

a. Déduis de l'équation de réaction la formule d'une molécule de glucose.
b. Indique le nom et le nombre de chacun des atomes de la molécule de glucose.
c. Combien de molécules de dioxygène sont formées en même temps que deux molécules de glucose ?

Masse et transformation chimique

19 Prévoir le résultat de la pesée

Kévin a modélisé l'expérience suivante :

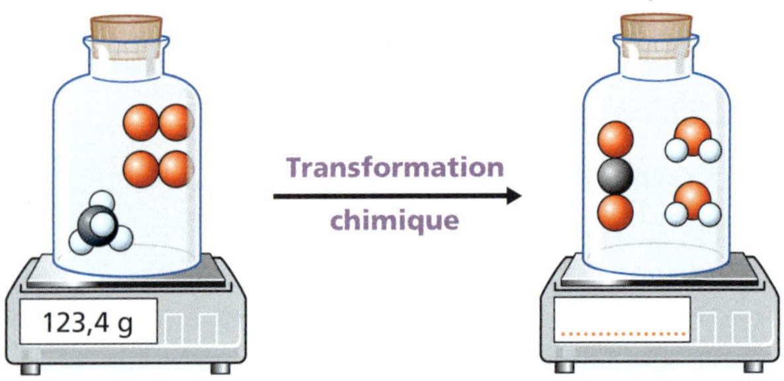

a. De quelle transformation chimique s'agit-il ?
b. Donne le résultat de la pesée à l'état final. Justifie ta réponse en utilisant la conjonction « car ».
c. Écris l'équation de réaction correspondant à cette transformation chimique.

20 Brûler du charbon

Explique la réponse du mécanicien.

21 Apprendre à rédiger un exercice

Énoncé

Lorsqu'on brûle 44 kg de propane dans le dioxygène, il se forme 132 kg de dioxyde de carbone et 72 kg d'eau. Calcule la masse *m* de dioxygène consommé.

Rédaction de la solution

La masse totale est conservée au cours d'une transformation chimique. On peut donc écrire :

Masse de propane + Masse de dioxygène =
Masse de dioxyde de carbone + Masse d'eau

Donc : $44 + m = 132 + 72$

ou encore $m = 204 - 44$ soit $m = 160$ kg.

Il faut 160 kg de dioxygène pour brûler 44 kg de propane.

▶ Pour t'entraîner : exercice 22

22 Calculer une masse

Lors d'une combustion complète, 1,6 g de dioxygène réagit avec 0,6 g de carbone.
a. Nomme le produit formé.
b. Écris l'équation de réaction.
c. Calcule la masse du produit formé. Justifie ton calcul.

23 ★ Interpréter le résultat d'une pesée

Clara introduit un morceau de craie dans une bouteille ouverte contenant de l'acide chlorhydrique : une effervescence se produit et la craie disparaît. Elle mesure la masse avant (1) et après (2) la transformation chimique.

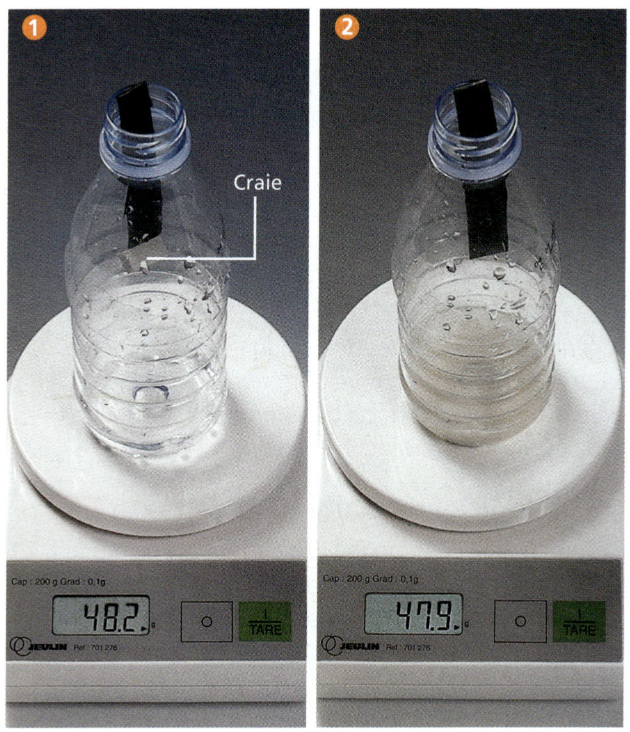

a. La craie est-elle un réactif ou un produit ? Justifie ta réponse.
b. Explique le résultat de la seconde pesée.

24 ★ Brûler du butane

Le butane, de formule C_4H_{10}, est un gaz livré en bouteille que l'on brûle pour se chauffer ou cuire les aliments. Lors de sa combustion complète, il réagit avec le dioxygène de l'air pour former du dioxyde de carbone et de l'eau.

a. Écris l'équation de réaction.

b. La masse de butane consommé est-elle inférieure, supérieure ou égale à la masse de dioxyde de carbone et d'eau formés ? Justifie ta réponse.

25 Distinguer les transformations chimique et physique

Recopie les phrases suivantes en les complétant avec « se conserve (nt) » ou « ne se conserve (nt) pas ».

a. Lors d'une transformation chimique, les molécules .... et les atomes ....

b. Lors d'une transformation physique, les molécules .... et les atomes ....

c. Lors d'une transformation chimique, la masse ....

d. Lors d'une transformation physique, la masse ....

26 Réaliser une expérience à la maison

▸ Dépose une bougie sur une balance et note sa masse.

▸ Allume ensuite la bougie en présence d'un adulte et déclenche ton chronomètre.

▸ Après 15 minutes, éteins la bougie et mesure sa masse.

a. Explique la différence de masse constatée : utilise « transformation chimique » et « gaz ».

b. Déduis de cette différence de masse la durée de vie de la bougie.

27 Exercice de synthèse

Vérifie tes réponses p. 206

Voici un problème qui résume tout ce que tu dois savoir.
Si tu n'arrives pas à répondre à certaines questions, revois ton cours p. 64.

M. Prof veut illustrer une transformation chimique à l'aide de modèles moléculaires.

1. Pour chaque molécule représentée par M. Prof, donne le nom de la molécule et indique le nom et le nombre des différents atomes qui la constituent.

2. Quelle molécule M. Prof est-il sur le point de représenter ? Dessine son modèle.

3. Écris l'équation de réaction de la transformation chimique illustrée par M. Prof.

4. Au cours d'une transformation chimique, les molécules se conservent-elles ? Et les atomes se conservent-ils ?

5. Si 16 g de combustible et 64 g de comburant sont consommés lors de cette transformation chimique, alors quelle est la masse des produits formés ? Justifie ta réponse.

La chimie au cœur de mon

Chimiste dans les produits cosmétiques

L'art des mélanges

Un shampooing qui coule comme du miel, un fond de teint « 2 en 1 » avec un effet hydratant renforcé… toutes ces créations sont l'œuvre du chimiste formulateur. Ce dernier associe des centaines de molécules, étudie leur transformation chimique pour créer des « formules » de produits cosmétiques correspondant aux attentes des consommateurs.

Conseils : on réussit rarement une « formule » du premier coup, la patience est donc essentielle dans ce métier.

Rencontre

Pierre, jeune sapeur-pompier professionnel au Centre d'intervention et de secours de Lognes.

Comment t'es venue l'idée de faire ce métier ?
Mon père était pompier et de chez moi je voyais chaque jour partir les camions. Ce métier m'a toujours attiré. Après mon bac, j'ai passé le concours de sapeur-pompier professionnel. Pour être un bon pompier, il faut évidemment être sportif car c'est un métier très physique, mais il faut aussi savoir s'adapter car les interventions sont très variées : secours aux personnes, incendies, fuites d'eau, captures d'animaux… Et il faut ne pas être trop émotif car on voit parfois des choses pas très jolies…

Tes connaissances en chimie …
La base, c'est le triangle du feu. Il est composé de trois éléments : le comburant (c'est l'oxygène de l'air), le combustible (ce qui brûle) et enfin la source de chaleur (c'est l'étincelle qui la fournit…). S'il manque un des trois éléments, et bien il n'y a pas de feu ! En cas d'intoxication au monoxyde de carbone, on intervient auprès de gens qui font un malaise ; sur nos sacs, on a avec nous un petit appareil qui sonne en présence de ce gaz, alors il faut vite évacuer… Pour se protéger, on apprend aussi la classification des matières chimiques, qu'elles soient combustibles, corrosives, polluantes, etc.

En cas d'incendie chez nous, quels conseils ?
Éviter la panique. Si on ne peut pas l'éteindre en quelques secondes,

métier

Moniteur de plongée

Toujours sous pression

Le moniteur de plongée a pour mission d'initier et de former les plongeurs sous-marins. Il doit être techniquement très compétent pour assurer la sécurité de sa clientèle. Des connaissances minimales en sciences sont requises comme la maîtrise d'un manomètre, des notions sur la variation de la pression en fonction de la profondeur et l'utilisation de bouteilles d'air comprimé.

Conseils : il faut être en bonne condition physique, ne pas être tête en l'air et avoir son brevet de secourisme.

Chef de projet éolien

Un pionnier

Mener à bien une mission, coordonner des équipes de spécialistes, convaincre les habitants et les élus, tel est le rôle du chef de projet éolien. Mais sa tâche est originale : il doit découvrir des sites et y installer des éoliennes pour transformer en mouvement en énergie électrique l'énergie de l'air. Dans ce secteur tout neuf des énergies renouvelables, il existe un vrai dynamisme.

Conseils : ingénieur autonome et organisé, tu ne devras pas avoir peur d'aller vers les autres.

Comment en savoir plus sur ces métiers ?

www.onisep.fr/belin-pc-4e

ONISEP

il faut évacuer, alerter les pompiers et surtout fermer toutes les portes ! Souvent les gens font l'inverse, or cela crée des courants d'air qui activent la combustion : le feu peut alors s'accélérer de façon fulgurante. En cas de fumée, on peut se protéger le visage avec une serviette mouillée. Si les sorties sont impraticables, il faut s'enfermer, mettre des linges sous les portes, sans oublier de se manifester pour que les secours vous voient et vous évacuent au plus vite.

Te souviens-tu de tes cours de sciences physiques au collège ?
Un peu, j'utilise surtout ce que j'ai appris après le concours, sauf peut-être le truc de la prof de physique qui m'a marqué et m'est revenu par la suite : si on met un verre sur une bougie, elle s'éteint !

Partie 2

Les lois du courant

Radiographie d'un assortiment d'ampoules électriques.

continu

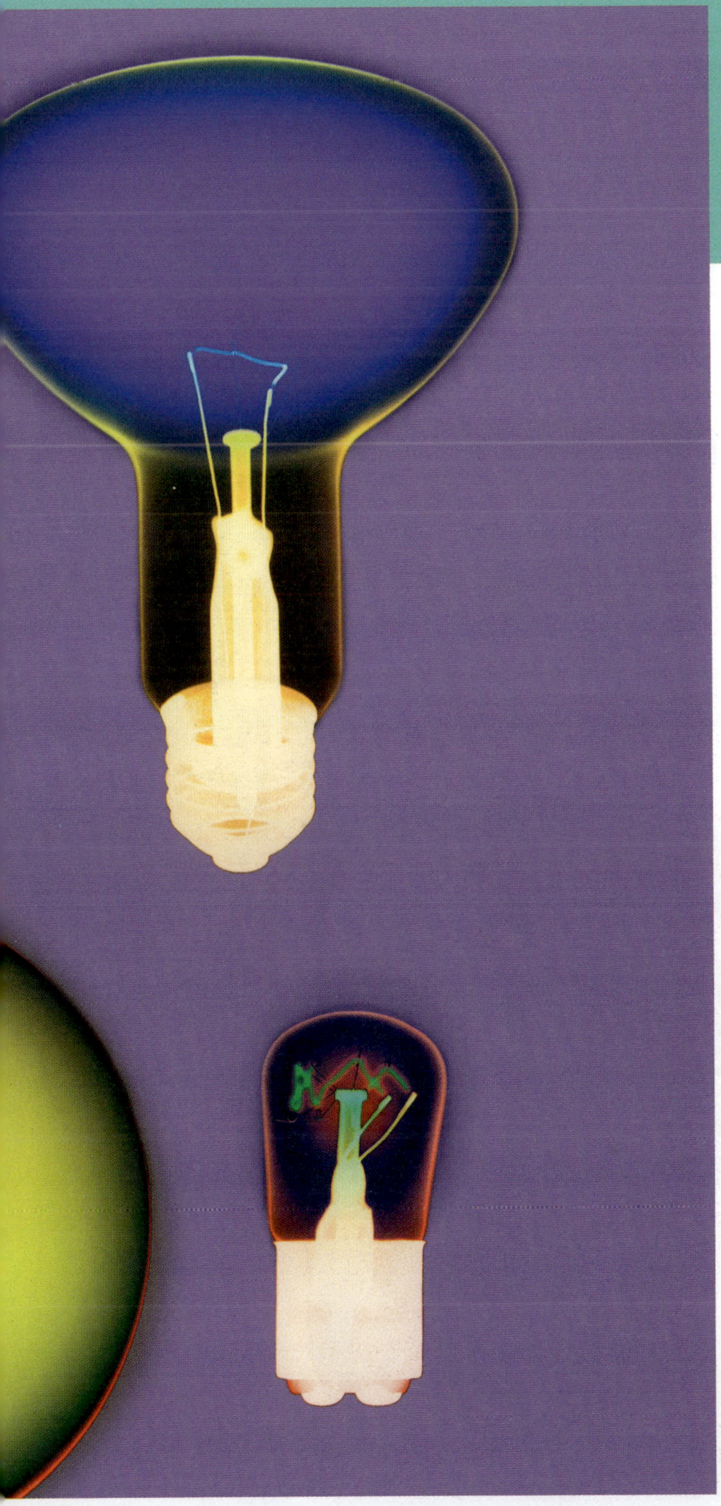

Je vérifie mes connaissances de 5^e

Attention, plusieurs solutions sont parfois possibles.

1 Le circuit schématisé comporte :

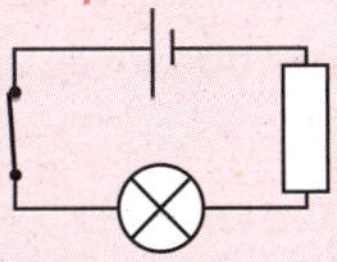

a. un moteur, une lampe, une résistance et un interrupteur fermé ❑

b. un générateur, une lampe, une résistance et un interrupteur ouvert ❑

c. un générateur, une lampe, une résistance et un interrupteur fermé ❑

2 Un dipôle endommagé (lampe grillée, fusible coupé) par un courant trop intense :

a. se comporte comme un conducteur électrique ❑

b. se comporte comme un isolant électrique ❑

c. est comparable à un interrupteur ouvert ❑

3 Si on branche un moteur et une lampe en série avec une pile :

a. le circuit ainsi réalisé compte une boucle ❑

b. le circuit ainsi réalisé compte deux boucles ❑

c. la lampe ne brille plus si le moteur grille ❑

4 Dans le circuit suivant, le courant électrique ne change pas :

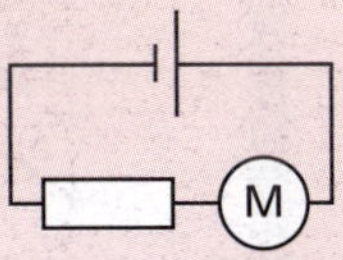

a. si on inverse l'ordre du moteur et de la résistance ❑

b. si on enlève la résistance ❑

c. si on ajoute une lampe en série ❑

5 Dans un circuit, le courant électrique :

a. peut exister sans la présence d'un générateur ❑

b. va de la borne + du générateur vers la borne – ❑

c. va de la borne – du générateur vers la borne + ❑

6 Si on branche une lampe et un moteur en dérivation sur une pile :

a. le circuit ainsi réalisé compte deux boucles ❑

b. la lampe ne brille plus si le moteur grille ❑

c. la lampe brille toujours si le moteur grille ❑

Chapitre 6

L'intensité et la tension électrique

Objectifs

- Réaliser ou interpréter un schéma électrique normalisé
- Mesurer une intensité
- Mettre en évidence et mesurer une tension
- Distinguer tension et intensité

Situation 1

Toutes ces lampes brillent car elles reçoivent du courant électrique.

À ton avis, que doit-on faire varier dans une lampe pour que son éclat soit plus ou moins intense ?

Un lecteur entouré de lampadaires.

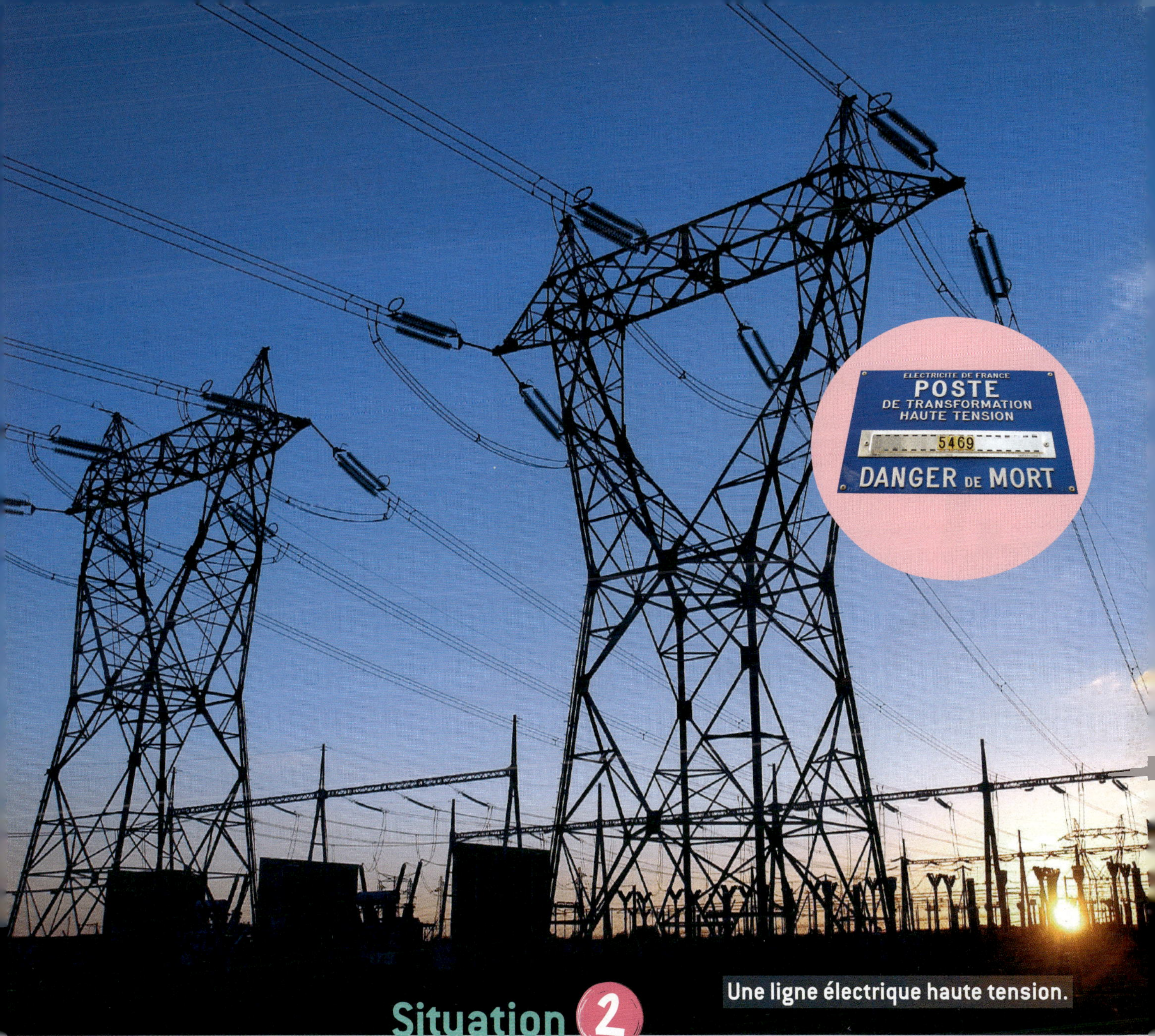

Une ligne électrique haute tension.

Situation 2

Il y a danger d'électrocution si on s'approche des lignes haute tension.

Quelle tension y a-t-il entre deux fils d'une « ligne haute tension » ?

J'expérimente pour répondre

Activité 1

Comment mesurer l'intensité du courant électrique ?

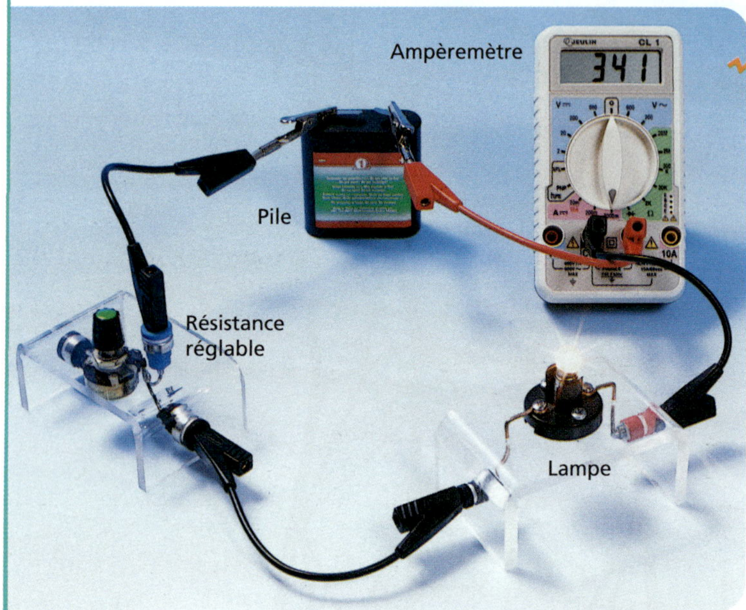

1 **Mesure de l'intensité du courant électrique** dans la lampe. L'ampèremètre est branché en série avec la lampe (calibre 2000 mA).

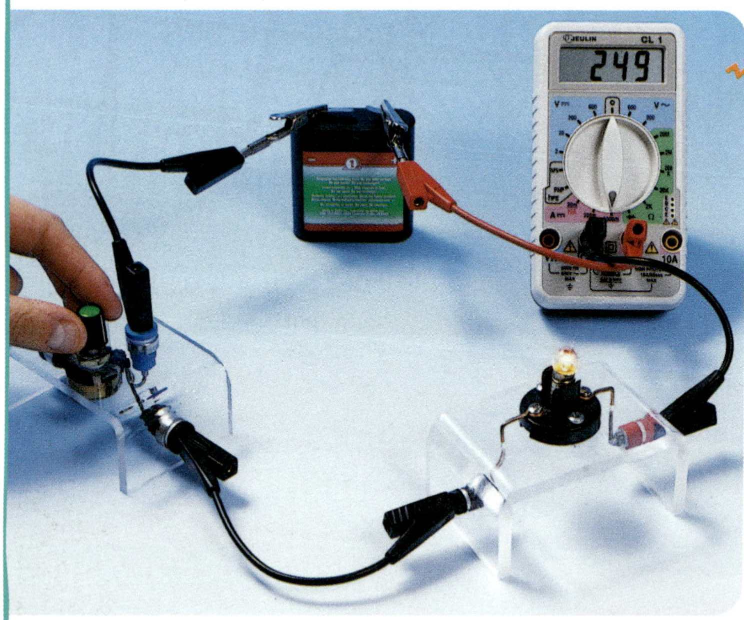

2 **On a diminué la luminosité de la lampe** en tournant le bouton de la résistance réglable.

Pour utiliser un ampèremètre, aide-toi de la fiche technique 7, p. 196.

Guide de travail

1. Quelle est l'intensité du courant électrique dans la lampe (doc 1) ?

2. Schématise le circuit électrique.

3. Comment varie l'intensité du courant électrique dans la lampe quand sa luminosité diminue (doc 2) ?

4. Comment mesurer l'intensité du courant électrique dans un dipôle ?

Vocabulaire

- **Intensité** (du courant) : l'intensité du courant électrique correspond à un débit de « grains » d'électricité.

Activité 2

Comment mesurer la tension électrique ?

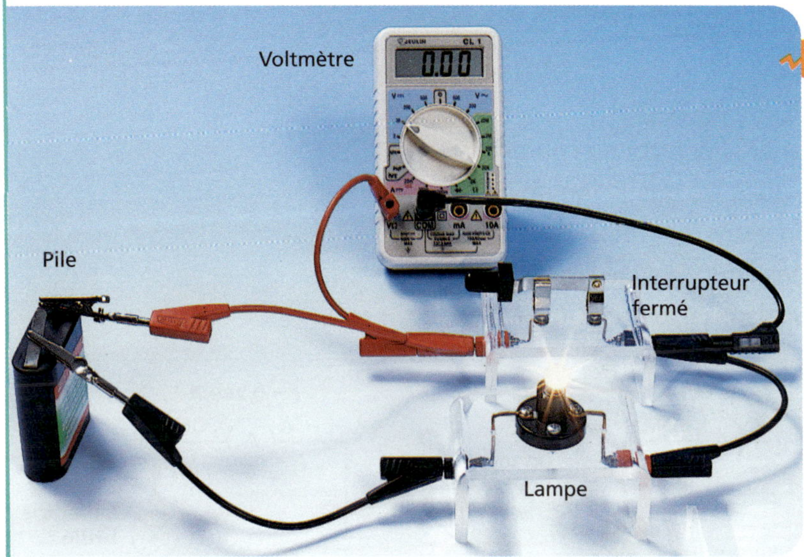

1 **Mesure de la tension électrique** aux bornes de l'interrupteur (le circuit est fermé). Le voltmètre est branché en dérivation avec l'interrupteur.

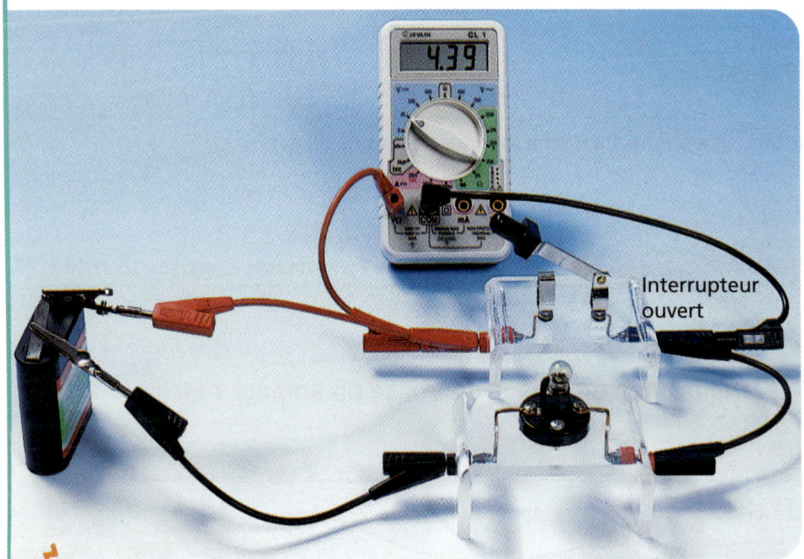

2 **Mesure de la tension électrique** aux bornes de l'interrupteur (le circuit est ouvert).

	Circuit fermé : du courant dans le circuit	Circuit ouvert : pas de courant dans le circuit
Tension aux bornes de la lampe	3,49 V	0 V
Tension aux bornes de la pile	3,49 V	4,39 V
Tension aux bornes d'un fil de connexion	0 V	0 V
Tension aux bornes de l'interrupteur	0 V	4,39 V

3 **Mesures des tensions aux bornes de chacun des dipôles du circuit électrique.**

Guide de travail

1. Quelle est la tension électrique aux bornes de l'interrupteur fermé (doc 1) ? La lampe brille t-elle ? Un courant traverse-t-il l'interrupteur ?

2. Quelle est la tension électrique aux bornes de l'interrupteur ouvert (doc 2) ? La lampe brille t-elle ? Un courant traverse-t-il l'interrupteur ?

3. Mesure la tension aux bornes des autres dipôles du circuit ouvert ou fermé (doc 3).

4. Comment mesurer la tension électrique aux bornes d'un dipôle ?

Vocabulaire

- **Tension** : différence d'état électrique entre deux points.

Cours

1. L'intensité du courant électrique

L'**intensité** du courant électrique dans un dipôle, notée *I*, se mesure avec un **ampèremètre** branché en série avec ce dipôle (voir fiche technique 7, p. 196). L'unité d'intensité est l'**ampère**, de symbole **A**.

J'observe et j'interprète Activité 1

Une résistance réglable permet de faire varier l'intensité du courant. Si l'on tourne son bouton dans un sens, on observe que la lampe brille moins et que l'intensité du courant mesuré est plus faible, et inversement si on le tourne dans l'autre sens (**doc 1**). Une lampe **brille d'autant plus fort** que le courant électrique dans celle-ci est **intense**.

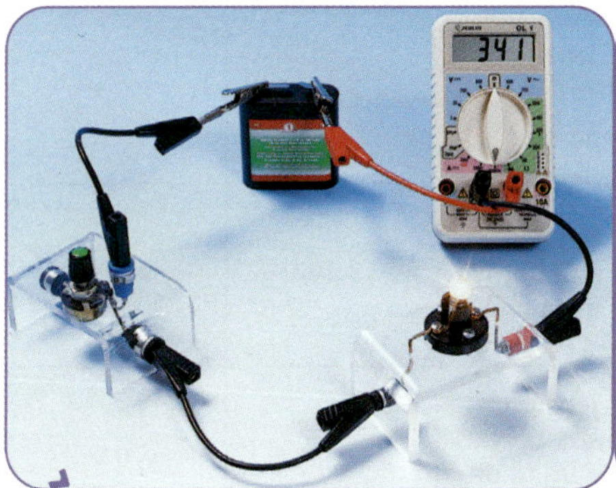

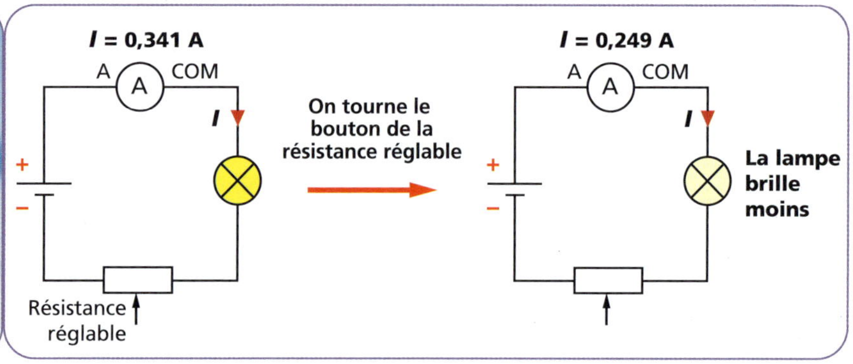

1 **Mesure de l'intensité du courant électrique dans une lampe. La flèche indique ici le sens du courant.**

Je conclus et je retiens

Pour t'entraîner ▶ **Exercices 16 et 18 p. 85**

- L'unité d'**intensité électrique** est l'**ampère (A)**.
- Pour mesurer l'intensité du courant électrique dans un dipôle, on utilise un **ampèremètre branché en série** avec ce dipôle.

Mots importants

- Intensité
- Ampèremètre
- Série
- Ampère

► Voir Mini Dico p. 202

Je retiens par l'image

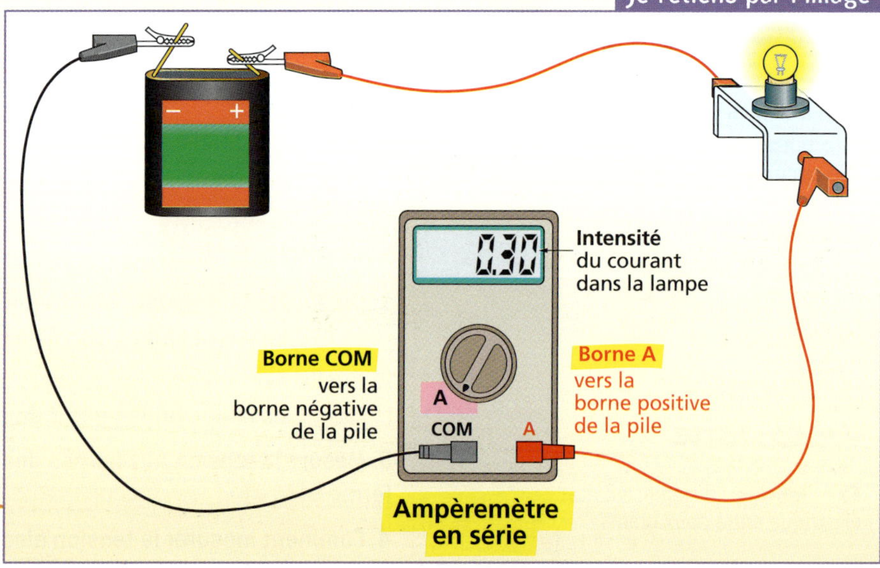

2. La tension électrique

La **tension électrique** notée U aux bornes d'un dipôle se mesure avec un **voltmètre** branché en dérivation avec ce dipôle (voir fiche technique 7, p. 196). L'unité de tension est le **volt**, de symbole **V**.

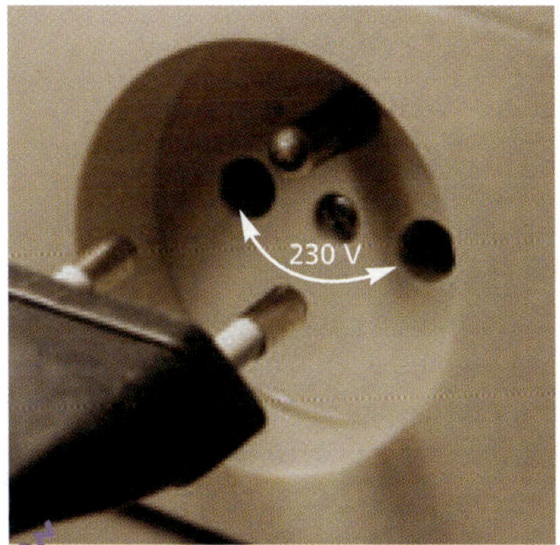

2 **Exemple.** La tension aux bornes d'une prise de courant est 230 V.

J'observe et j'interprète Activité 2

Quand on relie un voltmètre aux bornes d'une pile, il indique une tension. La borne + de la pile est celle qui est reliée à la borne V du voltmètre quand il indique une tension positive.

Il peut y avoir une tension aux bornes d'un dipôle dans lequel ne passe aucun courant. C'est le cas par exemple pour une pile et un interrupteur ouvert **(doc 3)**. Inversement, un dipôle peut être parcouru par un courant sans tension entre ses bornes. C'est le cas pour un interrupteur fermé et un fil de connexion.

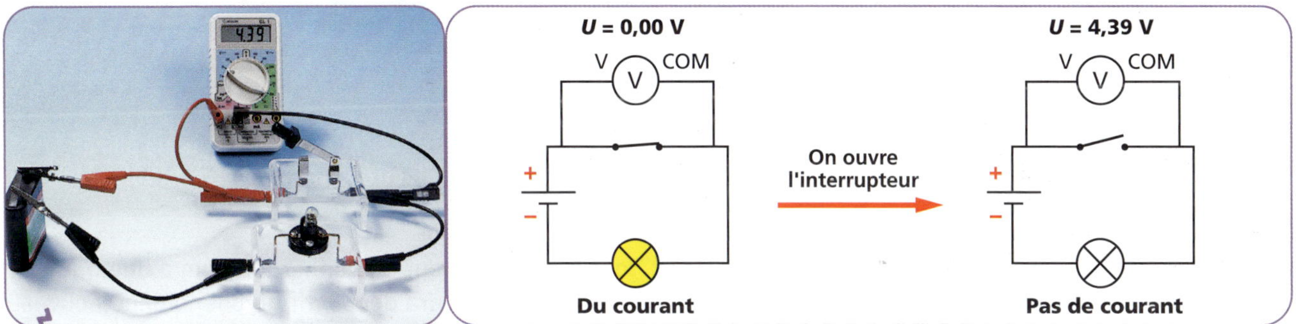

3 **Mesure de la tension aux bornes d'un interrupteur fermé ou ouvert.**

Je conclus et je retiens

Pour t'entraîner ▶ **Exercices 24 et 25 p. 86**

- L'unité de **tension électrique** est le **volt** (V). Pour mesurer la tension électrique aux bornes d'un dipôle, on utilise un **voltmètre branché en dérivation** avec ce dipôle.
- Une **tension peut exister** entre deux points entre lesquels ne passe **aucun courant** et inversement.

Mots importants

- Tension
- Voltmètre
- Dérivation
- Volt

► Voir Mini Dico p. 202

Je retiens par l'image

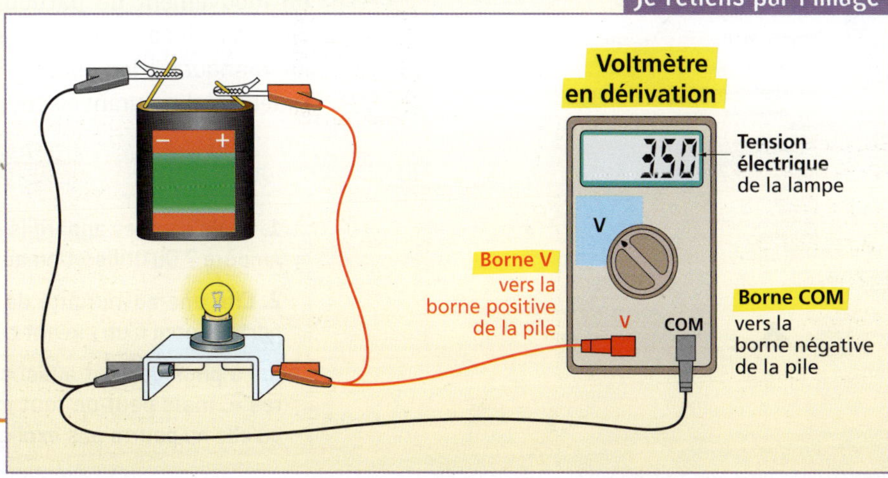

B2i

Recherche sur une encyclopédie en ligne

Wikipédia est une encyclopédie en ligne qui utilise l'idée à l'origine d'Internet : le partage des informations. Les thèmes qui passionnent les internautes y sont bien documentés. Chacun peut proposer, compléter ou critiquer un article : il devient un Wikipédien. Ce travail, une fois mis en ligne, peut être consulté, complété ou modifié à son tour. Le nombre de participants est une richesse mais aussi une faiblesse car une erreur peut être publiée avant d'être corrigée par d'autres. Comme toujours sur Internet : restons prudents.

✓ En cherchant « électrisation », trouve les valeurs de tension et d'intensité que peut supporter le corps humain.

✓ Quels en seront leurs effets ?

internet

- **Connecte-toi sur le site**
  http://fr.wikipedia.org/wiki/Accueil
- **Tu peux surfer à volonté**
  Une fois ton travail fini, cherche tes thèmes favoris et surfe en passant d'un lien (surligné en bleu) à un autre.

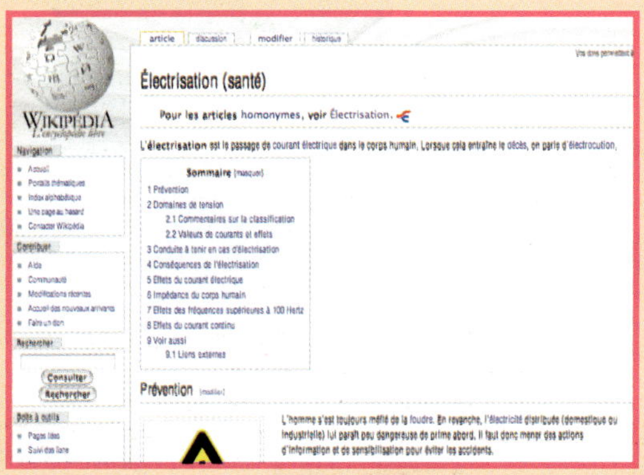
WIKIPÉDIA
L'encyclopédie libre

article | discussion | modifier | historique

Électrisation (santé)

Pour les articles homonymes, voir Électrisation.

L'électrisation est le passage de courant électrique dans le corps humain. Lorsque cela entraîne le décès, on parle d'électrocution.

Navigation
- Accueil
- Portails thématiques
- Index alphabétique
- Une page au hasard
- Contacter Wikipédia

Contribuer
- Aide
- Communauté
- Modifications récentes
- Accueil des nouveaux arrivants
- Faire un don

Rechercher
Consulter
Rechercher

Boîte à outils
- Pages liées
- Suivi des liens

Sommaire [masquer]
1 Prévention
2 Domaines de tension
2.1 Commentaires sur la classification
2.2 Valeurs de courants et effets
3 Conduite à tenir en cas d'électrisation
4 Conséquences de l'électrisation
5 Effets du courant électrique
6 Impédance du corps humain
7 Effets des fréquences supérieures à 100 Hertz
8 Effets du courant continu
9 Voir aussi
9.1 Liens externes

Prévention [modifier]

L'homme s'est toujours méfié de la foudre. En revanche, l'électricité distribuée (domestique ou industrielle) lui paraît peu dangereuse de prime abord. Il faut donc mener des actions d'information et de sensibilisation pour éviter les accidents.

Cette encyclopédie est "vivante" : elle évolue.

Histoire des sciences

Donne ton nom à une unité de mesure

Volta et ses inventions : la pile et l'électromètre, l'ancêtre du voltmètre.

Pour avoir l' honneur de donner ton nom à une unité de mesure, il te faudra découvrir un phénomène nouveau que tu essayeras de mesurer. Tu entreras alors dans l'Histoire comme André-Marie Ampère ou Alessandro Volta. Ce dernier a inventé la pile électrique. En changeant les métaux qui la font fonctionner, il remarque que les effets produits sont différents : il propose de mesurer la « tension électrique ». Son unité de mesure sera le volt (V).

Ampère, lui, est un important physicien du début du XIXe siècle. Les résultats de ses travaux lui font croire en l'existence d'un « courant », mesurable avec le galvanomètre (ancêtre de l'ampèremètre) qu'il a perfectionné : l'électricité serait due à un mouvement de particules. Cette idée restera ignorée jusqu'à la découverte, 61 ans après sa mort, de la preuve qui lui manquait : les électrons. En hommage à son génie, l'intensité du courant électrique est mesurée en ampère (A).

Questions

1. Quels sont les appareils de mesure inventés par Volta et Ampère ? Qu'utilise-t-on aujourd'hui ?

2. Cite une autre unité de mesure de la vie courante qui porte le nom d'un savant célèbre.

3. La physique est aussi appelée la « science des mesures », mais peut-on tout mesurer ? Propose un domaine qu'elle ne pourra pas expliquer, selon toi.

La physique au quotidien

La lampe de poche solaire

Connaissance

✓ Identifier les unités de tension et d'intensité électrique

Source propre et économique de lumière, la lampe de poche solaire utilise l'énergie lumineuse du Soleil pour charger une batterie. La nuit cette batterie permettra de faire briller les trois diodes électroluminescentes (DEL).

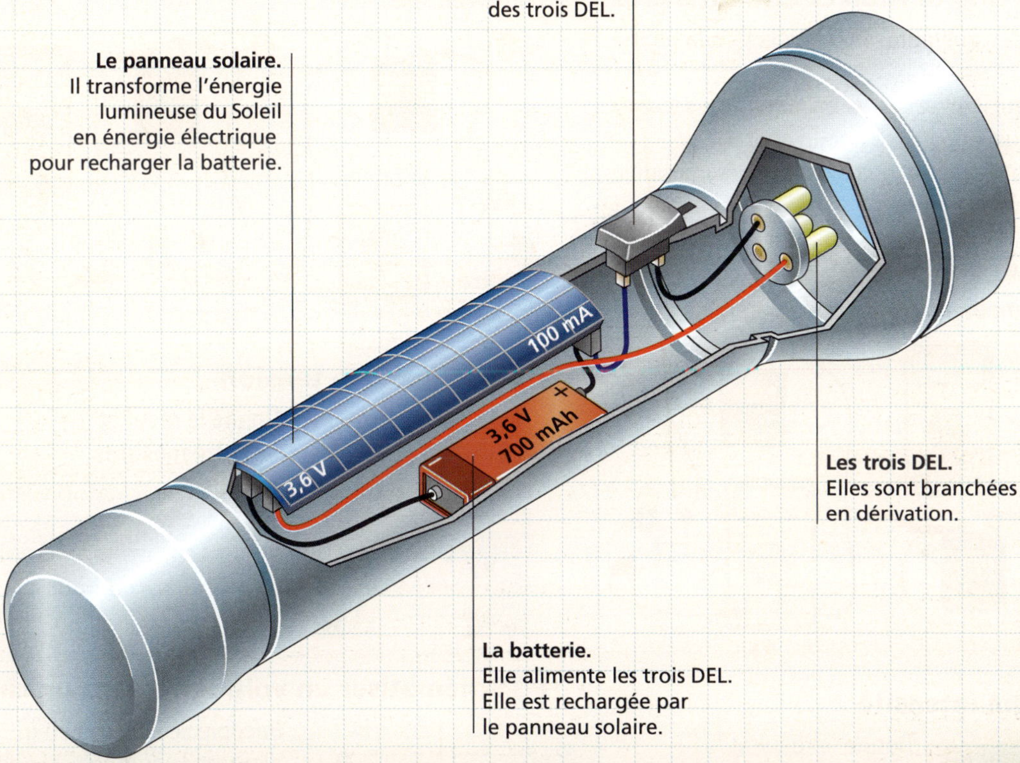

Protège la planète

Privilégions l'utilisation de panneaux solaires pour une production d'électricité non polluante.

Mène ton enquête

Les caractéristiques du panneau solaire

1. Quelle tension électrique peut produire le panneau solaire quand il est éclairé ?

2. Quelle est l'intensité du courant électrique qu'il peut alors fournir ?

3. Quel est le rôle du panneau solaire dans ce circuit ?

Le rôle de la batterie

4. Quelle est la tension aux bornes des DEL en circuit ouvert ? En circuit fermé ?

5. Pourquoi utilise-t-on des DEL plutôt que des lampes à incandescence ?

Coup de pouce

- La tension aux bornes d'une lampe est nulle en circuit ouvert; en circuit fermé, elle est égale à la tension aux bornes du générateur.
- Une DEL consomme jusqu'à 20 fois moins d'électricité qu'une lampe à incandescence.

Connais-tu le cours ?

1 Schématiser une pile

Quel est le schéma normalisé d'une pile ?

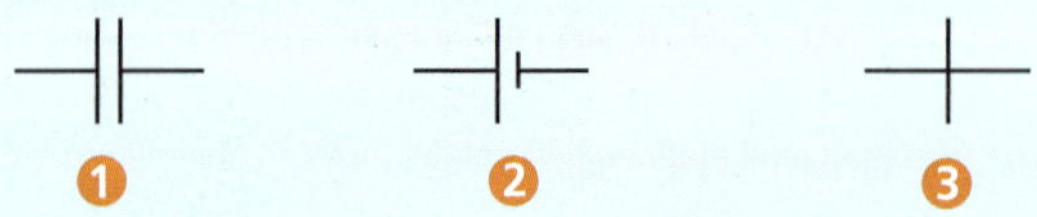

2 Distinguer une tension et une intensité

Recopie les phrases suivantes en choisissant la bonne proposition.

a. Une tension *peut / ne peut pas* exister entre deux points entre lesquels ne passe aucun courant.

b. Un courant *peut / ne peut pas* exister dans un dipôle sans tension entre ses bornes.

3 Brancher un ampèremètre

Dans quel cas l'ampèremètre est-il bien branché ?

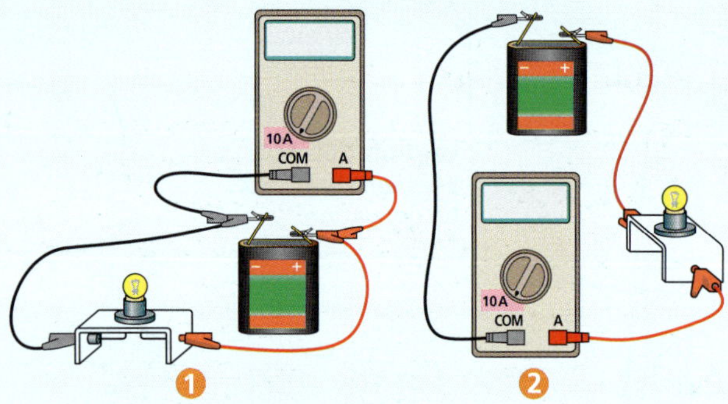

4 Mesurer une intensité

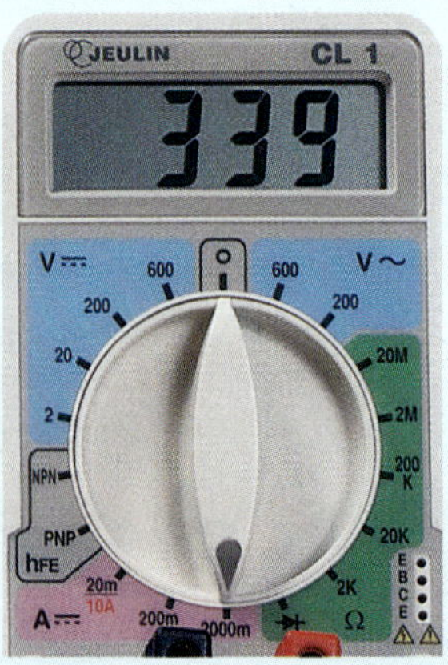

Donne le résultat de cette mesure d'intensité.

5 Schématiser un ampèremètre

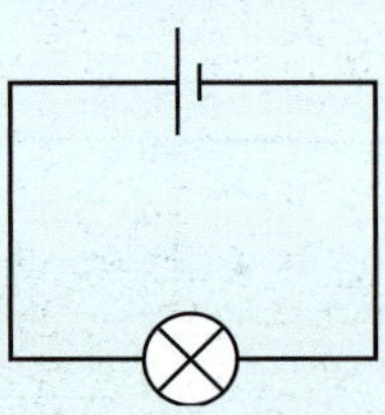

Recopie ce schéma en y ajoutant le symbole normalisé d'un ampèremètre qui mesure l'intensité du courant dans la lampe. Indique les bornes A et COM de l'ampèremètre.

6 Retenir l'unité d'intensité

Recopie la phrase suivante en devinant les mots cachés :

L'unité d'intensité est l'… symbole …

7 Brancher un voltmètre

Dans quel cas le voltmètre mesure-t-il la tension aux bornes de la lampe ?

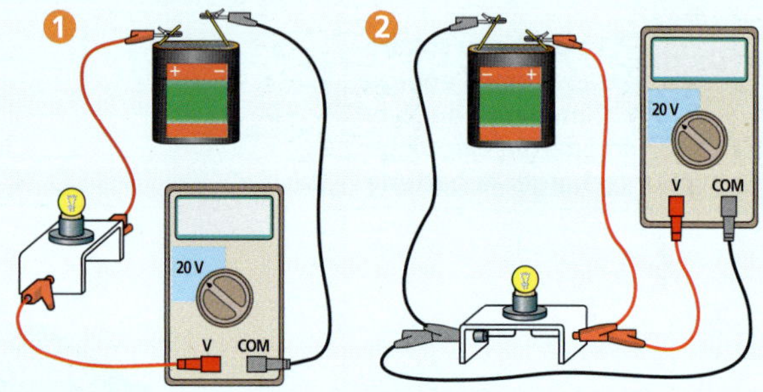

8 Mesurer une tension

Donne le résultat de cette mesure de tension.

9 Schématiser un voltmètre dans un circuit

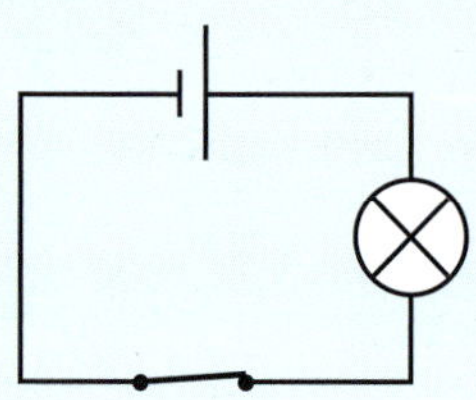

Recopie ce schéma en y ajoutant le symbole normalisé d'un voltmètre qui mesure la tension aux bornes de la lampe. Indique les bornes V et COM du voltmètre.

10 Retenir l'unité de tension

Recopie la phrase suivante en devinant les mots cachés :

L'unité de tension est le … de symbole …

11 Mettre en évidence la tension

Recopie et complète la phrase suivante avec sa bonne proposition.

Un voltmètre branché aux bornes d'une pile affiche :

a. une valeur nulle en circuit ouvert et non nulle en circuit fermé.

b. une valeur non nulle en circuit ouvert et nulle en circuit fermé.

c. une valeur non nulle en circuit ouvert et fermé.

12 Identifier les bornes d'une pile

Une pile est cachée dans la boîte.
Donne le signe des bornes vertes et bleues.

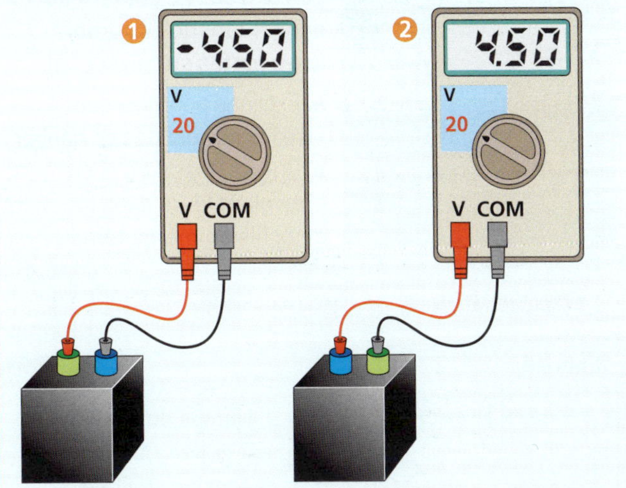

13 Trouver les mots-clés du chapitre

Recopie et complète la grille.

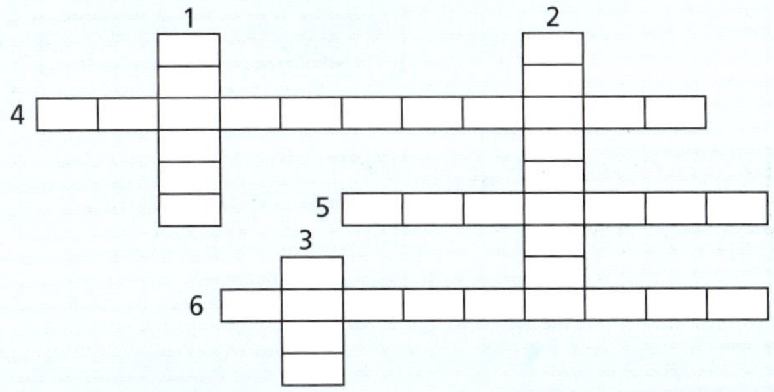

1. Unité de mesure de symbole A.
2. Son unité est l'ampère.
3. Unité de mesure de symbole V.
4. Appareil de mesure de l'intensité.
5. Son unité est le volt.
6. Appareil de mesure de la tension.

As-tu compris le cours ?

L'intensité électrique

14 La photo d'Ampère B2i

Voici l'un des résultats obtenu lors d'une recherche d'images sur Ampère.

a. Quel est le nom du moteur de recherche utilisé ?
b. Quelle est la taille de l'image en kilo-octets ?
c. Quelle est la grandeur dont l'unité porte le nom d'Ampère ?

15 Brancher un ampèremètre

À quel dipôle Julie pense-t-elle ?

16 Choisir le bon calibre

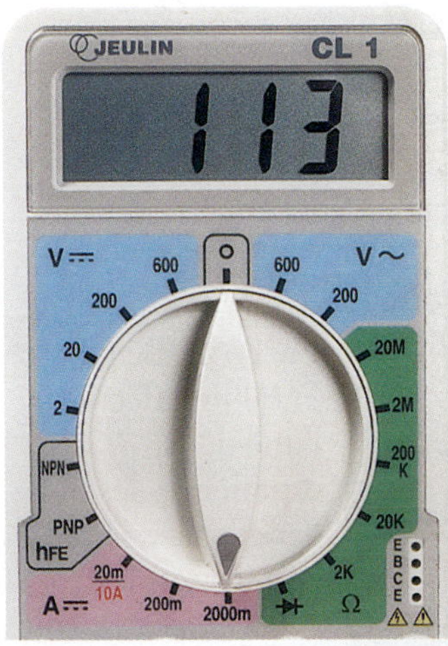

Coline mesure l'intensité du courant traversant une lampe.
a. Quel est le calibre utilisé ?
b. Quel est le calibre le plus adapté ? Justifie ta réponse.
c. Quel est le calibre interdit ?

17 Convertir des intensités

a. Recopie et complète
- lampe domestique : 0,250 A = ... mA
- diffuseur électrique d'odeurs : 8 mA = ...A
- fer à repasser : 0,00535 kA = ... A

b. Souligne dans chacun des cas le sous-multiple ou le multiple le plus adapté.

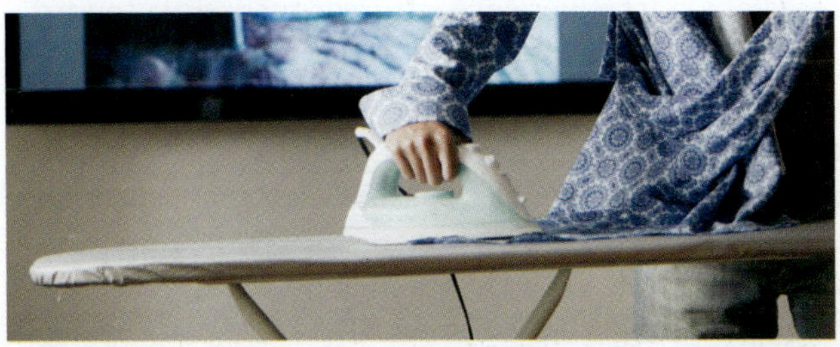

18 Analyser et compléter un schéma

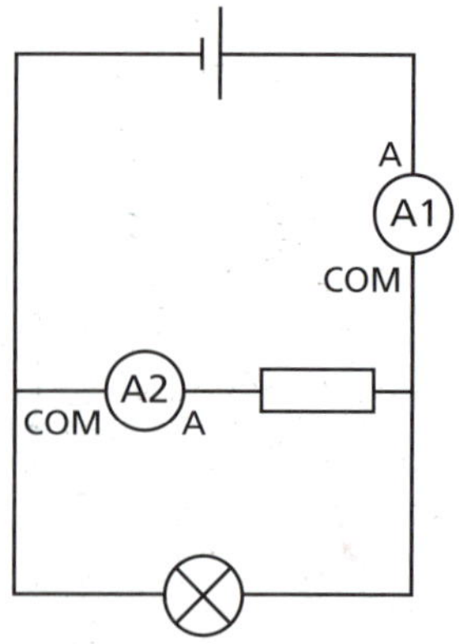

a. Quel ampèremètre mesure l'intensité du courant dans la résistance ?
b. Dessine ce schéma en y ajoutant un ampèremètre qui mesure l'intensité du courant dans la lampe. Indique les bornes de l'ampèremètre.

19 Environnement et énergie Techno

Éolienne : 0,3 kA

Lampe économique : 35 mA

Pour chacun de ces appareils :
a. Exprime leur intensité en ampère (A).
b. Recherche comment il protège l'environnement.

20 Comprendre un texte Histoire des sciences

En 1752, Benjamin Franklin effectua l'une des expériences les plus dangereuses jamais entreprises. Il fit voler un cerf-volant pendant un orage. Lorsque le cerf-volant traversa un nuage, des étincelles jaillirent au bout de la corde qui le retenait. Benjamin Franklin réussit ainsi à démontrer que la foudre est une forme d'électricité. D'autres tentèrent cette expérience et furent tués par la foudre. Elle transporte un courant d'intensité qui peut atteindre 200 000 A.

a. Recherche qui était Benjamin Franklin.
b. Par quoi se manifeste le passage du courant électrique dans le cerf-volant ?
c. Pourquoi cette expérience démontra-t-elle de façon tragique le danger de l'électricité ?

La tension électrique

21 Repérer le danger

Ces oiseaux ne courent aucun danger tant qu'ils gardent leurs pattes sur un seul fil.
a. Explique pourquoi ces oiseaux ne sont pas en danger.
b. Que se passe-t-il si en s'envolant leurs ailes touchent deux fils en même temps ?

22 Apprendre à rédiger un exercice

Énoncé

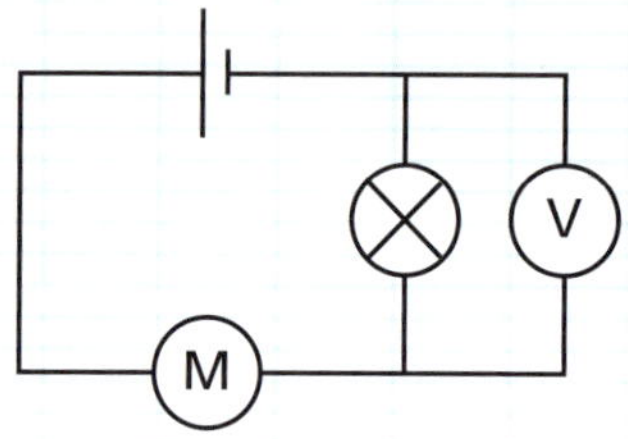

La lampe du circuit est grillée. Pourquoi la tension affichée par le voltmètre est-elle non nulle ?

Rédaction de la solution

Une lampe grillée ne laisse pas passer le courant, comme un interrupteur ouvert. La tension lue sur le voltmètre est donc « non nulle ».

▶ Pour t'entraîner : exercice 23

23 ★ Prévoir des tensions

Observe le circuit électrique de l'exercice 9, p. 84. Recopie et complète le tableau en précisant, pour chaque dipôle de ce circuit, si la tension à ses bornes est nulle ou non nulle.

	Circuit ouvert	Circuit fermé
Tension aux bornes de la lampe	....	....
Tension aux bornes de la pile	....	....
Tension aux bornes d'un fil de connexion	....	....
Tension aux bornes de l'interrupteur	....	....

24 Brancher un voltmètre

Yann souhaite mesurer la tension aux bornes de la résistance de ce circuit.

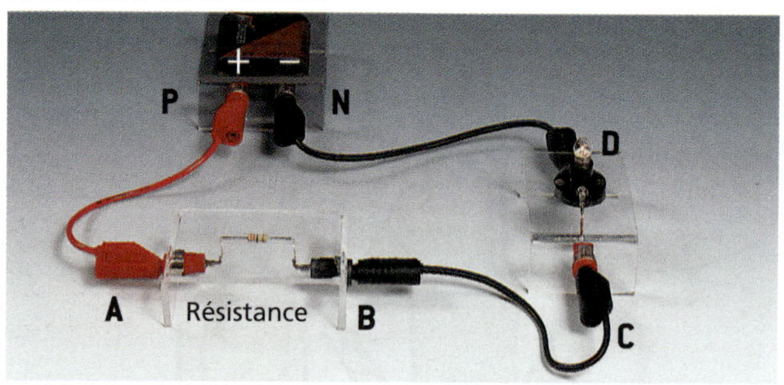

a. Doit-il brancher le voltmètre en série ou en dérivation ?
b. Donne le nom des bornes d'un voltmètre.
c. À quel point du circuit chaque borne du voltmètre doit-elle être reliée ?
d. Schématise le circuit que Yann doit réaliser.

25 Interpréter l'affichage d'un voltmètre

Pauline mesure la tension aux bornes d'une lampe. Voici ce qu'elle obtient en changeant le calibre.

Dans quel cas,

a. le calibre choisi est trop petit ?
b. la mesure est la plus précise ?
c. le calibre choisi est le mieux adapté ?

26 Notation scientifique Maths

Les lignes à très hautes tensions transportent le courant électrique venant des centrales électriques sous une tension de 400 000 V.

a. Exprime cette tension en kilovolt (kV).
b. Écris cette tension en volt en utilisant la notation scientifique.

Coup de pouce : la notation scientifique d'un nombre décimal est son écriture de la forme $a \times 10^p$, où a est un décimal qui a un seul chiffre non nul avant la virgule. Par exemple $350 = 3{,}50 \times 10^2$.

27 Convertir des tensions

a. Recopie et complète en convertissant les tensions :

- pile ronde : 1,5 V = ... mV
- téléphone en communication : 48 000 mV = ... V
- ligne très haute tension : 400 kV = ... V
- diode électroluminescente (DEL) : 2 000 mV = ... V

b. Souligne dans chacun des cas le multiple ou le sous-multiple le mieux adapté.

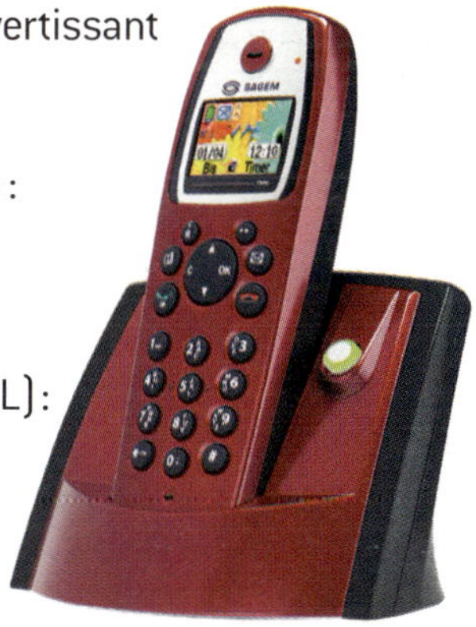

28 Réaliser une expérience à la maison

- Place ta langue entre les deux lames d'une pile plate de 4,5 V.
- Note ce que tu ressens.
- Indique la nature et l'origine de cette observation.

29 Exercice de synthèse

Vérifie tes réponses p. 206

Voici un problème qui résume tout ce que tu dois savoir.
Si tu n'arrives pas à répondre à certaines questions, revois ton cours p. 80.

M. Pticurieux veut mesurer la tension et l'intensité à partir desquelles une diode électroluminescente (DEL) brille. Il réalise alors le montage schématisé ci-dessous. Grâce à la résistance réglable, il augmente progressivement l'intensité du courant dans la DEL jusqu'à ce qu'elle s'allume.

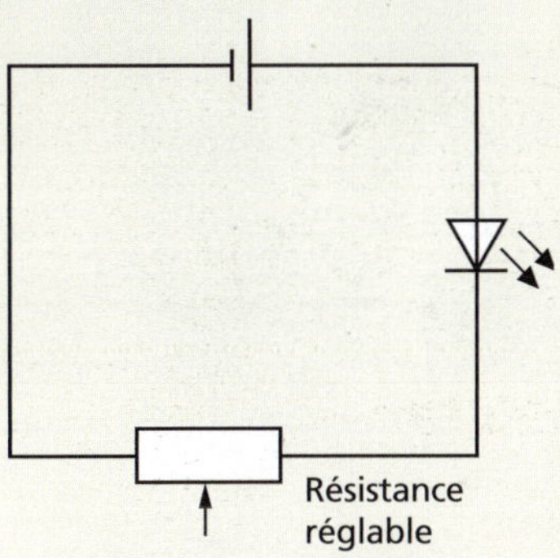

Résultats de M. Pticurieux :
Tension : 1,5
Intensité : 0,01

1. Nomme les appareils de mesure à utiliser et indique la grandeur qu'ils mesurent.

2. Recopie le schéma en y ajoutant les symboles normalisés des appareils de mesure. Indique leurs bornes.

3. Recopie et complète les résultats en écrivant les unités. (Ce sont les unités de référence).

4. Quels résultats obtient-il s'il inverse le sens de branchement des appareils de mesure ?

5. Si la DEL est en sens inverse, précise pour chaque appareil de mesure si la valeur obtenue est nulle ou non nulle.

Coup de pouce : une DEL branchée en sens inverse joue le rôle d'un interrupteur ouvert.

Chapitre 7

Lois sur l'intensité et la tension

Objectifs

- Repérer les différentes branches et les nœuds d'un circuit
- Formuler et savoir vérifier les lois concernant l'intensité et la tension

Situation 1

Lorsqu'un cours d'eau se sépare en plusieurs bras, le débit de l'eau du bras principal est égal à la somme des débits de chaque bras secondaire.

Selon toi, après une dérivation, le courant électrique peut-il se séparer comme ce cours d'eau ?

Les chutes d'eau d'Iguaçu à la frontière du Brésil et de l'Argentine

Branchement d'une prise de courant sur une multiprise

Situation 2

La tension disponible aux bornes d'une prise de courant permet de faire fonctionner les appareils électriques.

Pourquoi les tensions aux bornes de chaque prise électrique de la maison sont-elles toutes égales ?

J'expérimente pour répondre

Activité 1 et 2
Mettre en évidence les lois de l'intensité p. 90

Activité 3 et 4
Mettre en évidence les lois de la tension p. 92

Activité 1

Quelle est la loi de l'intensité dans un circuit série ?

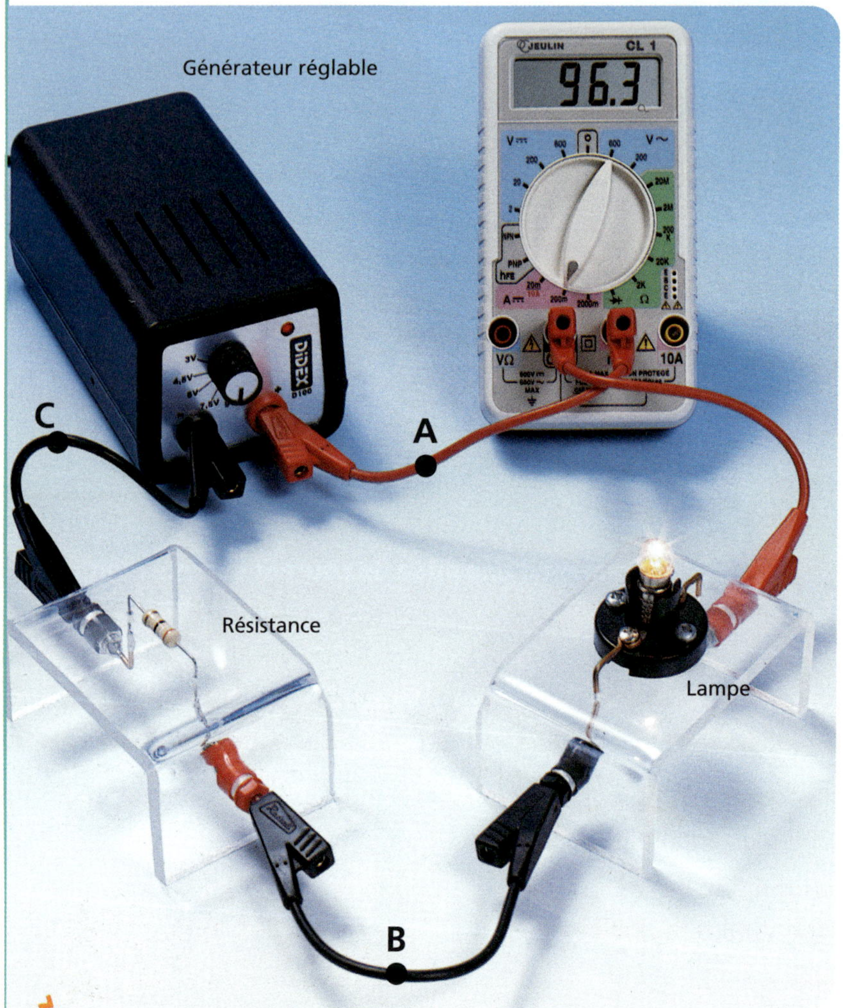

1 **Mesure de l'intensité du courant au point A d'un circuit série** comportant un générateur réglable, une lampe et une résistance.

	Intensité (en mA)		
	I_1	I_2	I_3
Générateur sur 9 V	96,3	96,3	96,3
Générateur sur 7,5 V	83,8	83,8	83,8

2 **Intensités mesurées lorsque le générateur** est réglé sur une tension de 9 V ou sur une tension de 7,5 V.

Guide de travail

1. Mesure l'intensité I_1 du courant électrique du circuit série au point A (doc 1). Puis I_2 au point B, et enfin I_3 au point C. Compare les trois intensités obtenues (doc 2).

2. Recommence ces mesures en réglant le générateur sur une tension différente. Les intensités changent-elles (doc 2) ?

3. L'intensité du courant est-elle la même en tout point d'un circuit série ?

Vocabulaire

Circuit série : circuit dans lequel les dipôles sont branchés les uns à la suite des autres. Un circuit série comporte une seule boucle.

Activité 2

Quelle est la loi de l'intensité dans un circuit comportant des dérivations ?

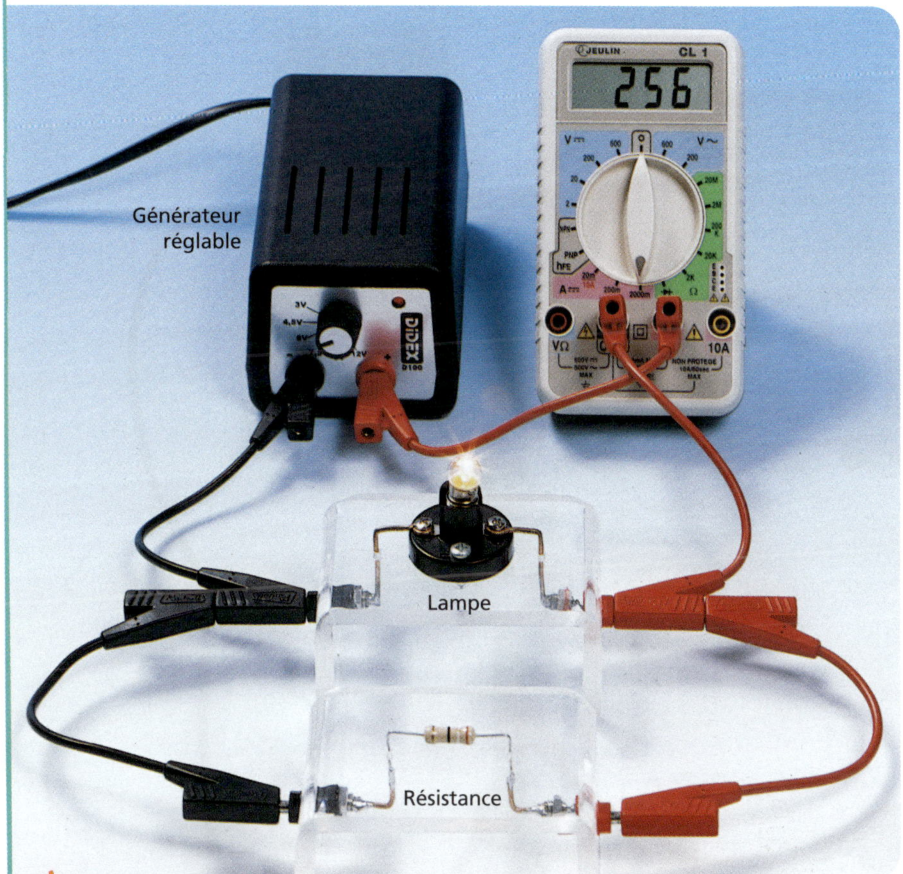

1 **Mesure de l'intensité du courant dans la branche principale** d'un circuit comportant une lampe et une résistance branchées en dérivation sur un générateur réglable.

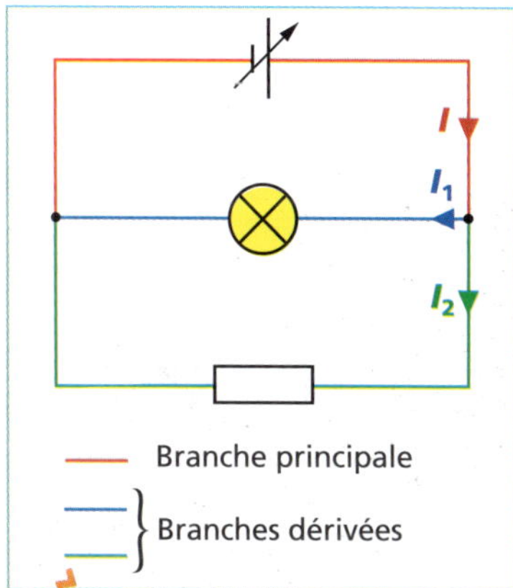

2 **Branche principale et branches dérivées.**

	Intensité (en mA)		
	I	I_1	I_2
Générateur sur 6 V	256	101,8	154,2
Générateur sur 7,5 V	208	88,5	119,5

3 **Intensités mesurées lorsque le générateur** est réglé sur une tension de 6 V ou sur une tension de 4,5 V.

Vocabulaire

- **Circuit dérivation** : circuit dans lequel les dipôles ont des bornes communes deux à deux. Un circuit comportant des dérivations possède plusieurs boucles.
- **Branche** : portion de circuit constituée de dipôles branchés en série.
- **Branche principale** : branche qui contient le générateur.
- **Branche dérivée** : branche qui ne contient pas le générateur.
- **Nœud** : borne commune à plusieurs dipôles.

Guide de travail

1. Mesure l'intensité I du courant dans la branche principale contenant le générateur (doc 1 et 2).
Puis I_1 dans la branche dérivée contenant la lampe, et enfin I_2 dans la branche dérivée contenant la résistance (doc 2 et 3).

2. Additionne les intensités dans les branches dérivées et compare le résultat à l'intensité dans la branche principale. Que constates-tu ?

3. Recommence les mesures d'intensité en réglant le générateur sur une tension différente. Les intensités changent-elles ?

4. Exprime l'intensité dans la branche principale en fonction des intensités dans les branches dérivées.

Activité 3

Quelle est la loi de la tension dans un circuit série ?

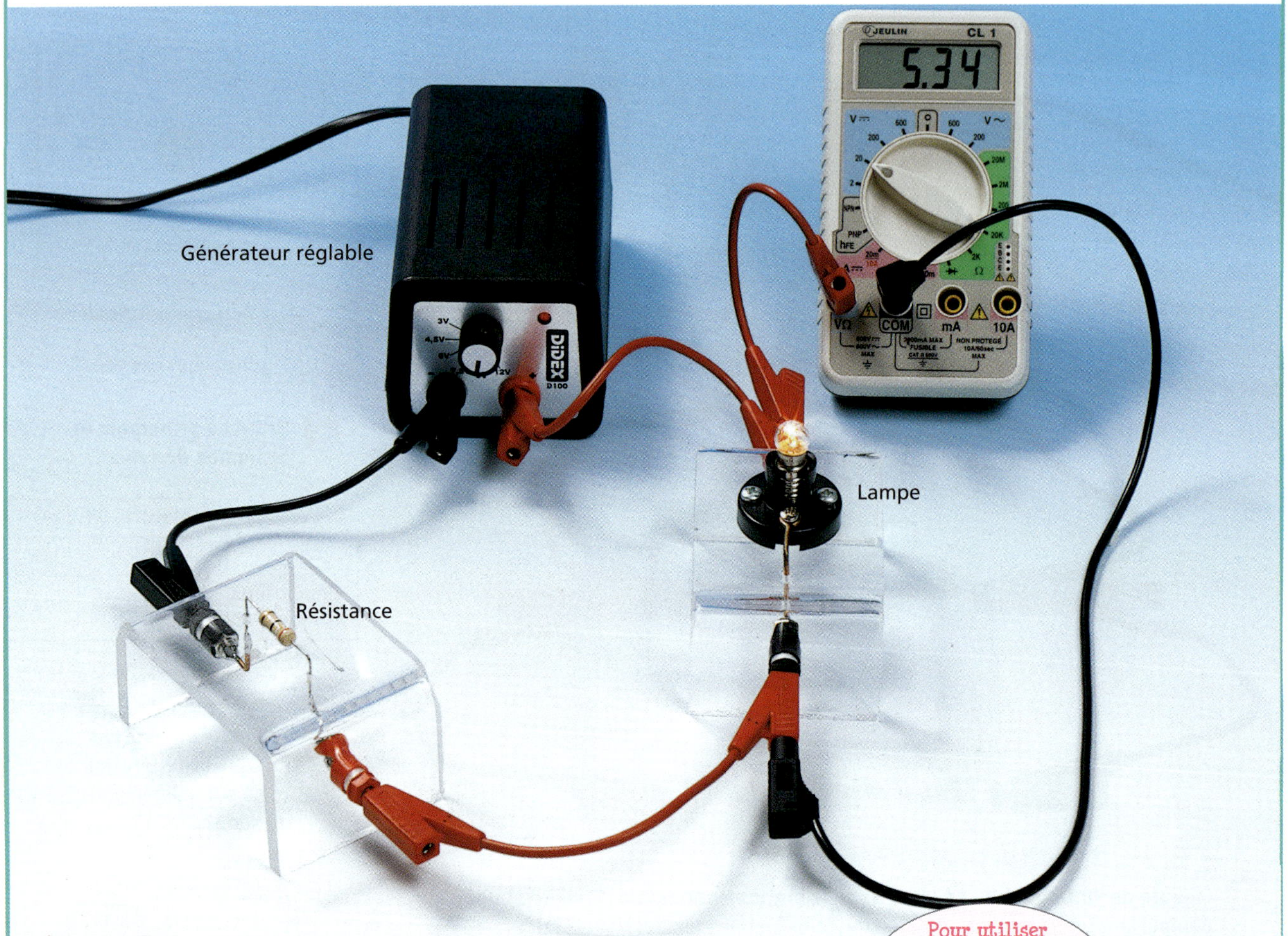

1 **Mesure de la tension aux bornes de la lampe d'un circuit série** comportant un générateur réglable, une lampe et une résistance.

	Tension (en V)		
	U_1	U_2	U
Générateur sur 9 V	5,34	3,73	9,07
Générateur sur 7,5 V	4,24	3,28	7,52

2 **Tensions mesurées lorsque le générateur** est réglé sur une tension de 9 V ou sur une tension de 7,5 V.

Guide de travail

1. Mesure la tension U_1 aux bornes de la lampe (doc 1). Puis la tension U_2 aux bornes de la résistance, et enfin la tension U aux bornes de l'ensemble lampe et résistance en série (doc 2).

2. Additionne les tensions U_1 et U_2 et compare le résultat à la tension U. Que constates-tu ?

3. Recommence les mesures de tension en réglant le générateur sur une tension différente. Les tensions changent-elles ? Que constates-tu ?

4. Exprime la tension aux bornes d'un ensemble de dipôles en série en fonction des tensions aux bornes de chacun de ces dipôles.

Activité 4

Quelle est la loi de la tension dans un circuit comportant des dérivations ?

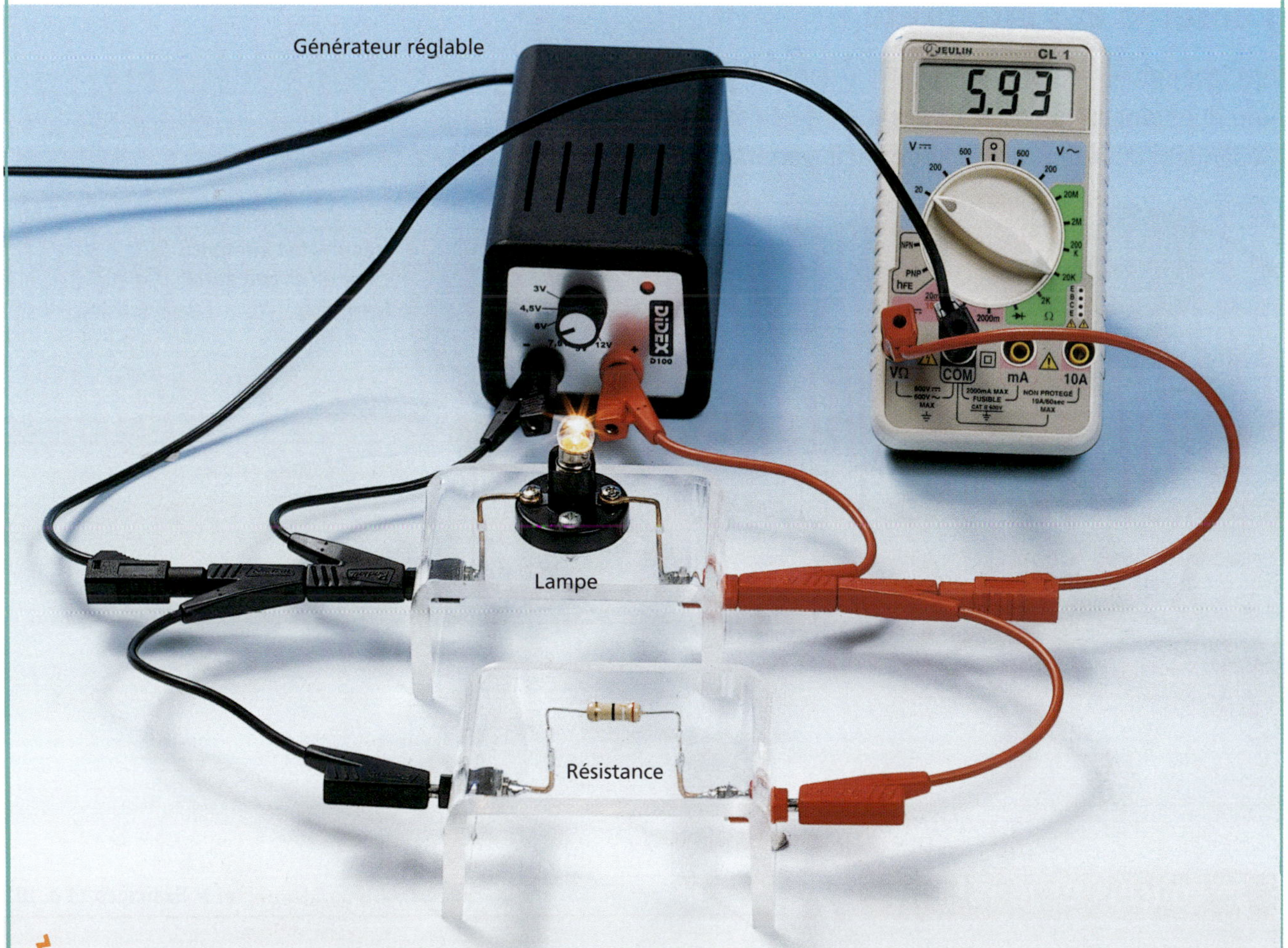

1 **Mesure de la tension aux bornes de la lampe** dans un circuit comportant une lampe et une résistance branchées en dérivation sur un générateur réglable.

Pour utiliser un voltmètre, aide-toi de la fiche technique 7, p. 196.

	Tension (en V)	
	U_1	U_2
Générateur sur 6 V	5,93	5,93
Générateur sur 4,5 V	4,65	4,65

2 **Tableau de résultats.**

Guide de travail

1. Mesure la tension U_1 aux bornes de la lampe (doc 1). Puis la tension U_2 aux bornes de la résistance (doc 2). Que constates-tu ?

2. Recommence ces mesures en réglant le générateur sur une tension différente. Les tensions changent-elles ? Que constates-tu malgré tout ?

3. Les tensions aux bornes de dipôles branchés en dérivation sont-elles égales ?

1. Intensité dans un circuit série

Dans un circuit série, les dipôles sont branchés les uns à la suite des autres. Un circuit série forme une seule boucle.

J'observe et j'interprète Activité 1

Les **intensités** du courant électrique dans un générateur, une lampe et une résistance branchés en **série** sont égales (doc 1). Leurs valeurs dépendent de la tension délivrée par le générateur.

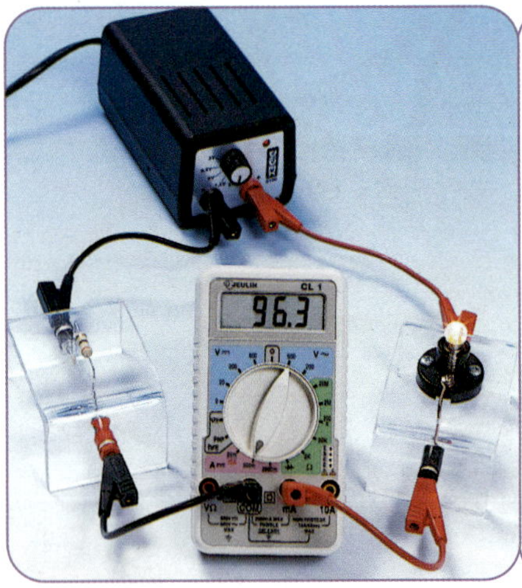

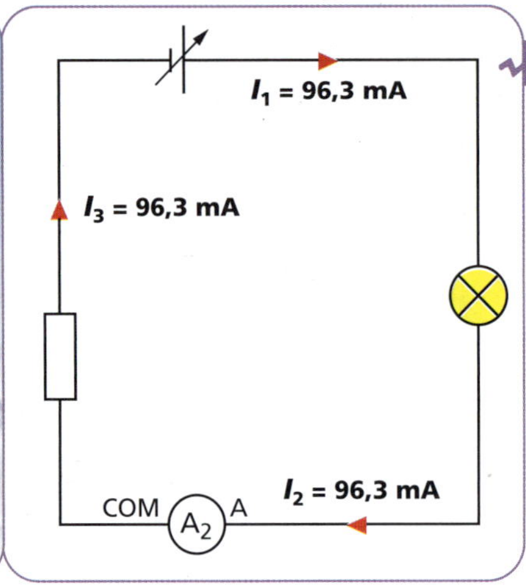

1 Mesure de l'intensité dans un circuit série : $I_1 = I_2 = I_3$.

Je conclus et je retiens

Pour t'entraîner ▶ Exercices 11 p. 101

L'intensité du courant électrique a la **même valeur** en tout point d'un **circuit série** : c'est la loi d'**unicité de l'intensité**.

Je retiens par l'image

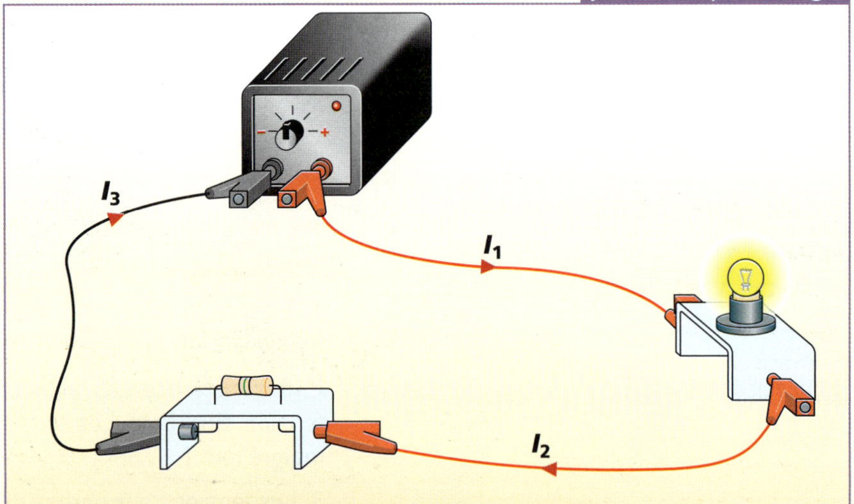

Dans un circuit série $I_1 = I_2 = I_3$

Mots importants

- Intensité
- Série

► Voir Mini Dico p. 202

2. Intensité dans un circuit comportant des dérivations

Un circuit comportant des **dérivations** contient une **branche principale** (celle du générateur) et des **branches dérivées**. Les points de jonction entre ces différentes branches sont appelés nœuds **(doc 2)**.

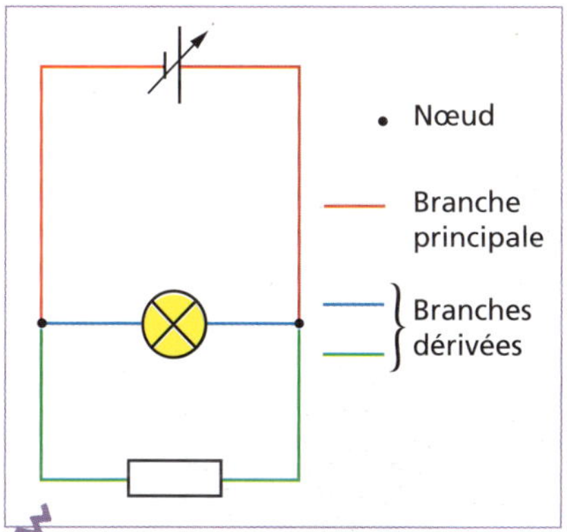

2 **Nœuds et branches dans un circuit en dérivation.**

J'observe et j'interprète Activité 2

L'intensité du courant dans le générateur est toujours égale à la somme des intensités des courants dans la lampe et la résistance **(doc 3)**. L'intensité du courant arrivant à un nœud est égale à la somme des intensités des courants sortant de ce nœud.

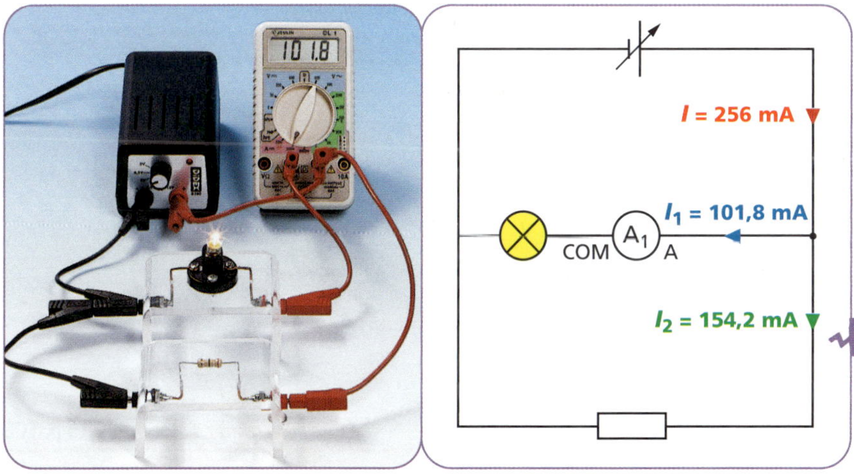

3 **Mesure de l'intensité dans un circuit comportant des dérivations : $I = I_1 + I_2$**

Je conclus et je retiens

Pour t'entraîner ▶ **Exercices 16 p. 101**

L'intensité du courant dans la branche principale d'un circuit comportant des dérivations est égale à la somme des intensités dans les branches dérivées : c'est la loi d'additivité de l'intensité.

Mots importants

- Dérivation
- Branche principale
- Branche dérivée
- Nœud
- Intensité

► Voir Mini Dico p. 202

Je retiens par l'image

Dans un circuit avec dérivation $I = I_1 + I_2$

3. Tension dans un circuit série

J'observe et j'interprète Activité 3

Si une lampe et une résistance sont branchées en **série**, alors la **tension** aux bornes de l'ensemble (lampe et résistance en série) est égale à la somme des tensions aux bornes de la lampe et de la résistance (**doc 5**). Si on change la tension délivrée par le générateur alors, toutes les tensions sont modifiées, mais la relation précédente s'applique encore.

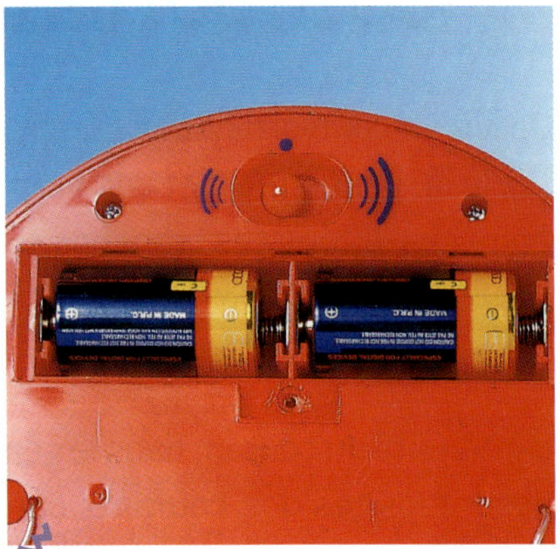

4 **Exemple.** Deux piles en série : les tensions à leurs bornes s'additionnent.

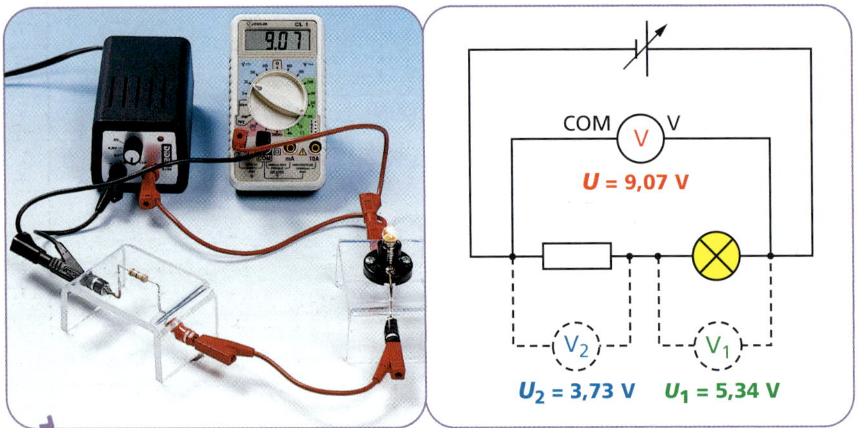

5 **Mesure de tension dans un circuit série :** $U = U_1 + U_2$.

Je conclus et je retiens

Pour t'entraîner ▶ **Exercice 19 p. 102**

La tension aux bornes d'un ensemble de dipôles branchés en série est égale à la somme des tensions aux bornes de chaque dipôle : c'est la loi d'additivité de la tension.

Je retiens par l'image

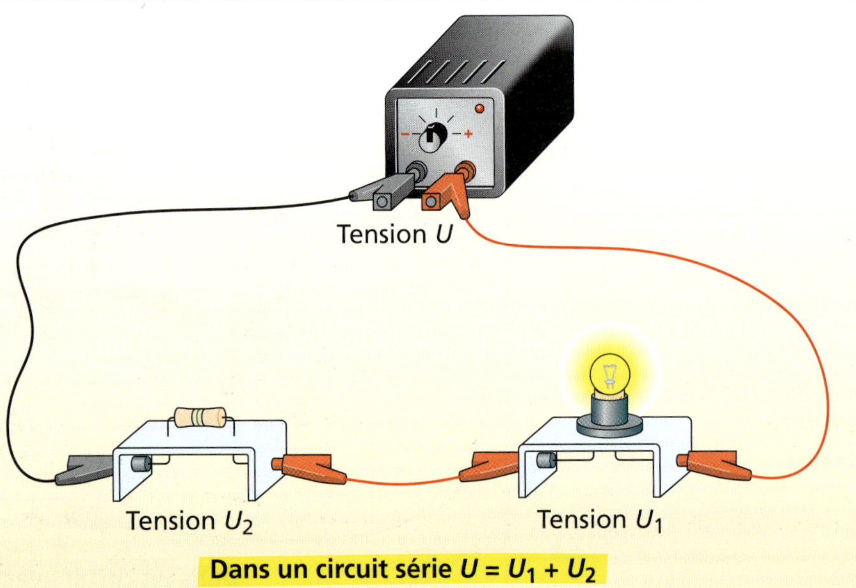

Dans un circuit série $U = U_1 + U_2$

Mots importants

- Série
- Tension

► Voir Mini Dico p. 202

4. Tension dans un circuit comportant des dérivations

J'observe et j'interprète Activité 4

Si une lampe et une résistance sont branchées en **dérivation**, alors les **tensions** aux bornes de ces dipôles sont toujours égales (doc 7). Si on change la tension délivrée par le générateur alors les tensions changent, tout en restant égales.

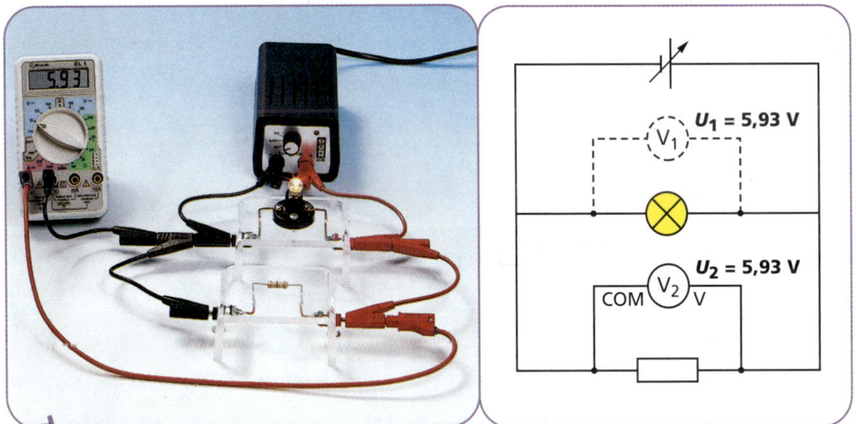

7 **Mesure de tensions aux bornes de dipôles branchés en dérivation : $U_1 = U_2$.**

6 **Exemple.** Des lampes montées en dérivation : la tension à leurs bornes est égale.

Je conclus et je retiens

Pour t'entraîner ▶ **Exercice 23 p. 102**

Les tensions aux bornes de dipôles branchés en dérivation sont égales : c'est la loi d'unicité de la tension.

Je retiens par l'image

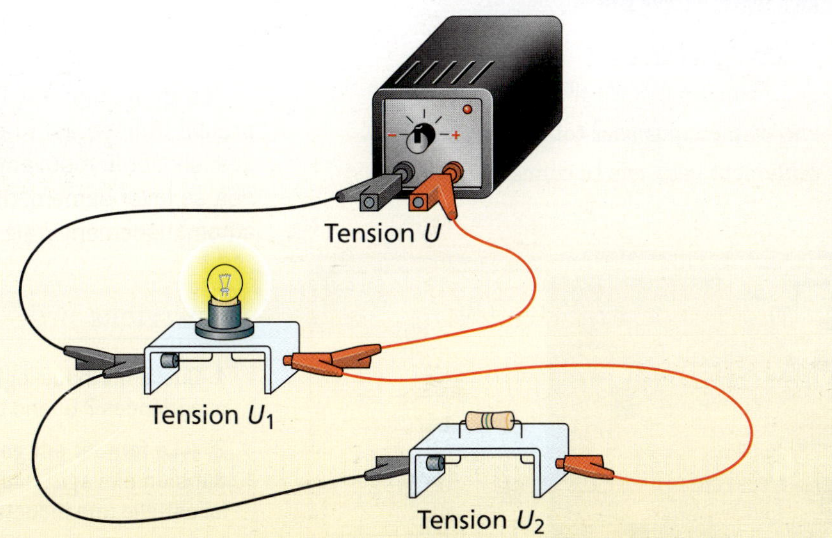

Dans un circuit avec dérivation $U = U_1 = U_2$

Mots importants

- Dérivation
- Tension

► Voir Mini Dico p. 202

Documents

B2i

Fais tes expériences à la maison

Toutes les lois de l'électricité sur des circuits sont connues, donc prévisibles. Grâce à l'informatique, on peut simuler des expériences et créer des logiciels comme « Edison ». À l'aide de la souris, mets des dipôles sur la table virtuelle, relie-les avec des fils. Attention aux court-circuits et à la tension délivrée par le générateur sinon les composants risquent d'être détruits !

✓ Réalise sur le logiciel un circuit avec un générateur et trois lampes.

✓ À l'aide d'ampèremètres et de voltmètres, vérifie les lois de l'électricité pour ton circuit.

✓ Schématise ton circuit et note tous les résultats obtenus.

internet

- **Télécharge la version française du logiciel**

Enregistre le fichier d'installation à partir du site du fabriquant : www.designsoftware.com/edidemos/Edison4DemoFr.exe

- **Installe le programme**

En lançant l'application Edison4 DemoFr.exe, le programme Edison 4 va s'installer sur ton ordinateur.

- **Vas-y doucement**

Beaucoup des dipôles proposés sont encore inconnus pour toi, choisis seulement ceux que tu connais.

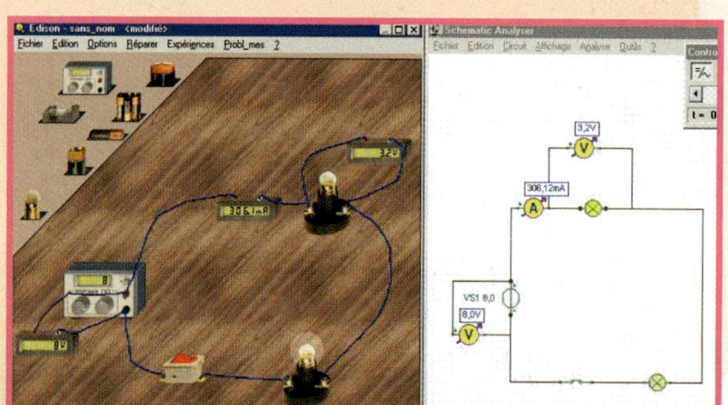

Pensée statistique

Découvrir une loi

« Je vois ce que je mange », c'est la même chose que « Je mange ce que je vois ! ». Dans *Alice au pays des merveilles*, Lewis Caroll utilise l'absurde pour faire rire.

Portons un regard critique sur la démarche scientifique : à partir de quatre ou cinq mesures, nous prétendons retrouver une loi vraie dans tous les cas. Est-ce possible ? Pour valider un résultat, un scientifique dispose de deux méthodes logiques.

- L'induction, utilisée en sciences expérimentales, permet de trouver une loi à partir de multiples exemples. Depuis que je l'observe, le Soleil se lève tous les matins donc demain, il va se lever. Une induction ne sera valable qu'avec un nombre suffisant d'essais et la prévision des éventuels cas particuliers (une météorite détruisant la Terre par exemple).
- La déduction est l'outil favori des mathématiciens. La preuve utilisée est une loi ou un théorème déjà découvert. Les lois sur le mouvement de la Terre prévoient que le Soleil doit se lever demain, donc il va se lever. Une déduction sera automatiquement vraie.

Questions

1. Quelle méthode logique utilises-tu quand tu réalises des expériences ? Quand tu fais un exercice d'application ?

2. « Le fermier est gentil » : c'est ce que pense une poule dans un élevage ; il lui donne à manger et la soigne. Cette loi est-elle une induction satisfaisante ?

3. D'où vient l'effet comique de ce dialogue d'Alice au pays des merveilles (voir photo ci-dessus) ?

Comment fonctionne l'éclairage d'une voiture ?

Capacités
- ✓ Repérer les différentes branches (principale et dérivée)
- ✓ Formuler les lois des tensions et des intensités

Une voiture contient de nombreux circuits électriques comme les circuits de démarrage ou d'éclairage. Tous sont alimentés par la batterie de tension 12 volts. Étudions le principe du circuit d'éclairage.

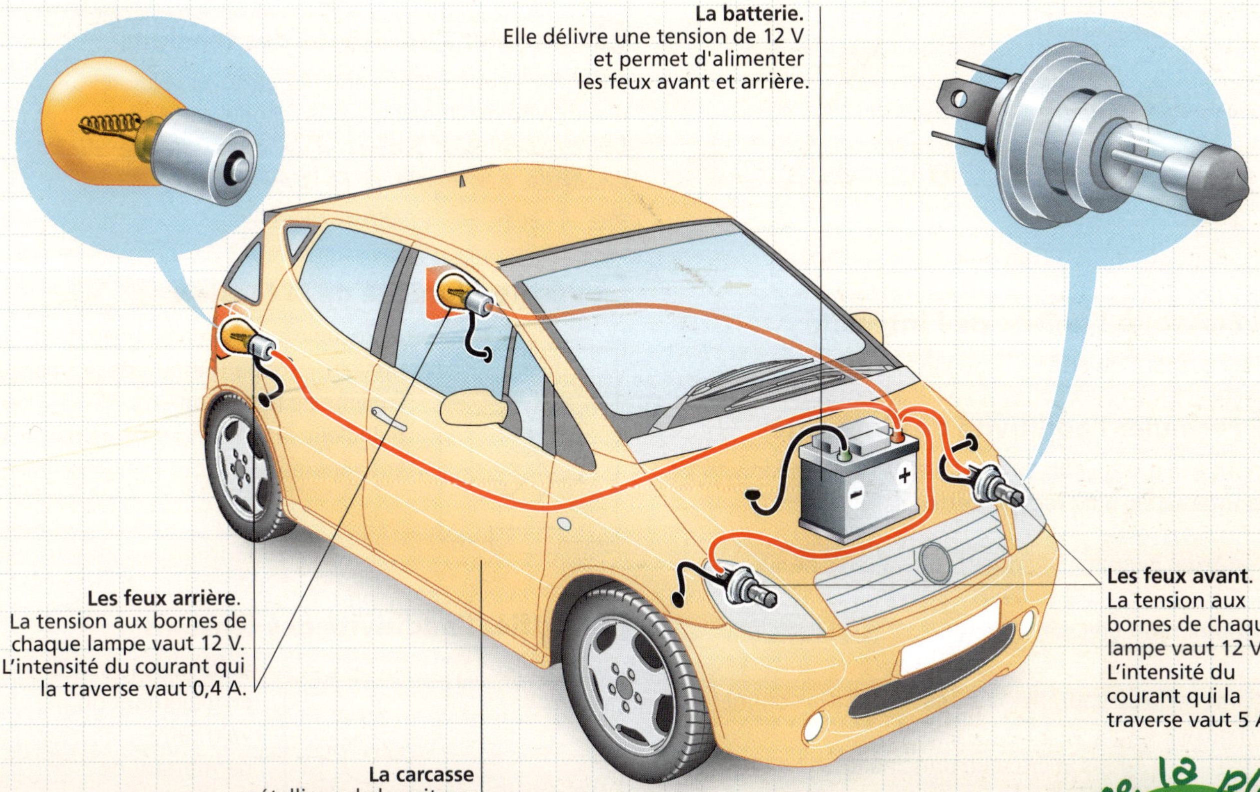

Protège la planète

Il faut recycler les batteries car elles contiennent des éléments dangereux pour l'environnement (plomb et acide).

Mène ton enquête

Le branchement des lampes

1. Lorsqu'une lampe grille, les autres brillent-elles encore ? Comment sont branchées ces lampes ?

2. Quelle est donc la tension aux bornes de chaque lampe ? Justifie.

3. Schématise le circuit électrique des deux feux avant et des deux feux arrière de la voiture. Repère la branche principale et les branches dérivées.

L'intensité dans le circuit

4. Quelle est l'intensité du courant électrique dans un feu avant ? dans un feu arrière ?

5. Calcule l'intensité du courant électrique délivré par la batterie pour faire fonctionner les quatre lampes.

Coup de pouce

Dans un circuit comportant des dérivations, l'intensité du courant sortant du générateur est égale à la somme des intensités dans les branches dérivées.

Connais-tu le cours ?

1 Repérer des branches et des nœuds

Recopie le schéma comportant des branches dérivées. Représente la branche principale en rouge, une branche dérivée en vert et l'autre branche dérivée en bleu. Schématise les deux nœuds par deux points.

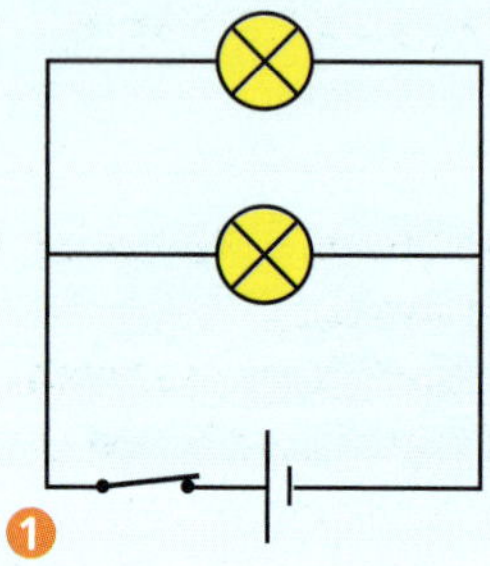

1

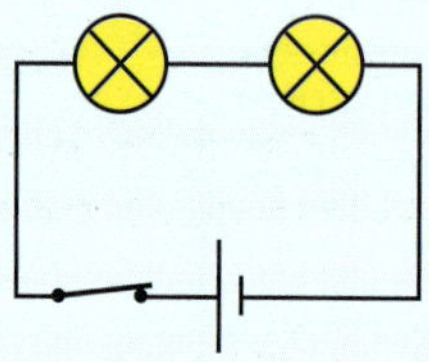

2

2 Formuler l'unicité de l'intensité

Énonce la loi d'unicité de l'intensité.

3 Formuler l'additivité des intensités

Ordonne le puzzle afin de retrouver la loi de l'additivité des intensités, puis recopie cette loi.

1 dans un circuit
2 dans les branches dérivées
3 comportant des dérivations
4 des intensités
5 l'intensité du courant
6 est égale à la somme
7 dans la branche principale

4 Vérifier l'unicité de l'intensité

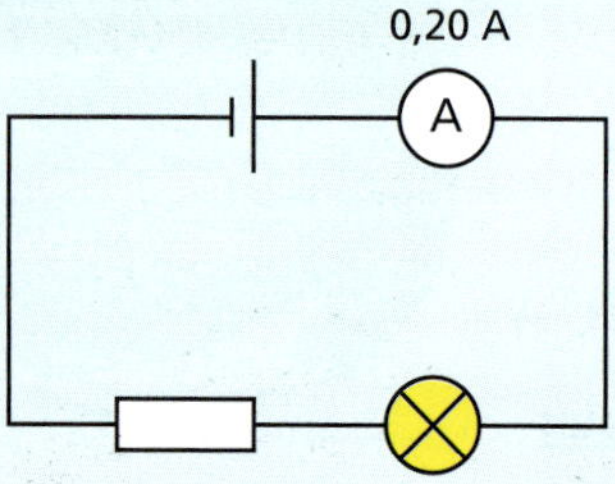

a. Recopie le schéma en y ajoutant deux ampèremètres permettant de vérifier l'unicité de l'intensité.
b. Indique à côté de chaque ampèremètre l'intensité mesurée.

5 Vérifier l'additivité des intensités

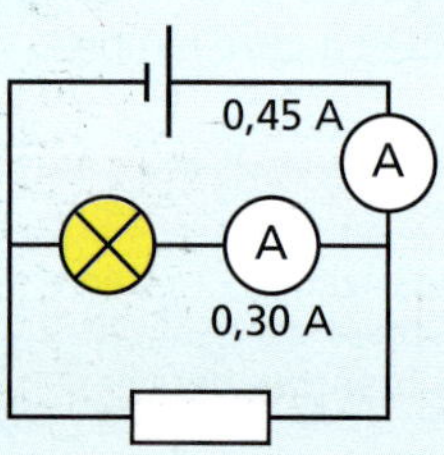

a. Recopie le schéma en y ajoutant un ampèremètre permettant de vérifier l'additivité des intensités.
b. Indique la valeur de l'intensité mesurée par cet appareil.

6 Formuler l'unicité de la tension

Décode ce message afin de retrouver la loi d'unicité de la tension, puis recopie cette loi.

«els einnosst aux benors de deilôps en adéiinortv nost aeégls»

7 Formuler l'additivité des tensions

Devine les mots cachés afin de retrouver la loi d'additivité des tensions, puis recopie cette loi.

La tension aux bornes d'un ensemble de dipôles en … est égale à la somme des … aux bornes de chaque dipôle.

8 Vérifier l'unicité de la tension

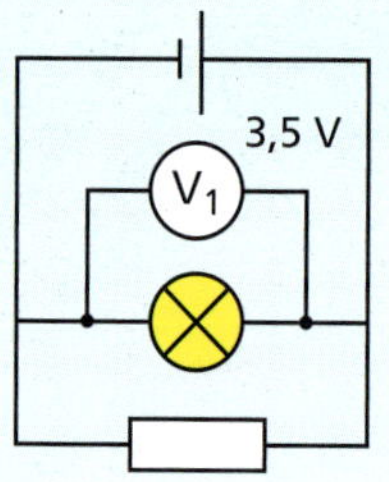

a. Recopie le schéma en y ajoutant un voltmètre permettant de vérifier l'unicité de la tension.
b. Indique la tension mesurée par cet appareil.

9 Vérifier l'additivité des tensions

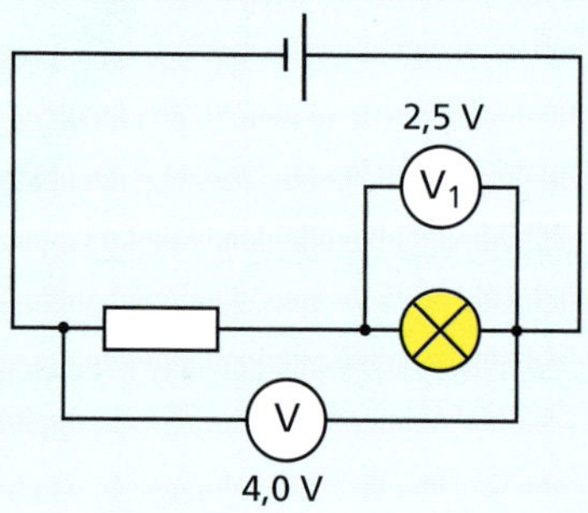

a. Recopie le schéma en y ajoutant un voltmètre permettant de vérifier l'additivité des tensions.
b. Indique la tension mesurée par cet appareil.

10 Trouver les mots-clés du chapitre

Recopie et complète la grille : tu découvriras le mot caché.

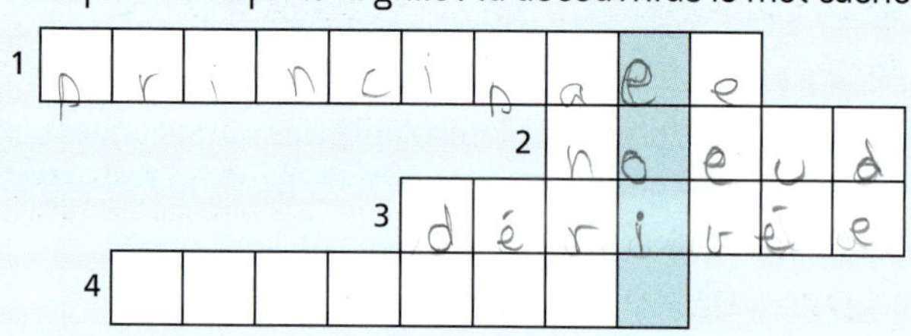

1. Branche qui contient le générateur.
2. Point de jonction de plusieurs branches.
3. Branche qui ne contient pas le générateur.
4. Portions de circuit contenant un ou plusieurs dipôles en série.

As-tu compris le cours ?

Lois concernant l'intensité

11 Interpréter des éclats lumineux

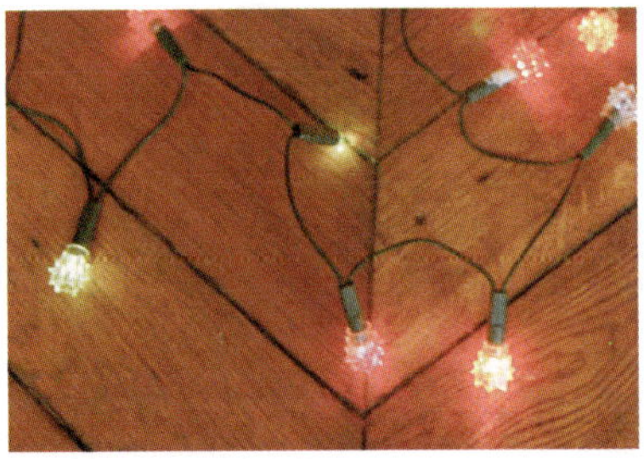

Pourquoi des lampes identiques branchées en série brillent-elles de la même façon ?

12 Faire une analogie

Quelle analogie peut-on faire entre le courant électrique et des voitures qui rencontrent une bifurcation ?

13 Apprendre à rédiger un exercice

Énoncé

Que vaut l'intensité I_1 du courant dans la lampe L_1 ?

$I = 0,35$ A

$I_2 = 160$ mA

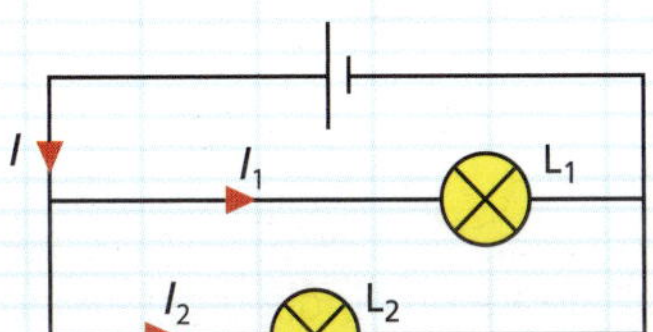

Rédaction de la solution

Les deux lampes sont branchées en dérivation aux bornes du générateur, donc on applique la loi d'additivité de l'intensité : $I = I_1 + I_2$. Avec $I_2 = 160$ mA $= 0,16$ A.
Donc $0,35 = I_1 + 0,16$ et $I_1 = 0,35 - 0,16 = 0,19$.
L'intensité I_1 vaut 0,19 A.

▶ Pour t'entraîner : exercice 14

14 Déterminer une intensité

Détermine l'intensité I_1 dans chaque cas.

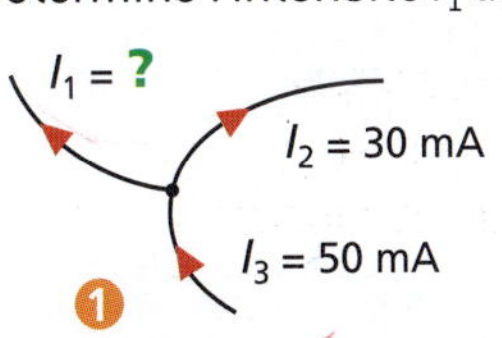

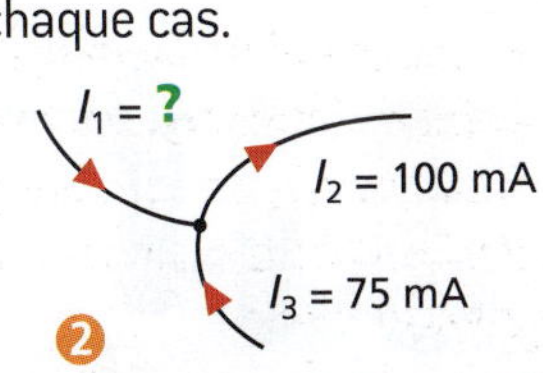

15 Mesurer des intensités

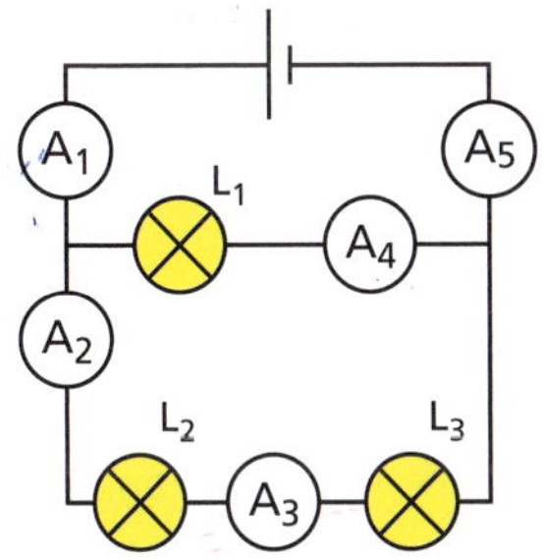

L'ampèremètre A_1 indique une intensité égale à 300 mA et l'ampèremètre A_2 une intensité de 100 mA.

a. Cite les ampèremètres inutiles. Justifie ta réponse.

b. Calcule l'intensité mesurée par l'ampèremètre A_4. Nomme la loi utilisée.

16 Analyser un schéma

Le générateur délivre un courant d'intensité égale à 280 mA. Les trois lampes du circuit sont identiques.

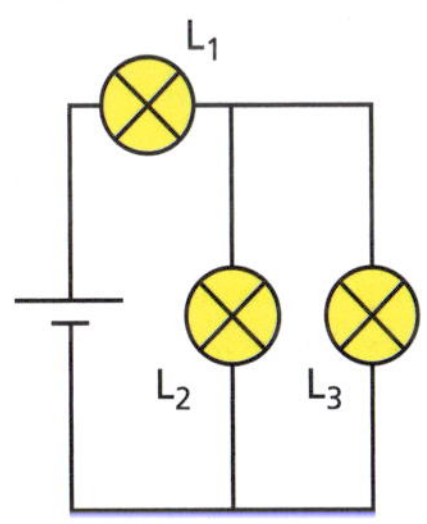

a. Recopie le schéma : représente en bleu les branches dérivées, en rouge la branche principale.

b. Indique par une flèche le sens des courants d'intensité I_1, I_2 et I_3 respectivement dans les lampes L_1, L_2 et L_3.

c. Donne la valeur des intensités I_1, I_2 et I_3 sachant que $I_2 = I_3$.

17 ★ Interpréter une expérience

Amina réalise l'expérience schématisée ci-dessous. Elle laisse la pile fonctionner pendant 2 heures puis change la place de l'ampèremètre.

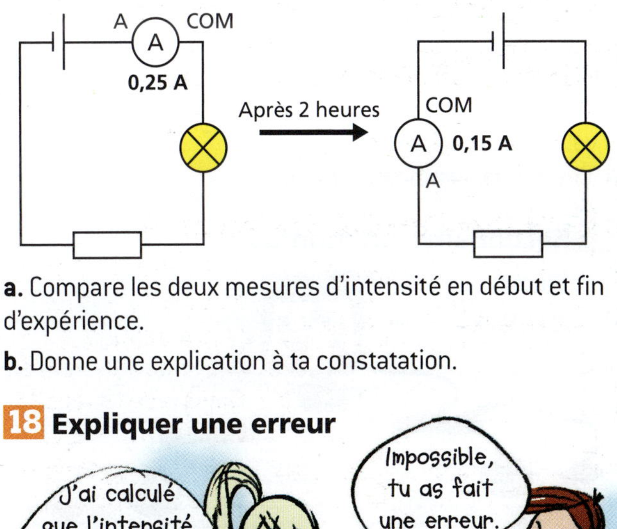

a. Compare les deux mesures d'intensité en début et fin d'expérience.

b. Donne une explication à ta constatation.

18 Expliquer une erreur

Explique pourquoi le garçon a raison de penser que ce résultat est impossible.

Lois concernant la tension

19 Déterminer une tension

Observe le circuit ci-dessous. La tension U_{BC} aux bornes de la résistance vaut 3,5 V et la tension U_{CD} aux bornes de la lampe vaut 5,5 V.

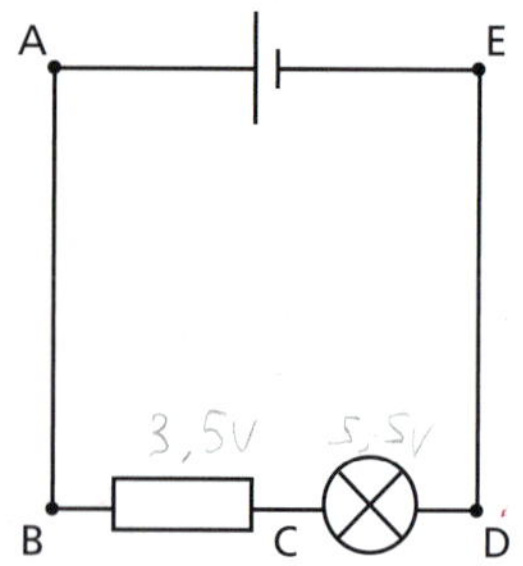

a. La résistance et la lampe sont-elles branchées en série ou en dérivation ?
b. Déduis-en la valeur de la tension U_{BD}.
c. Que valent les tensions U_{AB} et U_{ED} ? Justifie ta réponse.
d. Que vaut la tension U_{AE} aux bornes de la pile ?

20 Expliquer l'éclat des lampes

Dans une habitation, les lampes sont branchées en dérivation. Pourquoi brillent-elles avec le même éclat lorsqu'elles sont identiques ?

21 Le port USB B2i

Les ports USB permettent de relier un ordinateur à différents périphériques, chaque périphérique pouvant être branché ou débranché sans gêner le fonctionnement des autres. Chaque port USB fournit une tension de 5 volts au périphérique qui lui est relié.
a. Comment sont reliés les ports USB au générateur 5 volts de l'ordinateur ?
b. Cherche la signification de USB.

22 Reconnaître un montage

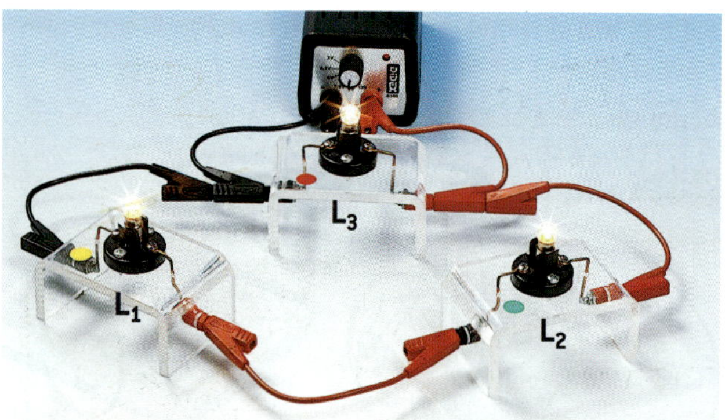

a. Deux lampes sont branchées en série. Lesquelles ?
b. Comment est branchée la lampe L_3 par rapport aux lampes L_1 et L_2 ?
c. Schématise le circuit.
d. La tension U_1 aux bornes de L_1 vaut 6 V, celle U_2 aux bornes de L_2 vaut 3 V. Calcule la tension U_3 aux bornes de L_3.

23 Modifier un montage

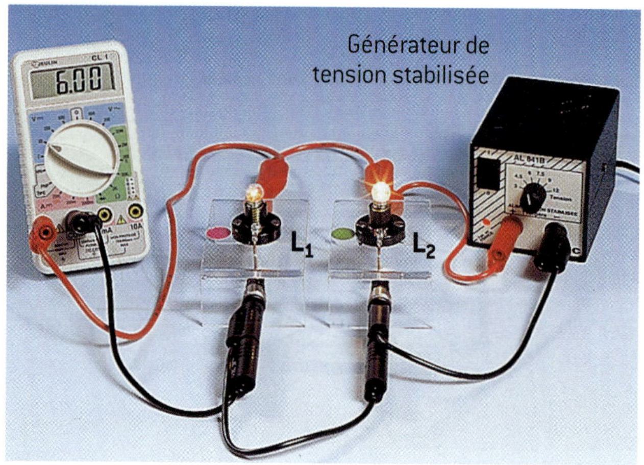

a. Que vaut la tension aux bornes de la lampe L_2 ? Justifie ta réponse.
b. Si on ajoute une lampe L_3 en dérivation, quelle sera la valeur de la tension à ses bornes ?
c. Si on remplace la lampe L_1 dans le montage photographié par une résistance, quelle sera la valeur de la tension à ses bornes ?

24 Comprendre une loi

Observe les schémas électriques ci-dessous.

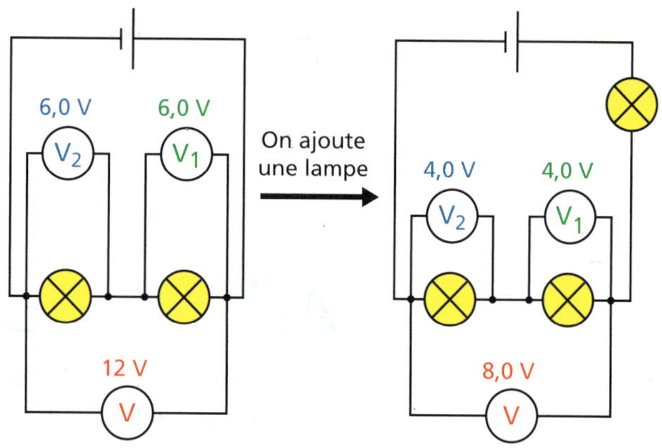

Si on ajoute un dipôle dans un circuit électrique :
a. Les valeurs des tensions changent-elles ?
b. La loi d'additivité des tensions est-elle encore valable ?

25 ★ Associer des piles

Ce jouet nécessite l'utilisation de deux piles branchées dans le même sens. La tension aux bornes d'une pile vaut 1,5 V.
a. Donne la valeur de la tension aux bornes des deux piles dans le jouet.
b. Déduis-en la valeur de la tension aux bornes de la lampe allumée.

26 Lire un texte Histoire des sciences

Dès la seconde moitié du XIXe siècle, alors que l'électricité industrielle et ses applications se développaient fortement, les physiciens cherchèrent à unifier l'ensemble des phénomènes observés par leurs prédécesseurs. Les travaux de Gustav Kirchhoff furent considérables. En électricité, deux lois fondamentales portent ainsi son nom.
La première loi de Kirchhoff, appelée aussi loi des nœuds, indique que toute l'intensité du courant qui arrive à un nœud, c'est-à-dire à un point de bifurcation d'un circuit électrique, est égale à celle de tous les courants qui en partent.
La seconde loi de Kirchhoff, ou loi des mailles, correspond à l'additivité des tensions. Ces lois permettent de déterminer les intensités des courants parcourant les différentes branches d'un circuit électrique, et les tensions aux bornes de chaque dipôle qui le constitue.

a. Recherche qui était Gustav Kirchhoff.
b. Quelle est la loi que tu connais et qui correspond à la loi des nœuds ? Énonce cette loi.
c. Quelle est la loi que tu connais et qui correspond à la loi des mailles ? Énonce cette loi.

27 Prévoir une tension

Quelle loi permet d'affirmer que la tension entre deux points d'un circuit ne peut pas être supérieure à la tension aux bornes du générateur ?

28 Réaliser une expérience à la maison

▸ À l'aide d'une paire de ciseaux, découpe l'enveloppe en papier d'une pile plate.
▸ Observe alors sa constitution.
▸ Sachant qu'une pile ronde a une tension à ses bornes égale à 1,5 V et une pile plate une tension de 4,5 V, déduis-en comment sont branchées les piles rondes.
▸ Schématise le montage.

Aide-toi d'un adulte !

29 Exercice de synthèse

Vérifie tes réponses p. 206

Voici un problème qui résume tout ce que tu dois savoir.
Si tu n'arrives pas à répondre à certaines questions, revois ton cours p. 94.

M. Bricole schématise le montage électrique d'une perceuse, puis il réalise quelques mesures pour en comprendre le fonctionnement. Voici ses résultats.

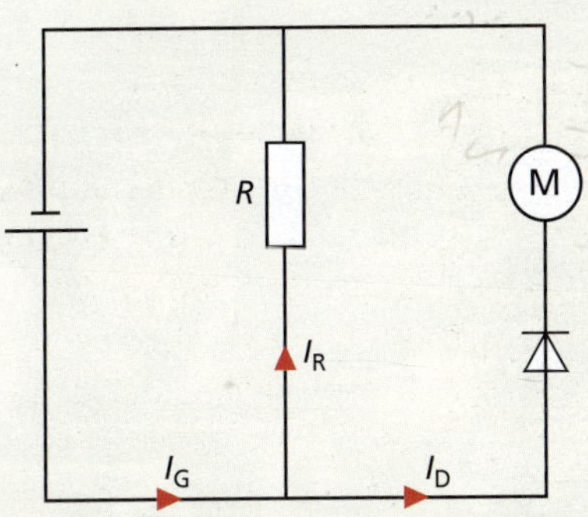

$I_G = 0{,}15$ A $\quad U_D = 600$ mV
$I_D = 30$ mA $\quad U_R = 6{,}0$ V

1. Comment s'appelle le point du circuit d'où partent les courants d'intensité I_R et I_D ?

2. Quelle loi s'applique aux intensités I_G, I_R et I_D ? Énonce cette loi, puis indique la relation mathématique liant I_G, I_R et I_D.

3. Calcule l'intensité I_R.

4. Quelle est l'intensité I_M du courant dans le moteur ? Justifie ta réponse.

5. On note U_D la tension aux bornes de la diode, et U_R la tension aux bornes du dipôle «résistance». Que vaut la tension aux bornes de l'ensemble « diode et moteur en série » ? Déduis-en la valeur de la tension U_M aux bornes du moteur. Justifie tes réponses.

Chapitre 8

L'adaptation en électricité

Objectifs

- Adapter une lampe à une pile donnée
- Relier l'éclat d'une lampe à l'intensité du courant ou à la tension à ses bornes

Situation 1

Cette lampe de poche fonctionne avec 2 piles de 1,5 V branchées en série.

Selon toi, quelle ampoule faut-il choisir pour qu'elle brille normalement ?

Un jeune fille cherche une ampoule adaptée à sa lampe de poche.

Un sèche-cheveux vu aux rayons X.

Situation 2

Sur certains sèche-cheveux, on peut sélectionner une tension de 110 V ou 220 V en tournant un petit bouton.

En France, quelle valeur de tension faut-il choisir pour brancher un sèche-cheveux sur une prise de courant ?

J'expérimente pour répondre

Activité 1

Comment choisir une lampe adaptée à une pile ?

1 **Intensité et tension nominales de plusieurs lampes :** ces valeurs nominales sont indiquées sur le culot des lampes.

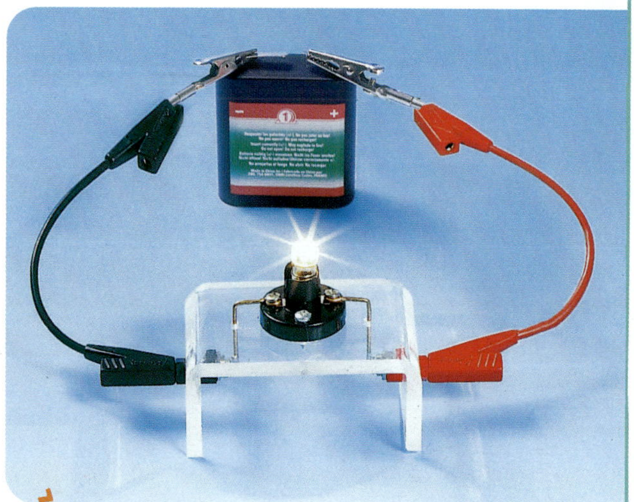

2 **Lampe « 3,5 V – 0,3 A » branchée sur la pile 4,5 V.**

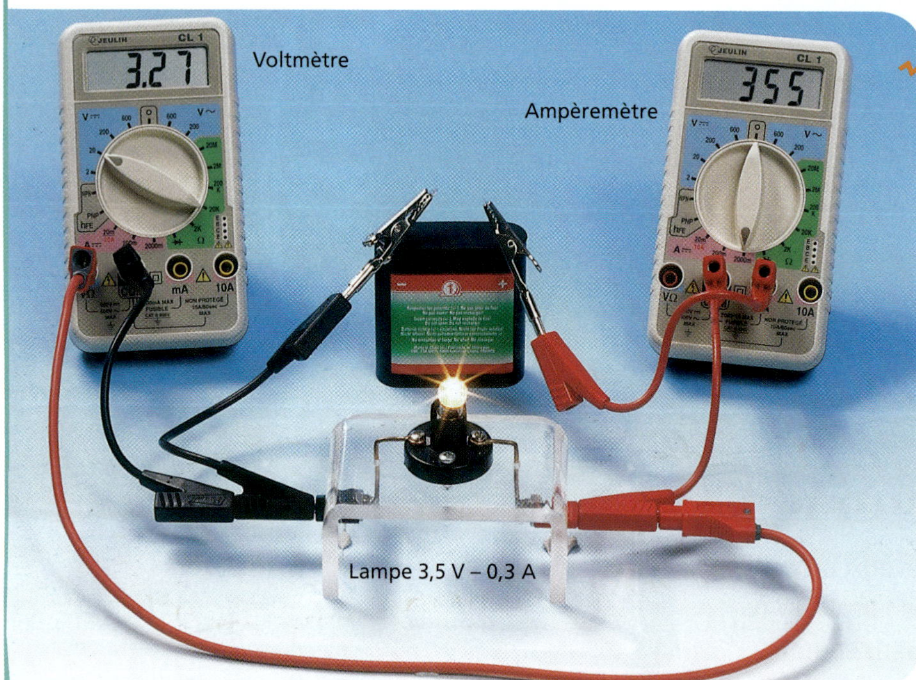

3 **Mesure de l'intensité dans la lampe et de la tension à ses bornes.**

Vocabulaire

- **Valeur nominale** : pour qu'un dipôle fonctionne normalement, la tension à ses bornes et l'intensité du courant dans ce dipôle doivent être les plus proches de valeurs bien particulières, appelées valeurs nominales.
- **Adapté** (dipôle) : un dipôle est adapté quand il fonctionne normalement.

Guide de travail

1. Donne les valeurs nominales de quelques lampes (doc 1).

2. Branche la lampe la mieux adaptée aux bornes d'une pile 4,5 V. La lampe brille-t-elle normalement (doc 2) ?

3. Mesure l'intensité du courant dans la lampe et la tension à ses bornes (doc 3). Compare alors ces valeurs aux valeurs nominales de la lampe.

4. Comment choisir une lampe adaptée à une pile ?

Activité 2

Quand une lampe brille-t-elle anormalement ?

1 **Lampe branchée en sous-tension (le générateur est réglé sur 3 V).**

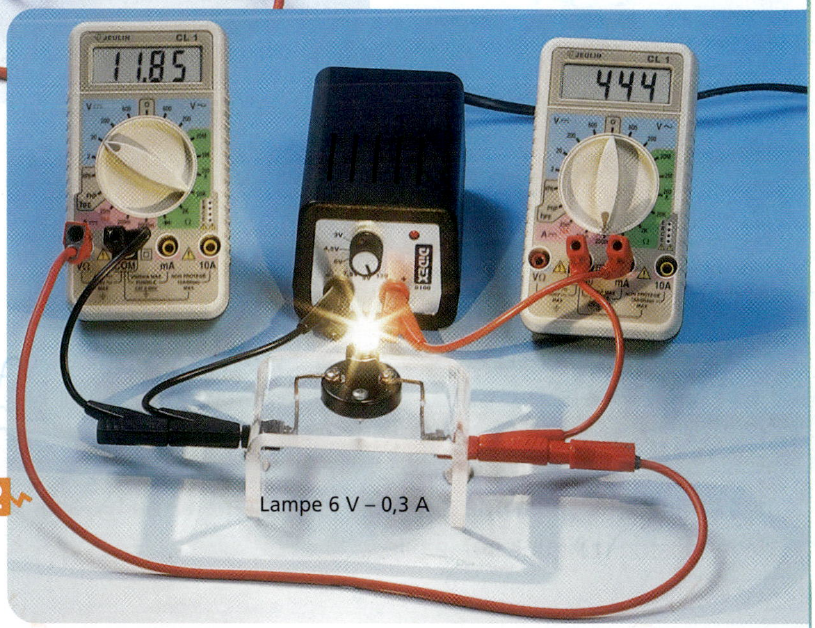

2 **Lampe branchée en surtension (le générateur est réglé sur 12 V).**

Guide de travail

1. Mesure l'intensité dans la lampe et la tension à ses bornes quand elle est branchée en sous-tension (doc 1).
Compare ces valeurs aux valeurs nominales de la lampe. Comment la lampe brille-t-elle ?

2. Recommence les mesures de tension et d'intensité lorsque la lampe est en surtension (doc 2).
Compare ces valeurs aux valeurs nominales de la lampe. Comment la lampe brille-t-elle ?

3. Dans quels cas une lampe brille-t-elle anormalement ?

Vocabulaire

- **Sous-tension** : tension inférieure à la tension nominale.
- **Surtension** : tension supérieure à la tension nominale.

Cours

1. Intensité et tension nominales

Pour qu'un dipôle fonctionne normalement, l'intensité du courant dans ce dipôle et la tension à ses bornes doivent être les plus proches de valeurs bien particulières, appelées **intensité nominale** et **tension nominale**.

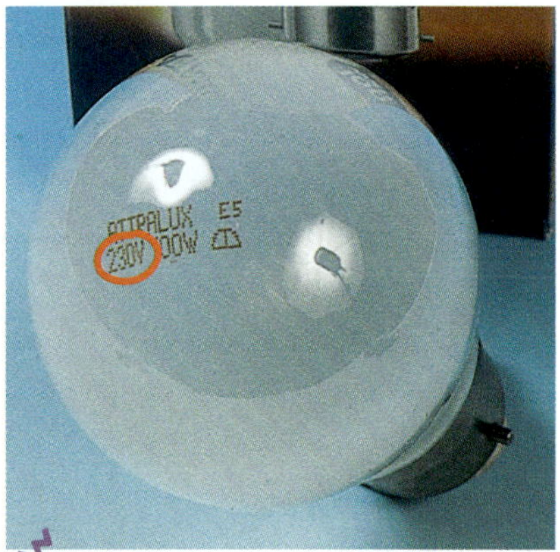

1 Exemple. Tension nominale de l'ampoule : 230 V.

J'observe et j'interprète Activité 1

Quand la tension aux bornes d'une lampe est proche de sa tension nominale, elle brille normalement (**doc 2**). L'intensité du courant est alors proche de l'intensité nominale de la lampe. On dit que la lampe est **adaptée** à la pile.

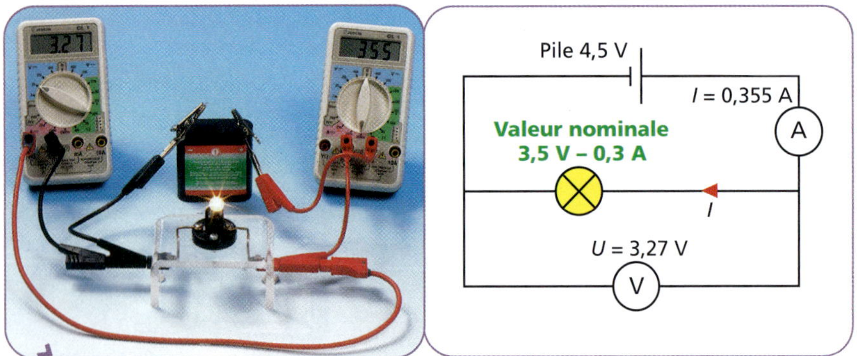

2 Adaptation d'une lampe à une pile.

Je conclus et je retiens

Pour t'entraîner ▶ **Exercices 7 et 10 p. 112**

Une lampe adaptée à une pile brille normalement : sa tension nominale est proche de la tension indiquée sur la pile.

Mots importants

- Intensité nominale
- Tension nominale
- Adapté

► Voir Mini Dico p. 202

Je retiens par l'image

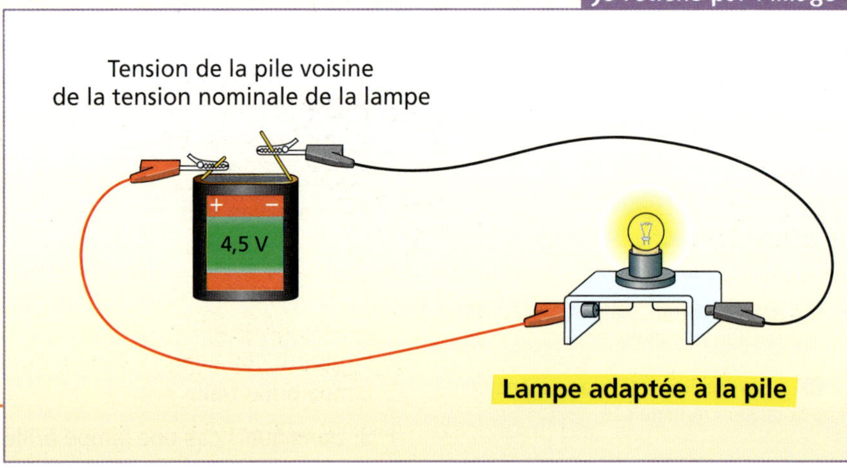

2. Sous-tension et surtension

J'observe et j'interprète Activité 2

- Une lampe de valeurs nominales 6 V et 0,3 A brille peu quand la tension à ses bornes est inférieure à 6 V : elle est en **sous-tension** **(doc 3)**. L'intensité du courant est alors inférieure à 0,3 A.

- En revanche, la lampe brille vivement quand la tension à ses bornes est supérieure à 6 V : elle est en **surtension** **(doc 4)**. L'intensité du courant est alors supérieure à 0,3 A.

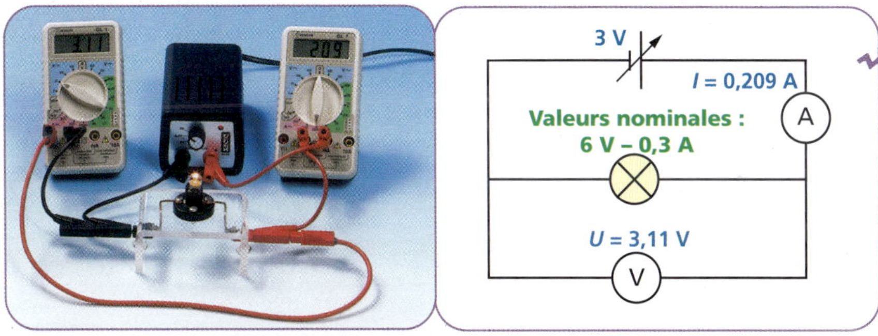

3 Lampe en sous-tension.

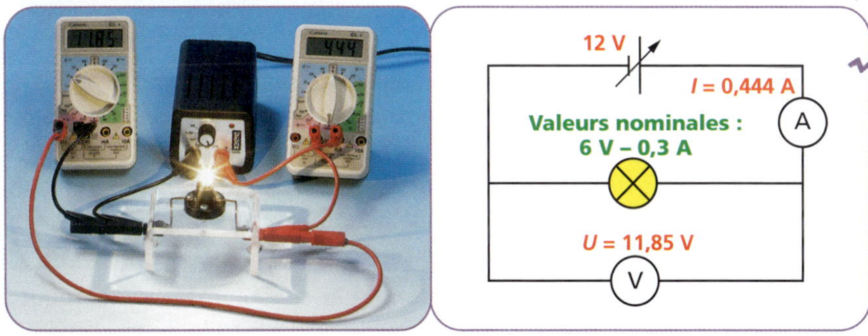

4 Lampe en surtension.

Je conclus et je retiens

Pour t'entraîner ▶ **Exercices 13 et 17 p. 112**

- **Si une lampe brille plus faiblement que prévu, c'est qu'elle est en sous-tension : la tension à ses bornes et l'intensité du courant la traversant sont inférieures à ses valeurs nominales.**
- **Si une lampe brille fortement, alors c'est qu'elle est en surtension : la tension et l'intensité sont supérieures à ses valeurs nominales. La lampe risque de griller.**

Mots importants

- Sous-tension
- Surtension

► Voir Mini Dico p. 202

Je retiens par l'image

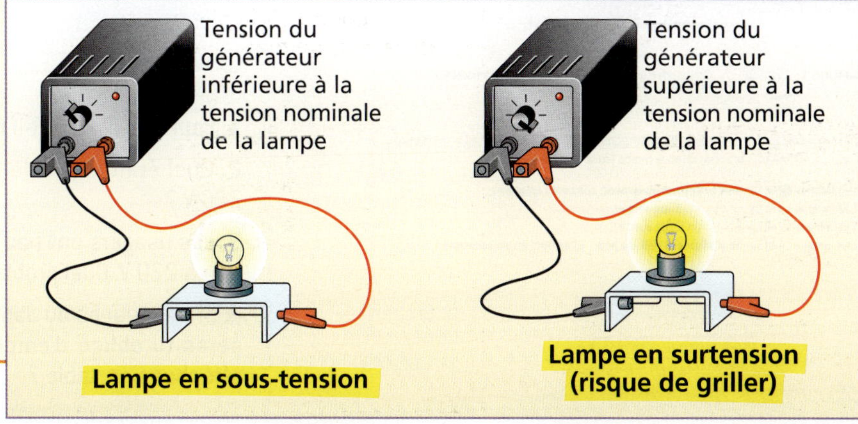

B2i

Adaptation des tensions

Vérifie si tu as bien compris ce chapitre à l'aide d'un quiz mis en ligne par des enseignants.
Les questions sur l'adaptation sont des exemples de la vie de tous les jours et ils te permettront de mieux comprendre l'importance de l'adaptation.
Sur Internet, tu trouveras de plus en plus de sites personnels ou coopératifs (de type Wikipédia) qui proposent des activités, des exercices d'entraînement ou des expériences. Mais ils ne sont pas toujours très attractifs et utiles pour les élèves car ils s'adressent surtout aux professeurs. Fais plutôt confiance à ton professeur et à ton manuel.

✓ Teste tes connaissances en ligne, reste sérieux car tu seras noté à la fin !

internet

- **Connecte-toi sur le site**
  www.ac-orleans-tours.fr/physique/phyel/quatr/pagada/exoad.htm
- **Concentre-toi**
  Lis bien les énoncés, certaines questions demandent beaucoup d'astuce.

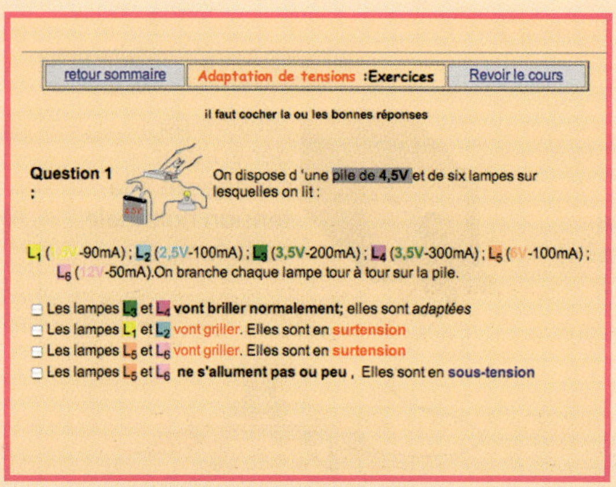

Histoire des sciences

Pourquoi 230 volts en France ?

Aux États-Unis, en 110 V, le réseau est surchargé de câbles.

En 1946, 90 % des Français reçoivent l'électricité. Il existe alors plus de 200 entreprises de production et 1150 de distribution. L'État les rachète et fonde une seule société : EDF. Dès 1956, EDF entreprend de distribuer une tension standard. À cette époque, les usagers devaient acheter un matériel adapté à celle qu'ils recevaient (110 V en général).

Mais avec l'augmentation de la consommation électrique, l'intensité du courant circulant dans les fils du réseau était trop importante : soit EDF ajoutait ou changeait ses câbles, soit l'entreprise doublait la tension distribuée (220 V). Durant la période de transition, les fabricants équipèrent leurs appareils électriques de transformateur 110 V – 220 V pour adapter la tension.

Depuis 1996, les réseaux électriques de l'Europe sont interconnectés, et EDF vend une tension de 230 V : c'est le standard européen.

Questions

1. Pourquoi l'État a-t-il fondé EDF ?

2. Quel était le problème posé à EDF avant le passage à 220 V ?

3. Les usagers ont peu été mis au courant de l'augmentation à 220 V. Quel problème cela aurait-il pu poser ?

4. Si tu voyages au Japon ou aux États-Unis, quel appareil seras-tu obligé d'emporter avec toi pour recharger ton téléphone portable ?

Connais-tu le cours ?

1 Adapter une lampe à une pile

Recopie et relie chaque pile à la lampe qui lui est adaptée.

Pile de 1,5 V •	• Lampe (12 V; 100 mA)
Pile de 4,5 V •	• Lampe (1,2 V; 220 mA)
Pile de 12 V •	• Lampe (3,5 V; 300 mA)

2 Choisir une lampe

Désigne parmi les lampes suivantes celle utilisée dans une lampe de poche fonctionnant avec une pile de 4,5 V.

a. Lampe (6 V; 100 mA).
b. Lampe (3,5 V; 300 mA).
c. Lampe (1,2 V; 220 mA).

3 Interpréter l'éclat d'une lampe

Recopie les phrases suivantes en choisissant les bonnes propositions.

a. Si une lampe brille *faiblement / normalement / fortement*, alors la tension à ses bornes est proche de sa tension nominale.
b. Si une lampe brille *faiblement / normalement / fortement*, alors l'intensité dans la lampe est proche de son intensité nominale.
c. Si une lampe brille *faiblement / normalement / fortement*, alors la tension à ses bornes est supérieure à sa tension nominale.
d. Si une lampe brille *faiblement / normalement / fortement*, alors l'intensité dans la lampe est inférieure à son intensité nominale.

4 Observer l'éclat d'une lampe

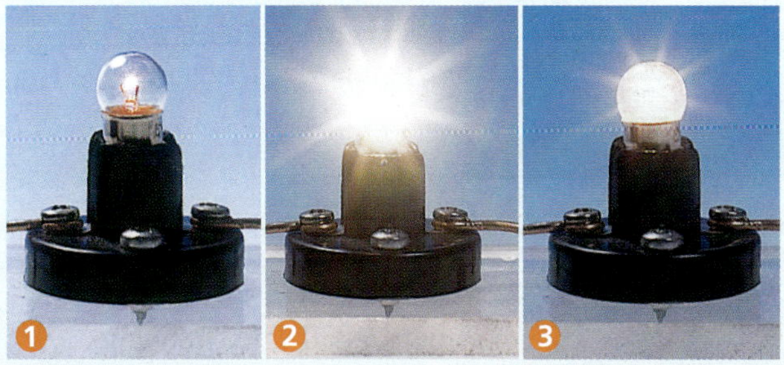

Désigne la lampe :
a. adaptée au générateur ;
b. en sous-tension ;
c. en surtension.

5 Trouver les mots-clés du chapitre

Recopie et complète la grille.

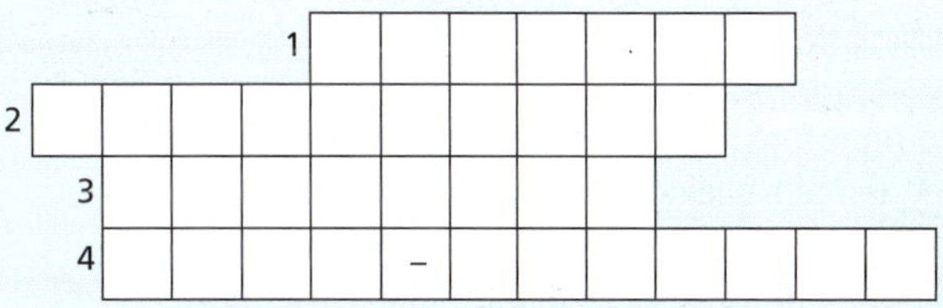

1. Se dit d'une lampe qui brille normalement
2. Se dit d'un dipôle dont la tension à ses bornes est trop élevée.
3. Tension ou intensité à respecter pour qu'un dipôle fonctionne normalement.
4. Se dit d'un dipôle dont la tension à ses bornes est insuffisante.

As-tu compris le cours ?

Intensité et tension nominale

6 Apprendre à rédiger un exercice

Énoncé

Dans le circuit suivant, les deux lampes (6 V; 0,1 A) brillent normalement.

a. Quelle est la tension aux bornes de chaque lampe ?

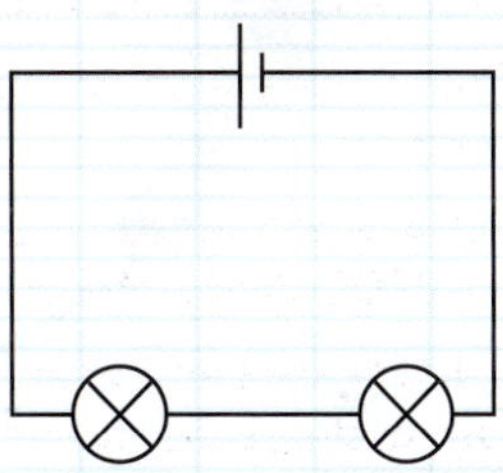

b. Déduis-en l'intensité du courant dans chaque lampe.

Rédaction de la solution

a. Chaque lampe brille normalement, donc la tension à ses bornes est égale à sa tension nominale, ici 6 V.

b. Dans chaque lampe circule donc un courant d'intensité égale à son intensité nominale, ici 0,1 A.

▶ Pour t'entraîner : exercice 7

7 Lire les indications sur une lampe

a. Nomme chacune des deux valeurs indiquées sur le culot de la lampe.
b. Décris l'éclat de la lampe si la tension à ses bornes est proche de 3,5 V.
c. Quelle est dans ce cas l'intensité du courant dans la lampe ?

8 Interpréter des indications

Ce grille-pain, sur lequel est noté « 230 V », fonctionne avec la tension du secteur disponible aux bornes d'une prise de courant.
a. Sous quelle tension ce grille-pain fonctionne-t-il normalement ?
b. Déduis-en la tension du secteur.

9 L'ordinateur à pile B2i

Zakia a débranché son ordinateur pour éviter tout risque électrique lors d'un orage. Lorsqu'elle le rebranche le lendemain, elle constate que la date et l'heure ne se sont pas déréglées. Curieuse, elle démonte son ordinateur et observe ce dipôle sur la carte mère.

a. Que risque l'ordinateur de Zakia en cas d'orage ?
b. Quel est le nom du dipôle observé ? Quel est son rôle ?
c. Cherche la définition de carte mère.

10 Deviner une indication sur des lampes

Projecteur additionnel — Projecteur principal — Tableau de bord

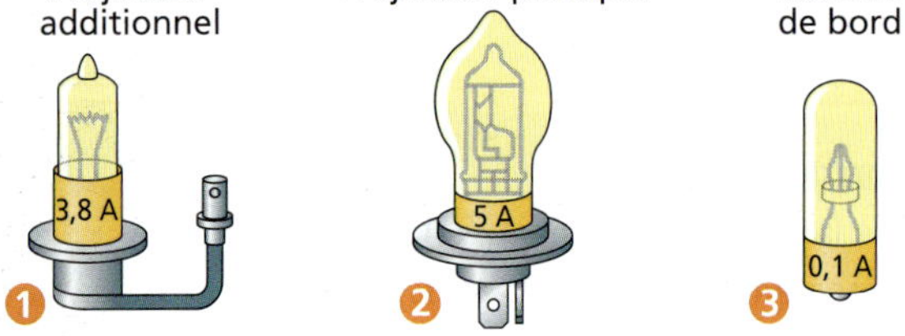

Une batterie de voiture a une tension à ses bornes de 12 V.
a. Que vaut la tension nominale de chaque lampe sachant qu'elles sont branchées en dérivation sur la batterie ? Justifie.
b. Ces lampes brillent-elles de la même façon ?

11 Choisir des piles

Juliette souhaite faire fonctionner normalement un moteur de tension nominale 1,5 V. Quelle pile peut-elle utiliser ?

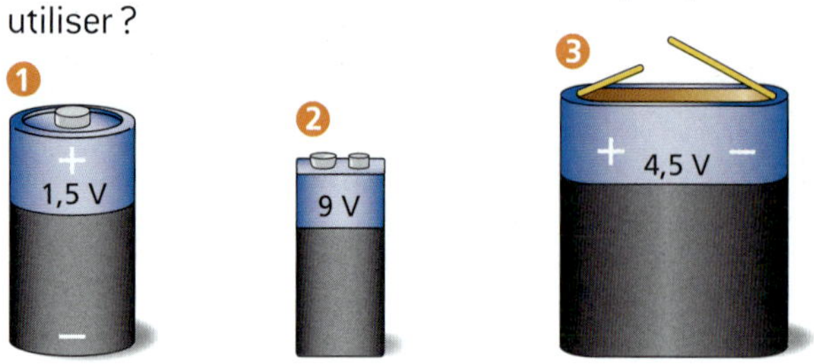

12 Utiliser une batterie

Un téléphone portable fonctionne grâce à une batterie.

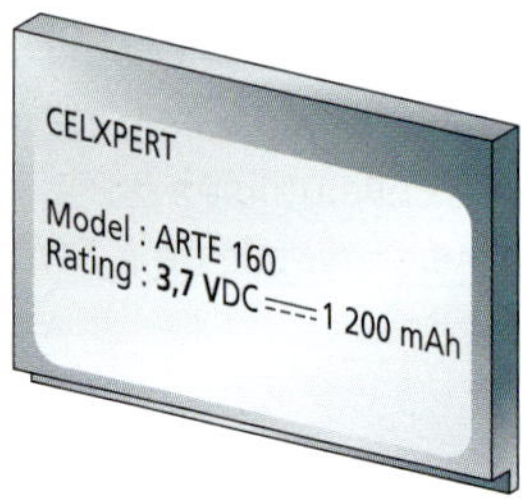

a. Trouve la tension nominale de cette batterie.
b. Sous quelle tension le téléphone utilisant cette batterie fonctionne-t-il normalement ?

Sous-tension et surtension

13 Exploiter des résultats

Un groupe d'élèves fait varier la tension aux bornes d'une lampe et observe son éclat. Voici leurs résultats :

	Éclat de la lampe		
	Faible	**Normal**	**Fort**
Intensité (en mA)	176	300	360
Tension (en V)	1,2	3,6	5,2

a. Quelle est la tension nominale de la lampe ? Son intensité nominale ?
b. Dans quel cas est-elle en sous-tension ? En surtension ?
c. Dans quel cas la lampe risque-t-elle de griller ?

14 ★ Expliquer le manque d'éclat

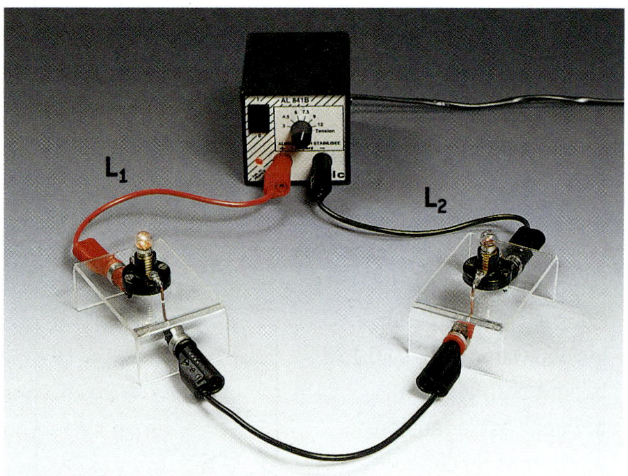

a. Pourquoi la lampe L_2 n'est ni grillée, ni dévissée ?
b. Pourquoi ne brille-t-elle pas ?

15 ★ Brancher deux lampes en dérivation

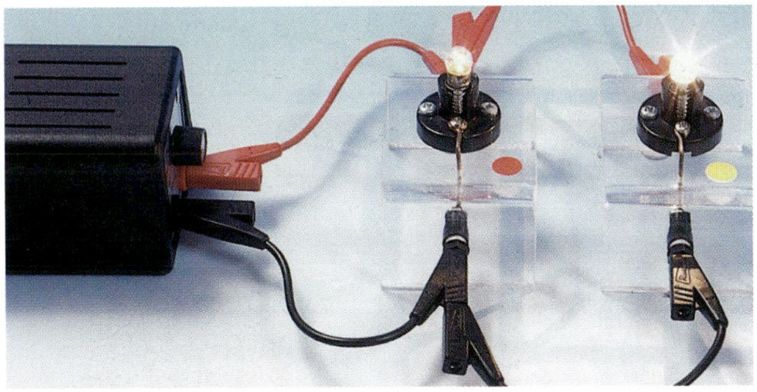

Lucien branche une lampe (6 V ; 50 mA) et une lampe (6 V ; 300 mA) en dérivation aux bornes d'un générateur de 6 V.

a. Réalise le schéma du montage.

b. Quelle est la tension aux bornes de chaque lampe ? Justifie ta réponse.

c. Déduis-en si les lampes fonctionnent normalement, puis indique l'intensité du courant dans chaque lampe.

d. Calcule l'intensité du courant délivrée par le générateur.

16 Expliquer des réponses

Explique leurs réponses.

17 Utiliser le bon adaptateur

Ingrid peut utiliser son lecteur de DVD ou son GPS en les branchant sur la prise allume-cigare de sa voiture, grâce à des adaptateurs. Elle lit 12 V sur l'adaptateur du lecteur de DVD et 5 V sur celui du GPS.

a. Que représentent ces valeurs de tensions pour les deux appareils ?

b. Que se passe-t-il si Ingrid utilise l'adaptateur du lecteur DVD avec le GPS ?

18 Réaliser une expérience à la maison

▶ Fabrique deux fils électriques : découpe deux bandes dans une feuille de papier aluminium et roule-les sur elles-mêmes.

▶ Relie, à l'aide des deux fils, une ampoule de lampe de poche à une pile ronde.

▶ Observe l'éclat de l'ampoule.

▶ Introduis dans le circuit une seconde pile ronde de sorte que sa borne + touche la borne – de la première. Que constates-tu ?

▶ Ajoute ensuite une troisième pile.

19 Exercice de synthèse

Vérifie tes réponses p. 206

Voici un problème qui résume tout ce que tu dois savoir.
Si tu n'arrives pas à répondre à certaines questions, revois ton cours p. 108.

Mme Étincelle veut faire briller normalement deux lampes identiques. Elle dispose d'un générateur de tension réglable.

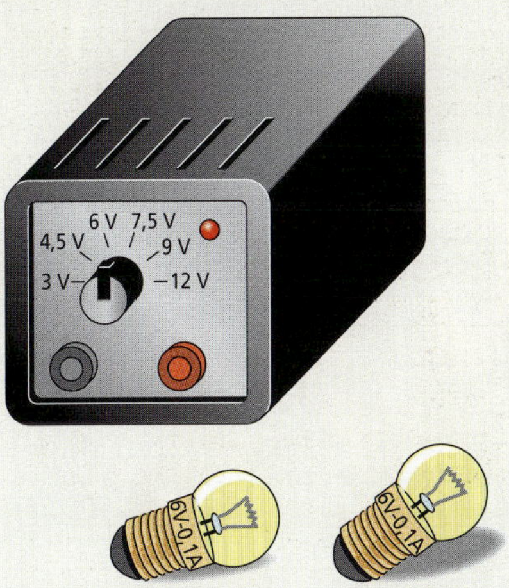

1. Comment appelle-t-on chacune des valeurs indiquées sur le culot des lampes ?

2. Comment ces valeurs montrent que ces lampes sont identiques ?

3. Mme Étincelle branche les deux lampes en série.

a. Sur quelle tension doit-elle régler le générateur ? Justifie ta réponse.

b. Elle règle le générateur sur 9 V : comment les lampes brillent-elles ? Sont-elles en sous-tension ou en surtension ?

4. Mme Étincelle branche maintenant les deux lampes en dérivation avec le générateur. Quelle tension du générateur doit-elle choisir ? Justifie ta réponse.

5. Quelle est alors l'intensité dans chaque lampe ? Déduis-en l'intensité du courant délivré par le générateur.

Chapitre 9

La résistance électrique

Objectifs

- Connaître l'influence du dipôle « résistance »
- Mesurer une résistance
- Savoir qu'un dipôle « résistance » dans un circuit transfère de l'énergie à l'extérieur

Situation 1

Les cartes électroniques d'un ordinateur comportent de très nombreux dipôles. Certains sont repérables par leurs anneaux colorés : ce sont des dipôles résistances.

Selon toi, comment varie l'intensité du courant dans un circuit quand on augmente sa résistance ?

Une carte mère d'un ordinateur.

Une jeune fille construisant un circuit électrique.

Situation 2

Cette jeune fille doit souder un dipôle « résistance » en série avec une DEL dans le circuit électrique d'un porte clefs lumineux.

Peut-elle placer le dipôle « résistance » où elle veut dans la branche contenant la DEL ?

J'expérimente pour répondre

Activité 1

Changer de dipôle « résistance » dans un circuit p. 116

Activité 2

Déplacer un dipôle « résistance » dans une branche p. 117

Activité 1

Quelle est l'influence d'un dipôle « résistance » ?

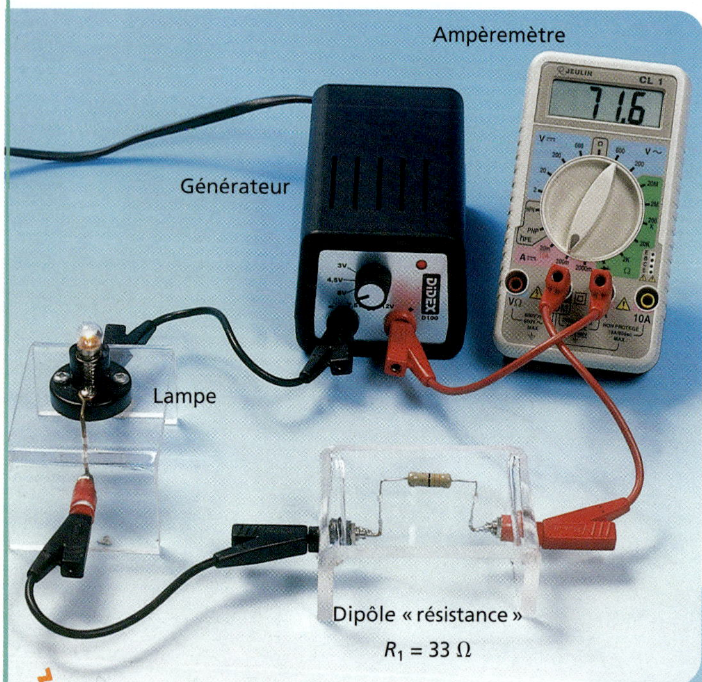

1 Mesure de l'intensité du courant dans un circuit série comportant un dipôle « résistance », de résistance $R_1 = 33\ \Omega$.
Le dipôle « résistance » s'échauffe.

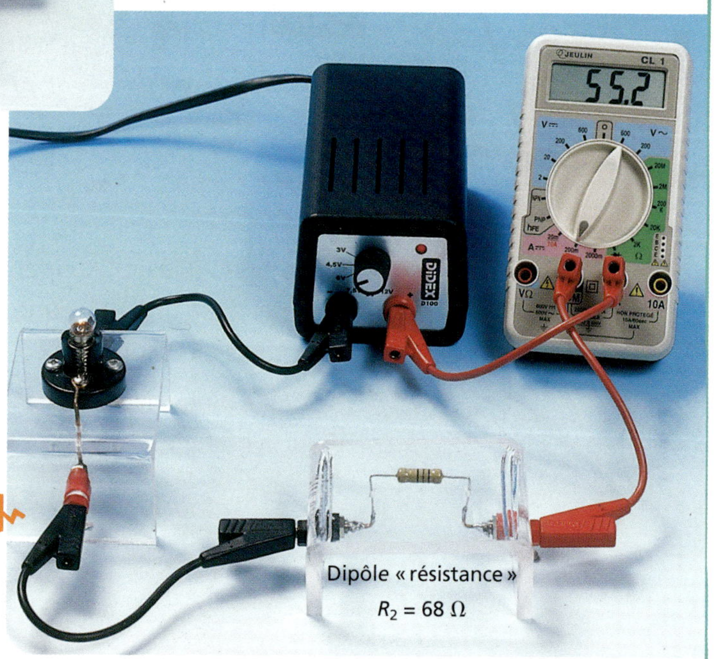

2 Le dipôle « résistance » de résistance R_1 a été remplacé par un autre de résistance $R_2 = 68\ \Omega$.
Le dipôle « résistance » s'échauffe.

Vocabulaire

- **Dipôle « résistance »** : dipôle électrique auquel est associée une résistance.
- **Résistance** : grandeur électrique, notée R. Son unité est l'ohm, de symbole Ω (lettre grecque oméga).

Guide de travail

1. Pour un générateur donné, comment varie l'intensité du courant dans un circuit série quand on augmente sa résistance [doc 1 et 2] ?

2. Dans le circuit, quel dipôle fournit de l'énergie au dipôle « résistance » [doc 1 et 2] ?

3. Touche le dipôle « résistance » quand il reçoit de l'énergie. L'énergie reçue est-elle transférée à l'extérieur sous forme de chaleur ?

Activité 2

La place d'un dipôle « résistance » est-elle importante ?

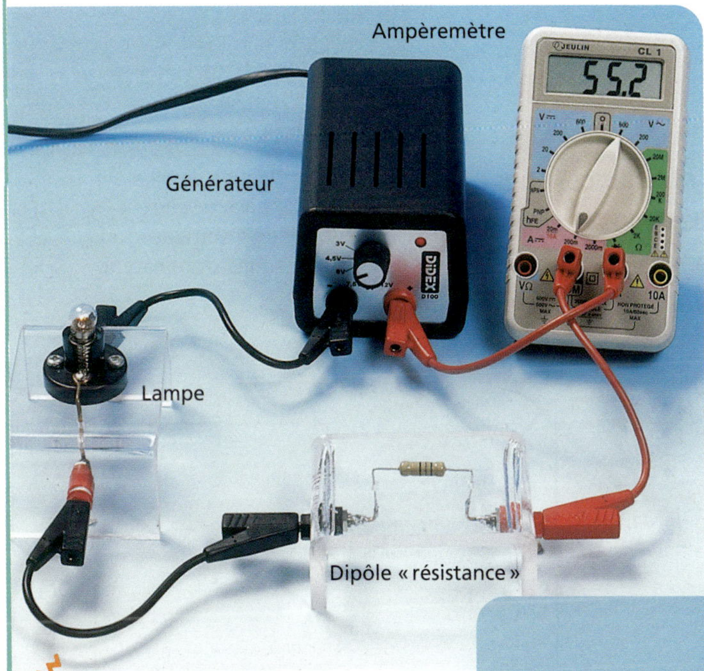

1 Circuit série avec une lampe et un dipôle « résistance ».

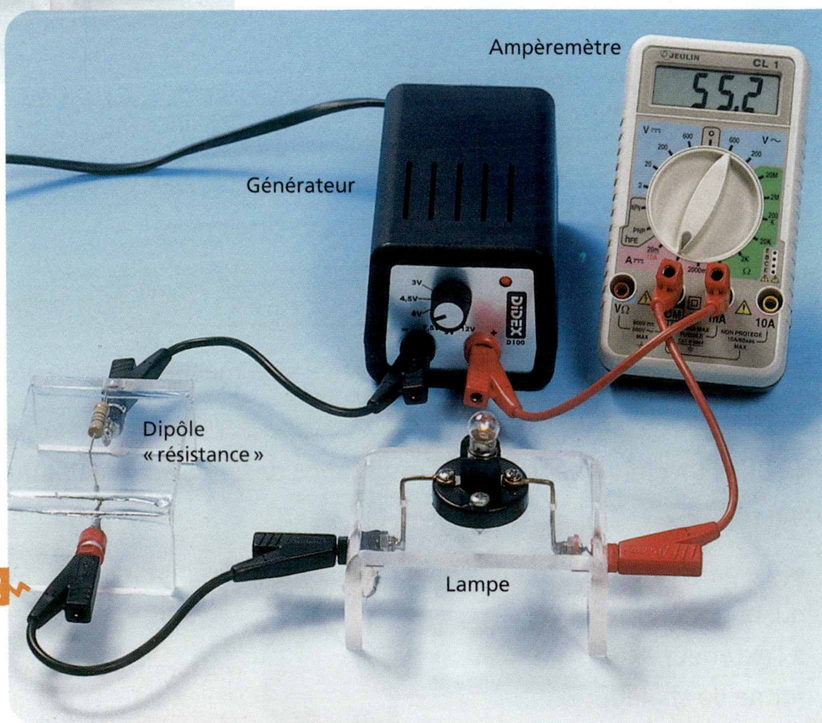

2 L'ordre du dipôle « résistance » et de la lampe est inversé.

Guide de travail

1. Mesure l'intensité du courant dans un circuit comportant un dipôle « résistance » (doc 1).

2. Recommence la mesure en inversant l'ordre de la lampe et du dipôle « résistance » (doc 2). Que constates-tu ?

3. L'intensité du courant change-t-elle si on change la place d'un dipôle « résistance » dans un circuit série ?

1. Les dipôles « résistance »

Les dipôles « résistance » sont caractérisés par une grandeur physique, leur résistance. L'unité de **résistance** est l'**ohm** de symbole Ω (lettre grecque oméga). On mesure la résistance d'un dipôle « résistance » avec un **ohmmètre** (voir fiche technique 7, p. 196).

1 **Exemple.** Des dipôles « résistance » : ceux du circuit électrique d'une souris d'ordinateur.

J'observe et j'interprète Activité 1

Si, dans un circuit série, on remplace un dipôle « résistance » par un autre de résistance plus grande, alors la lampe brille moins **(doc 2)** car l'**intensité du courant diminue**. Le dipôle « résistance » s'échauffe car il reçoit de l'énergie électrique de la part du générateur et la transfère à l'extérieur sous forme de chaleur.

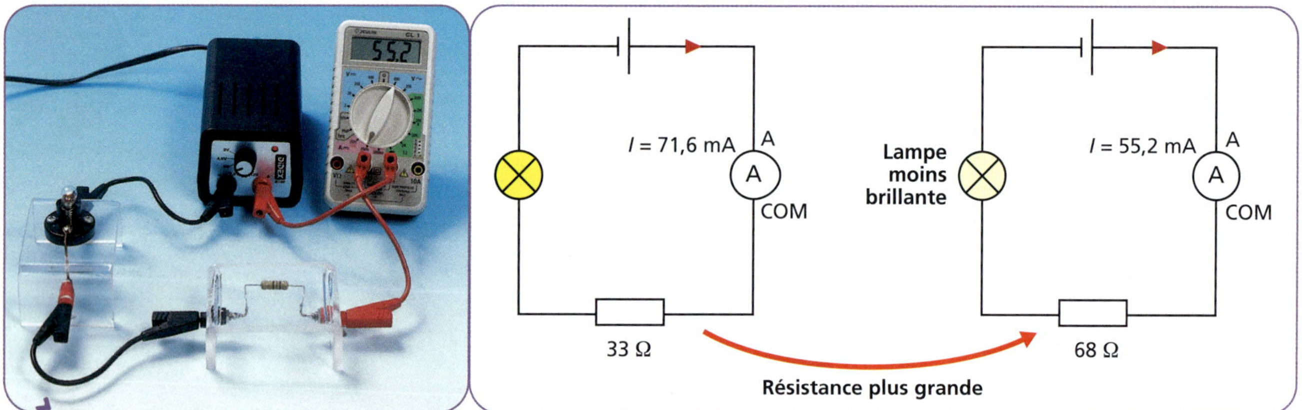

2 **Influence de la valeur de la résistance dans un circuit série.**

Je conclus et je retiens

Pour t'entraîner ▶ **Exercices 6 et 7 p. 121**

- La **résistance** d'un dipôle « résistance » se mesure avec un **ohmmètre**. L'unité de résistance est l'**ohm (Ω)**.
- Dans un circuit série, plus la **résistance** des dipôles « résistance » **est grande** et plus l'**intensité est petite**.
- Le générateur fournit de l'**énergie** au dipôle « résistance » qui la transfère à l'extérieur sous forme de chaleur.

Mots importants

- Résistance
- Dipôle « résistance »
- Ohm, ohmmètre

► Voir Mini Dico p. 202

Je retiens par l'image

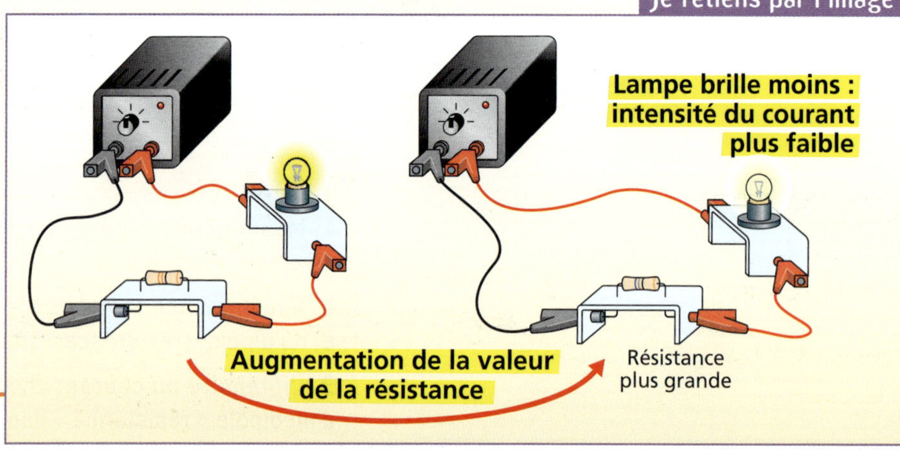

2. Influence de la place d'un dipôle « résistance »

J'observe et j'interprète Activité 2

Si on inverse la place d'une lampe et d'un dipôle « résistance » dans un circuit série, alors la lampe a toujours le même éclat car l'intensité du courant ne change pas (doc 3). L'intensité du courant électrique dans un circuit série est indépendant de l'ordre de branchement des dipôles qui le constituent.

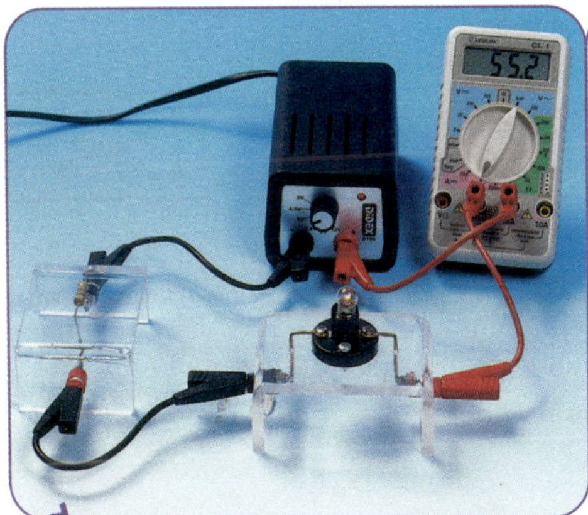

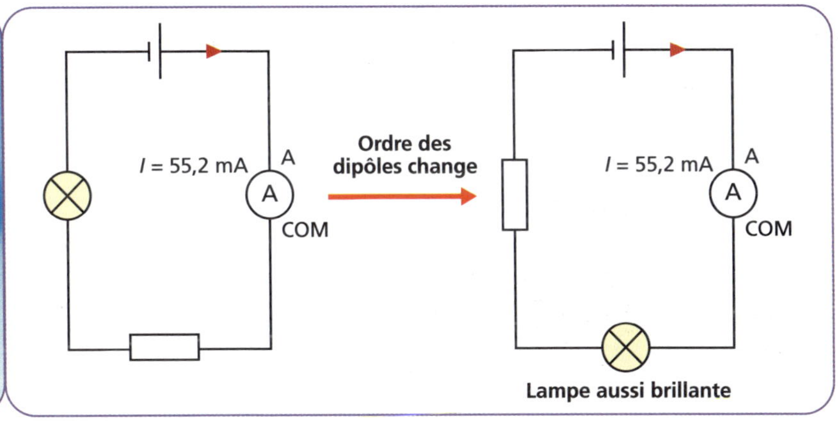

3 **Influence de la place d'un dipôle « résistance » dans un circuit série.**

Je conclus et je retiens

Pour t'entraîner ▶ **Exercices 14 et 18 p. 122**

L'intensité du courant dans un circuit série ou plus généralement dans une branche ne dépend pas de la place des dipôles « résistance ».

Mots importants

- Résistance
- Dipôle « résistance »

► Voir Mini Dico p. 202

Je retiens par l'image

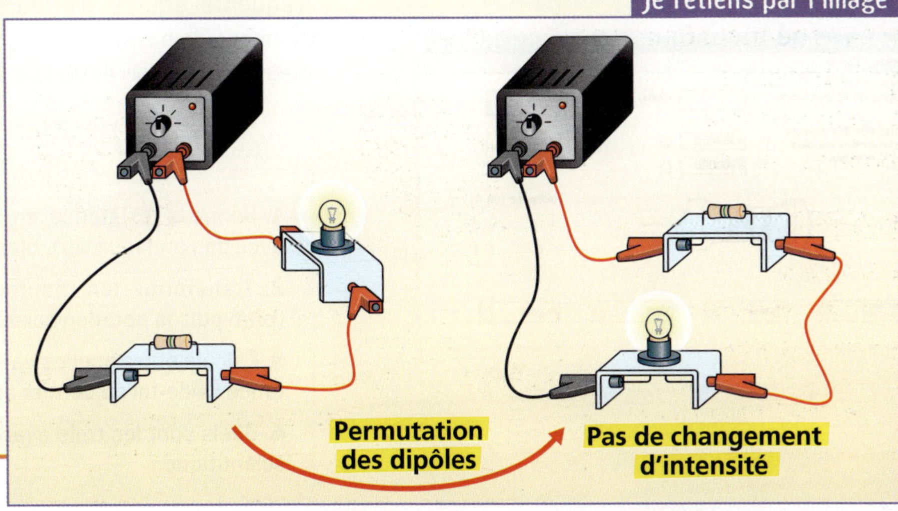

B2i

De la théorie à la pratique

Le logiciel « Code des couleurs » est plus qu'un traducteur du code des couleurs. Il permet de décrypter les couleurs d'une résistance pour donner sa valeur ou de faire la démarche contraire. Mais toutes les valeurs de résistance ne sont pas disponibles dans le commerce : il existe seulement des valeurs normalisées. Le logiciel te propose la plus proche de celle recherchée. C'est un véritable outil pratique pour les techniciens en électronique.

✓ Teste-le pour une résistance de 250 kΩ. Est-t-elle disponible ?

✓ Quelles couleurs seront gravées sur celle que tu utiliseras ?

internet

- **Télécharge le logiciel**

sur le site de l'auteur :
http://bruno.pillon.chez-alice.fr

- **Un peu d'entraînement**

Utilise le logiciel pour t'exercer au contrôle, prends des exemples au hasard en cachant les réponses.

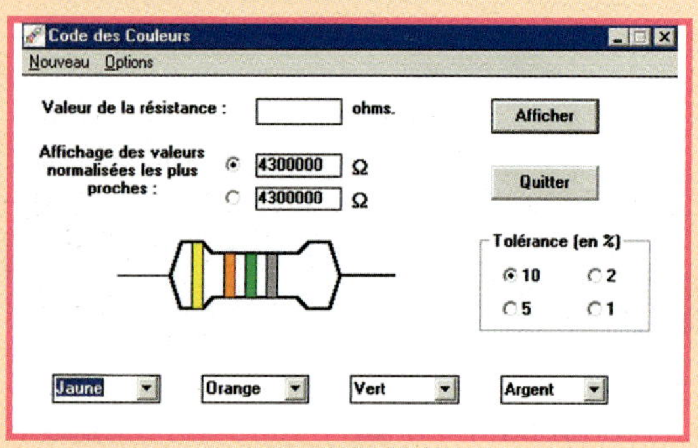

Le logiciel donne la valeur de la résistance à partir des couleurs.

Maths

Le code des couleurs

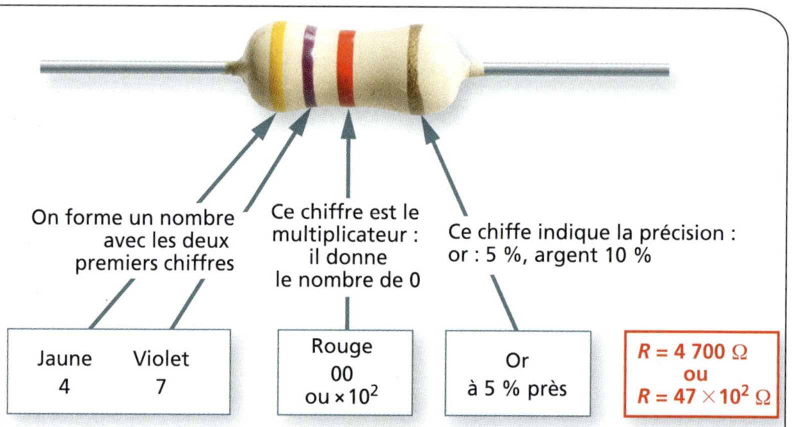

0	1	2	3	4	5	6	7	8	9
Noir	Marron	Rouge	Orange	Jaune	Vert	Bleu	Violet	Gris	Blanc

Astuce mnémotechnique :
Ne Manger Rien Ou Jeûner, Voici Bien Votre Grande Bêtise.

En électricité ou en électronique, un dipôle « résistance » peut avoir une résistance de quelques ohms comme du million d'ohms. Le dipôle « résistance » étant trop petit pour qu'on puisse y noter sa valeur, la valeur de sa résistance est codée à l'aide d'anneaux de couleurs. Chaque couleur représente un chiffre. Les deux premiers anneaux forment un nombre. Le troisième indique le nombre de zéro à ajouter derrière. Le dernier donne la précision de fabrication (à 5 % ou 10 % près).

Pour écrire des grands nombres, on préfère la notation scientifique. Elle donne une idée plus immédiate de l'ordre de grandeur du nombre (grâce à la puissance de dix) et facilite les calculs. On évite aussi les conversions entre multiples, fréquente source d'erreurs. La notation scientifique se compose d'un chiffre compris entre 1 et 10, multiplié par une puissance de dix : 4700 Ω = 4,7 kΩ = $4{,}7 \times 10^3$ Ω.

Questions

1. Donne la résistance, en ohm, d'un dipôle « résistance » avec des anneaux vert, bleu, orange et argent.

2. Transforme ton résultat en utilisant un multiple de l'ohm puis la notation scientifique.

3. Calcule entre quelles valeurs sera comprise cette résistance (aide-toi du dernier anneau).

4. Quels sont les trois avantages apportés par la notation scientifique ?

Connais-tu le cours ?

1 Connaître l'influence de la résistance

Recopie la phrase suivante en y ajoutant le mot caché.

« Pour un générateur donné, plus la résistance d'un dipôle « résistance » dans le circuit est grande et plus l'intensité est »

2 Savoir placer un dipôle « résistance »

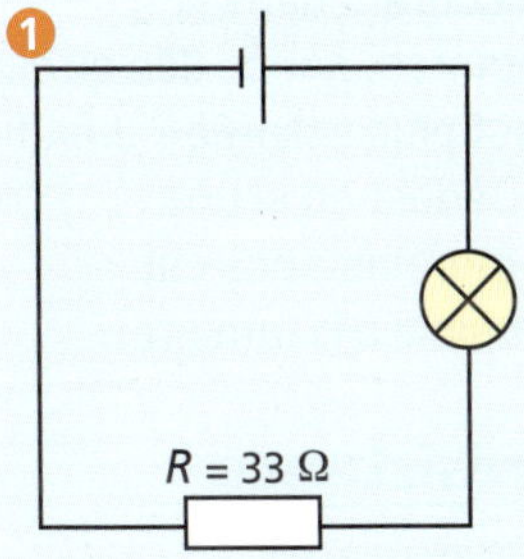

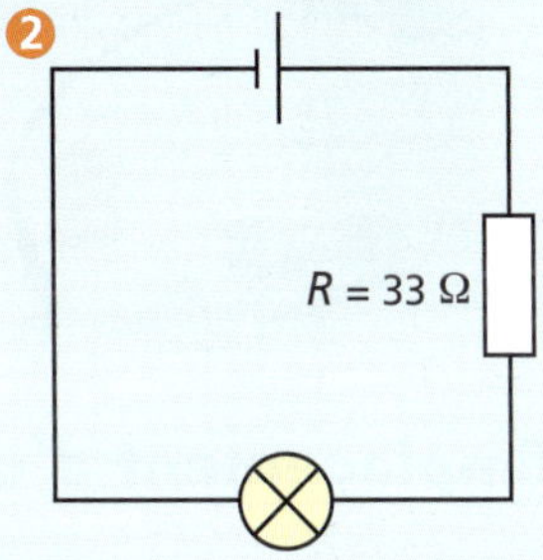

Quelle affirmation est correcte ?

a. L'intensité du courant dans le circuit 1 est supérieure à celle dans le circuit 2.

b. L'intensité du courant est la même dans les deux circuits.

c. L'intensité du courant dans le circuit 1 est inférieure à celle dans le circuit 2.

3 Retenir l'unité de résistance

A V Ω

a. Parmi ces symboles, désigne celui de l'unité de la résistance.

b. Donne le nom de cette unité.

4 Utiliser un ohmmètre

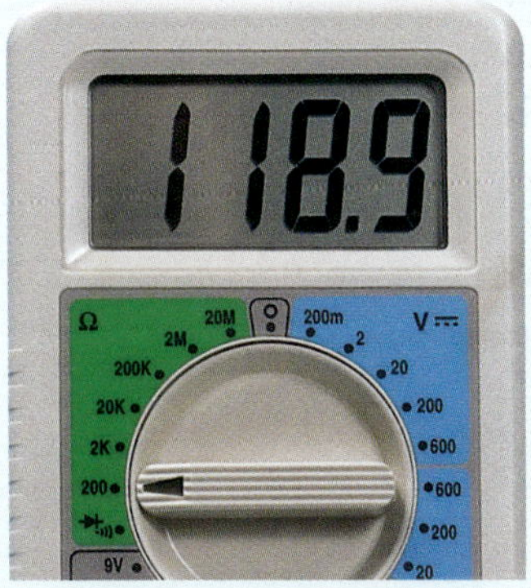

a. Quel est le calibre choisi ?

b. Note le résultat de la mesure.

5 Trouver les mots-clés du chapitre

Recopie et complète la grille.

1. Appareil de mesure d'une résistance.

2. Le symbole de son unité est Ω.

3. Unité de symbole Ω.

4. Elle est d'autant plus petite que la résistance est grande.

As-tu compris le cours ?

Notion de résistance électrique

6 Mesurer une résistance

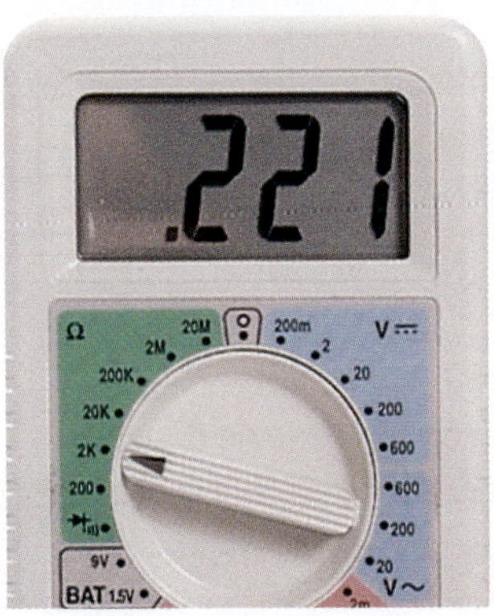

a. Nomme l'appareil de mesure utilisé.

b. Note le résultat de la mesure.

c. Indique le calibre utilisé. Est-il le plus adapté ici ? Justifie.

7 Comparer l'éclat de lampes

Dans ces deux montages, les lampes sont identiques. Les générateurs imposent une même tension mais les résistances des dipôles « résistance » sont différentes.

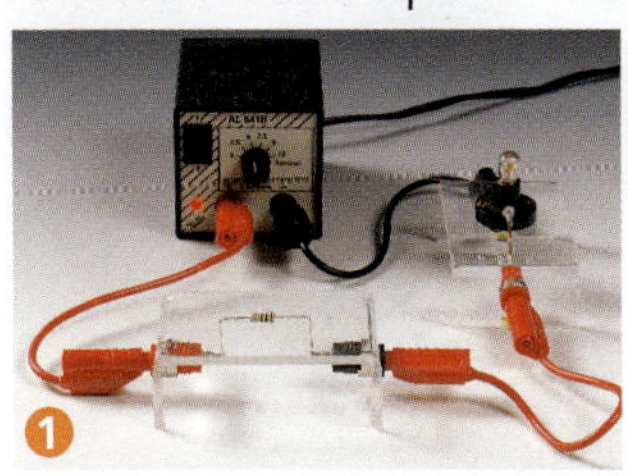

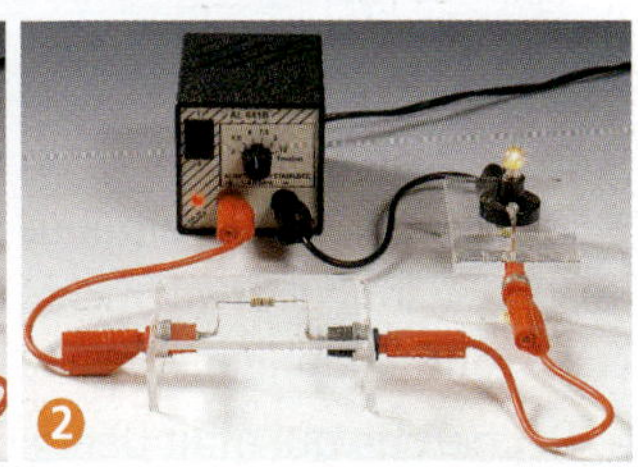

a. Dans quel montage le courant a-t-il la plus grande intensité ? Justifie.

b. Déduis-en le montage dont la résistance est la plus grande.

8 Utiliser le code des couleurs

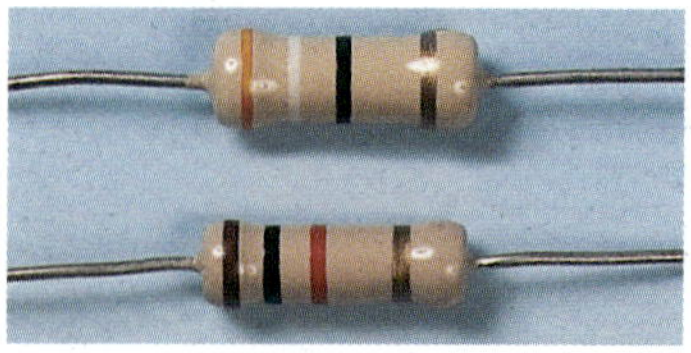

À l'aide du code des couleurs p. 120, détermine la résistance des deux dipôles « résistance ».

9 Le code des couleurs B2i

Ouvre un nouveau document dans ton logiciel de traitement de texte et réalise les opérations suivantes :

a. Insère un tableau contenant 2 lignes et 11 colonnes.

b. Nomme la première ligne chiffre et la seconde couleur.

c. Écris les chiffres de 0 à 9 dans la première ligne.

d. Écris le nom de la couleur associée à chaque chiffre en t'aidant du document p. 120.

e. Enregistre ton document en le nommant : « code_couleur. doc »

10 Convertir

Recopie et complète les égalités suivantes.

a. 39 Ω = ... kΩ **b.** 2,7 kΩ = ... Ω

c. 1,8 MΩ = ... Ω **d.** 3,3 MΩ = ... kΩ

e. 8 200 kΩ = ... MΩ **f.** 5 600 000Ω = ... MΩ

11 ★ Indiquer de quoi dépend la résistance d'un fil

Joséphine mesure la résistance de différents fils métalliques. Voici ses résultats :

Matériau	Diamètre du fil (en mm)	Longueur du fil (en m)	Résistance (en Ω)
Nichrome	0,3	1	15,4
Nichrome	0,5	1	5,5
Cuivre	0,5	1	0,1
Nichrome	0,5	2	11

Indique, en justifiant, si la résistance d'un fil conducteur dépend :

a. du matériau dans lequel il est fait ;

b. de son diamètre (si oui, comment ?) ;

c. de sa longueur (si oui, comment ?).

12 Lire un texte Histoire des sciences

Les premiers travaux en électricité du physicien allemand Georg Ohm datent de 1825. Il étudie alors les effets produits par le passage du courant dans un fil conducteur. Il découvre que l'intensité du courant dans un fil de diamètre constant diminue lorsque sa longueur augmente (le fil étant soumis à une même tension).

a. Recherche qui était Georg Ohm.

b. Quelle est la grandeur dont l'unité porte le nom de ce physicien ?

c. Comment varie la résistance d'un fil conducteur quand seule sa longueur augmente ?

13 Utiliser des photorésistances Techno

Les photorésistances sont des dipôles utilisés, par exemple, pour l'allumage automatique de réverbères. Dans le montage ci-dessous, la DEL s'éteint si on recouvre la photorésistance avec la main.

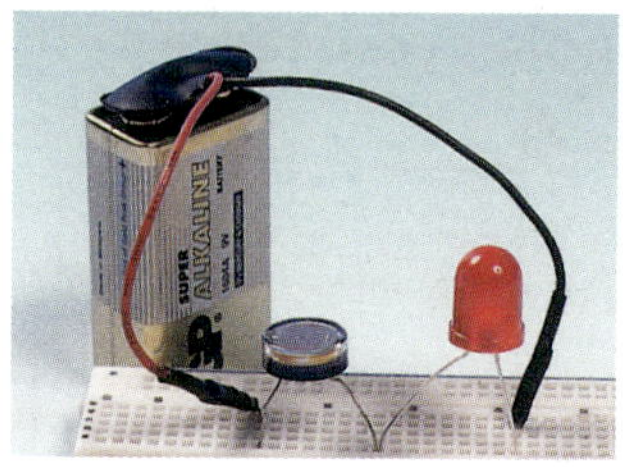

a. Comment varie l'intensité du courant dans la photorésistance dès qu'elle n'est plus éclairée ? Justifie.

b. Déduis-en si une photorésistance est sensible à la lumière.

Emplacement d'une résistance

14 Protéger une DEL

Pour protéger une DEL (diode électroluminescente), c'est-à-dire pour que l'intensité du courant dans la DEL ne soit pas trop importante, on la branche en série avec un dipôle « résistance ». Explique si la place du dipôle « résistance » par rapport à la DEL a de l'importance.

15 Diminuer l'éclat d'une lampe

Qui a raison ?
Pascal ou Fanny ?

16 Apprendre à rédiger un exercice

Énoncé

On intervertit les emplacements du dipôle « résistance » et de la DEL. Que vaut alors l'intensité I du courant délivré par le générateur ?

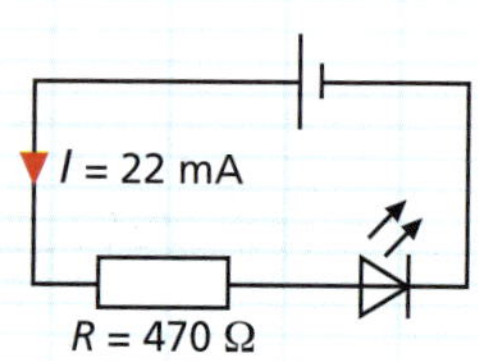

Rédaction de la solution

L'intensité du courant dans un circuit série ne dépend pas de la place des dipôles. L'intensité du courant reste donc égale à 22 mA. ▶ Pour t'entraîner : exercice 18

17 Prévoir des éclats de lampe

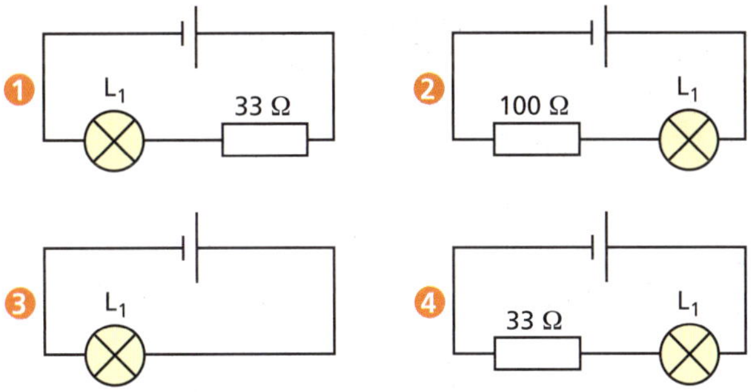

Cite le ou les cas où la lampe L_1 :

a. brille le plus ; **b.** brille le moins ;
c. brille autant ; **d.** reçoit le moins d'énergie.

18 ★ Analyser des schémas

Valentin réalise le montage 1, puis le montage 2 en inversant le sens de branchement de la pile. Les deux DEL sont identiques.

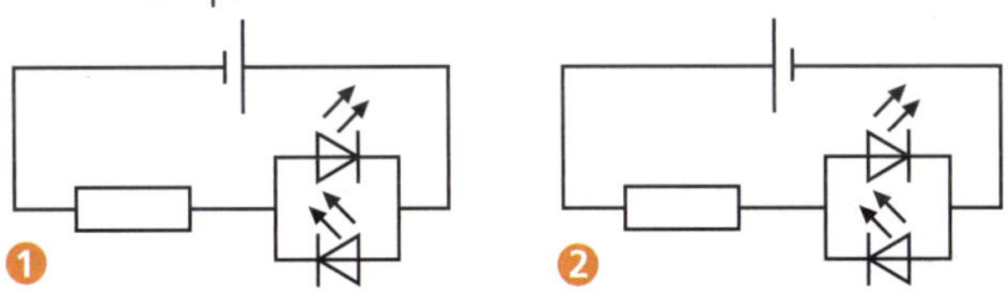

a. Quelle DEL brille dans le cas 1 ? Dans le cas 2 ?
b. L'ordre des dipôles change-t-il quand on passe du montage 1 au montage 2 ?
c. Explique pourquoi la DEL qui brille dans le cas 1 a le même éclat que la DEL qui brille dans le cas 2.

19 Faire tourner un moteur

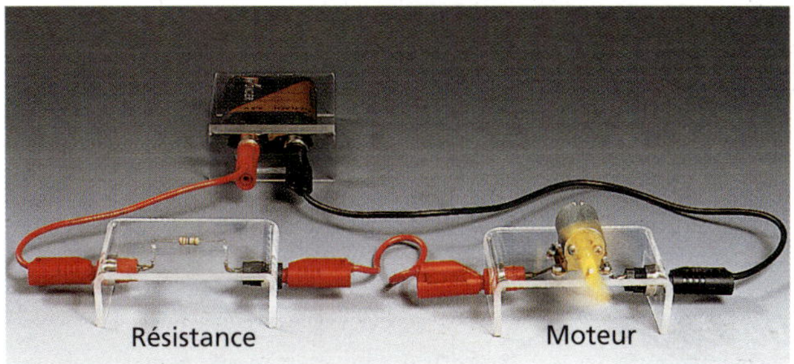

Le moteur tournera-t-il plus vite si :
a. on inverse l'ordre du dipôle « résistance » et du moteur ?
b. on enlève le dipôle « résistance » du circuit ?

20 Réaliser une expérience à la maison

- Réalise un circuit série avec une pile plate, la lampe d'une lampe de poche et des fils fabriqués avec du papier aluminium enroulé.
- Observe l'éclat de la lampe.
- Ajoute en série une mine de crayon de papier.
- Glisse le fil sur la mine pour changer la longueur de la mine dans le circuit.
- Comment varie l'éclat de la lampe quand la longueur de la mine parcourue par le courant augmente ?
- Pourquoi peut-on dire que la mine de crayon possède une résistance ?
- Comment varie la résistance de la mine de crayon quand sa longueur augmente ?

21 Exercice de synthèse

Vérifie tes réponses p. 206

Voici un problème qui résume tout ce que tu dois savoir.
Si tu n'arrives pas à répondre à certaines questions, revois ton cours p. 118.

M. Torche veut diminuer l'éclat de sa lampe de poche. Il ajoute un premier dipôle « résistance » dans le circuit (1), puis un second (2) : c'est dans le montage 2 que la lampe brille le moins.

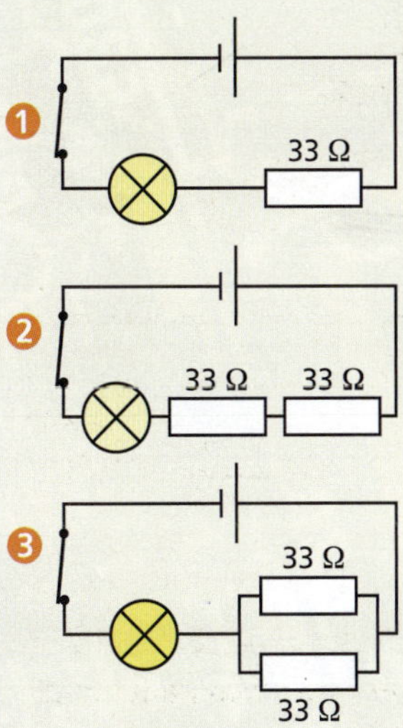

1. Quelle est l'unité de résistance ?

2. Comment varie l'intensité du courant dans la lampe après l'ajout du premier dipôle « résistance » ? Justifie.

3. Les deux dipôles « résistance » branchés en série sont comparables à un dipôle « résistance » unique de résistance *R* : la valeur *R* est-elle inférieure ou supérieure à 33 Ω ? Justifie.

4. Avec quel appareil, M. Torche peut-il mesurer la valeur *R* ?

5. M. Torche inverse l'ordre des deux dipôles « résistance » dans le montage 2 : l'éclat de la lampe change-t-il ? Justifie.

6. M. Torche teste enfin le montage 3 : la lampe brille plus que dans les montages 1 et 2, les deux dipôles « résistance » branchés en dérivation sont comparables à une résistance unique de valeur *R'* : classe *R*, *R'* et 33 Ω dans l'ordre croissant.

Chapitre 10

La loi d'Ohm

Objectifs

- Obtenir la caractéristique d'un dipôle
- Utiliser la loi d'Ohm
- Tracer la caractéristique d'un dipôle

Des dipôles « résistances » dans un circuit imprimé.

Situation 1

Les intensités du courant dans les dipôles « résistances » dépendent de la tension à leurs bornes et de la valeur de leur résistance.

Peut-on déterminer l'intensité du courant dans un dipôle « résistance », connaissant la valeur de sa résistance et celle de la tension à ses bornes ?

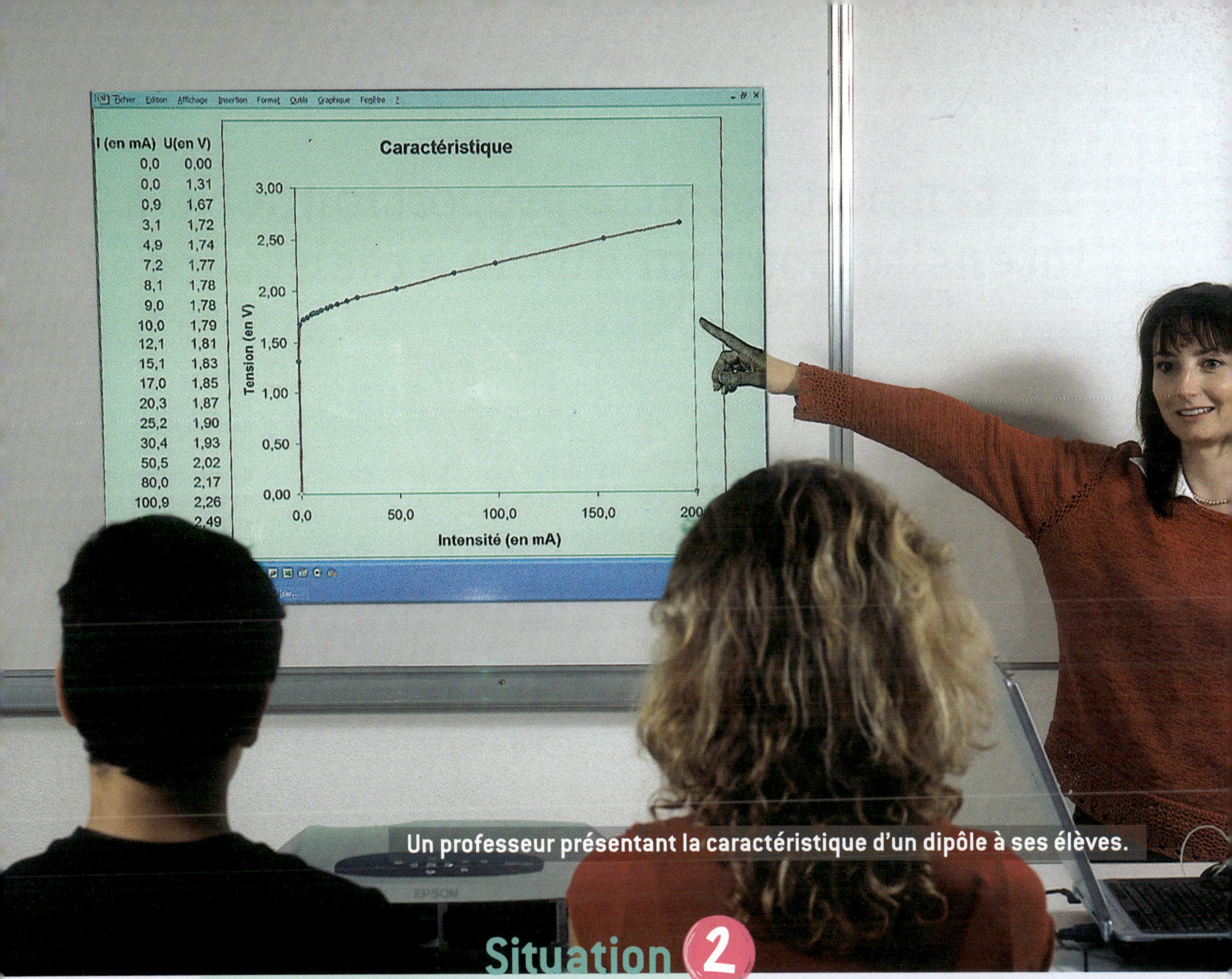

Un professeur présentant la caractéristique d'un dipôle à ses élèves.

Situation 2

La caractéristique d'un dipôle est une courbe qui montre comment varie la tension aux bornes du dipôle en fonction de l'intensité du courant qui le traverse.

La caractéristique présentée par le professeur est-elle celle d'un dipôle « résistance » ?

J'expérimente pour répondre

Activité 1

Trouver la relation entre la tension et l'intensité pour un dipôle « résistance » p. 126

Activité 2

Tracer la caractéristique d'un dipôle « résistance » p. 127

Activité 1

La tension est-elle proportionnelle à l'intensité pour un dipôle « résistance » ?

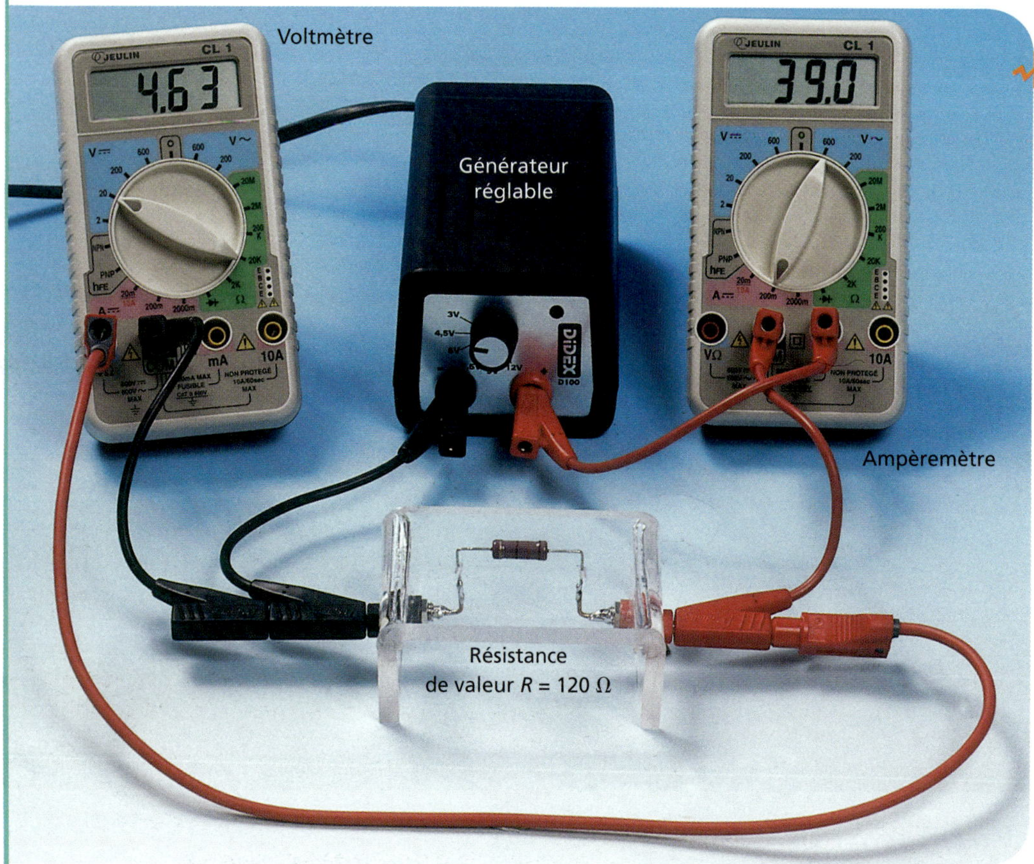

1 **Montage permettant de mesurer l'intensité *I* dans le dipôle « résistance » et la tension *U* à ses bornes.**

I (en A)	0,0000	0,0253	0,0390	0,0491	0,0612
U (en V)	0,00	3,02	4,63	5,81	7,30

2 **Les mesures de l'intensité et de la tension pour le dipôle « résistance »** lorsque le générateur est réglé sur différentes tensions.

Vocabulaire

- **Coefficient de proportionnalité** Maths : dans un tableau de proportionnalité, tous les nombres d'une ligne s'obtiennent en multipliant ceux de l'autre ligne par un même nombre, le coefficient de proportionnalité.

Guide de travail

1. Mesure la tension U aux bornes du dipôle « résistance » et l'intensité I dans celui-ci (doc 1).

2. Recommence ces mesures en réglant le générateur sur différentes tensions (doc 2).

3. Calcule le rapport $\frac{U}{I}$ pour chaque couple de valeurs mesurées.

4. Compare le coefficient de proportionnalité entre U et I à la valeur de la résistance R.

5. Donne la relation entre la tension U, l'intensité I et la résistance R.

Activité 2

Quelle est l'allure de la caractéristique d'un dipôle « résistance » ?

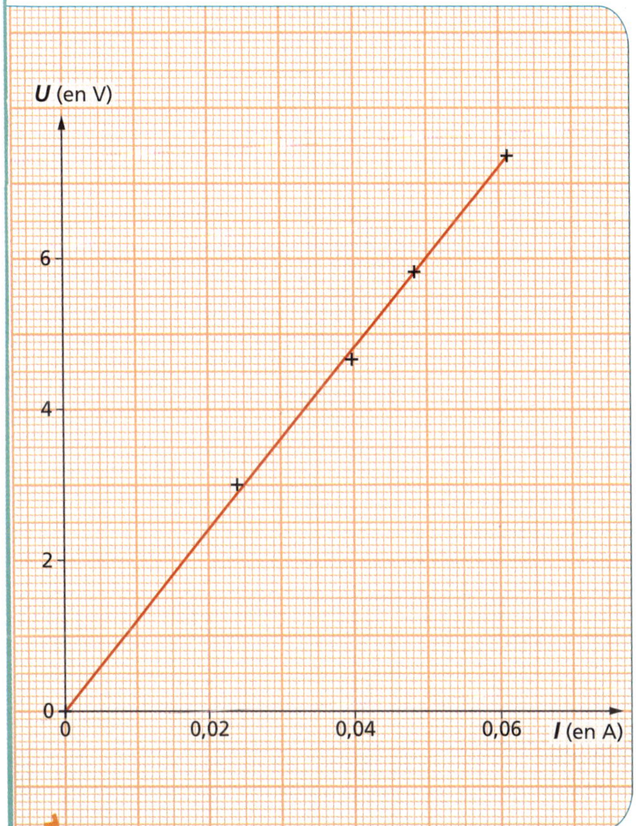

1 **Caractéristique du dipôle « résistance » étudié dans l'activité 1.**

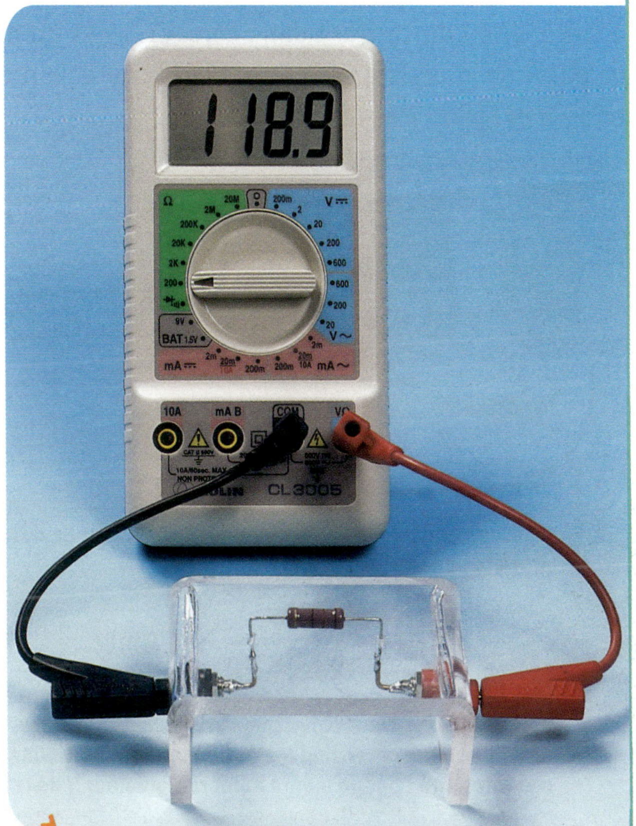

2 **Mesure de la résistance à l'ohmmètre.**

Pour tracer la caractéristique d'un dipôle, aide-toi de la fiche technique 8, p. 198.

Vocabulaire

- **Caractéristique d'un dipôle** : représentation graphique où figure en abscisse, l'intensité *I* du courant dans un dipôle et en ordonnée, la tension *U* aux bornes de ce dipôle.
- **Proportionnalité** Maths : si les points de la caractéristique d'un dipôle sont tous alignés sur une droite passant par l'origine, alors la tension *U* est proportionnelle à l'intensité *I*. Le coefficient de proportionnalité est le rapport *U* / *I* de n'importe quel point de la droite.

Guide de travail

1. Trace la caractéristique du dipôle « résistance » étudié dans l'activité 1 (doc 1).
2. Montre que la caractéristique du dipôle « résistance » correspond à une relation de proportionnalité entre la tension *U* et l'intensité *I* (doc 1).
3. Calcule le coefficient de proportionnalité.
4. Compare ce coefficient à la valeur de la résistance mesurée à l'ohmmètre (doc 2).
5. Qualifie la caractéristique d'un dipôle « résistance » en utilisant les mots « droite », « origine », « valeur de la résistance ».

Cours

1. La loi d'Ohm et les dipôles ohmiques

J'observe et j'interprète Activité 1

La tension *U* aux bornes d'un dipôle « résistance » est proportionnelle à l'intensité *I* du courant dans celui-ci : c'est un **dipôle ohmique**. La valeur *R* de la résistance est égale au coefficient de proportionnalité entre *U* et *I* **(doc 1 et doc 2)**.

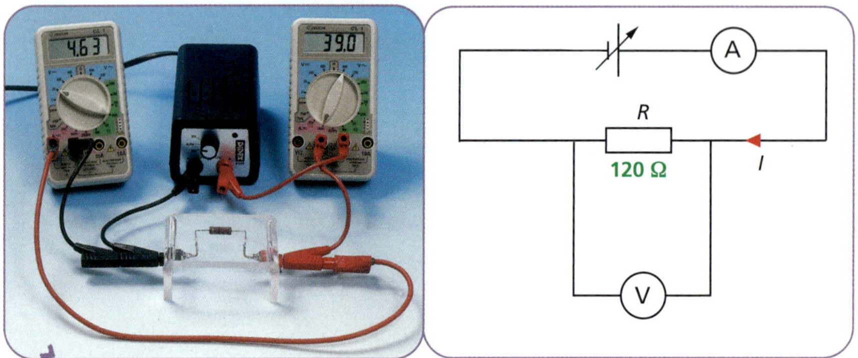

1 **Montage électrique et son schéma permettant de déterminer la relation de proportionnalité entre *U* et *I*.**

I (en A)	0,000	0,025	0,039	0,049	0,061
U (en V)	0,0	3,0	4,6	5,8	7,3

× 120

2 **Les valeurs de la tension *U* s'obtiennent en multipliant les valeurs de l'intensité *I* par un même nombre : la valeur *R* de la résistance.**

Je conclus et je retiens

Pour t'entraîner ▶ **Exercices 7 et 10 p. 132**

- **Loi d'Ohm** : la tension *U* aux bornes d'un **dipôle ohmique** est proportionnelle à l'intensité *I* du courant dans ce dipôle.

$U = R . I$

U : tension en volt (V)
I : intensité en ampère (A)
R : valeur de la résistance en ohm (Ω).

Mots importants

- Dipôle ohmique
- Loi d'Ohm
- Résistance

► Voir Mini Dico p. 202

Je retiens par l'image

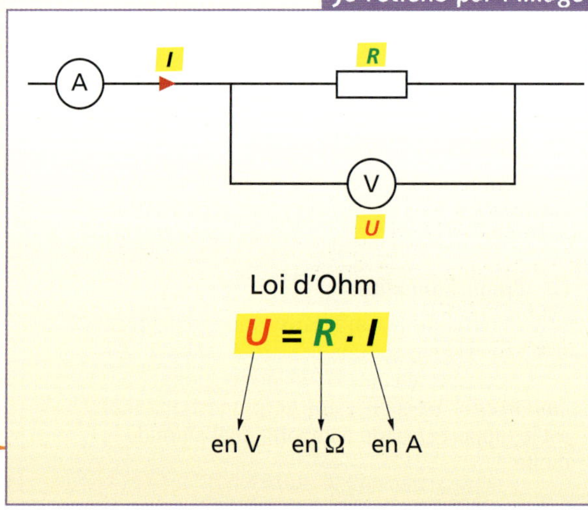

2. La caractéristique d'un dipôle ohmique

La caractéristique d'un dipôle est la représentation graphique où figure, en abscisse, l'intensité *I* du courant dans un dipôle et, en ordonnée, la tension *U* aux bornes de ce dipôle (voir fiche technique 8, p. 198).

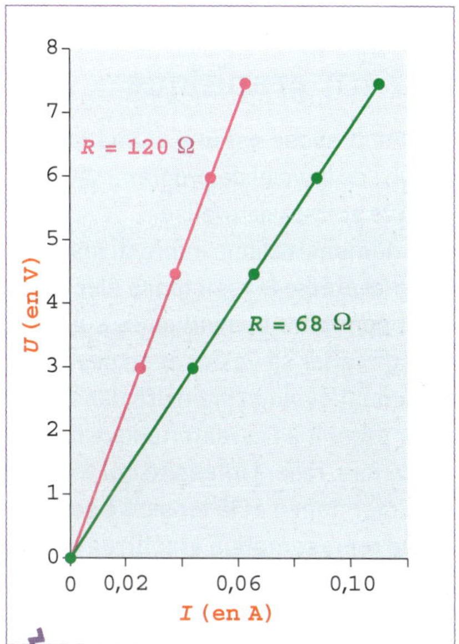

3 **Exemple.** Caractéristiques de deux dipôles « résistance » différents.

J'analyse et j'interprète Activité 2

La **caractéristique** d'un dipôle « résistance » est une droite qui passe par l'origine : la tension *U* est proportionnelle à l'intensité *I*. Le coefficient de proportionnalité est égal à la valeur de la résistance *R*. Il s'obtient graphiquement en calculant le rapport $\frac{U}{I}$ d'un point quelconque de la droite **(doc 4)**.

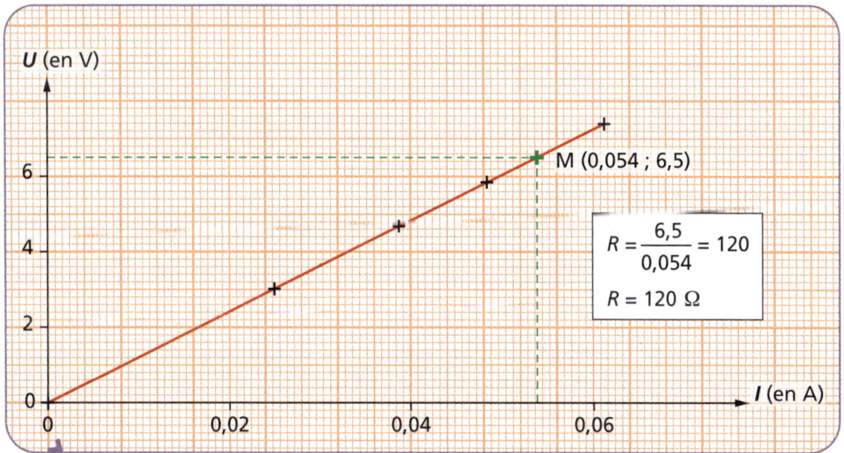

4 **Caractéristique du dipôle « résistance »** : la valeur de la résistance est $R = 120\ \Omega$.

Je conclus et je retiens

Pour t'entraîner ▶ **Exercices 16 et 17 p. 134**

- La **caractéristique** d'un dipôle ohmique est une droite passant par l'origine.
- Pour un **dipôle ohmique**, la tension et proportionnelle à l'intensité. Le coefficient de proportionnalité est égal à la valeur de la **résistance** *R*.

Mots importants

- Caractéristique d'un dipôle
- Dipôle ohmique
- Résistance

► Voir Mini Dico p. 202

Je retiens par l'image

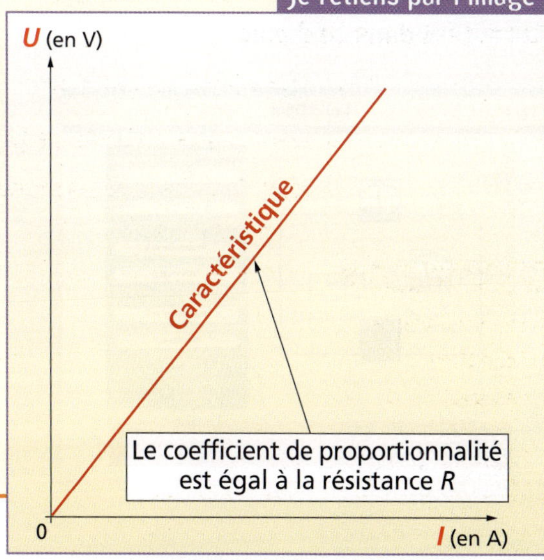

Documents

B2i

La proportionnalité sur un graphique

Le site proposé est une animation Flash : ce logiciel de programmation simple permet de réaliser des démonstrations interactives. Celle-ci étudie la résistance électrique. Pour connaître son influence sur le circuit, on fait varier sa valeur et on observe comment évolue l'intensité dans le circuit. Pour obtenir sa caractéristique il faut, cette fois, relier l'intensité qui traverse une résistance et la tension à ses bornes. Cette représentation graphique explique simplement le comportement d'un dipôle en évitant d'utiliser des notions mathématiques parfois très compliquées.

✓ Trace la caractéristique d'une résistance de 80 Ω.

✓ Retrouves-tu graphiquement la loi d'Ohm ?

internet

- **Connecte-toi sur :**
www.walter-fendt.de/ph11f/ohmslaw_f.htm

- **Les points de ton graphique**
Fixe la résistance à 80 Ω. Avec la souris, fais varier la tension et note sur ton graphique six valeurs de I et de U (I en abscisse et U en ordonnée).

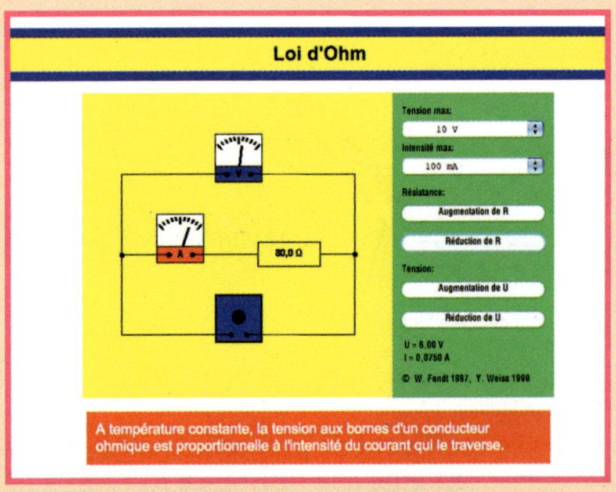

Sécurité

Les plombs ont sauté !

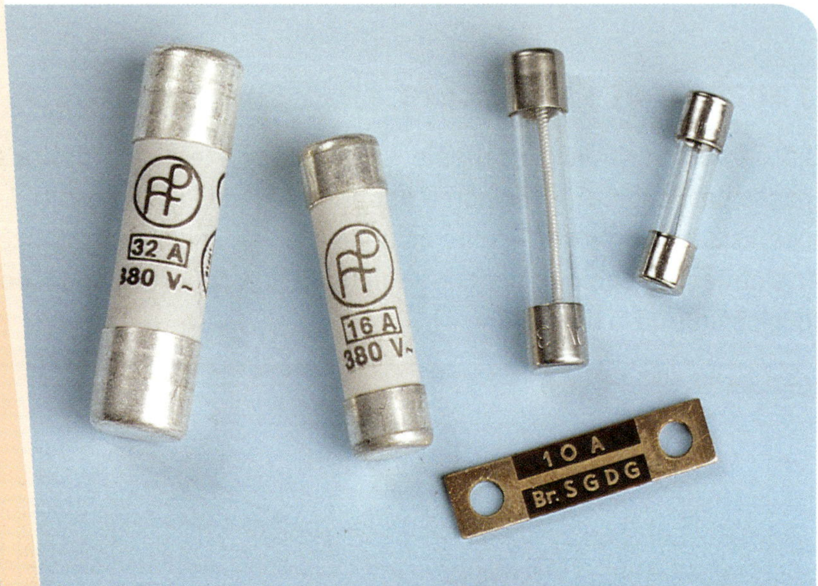

L'intensité maximale supportée par le fusible est inscrite dessus.

Le grille-pain, la cafetière ou le four électrique possèdent des « résistances chauffantes » qui transforment l'énergie électrique en énergie thermique ce qui provoque un échauffement et un rayonnement. Un matériau chauffe en effet quand il oppose une résistance au courant électrique qui le traverse.

Le fusible utilise cette propriété pour protéger les installations des surintensités dues aux court-circuits ou aux appareils défectueux. Si on étudie sa caractéristique, on remarque qu'il se comporte comme un dipôle ohmique jusqu'à une certaine intensité. Ensuite, il chauffe et sa résistance augmente (le courant circule moins facilement), il chauffe alors encore plus jusqu'à ce qu'il atteigne sa température de fusion : le fusible branché en série dans le circuit se comporte alors comme un interrupteur ouvert : le circuit est hors de danger.

Questions

1. Quels sont les risques d'une surintensité à la maison ?

2. Pourquoi un fusible se met-il à chauffer ?

3. Comment le fusible coupe-t-il le circuit ?

4. Le titre du document est une ancienne expression signifiant que l'électricité est coupée (les anciens fusibles étaient en plomb). Corrige cette phrase en utilisant le vocabulaire approprié.

La physique au quotidien

Que contient un ordinateur ?

Capacités

- ✓ Utiliser la loi d'Ohm
- ✓ Exploiter la caractéristique d'un dipôle « résistance »

Quand on allume un ordinateur PC, des ventilateurs se mettent à tourner. L'un se trouve dans le bloc alimentation de l'unité centrale, l'autre est au-dessus du microprocesseur. Quel est le rôle de ces ventilateurs ?

Le ventilateur du bloc d'alimentation. Il est chargé d'extraire l'air chaud contenu dans l'ordinateur et permettre à l'air frais provenant de l'extérieur d'y entrer afin d'éviter que les circuits électriques chauffent.

Le ventilateur du microprocesseur.

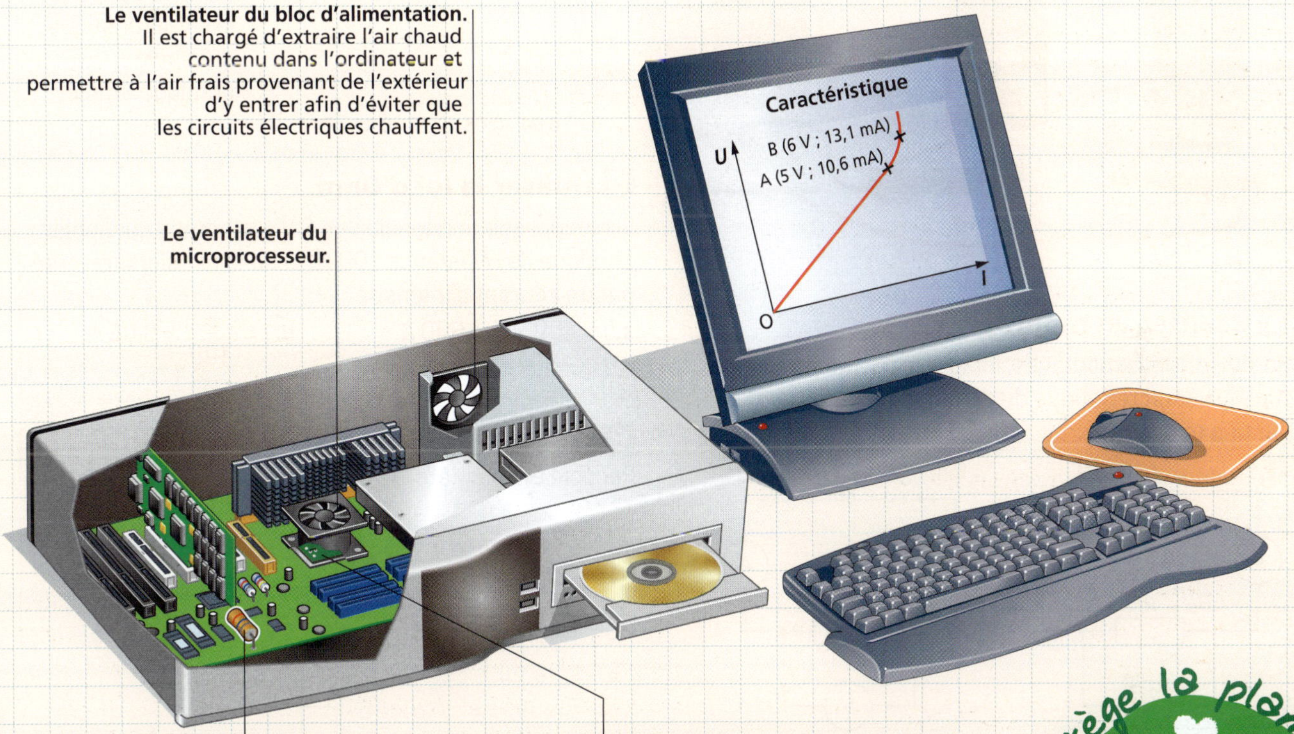

Un dipôle « résistance ».

Le microprocesseur. C'est le cerveau de l'ordinateur. Il permet de manipuler des données numériques et d'exécuter les programmes.

Protège la planète

Même en veille ton matériel informatique consomme de l'électricité : pense à éteindre ton ordinateur !

Mène ton enquête

Matériel

- ✓ Un ordinateur PC

La fonction du ventilateur

1. Approche ta main derrière l'unité centrale, près de la sortie du ventilateur. L'air est-il chaud ou froid ? Dans quel sens se dirige-t-il ?

2. Quel peut être le rôle du ventilateur ?

La résistance du dipôle « résistance »

3. Observe la caractéristique du dipôle. Entre quels points peut-on considérer que c'est un dipôle ohmique ? Calcule alors sa résistance en ohms.

4. Au-delà du point A, le dipôle chauffe exagérément. Se comporte-t-il encore comme un dipôle ohmique ?

5. Calcule le rapport $\frac{U}{I}$ au point B.

Compare-le à la résistance calculée à la question 3.

6. Sachant que plus la température augmente, plus l'intensité du courant dans le dipôle est grande, précise l'intérêt du ventilateur.

Connais-tu le cours ?

1 Schématiser un montage

Schématise ce montage qui permet de tracer la caractéristique d'un dipôle « résistance ».

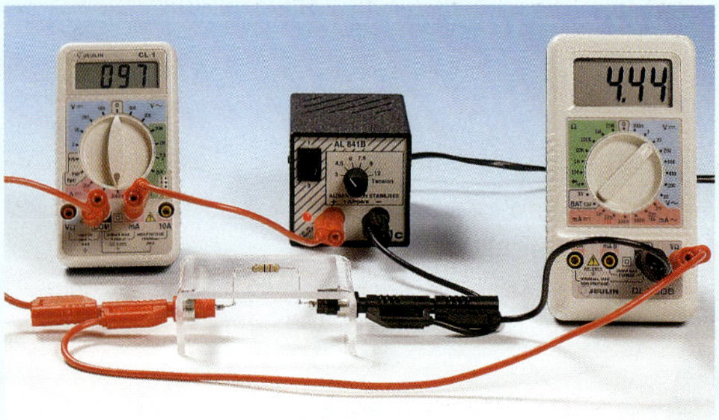

2 Réaliser un montage

Parmi ces deux montages, indique celui qui permet de tracer la caractéristique du dipôle « résistance ». Justifie ton choix.

❶

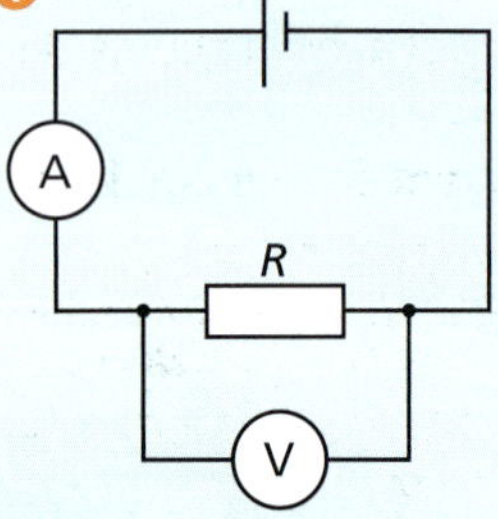

❷

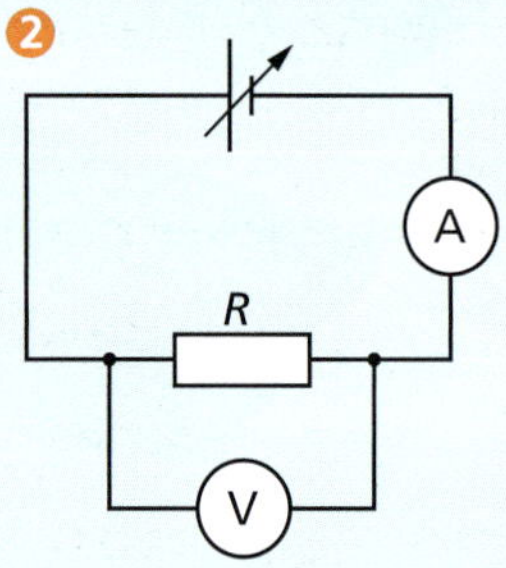

3 Présenter des résultats dans un tableau

Recopie et complète le tableau en y reportant les valeurs mesurées dans l'exercice 1.

U (en V)	0	3,00	....	6,02
I (en A)	0	0,065	....	0,131

4 Tracer une caractéristique

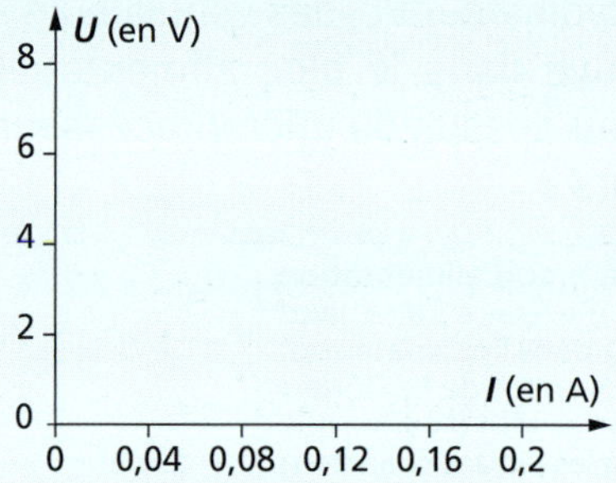

Redessine le repère suivant, puis, à partir du tableau de l'exercice 3, trace la caractéristique du dipôle ohmique étudié.

5 Utiliser la loi d'Ohm

Si on applique une tension de 6 V aux bornes du dipôle ohmique de résistance 100 Ω, celui-ci est alors traversé par un courant d'intensité :

a. $I = 100 \times 6 = 600$ A

b. $I = \dfrac{6}{100} = 0{,}06$ A

c. $I = \dfrac{100}{6} = 16{,}7$ A

6 Trouver les mots-clés du chapitre

Recopie et complète la grille.

1. Nom de la loi vérifiée par un dipôle ohmique.
2. La tension aux bornes d'un tel dipôle est proportionnelle à l'intensité du courant dans celui-ci.
3. Courbe représentant la tension aux bornes d'un dipôle en fonction de l'intensité du courant qui le traverse.

As-tu compris le cours ?

La loi d'Ohm

7 Énoncer la loi d'Ohm

a. Énonce la loi d'Ohm vérifiée par les dipôles ohmiques.
b. Écris la relation mathématique correspondant à cette loi.
c. Donne la signification de chaque terme de cette relation.
d. Précise les unités.

8 Science et philatélie B2i

Designer Margit Corduan

a. Quelle est la loi illustrée par ce timbre ?
b. Utilise un moteur de recherche pour trouver des informations concernant Ohm.
c. Observe les anneaux de couleurs et détermine la résistance.

Coup de pouce : utilise le code couleur p. 120.

9 Apprendre à rédiger un exercice

Énoncé

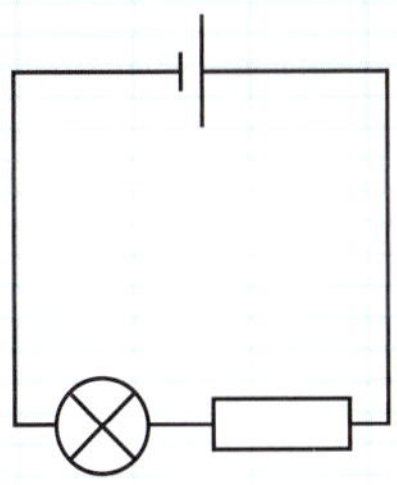

Dans ce circuit, un dipôle « résistance » protège la lampe d'une surtension. Le générateur délivre un courant d'intensité I égale à 200 mA. Calcule la valeur R du dipôle « résistance », sachant que la tension U à ses bornes vaut 8,2 V.

Rédaction de la solution

D'après la loi d'Ohm, la tension U aux bornes d'un dipôle « résistance » est proportionnelle à l'intensité I du courant dans ce dipôle : $U = R \cdot I$ donc $R = \frac{U}{I}$
avec I = 200 mA = 0,2 A. On a $R = \frac{8{,}2}{0{,}2}$

D'où $R = 41\ \Omega$

La valeur de la résistance vaut 41 Ω.

▶ Pour t'entraîner : exercice 10

10 Utiliser la loi d'Ohm Maths

a. Calcule l'intensité du courant dans un dipôle ohmique de résistance 33 Ω si la tension à ses bornes est égale à 4,0 V.
b. Calcule la résistance d'un dipôle ohmique traversé par un courant d'intensité 50 mA et aux bornes duquel il existe une tension de 6,0 V.
c. Calcule la tension aux bornes d'un dipôle ohmique de résistance 47 Ω traversé par un courant d'intensité 95 mA.

11 Compléter un tableau Maths

Recopie et complète le tableau suivant, sachant qu'il concerne des dipôles ohmiques.

Tension *U*	.....	230 V	12 V	.....	6 V	2 kV
Résistance	33 Ω	10 Ω	.....	1,5 kΩ	.....	200 Ω
Intensité *I* du courant	2 A	.....	3 A	4 A	20 mA	.....

12 Quotient Maths

Des élèves augmentent la tension aux bornes d'un dipôle et mesurent l'intensité du courant qui le traverse. Voici leurs résultats.

Tension *U* (en V)	0,0	2,0	4,0	6,0	8,0
Intensité *I* (en A)	0	0,060	0,120	0,180	0,240
$\frac{U}{I}$	X	.....	.....	.....	.....

a. Recopie le tableau et complète la dernière ligne.
b. Compare les valeurs du quotient $\frac{U}{I}$.
c. Déduis-en la nature du dipôle étudié ici.
d. À quelle grandeur correspond le quotient $\frac{U}{I}$? Quelle est son unité ?

13 ★ Protéger une DEL

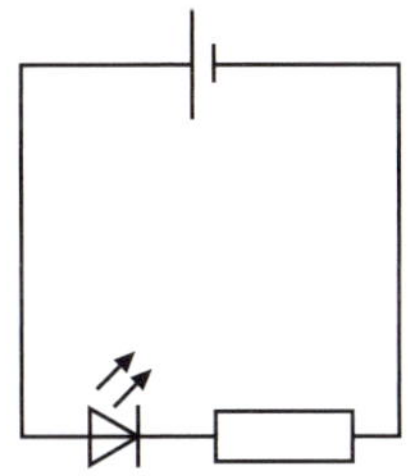

Dans ce circuit, la tension aux bornes du générateur vaut 6,0 V. Un dipôle « résistance » protège la DEL d'une surtension. La tension aux bornes de la DEL vaut alors 1,7 V et l'intensité du courant dans celle-ci vaut 20 mA : la DEL fonctionne normalement.

a. Indique l'intensité du courant dans le dipôle « résistance ».
Coup de pouce : utilise la loi de l'intensité dans un circuit série p. 94.

b. Calcule la tension aux bornes de dipôle « résistance ».
Coup de pouce : utilise la loi de la tension dans un circuit série p. 96.

c. Déduis-en la valeur de la résistance que doit avoir le dipôle « résistance ».

14 Le corps humain Sécurité

Le corps humain est un dipôle électrique. Sa résistance dépend de nombreux paramètres (âge, fatigue, état d'hydratation de la peau, tension électrique subie...). Lorsque la « tension limite admise » par une personne est atteinte, un courant d'intensité 10 mA circule dans son corps. Le seuil de « non lâcher » est alors atteint : la personne reste malgré elle en contact avec la source de tension.

Recopie et complète le tableau suivant en utilisant la loi d'Ohm.

	Résistance du corps humain	Courant de non lâcher	Tension limite admise
Mouillé	2500 Ω	10 mA	.....
Non mouillé	.....	10 mA	50 V

15 Éviter une surchauffe

Quelle est l'intensité maximale supportée par ce dipôle ohmique ?

La caractéristique d'un dipôle ohmique

16 Représentation graphique Maths

a. Explique pourquoi ces représentations graphiques sont des caractéristiques.
b. Parmi ces caractéristiques, quelle est celle d'un dipôle ohmique. Justifie ta réponse.

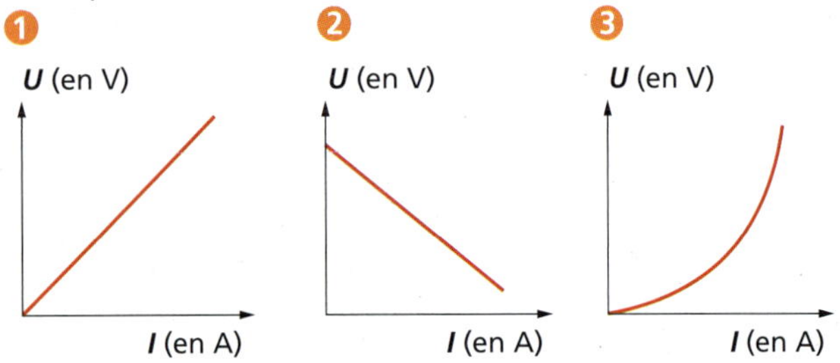

17 Identifier graphiquement un dipôle

Afin d'identifier un dipôle, Hugo applique différentes tensions à ses bornes et mesure l'intensité du courant qui le traverse.

Tension (en V)	0	3,0	4,5	6,0	7,5	9,0
Intensité (en A)	0	0,014	0,020	0,027	0,034	0,041

a. Trace la caractéristique du dipôle étudié. Utilise les échelles suivantes : en abscisse 1 cm ⟷ 0,005 A et en ordonnée 1 cm ⟷ 1 V.
b. Y a-t-il proportionnalité entre la tension et l'intensité ? Justifie ta réponse en utilisant la conjonction « donc ».
c. Déduis-en le nom du dipôle étudié.
d. Quelle grandeur caractérise ce dipôle ? Détermine graphiquement sa valeur.

18 Calculer une résistance

Voici la caractéristique d'un dipôle :

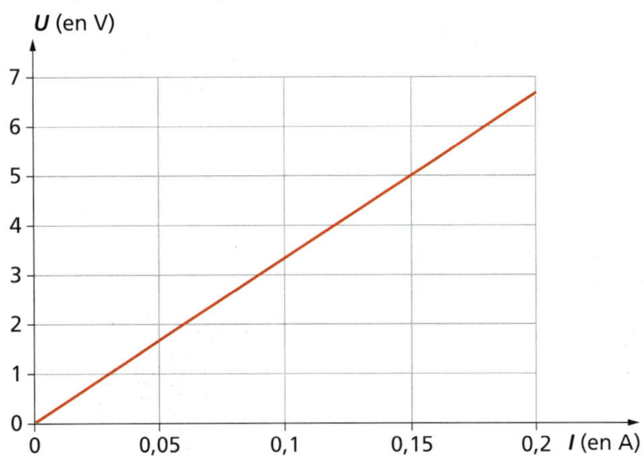

a. Nomme le dipôle étudié. Justifie ta réponse en utilisant la conjonction « donc ».
b. Schématise le montage qui a permis d'obtenir les mesures utiles au tracé de ce graphique.
c. Calcule la résistance de ce dipôle.

19 Représentation graphique B2i

À l'aide d'un tableur-grapheur, Justine a réalisé ces deux représentations graphiques. Chacune représente l'évolution de la tension aux bornes d'un dipôle ohmique en fonction de l'intensité du courant qui le traverse.

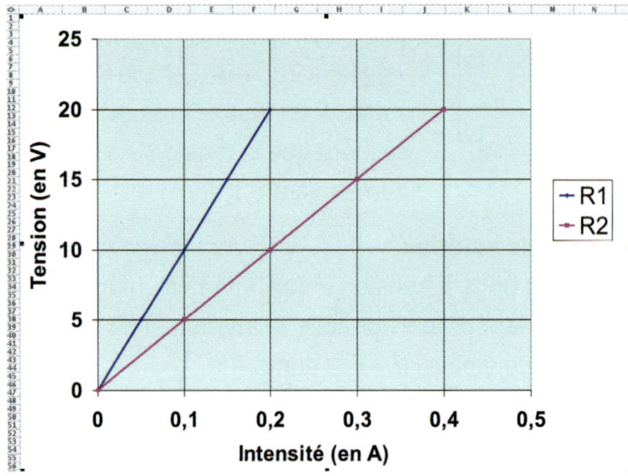

a. Comment appelle-t-on ces représentations graphiques ?
b. Indique, sans faire de calculs, le dipôle ohmique qui a la plus grande résistance.
c. Vérifie ta réponse en calculant la résistance de chacun.

20 Exploiter une caractéristique

Yamin a tracé la caractéristique suivante à partir des mesures regroupées dans le tableau ci-dessous.

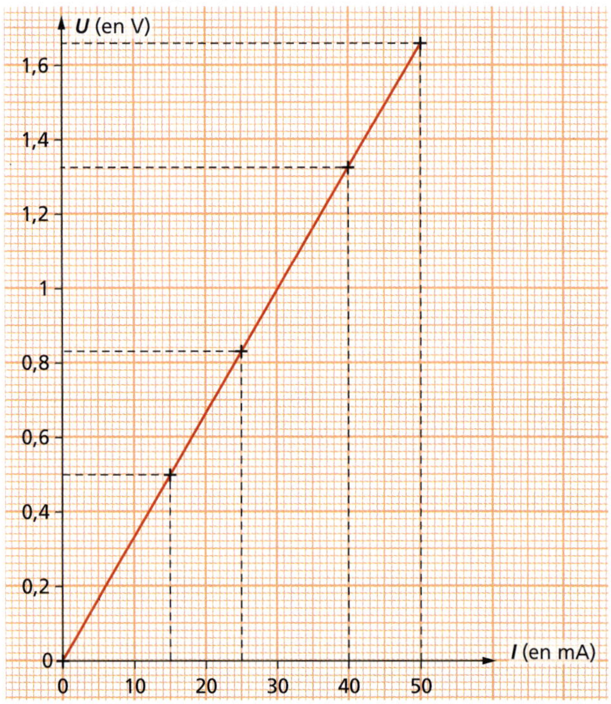

U (en V)	0		0,84	1,32	
I (en mA)	0	15			50

a. Recopie et complète ce tableau à l'aide du graphique.
b. Explique pourquoi cette caractéristique est celle d'un dipôle ohmique.
c. Détermine graphiquement la résistance de ce dipôle ohmique.
d. Schématise le montage que Yamin a dû réaliser pour obtenir ces mesures.

21 ★ Représentation graphique et proportionnalité Maths

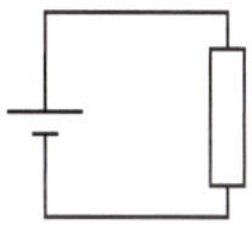

Un dipôle ohmique est branché aux bornes d'une pile.
Les caractéristiques suivantes sont celles de ces deux dipôles.

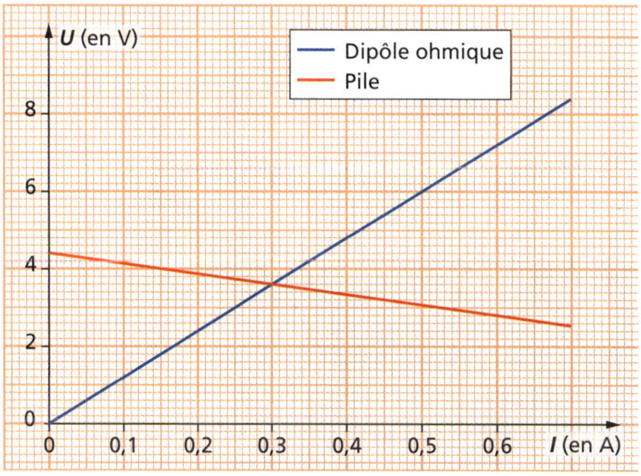

a. Indique si la pile est un dipôle ohmique.
b. Compare les intensités des courants dans les deux dipôles. Déduis-en graphiquement l'intensité du courant dans le circuit.
c. Détermine graphiquement la tension aux bornes du dipôle ohmique.
d. Déduis-en la valeur de la résistance du dipôle ohmique.

22 Réaliser une expérience à la maison

▶ Avec l'aide d'un adulte, ouvre la souris d'un ordinateur.

▶ Observe les nombreux dipôles qui constituent le circuit électrique.

a. Repère les dipôles ohmiques et détermine la valeur de la résistance de l'un d'entre eux.

b. Calcule l'intensité du courant dans ce dipôle s'il est soumis à une tension de 200 mV.

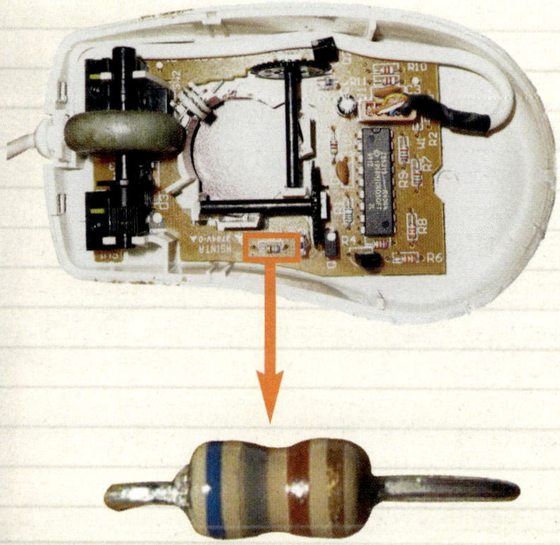

23 Exercice de synthèse

Vérifie tes réponses p. 206

Voici un problème qui résume tout ce que tu dois savoir.
Si tu n'arrives pas à répondre à certaines questions, revois ton cours p. 128.

Bob Lecurieux sait qu'une mine de crayon à papier conduit le courant électrique et possède une résistance. Il souhaite savoir si une mine de crayon est un dipôle ohmique. Il trace donc sa caractéristique à partir du tableau de mesure suivante.

U (en V)	0	3,0	4,5	6,0
I (en mA)	0	176	265	353

1. Schématise le montage réalisé par Bob. Indique les bornes des appareils de mesure. Symbolise la mine de crayon par un rectangle avec un M. à l'intérieur.

2. Trace la caractéristique de la mine de crayon. Utilise les échelles suivantes : en abscisse 1 cm ⟷ 50 mA et en ordonnée 1 cm ⟷ 1 V.

3. La mine de crayon est-elle un dipôle ohmique ? Justifie.

4. Donne la relation mathématique de la loi d'Ohm. Indique les unités.

5. Détermine graphiquement l'intensité du courant dans la mine de crayon pour la tension $U = 5{,}0$ V.

6. Déduis-en la valeur de la résistance de la mine de crayon.

L'électricité au cœur de mon

Électricien installateur

Un métier devenu polyvalent

Un électricien réalise, à partir de plans, toute l'installation électrique d'un bâtiment. Avec rigueur et vigilance, il applique les règles de sécurité et coordonne ses travaux avec les autres corps de métier : il doit travailler en équipe. Sa tâche évolue beaucoup avec les nouvelles techniques. En plus du câblage électrique, on lui demande d'installer des alarmes, la climatisation, les câbles informatiques, les portes et les volets électriques, etc.

Conseils : beaucoup de débouchés et de possibilités d'évolution de carrière. Les électriciens sont très recherchés.

Rencontre

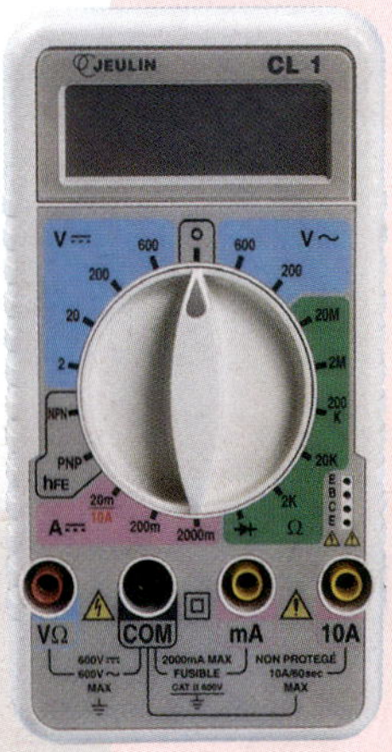

Romain, Aude, Francis, Hasna et Alexis, élèves en BTS Systèmes électroniques au lycée Diderot, Paris 19e

Comment vous est venue l'idée de choisir ce métier ?

Romain : depuis tout petit j'adore les robots, et plus tard au collège, j'ai participé au concours E = M6.

Aude : par hasard ! J'ai eu à choisir entre plusieurs BEP après la 3e et le BEP électronique m'a semblé le mieux correspondre à ce que je voulais.

Peux-tu décrire ton futur métier en quelques mots ?

Romain : l'électronique c'est vaste ; on peut faire différents métiers, par exemple, technicien de maintenance : mesurer la tension des appareils pour qu'ils fonctionnent correctement. On peut travailler dans les télécoms et là, on s'occupe du transport de l'information.

Francis : moi, je veux travailler dans l'automobile, aujourd'hui tout est électronique dans la voiture.

D'après toi, quelles sont les qualités requises pour être un(e) bon(ne) électronicien(ne) ?

Romain : déjà, il ne faut pas être mauvais en maths et en physique, car il y a beaucoup de calculs !

Hasna : on doit être minutieux aussi pour travailler sur des cartes électroniques et des composants miniatures.

Francis : il faut aussi beaucoup de connaissances, savoir utiliser les lois de la physique et manipuler facilement les appareils de mesure.

métier

Électronicienne automobile

La high-tech remplace les mécanos

Climatisation, système de navigation, de freinage... l'électronique embarquée à bord des véhicules devient omniprésente. La mission de l'électronicienne automobile ? Assurer l'entretien et la réparation de tous ces systèmes électroniques. Elle commence par établir un diagnostic à l'aide d'une série de tests et de mesures, analyse les résultats obtenus pour procéder ensuite à la remise en état de l'élément défectueux.

Conseil : la complexité croissante de l'électronique rend indispensable l'utilisation d'outils informatiques. Mieux vaut donc ne pas être allergique aux ordinateurs !

Électricien en lignes hautes tensions

En plein air à 400 000 V

Vêtu d'une combinaison de protection et muni d'une perche isolante, le « lignard » travaille en haut des pylônes électriques à des dizaines de mètres du sol. Son métier : surveiller les lignes qui transportent l'électricité à 400 000 volts, du lieu de production (la centrale électrique) jusqu'aux grandes villes. Pour éviter les coupures de courant, son travail s'effectue souvent sous tension !

Conseils : il faut allier sang-froid, qualités physiques et sportives sans oublier les compétences techniques !

Comment en savoir plus sur ces métiers ?
www.onisep.fr/belin-pc-4e

ONISEP

Alexis : pour moi, il faut beaucoup de rigueur et de motivation, de la logique plus que des connaissances.

Aude : surtout avoir un esprit pratique et de l'imagination pour trouver d'où proviennent les pannes.

Quels sont tes outils de travail ? Tes cours de physique au collège t'ont-ils été utiles ?

Romain : on utilise tous les jours le multimètre, qui regroupe le voltmètre (pour mesurer une tension), l'ampèremètre et l'ohmmètre.

La loi d'Ohm, on l'emploie tout le temps : c'est le 1er outil théorique pour nous (on connaît une résistance, on connaît une tension : on peut en déduire l'intensité du courant...) ; on l'a apprise en 4e mais on l'avait révisée en 1re...

Partie 3

La lumière : couleurs et

Pleine Lune et phare éclairé par les projecteurs (Royan).

images

Je vérifie mes connaissances de 5e

Attention, plusieurs solutions sont parfois possibles.

1 Une lampe allumée, la flamme d'une bougie ou le Soleil :

- **a.** produit de la lumière ❑
- **b.** est une source primaire de lumière ❑
- **c.** est un objet diffusant ❑

2 Un écran de cinéma, un mur blanc ou la Lune :

- **a.** est une source primaire de lumière ❑
- **b.** est un objet diffusant ❑
- **c.** renvoie la lumière reçue et peut ainsi éclairer d'autres objets ❑

3 Un observateur voit un arbre :

- **a.** car ses yeux reçoivent de la lumière venant de cet arbre ❑
- **b.** car ses yeux envoient de la lumière sur l'arbre ❑
- **c.** même si un objet opaque est placé devant les yeux de l'observateur ❑

4 Un faisceau de lumière est :

- **a.** un ensemble de rayons de lumière issue d'une même source ❑
- **b.** visible dans un milieu transparent, dans l'air par exemple ❑
- **c.** invisible, car la lumière ne se voit pas ❑

5 Dans un milieu transparent et homogène, la lumière se propage :

- **a.** en ligne droite, de l'objet éclairé vers la source de lumière ❑
- **b.** en ligne droite, de la source de lumière vers l'objet éclairé ❑
- **c.** en zigzag, de la source de lumière vers l'objet éclairé ❑

6 Dans le système Soleil-Terre-Lune :

- **a.** La Terre est le satellite naturel de la Lune ❑
- **b.** Le Soleil tourne autour de la Terre ❑
- **c.** La Terre tourne sur elle-même et autour du Soleil ❑

Chapitre 11

Lumières colorées et couleur des objets

Objectifs

- Obtenir des lumières colorées
- Faire le lien entre la couleur d'un objet et les lumières reçues et absorbées
- Savoir qu'en absorbant la lumière, la matière reçoit de l'énergie

Situation 1

La pluie et le Soleil donnent naissance à un magnifique arc-en-ciel.

D'où viennent toutes les couleurs de l'arc-en-ciel ?

Un arc-en-ciel sur la station des Arcs en été (Savoie).

Une jeune fille photographiée en lumière colorée.

Situation 2

Le choix de la lumière est important quand on réalise une photographie.

Pourquoi un sujet peut-il changer de couleur selon la lumière qui l'éclaire ?

J'expérimente pour répondre

Activité 1

Comment obtenir des lumières colorées ?

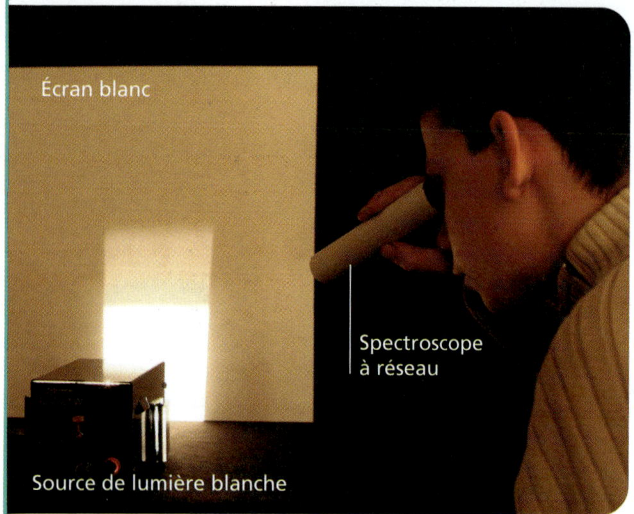

1 **Un élève observe, avec un spectroscope à réseau, de la lumière blanche diffusée par un écran blanc.** Ce qu'il observe dans le spectroscope est appelé un spectre.

2 **Un filtre de couleur magenta est placé devant la source de lumière blanche.** L'élève observe, avec le spectroscope la lumière magenta diffusée par l'écran blanc. Il observe un nouveau spectre.

3 **Superposition d'une lumière rouge et d'une lumière bleue.** On éclaire un écran blanc avec deux lumières rouge et bleue. Dans la partie commune aux deux faisceaux, les deux lumières s'additionnent pour faire apparaître une nouvelle couleur.

Vocabulaire

- **Couleur d'une lumière** : couleur prise par un objet blanc éclairé par cette lumière.
- **Réseau** : surface transparente comportant des traits fins et permettant de décomposer une lumière.
- **Spectre** : ensemble de lumières colorées qui composent une lumière.
- **Absorbée (lumière)** : lumière retenue par l'objet qui la reçoit.

Guide de travail

1. Quelles couleurs composent le spectre de la lumière blanche (doc 1) ?

2. Compare ce spectre à celui obtenu avec un filtre magenta (doc 2). Quelles sont les lumières transmises par ce filtre ? Quelles sont celles qu'il a absorbées ?

3. Quelle nouvelle lumière colorée obtient-on en superposant une lumière rouge et une lumière bleue (doc 3) ?

4. Récapitule les méthodes utilisées pour obtenir des lumières colorées.

Activité 2

De quoi dépend la couleur d'un objet ?

1 Des écrans colorés éclairés en lumière blanche.

2 Les mêmes écrans éclairés en lumière rouge.

3 La lumière diffusée par un écran vert éclaire une boule blanche.

Guide de travail

1. La couleur d'un écran dépend-elle de la lumière qui l'éclaire (doc 1 et 2) ?

2. Quelles lumières colorées reçoit un écran vert éclairé en lumière blanche (doc 3) ? Quelle lumière colorée est diffusée par l'écran vert ? Justifie en observant la couleur de la boule. Déduis-en alors les lumières absorbées par un écran vert.

3. Pourquoi l'écran vert apparaît-il noir quand il est éclairé en lumière rouge ?

Vocabulaire

- **Diffusée (lumière)** : lumière renvoyée dans toutes les directions par un objet éclairé.

1. Les lumières colorées

La **couleur** d'une lumière est la couleur prise par un objet blanc éclairé par cette lumière.
Une lumière peut être décomposée avec un **réseau** (voir la fiche technique 9, p. 199) ou avec un prisme **(doc 1)**. Le **spectre** obtenu indique les lumières colorées qui composent cette lumière.

1 **Exemple.** Décomposition de la lumière blanche par un prisme.

J'observe et j'interprète Activité 1

- La lumière blanche est une superposition de lumières colorées allant du violet au rouge.
- Un **filtre** magenta transmet les lumières rouge et bleue et absorbe les autres lumières colorées **(doc 2)**.
- En superposant des lumières rouge et bleue, on obtient une lumière magenta : c'est la synthèse additive.

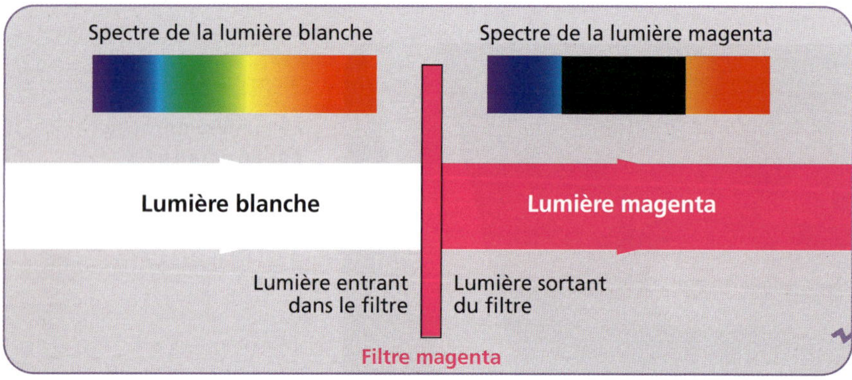

2 **Rôle d'un filtre coloré magenta.**

Je conclus et je retiens

Pour t'entraîner ▶ **Exercices 8 et 12 p. 149**

- On peut obtenir des **lumières colorées** :
  – en décomposant une lumière par un **réseau** ;
  – en utilisant un **filtre** qui transmet une lumière de sa couleur ;
  – en superposant des lumières colorées.

Mots importants

- Couleur
- Réseau
- Filtre

► Voir Mini Dico p. 202

Je retiens par l'image

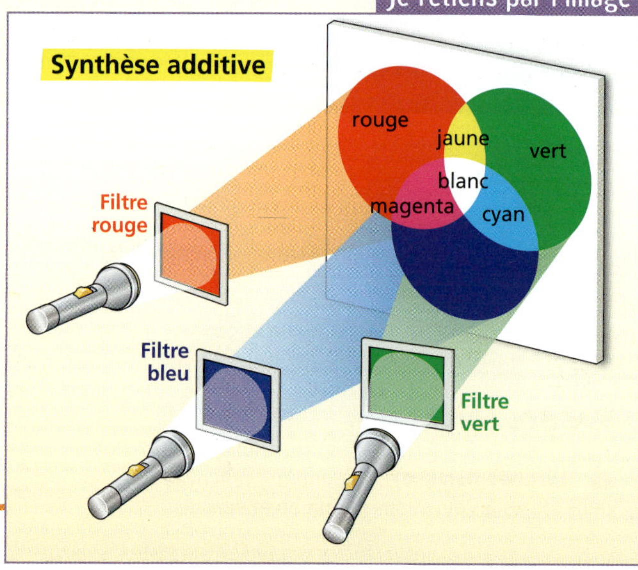

2. La couleur des objets

J'observe et j'interprète Activité 2

- Éclairé en lumière blanche, un écran vert apparaît de cette couleur car il diffuse la lumière verte et absorbe toutes les autres lumières (doc 4). Éclairé en lumière rouge, il est vu noir.
La couleur d'un écran dépend de la lumière qui l'éclaire. Un écran « blanc » paraît toujours de la couleur de la lumière qui l'éclaire car il diffuse toutes les lumières reçues. En revanche un écran noir paraît toujours noir car il absorbe toutes les lumières reçues.

- Quand un écran absorbe de la lumière, il reçoit de l'énergie. Il s'échauffe et transfère une partie de l'énergie reçue à l'extérieur sous forme de chaleur. Ainsi un écran noir s'échauffe plus qu'un écran blanc.

3 **Exemple.** La couleur du nez dépend de la lumière qu'il reçoit.

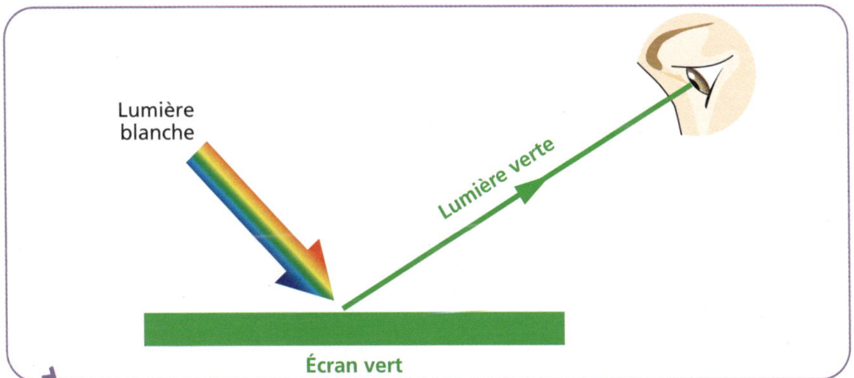

4 **Principe de la couleur d'un écran.**

Je conclus et je retiens

Pour t'entraîner ▶ **Exercices 19 et 21 p. 150**

- **Un objet coloré apparaît de la couleur de la lumière qu'il diffuse. Il absorbe les autres lumières colorées qu'il reçoit.**
- **En absorbant la lumière, la matière reçoit de l'énergie. Elle s'échauffe et transfère une partie de l'énergie reçue à l'extérieur sous forme de chaleur.**

Mots importants

- Couleur
- Absorbée
- Diffusée
- Énergie

► Voir Mini Dico p. 202

Je retiens par l'image

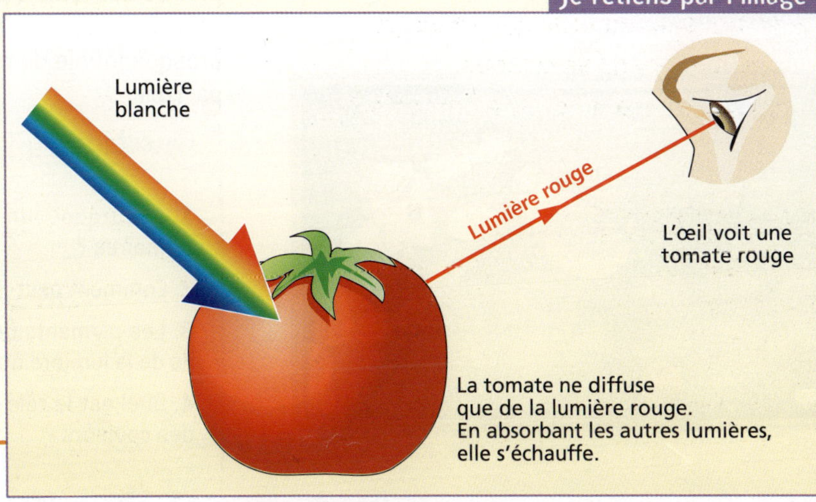

Documents

B2i

L'expo « Ombres et lumières »

Balade-toi dans la villa du professeur Archibald Ombre. De nombreux phénomènes sur la lumière te sont déjà familiers, les sources de lumière ou les ombres par exemple.
Mais il reste beaucoup de choses à découvrir : dans la cuisine, tu trouveras une interprétation de la lumière colorée (dans le frigo) et de la couleur des objets (du côté des bouteilles).
Quel étrange personnage cet Archibald ! Son album photo est étonnant : une visite dans tous les recoins s'impose !

✓ Pour vérifier que tu as bien tout compris, quelles sont les couleurs absorbées par la banane, par la salade et par la tomate éclairées par de la lumière blanche ?

internet

- **Pour visiter la villa**

Connecte-toi sur le site www.citesciences.fr/francais/ala_cite/expositions/ombres_lumieres/index_f-expositionenfant.htm

- **Si tu es perdu**

Un plan de la villa est posé dans chacune des pièces, tu dois aller à la cuisine.

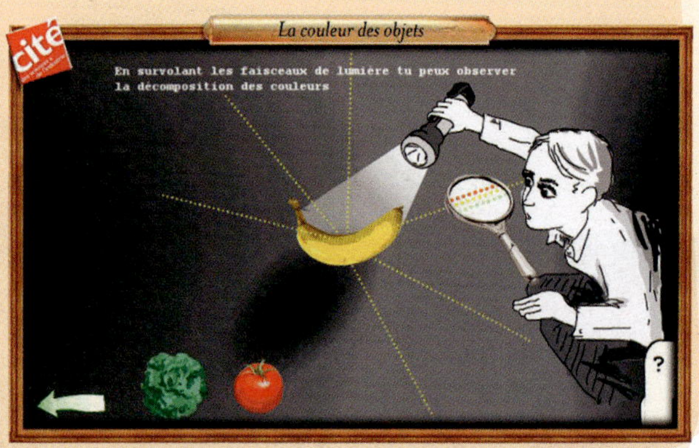

Arts plastiques

Peinture et couleurs

Sur sa palette, le peintre mélange des pigments.

Pour peindre, un artiste peut créer presque toutes les teintes en mélangeant du jaune, du rouge et du bleu : ce sont ses trois couleurs primaires habituelles. Ce choix peut être différent en fonction de l'effet de style recherché. En incorporant du blanc et du noir, le peintre parvient à changer la luminosité d'une teinte. En revanche une imprimante utilise le jaune, le magenta et le cyan.

Pour décrypter la couleur d'un objet il faut faire appel à plusieurs sciences : la physique démontre qu'un objet absorbe certaines lumières colorées et diffuse les autres. La biologie précise que l'œil ne perçoit que trois couleurs : le rouge, le vert et le bleu. Le cerveau parvient à retranscrire une palette presque infinie de couleurs avec les informations envoyées par l'œil.

Questions

1. Pourquoi un peintre utilise-t-il trois couleurs primaires ?

2. Comment peut-il obtenir plusieurs variétés de jaune ?

3. Les pigments donnent la couleur aux objets : que font-ils de la lumière qu'ils reçoivent ?

4. Quel est le rôle joué par le cerveau dans la perception des couleurs ?

Comment fonctionne la télévision couleur ?

Capacité

✓ Obtenir des lumières colorées par superpositions de lumières colorées.

Il suffit d'appuyer sur la télécommande pour obtenir une image colorée sur l'écran de la télévision. Observons-le à la loupe pour comprendre le principe d'obtention de ces couleurs.

Le luminophore (ici le vert). C'est une pastille composée d'un dérivé du phosphore. Il émet une lumière colorée verte lorsqu'il reçoit une excitation électrique.

Un pixel. Il est composé de trois luminophores de forme rectangulaire. Notre œil ne les voit pas séparement. La couleur du pixel résulte de la superposition de ces trois couleurs.

Un peu d'histoire

Le 1er octobre 1967, à 14 h 15, la télévision en couleurs fait ses débuts en France : 1 500 récepteurs couleurs sont alors en service.

Mène ton enquête

Matériel

✓ Un écran de télévision (tube cathodique ou plasma)

✓ Une loupe ou une paire de lunettes grossissante

Le pixel à la loupe

1. À l'aide d'une loupe, observe ton écran à plusieurs endroits lorsqu'il est allumé. Que constates-tu ?

2. Quelles sont les couleurs qui composent un pixel ?

La formation des couleurs

3. Observe une zone blanche de l'image. Quels sont les luminophores allumés ?

4. Réalise la même expérience avec une zone jaune de l'image.

5. Quel principe est utilisé pour produire les couleurs sur un écran de télévision ?

Coup de pouce

- Quand un seul luminophore est allumé, le pixel apparaît de la couleur de ce luminophore.
- Quand plusieurs luminophores sont allumés, le pixel apparaît de la couleur obtenue par superposition de ces lumières.

Connais-tu le cours ?

1 Utiliser des filtres

a. Donne la couleur (1) observée sur l'écran.

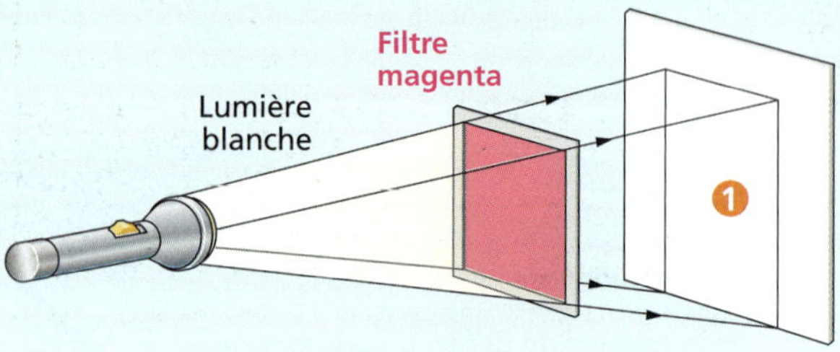

b. Donne la couleur (2) du filtre.

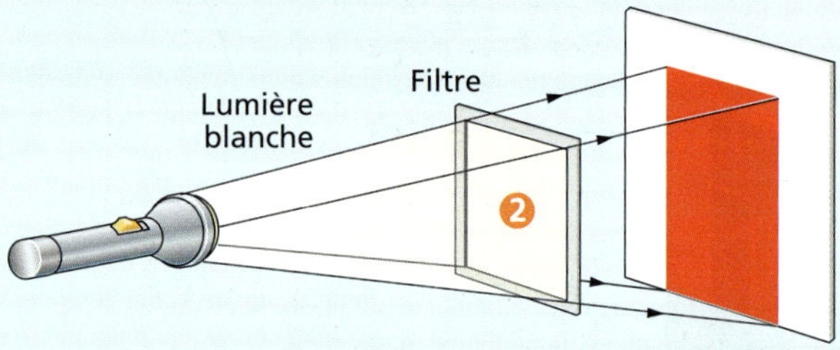

2 Décomposer la lumière blanche

Le montage schématisé ici décompose la lumière blanche. Donne la légende manquante (1).

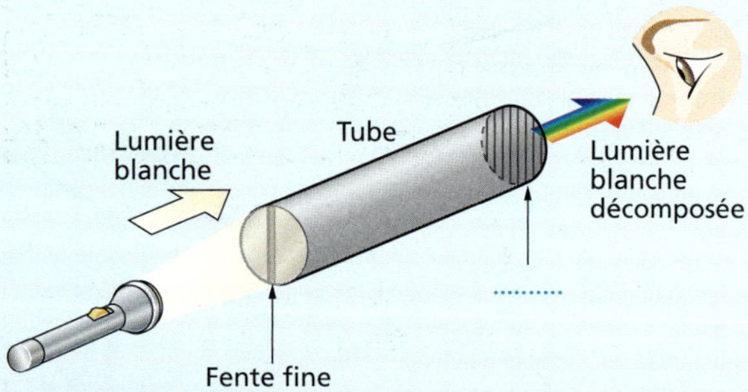

3 Diffuser de la lumière

Un écran rouge est éclairé par de la lumière blanche. Recopie la bonne proposition.

a. L'écran absorbe la lumière rouge et diffuse les autres.

b. L'écran diffuse de la lumière rouge et absorbe les autres.

c. L'écran diffuse de la lumière blanche.

4 Comprendre la couleur d'un objet

Un écran bleu est éclairé en lumière blanche. Quelle(s) lumière(s) colorée(s) :

a. sont reçues par l'écran bleu ?

b. sont absorbées par l'écran bleu ?

c. est diffusée par l'écran bleu ?

5 Superposer des lumières colorées

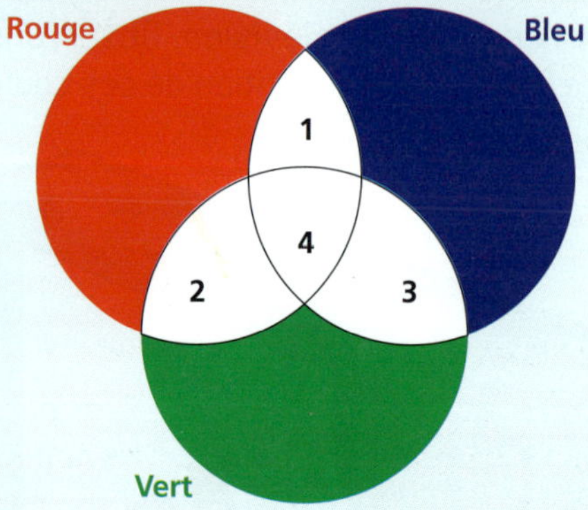

a. Recopie le schéma et colorie les zones 1, 2, 3 et 4 avec la couleur qui convient.

b. Nomme ces couleurs.

6 Lier la couleur d'un objet et la lumière

Recopie et complète les phrases suivantes à l'aide des mots : blanc, noir ou rouge.

a. Un objet .... paraît toujours de la couleur de la lumière qui l'éclaire.

b. Un objet .... diffuse la lumière rouge et absorbe toutes les autres.

c. Un objet .... diffuse toutes les lumières reçues.

d. Un objet .... paraît toujours noir.

e. Un objet .... absorbe toutes les lumières reçues.

f. Un objet rouge est vu .... en lumière blanche mais .... en lumière verte.

7 Trouver les mots-clés du chapitre

Recopie et complète la grille.

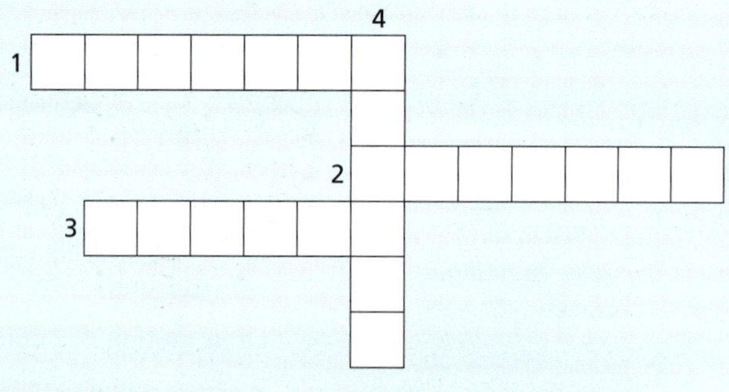

1. Celle d'un objet dépend de la lumière qu'il reçoit.

2. Ensemble des lumières colorées résultant de la décomposition d'une lumière.

3. Objet qui absorbe certaines lumières colorées et en laisse passer d'autres.

4. Surface comportant des traits fins et permettant de décomposer une lumière.

As-tu compris le cours ?

Les lumières colorées

8 Prévoir la couleur d'une lumière transmise par un filtre

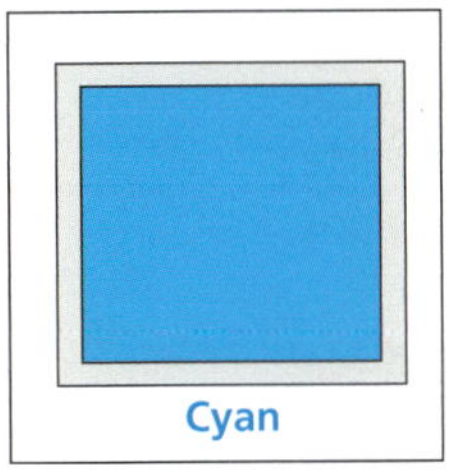

Un filtre cyan est éclairé en lumière blanche. Cite les lumières colorées :

a. reçues par le filtre ;
b. transmises par le filtre ;
c. absorbées par le filtre.

Coup de pouce : lumière cyan = lumière bleue + lumière verte

9 Schématiser l'action d'un filtre

Les schémas ci-dessous expliquent l'action d'un filtre rouge et d'un filtre magenta éclairés par des lumières rouge, verte et bleue.

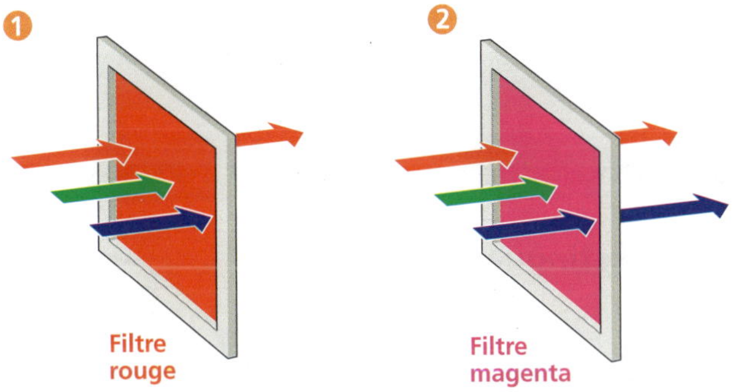

a. Quelles sont les lumières colorées transmises par un filtre rouge ? Par un filtre magenta ?
b. Schématise l'action d'un filtre jaune dans les mêmes conditions.

Coup de pouce : lumière rouge + lumière verte = lumière jaune

10 Décomposer la lumière blanche

Histoire des sciences

Lis le texte écrit par Isaac Newton et réponds aux questions.

Au début de l'année 1666, je me procurai un prisme de verre pour réaliser la célèbre expérience des couleurs. Ayant à cet effet obscurci ma chambre et fait un petit trou dans les volets pour laisser une quantité convenable de rayons de soleil, je plaçai mon prisme contre ce trou […]. Ce fut d'abord très plaisant de contempler les couleurs vives et intenses ainsi produites. […]

a. Recherche qui était Isaac Newton.
b. Nomme l'ensemble des « couleurs vives et intenses » observées.
c. Quel objet utilise Newton pour les obtenir ?
d. Quel autre objet permet d'obtenir le même résultat ?

Coup de pouce : doc. 1, p. 144

11 Comparer deux spectres

Observe les spectres des lumières émises par une lampe anti-insectes (1) et par une DEL (2).

a. La lumière émise par la lampe (1) est-elle composée de plusieurs lumières colorées ? Si oui, lesquelles ?
b. Même question pour la lumière émise par la DEL (2).
c. Indique alors la couleur des lumières (1) et (2).
d. Justifie la couleur de la lampe et de la DEL.

12 Éclairer une pyramide

Dans la situation 1, chaque face d'une pyramide blanche est éclairée par une lumière colorée (rouge, bleue ou verte). Dans la situation 2, la pyramide est tournée de 120°.

a. Quelles sont les nouvelles couleurs prises par les faces de la pyramide dans la situation 2 ?
b. Dans la situation 2, donne la couleur des lumières colorées utilisées pour chaque face.

13 Faire tourner un disque

Explique l'apparence du disque de Newton lorsqu'il tourne très rapidement.

Disque à l'arrêt — Le disque tourne rapidement

14 Comprendre la formation d'un arc-en-ciel

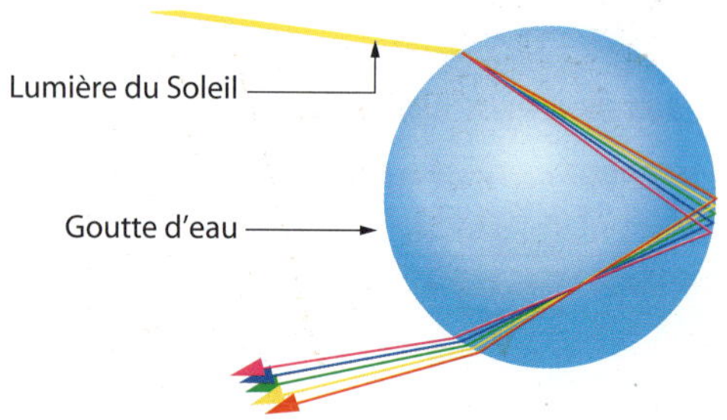

Lorsque les lumières qui composent la lumière du Soleil traversent les gouttes d'eau de pluie, elles ne suivent pas toutes le même trajet. En fonction de leur couleur, les lumières sont plus ou moins déviées : un arc-en-ciel se forme.

a. En quoi une goutte d'eau joue-t-elle le même rôle qu'un réseau ?

b. De combien de lumières colorées est composée la lumière du Soleil ?

c. Déduis-en si la lumière du Soleil est une lumière blanche.

15 Fabriquer une couleur B2i

Le code permettant d'ouvrir un coffre a été crypté avec les couleurs suivantes.

6 5 3 2 2 1 3 9 8 7 7 0 6 9 4 6 7

a. Utilise un logiciel de traitement de texte pour produire trois carrés de 5 centimètres de côté. Colorie un carré en rouge, l'autre en vert et le dernier en bleu.

b. Imprime ton travail sur un transparent afin d'obtenir des filtres colorés.

c. Observe le code à travers chacun des trois filtres et recopie ce que tu vois.

d. Quel filtre doit-on utiliser pour déchiffrer le code sachant qu'il ne comporte que 10 chiffres ?

16 Observer les vitraux d'une église

Pourquoi ces vitraux jouent-ils le rôle de filtres colorés ?

17 Identifier des couleurs complémentaires

Deux lumières sont dites de couleurs complémentaires si elles donnent naissance à une lumière blanche une fois superposées. Cite la couleur complémentaire :

a. du rouge ; **b.** du magenta ; **c.** du bleu.

La couleur d'un objet

18 Prévoir des couleurs

Indique de quelles couleurs sont vus le bonnet, les yeux, l'écharpe et le corps de ce bonhomme de neige si celui-ci est éclairé :

a. en lumière rouge ;

b. en lumière verte ;

c. en lumière jaune.

19 Retrouver la couleur d'un objet

Observe le spectre de la lumière diffusée par un objet éclairé en lumière blanche. Déduis-en la couleur de cet objet. Quelles sont les lumières absorbées par l'objet ?

20 ★ Distinguer des couleurs

Explique pourquoi Bud, le héros de cette histoire, ne voit pas les couleurs des fils décrites par son coéquipier.

21 Éclairer des fruits

Quelle est la couleur de la lumière utilisée pour éclairer ces fruits ?

22 Apprendre à rédiger un exercice

Énoncé
Avec quelle lumière faut-il éclairer cette plante pour que la fleur, les feuilles, la tige et le pot apparaissent de la même couleur ?

Rédaction de la solution
La lumière verte est diffusée par un objet vert, jaune ou cyan. La fleur, la tige, les feuilles et le pot apparaîtront alors verts s'ils sont éclairés en lumière verte. Il faut éclairer la plante en lumière verte.

▶ Pour t'entraîner : exercice 23

23 Deviner une couleur

À la lumière du jour, ce jouet est vu rouge. Parmi ces lumières colorées, lesquelles ont pu être utilisées pour éclairer cet objet lors de cette photographie : rouge, verte, bleue, cyan, jaune, magenta ?

24 Les matériaux Techno

Le métamérisme est l'étude des variations de perception de la couleur des objets en fonction de la lumière d'éclairage. Les objets sont placés dans une cabine qui reproduit les lumières d'éclairage de la vie quotidienne.

a. De quoi dépend la couleur d'un objet ?
b. Le métamérisme d'un objet noir présente-t-il de l'intérêt ? Justifie.

25 ★ Rendre invisible

a. Quelles lumières colorées l'écran rouge absorbe-t-il ?
b. Quelles lumières colorées le caméléon absorbe-t-il ?
c. Parmi les lumières rouge, verte ou bleue, laquelle faut-il utiliser pour rendre le caméléon invisible ?

Coup de pouce : lumière rouge + lumière verte = lumière jaune.

26 Réaliser une expérience à la maison

La surface d'un DVD possède un sillon en spirale constitué d'une suite de creux et de bosses. Il agit comme un réseau. Une lumière arrivant sur cette surface est décomposée, d'où l'apparition de très nombreux reflets colorés. Dans l'obscurité, éclaire un DVD avec des lumières colorées.

▶ Observe la couleur des reflets.
▶ Déduis-en la composition des lumières colorées utilisées.

27 Exercice de synthèse

Vérifie tes réponses p. 206

Voici un problème qui résume tout ce que tu dois savoir.
Si tu n'arrives pas à répondre à certaines questions, revois ton cours p. 144.

Afin de trouver le meilleur éclairage pour ses plantes vertes, Mme Mainverte met en place l'expérience dessinée ci-dessous.

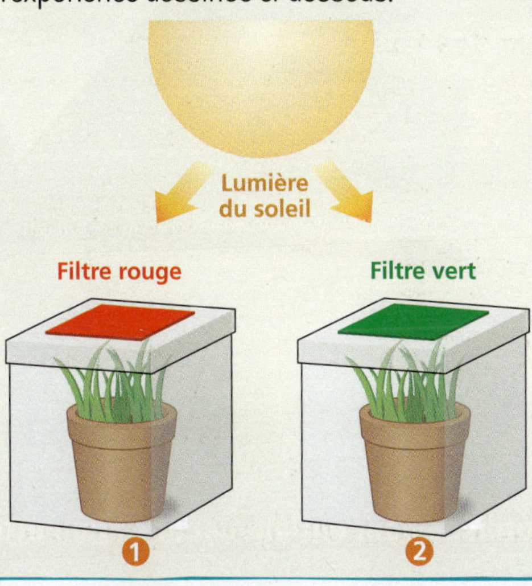

1. Comment peut-on expérimentalement montrer qu'une infinité de lumières colorées composent la lumière blanche du Soleil ?

2. Quelle lumière colorée l'herbe reçoit-elle dans chaque cas ? Justifie ta réponse en expliquant le rôle de chaque filtre.

3. Sachant qu'une plante verte a besoin d'absorber de la lumière pour se développer, explique pourquoi Mme Mainverte constate que l'herbe a très bien poussé dans le cas 1 et presque pas dans le cas 2.

4. Déduis-en la couleur de l'herbe observée à travers chaque filtre.

Chapitre 12

Formation des images par les lentilles

Objectifs

- Distinguer une lentille convergente d'une lentille divergente
- Trouver le foyer d'une lentille convergente et estimer sa distance focale
- Obtenir une image nette d'un objet sur un écran

Boule de verre utilisée pour enflammer une allumette.

Situation 1

Une boule de verre est une lentille qui peut déclencher un incendie lorsqu'elle est placée au Soleil.

Selon toi, toutes les lentilles peuvent-elles concentrer l'énergie lumineuse ?

Des appareils photos jetables en action.

Situation 2

Dans un appareil photographique, il se forme une image sur un capteur ou sur une pellicule.

Selon toi, comment obtient-on cette image ?

J'expérimente pour répondre

Activité 1
Distinguer les deux types de lentilles p. 154

Activité 2
Former une image nette sur un écran p. 155

Activité 1

Qu'est-ce qui différencie les deux types de lentilles ?

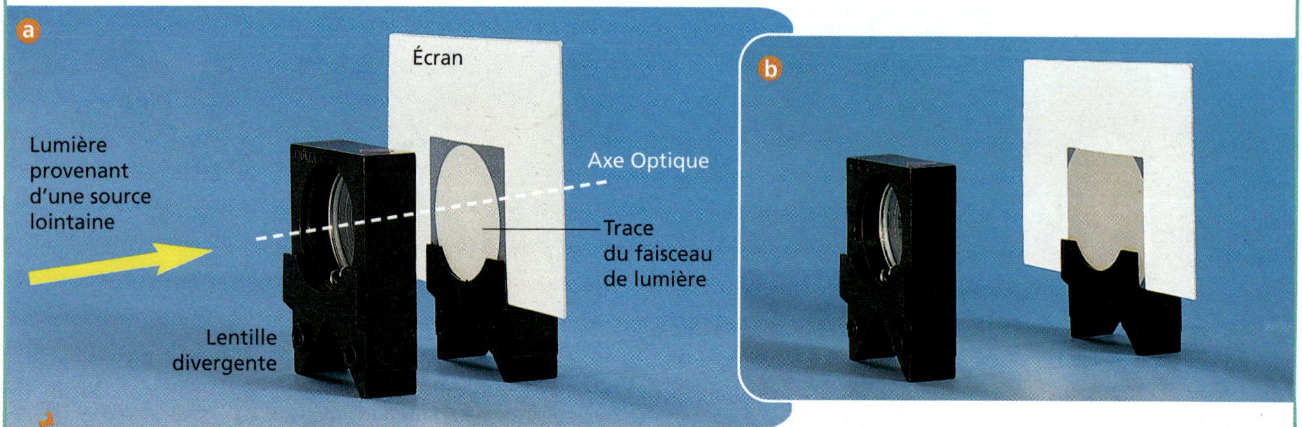

1 **Observation de la trace du faisceau de lumière, après traversée d'une lentille divergente, sur un écran proche (a) puis éloigné (b).**

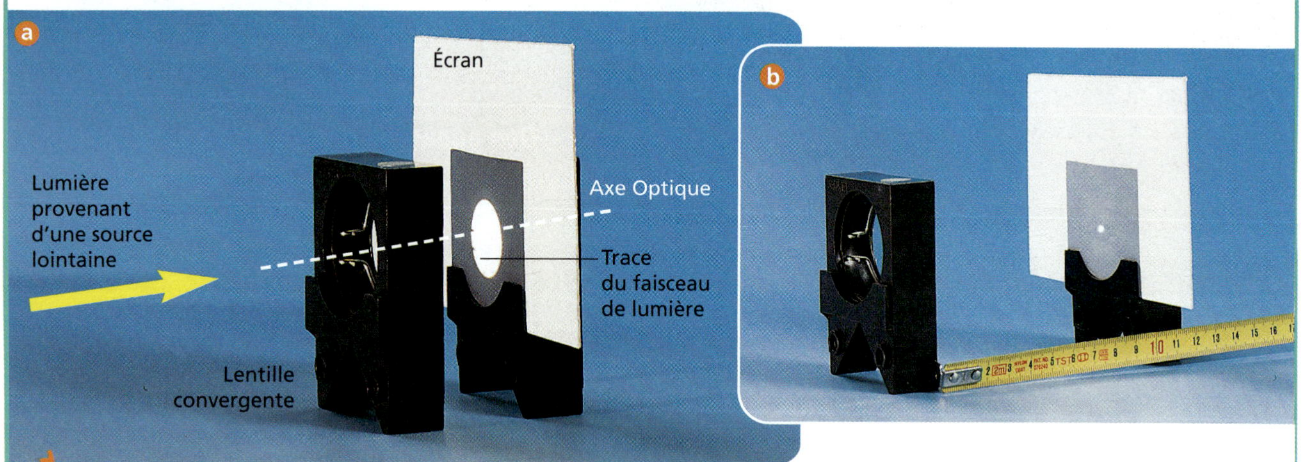

2 **Observation de la trace du faisceau de lumière, après traversée d'une lentille convergente, sur un écran proche (a) puis sur un écran placé au foyer de la lentille (b).**

Vocabulaire

- **Convergent** **(faisceau de lumière)** : faisceau de lumière qui se rétrécit.
- **Divergent** **(faisceau de lumière)** : faisceau de lumière qui s'élargit.
- **Foyer** : le foyer noté F d'une lentille convergente est le point, sur l'axe optique de la lentille, où se croisent les rayons de lumière provenant d'une source lointaine.
- **Distance focale** : distance notée *f*, entre le centre d'une lentille convergente et son foyer.
- **Axe optique** : axe de symétrie de la lentille.

Guide de travail

1. Comment varient la taille et la luminosité de la trace du faisceau de lumière (doc 1) ? Le faisceau à la sortie de cette lentille est-il convergent ou divergent ? L'énergie lumineuse est-elle concentrée ou éparpillée par cette lentille ?
2. Mêmes questions pour une lentille convergente (doc 2).
3. En quel point de l'axe optique de la lentille convergente, l'énergie lumineuse est-elle la plus concentrée (doc 2) ?
4. Quelle est la distance focale de la lentille convergente (doc 2) ?
5. Qu'est-ce qui différencie les deux types de lentilles ?

Activité 2

Comment obtenir une image nette sur un écran ?

1 **Formation de l'image nette d'un objet (ici une diapositive) sur un écran à l'aide d'une lentille convergente de distance focale f = 5 cm.** On a éloigné progressivement l'écran de la lentille jusqu'à obtenir une image nette sur l'écran.

Distance Objet-Lentille	Distance Lentille-Image nette sur l'écran	Sens de l'image par rapport à l'objet
Inférieure à 5 cm	Aucune, car pas d'image nette	Pas d'image
Très légèrement supérieure à 5 cm	Très grande	Renversée
15 cm	7,5 cm	Renversée
Très grande	5 cm	Renversée

2 **Différentes mesures et observations réalisées avec le montage du doc 1.**

⚠ Attention

Lentille Sécurité

Il ne faut jamais observer le Soleil (ou un objet très lumineux) directement ou à travers une lentille : tu risques de devenir aveugle.

Vocabulaire

▶ **Image** : l'image d'un objet par une lentille est la reproduction de l'objet à travers la lentille.

Guide de travail

1. Compare l'objet et son image nette sur l'écran (doc 1). Est-elle droite ou renversée ?

2. Est-il toujours possible d'obtenir une image nette sur l'écran (doc 2) ? Quelle est la distance minimale objet-lentille pour que cela soit le cas (doc 2) ? Compare cette distance à la distance focale de la lentille.

3. Quand on obtient une image nette sur l'écran, ce dernier est-il placé avant ou après le foyer de la lentille (doc 2) ?

4. Vérifie ta proposition (doc 1).

5. Comment obtenir une image nette sur un écran avec une lentille convergente ?

1. Les deux types de lentilles

Une lentille est un bloc transparent en verre ou en plastique possédant un axe de symétrie appelé **axe optique**. Il existe deux types de lentilles : les **lentilles divergentes** plus épaisses au bord qu'au centre, et les **lentilles convergentes** plus minces au bord qu'au centre **(doc 1)**.

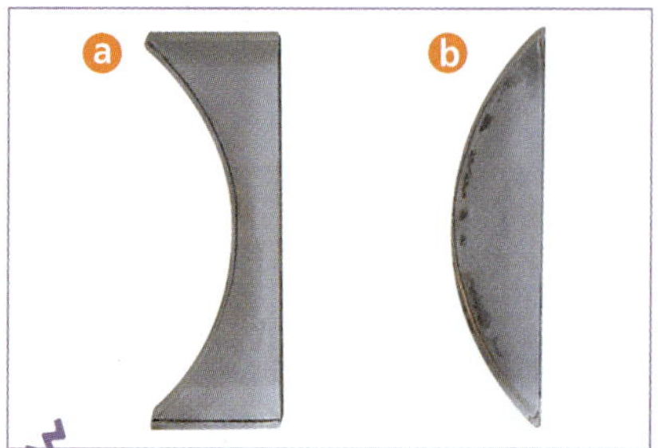

1 **Exemple.** Lentille divergente (a) et lentille convergente (b).

J'observe et j'interprète Activité 1

Une lentille modifie le trajet de la lumière. Après avoir traversé une lentille divergente, le faisceau de lumière issu d'une source lointaine s'élargit : l'énergie lumineuse est éparpillée **(doc 2a)**. En revanche, après avoir traversé une lentille **convergente**, le faisceau issu d'une source lointaine se rétrécit : l'énergie lumineuse est concentrée en un point appelé **foyer (doc 2b)**. La distance entre le foyer et le centre d'une lentille convergente est appelée **distance focale** (voir Fiche technique 11, p. 201).

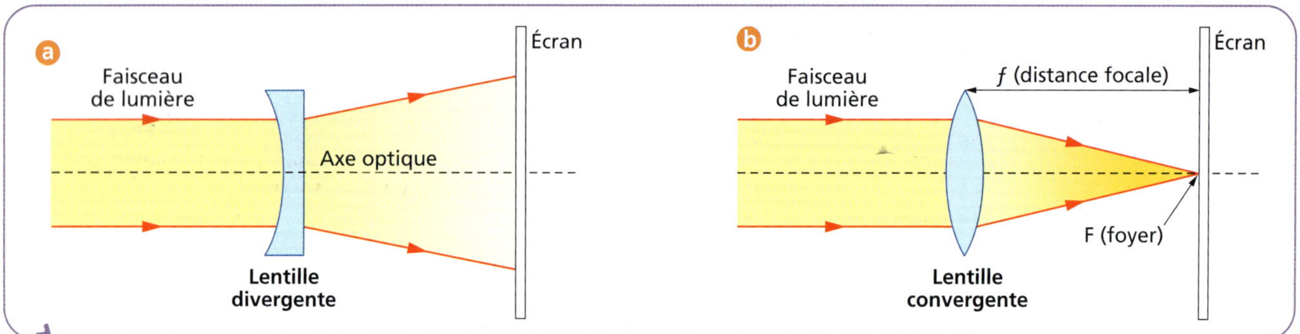

2 **Effet d'une lentille divergente (a) et convergente (b) sur un faisceau de lumière.**

Je conclus et je retiens

Pour t'entraîner ▶ **Exercices 7 et 8 p. 160**

- Il existe deux types de lentilles : les **lentilles divergentes** qui éparpillent l'énergie lumineuse, et les **lentilles convergentes** qui peuvent la concentrer.
- Une lentille **convergente** est caractérisée par sa **distance focale** notée *f* : c'est la distance entre le **foyer** et le centre de la lentille. Le foyer est le point où se concentre l'énergie lumineuse issue d'une source lointaine comme le Soleil.

Mots importants

- Lentille
- Divergente (lentille)
- Convergente (lentille)
- Foyer
- Distance focale

► Voir Mini Dico p. 202

Je retiens par l'image

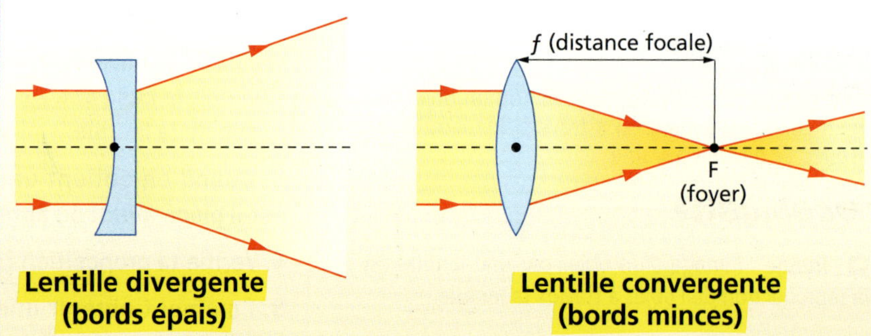

2. Formation d'une image par une lentille convergente

Un objet lumineux est constitué d'une multitude de points lumineux. Les rayons de lumière issus d'un de ces points convergent, après traversée de la lentille, en un point : le point image. L'image de l'objet lumineux est alors constituée d'une multitude de points image.
L'**image** d'un objet par une lentille est la reproduction de l'objet à travers la lentille **(doc 3)**.

3 **Exemple.** Ce projecteur forme l'image de la diapositive sur l'écran.

J'observe et j'interprète Activité 2

Une lentille convergente forme l'image d'un objet sur un écran à condition que la distance objet-lentille soit supérieure à la **distance focale** de la lentille. Il se forme alors une image nette et renversée observable sur un écran. Si l'objet est très éloigné, l'image se forme au foyer de la lentille, sinon elle se forme après le foyer **(doc 4)**.

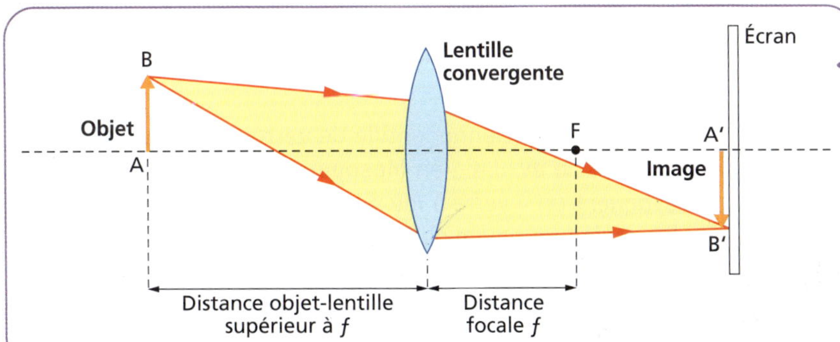

4 **Des rayons de lumière issus d'un point de l'objet traversent la lentille, sont déviés et convergent pour former l'image de ce point.**
La flèche AB symbolise l'objet.

Je conclus et je retiens

Pour t'entraîner ▶ **Exercices 16 et 18 p. 162**

Pour obtenir l'image nette d'un objet sur un écran avec une lentille convergente, il faut que la distance objet-lentille soit supérieure à la distance focale et que l'écran soit placé après le foyer.

Mots importants

- Image
- Objet
- Distance focale
- Foyer

► Voir Mini Dico p. 202

Je retiens par l'image

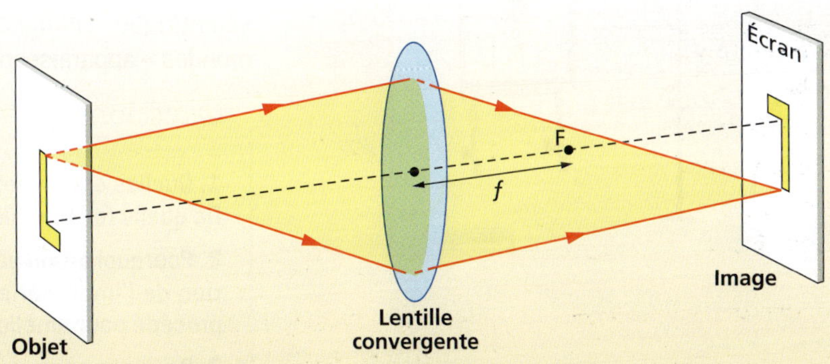

Documents

B2i

Voir net

Cette série d'animations détaille le trajet de la lumière à travers les lentilles convergentes et divergentes, ainsi que leurs applications à la correction de défauts de l'œil : la myopie et l'hypermétropie. Le tracé de ces rayons de lumière est assez technique et demande de l'application.

✓ Reproduis précisément le schéma de la construction de l'image d'une bougie sur un écran par une lentille convergente.

✓ Positionne l'écran au bon endroit pour que l'image soit nette.

✓ Comment apparaît l'image de la bougie sur l'écran ?

internet

- **Connecte-toi**

Choisis l'animation « mise au point » sur le site www.edumedia-sciences.com/m103_l1-lentilles-miroirs.html

- **Pour prendre ton temps**

Ne reste pas connecté pendant que tu fais ton dessin. Enregistre la page que tu veux consulter ou fais une copie d'écran que tu colleras dans un fichier.

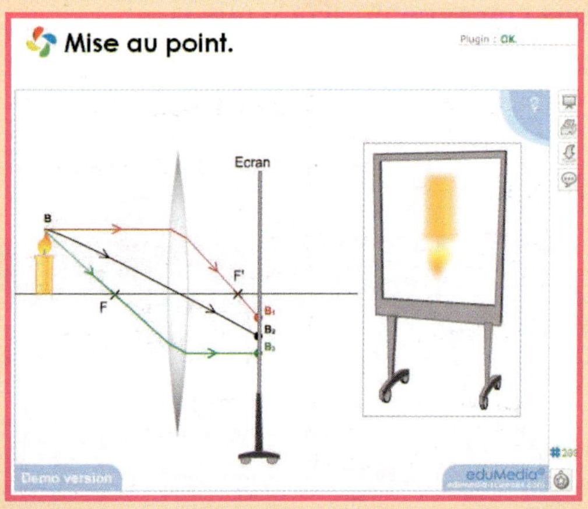

Il n'existe qu'une position de l'écran pour une image nette.

Histoire des sciences

L'invention de la lentille

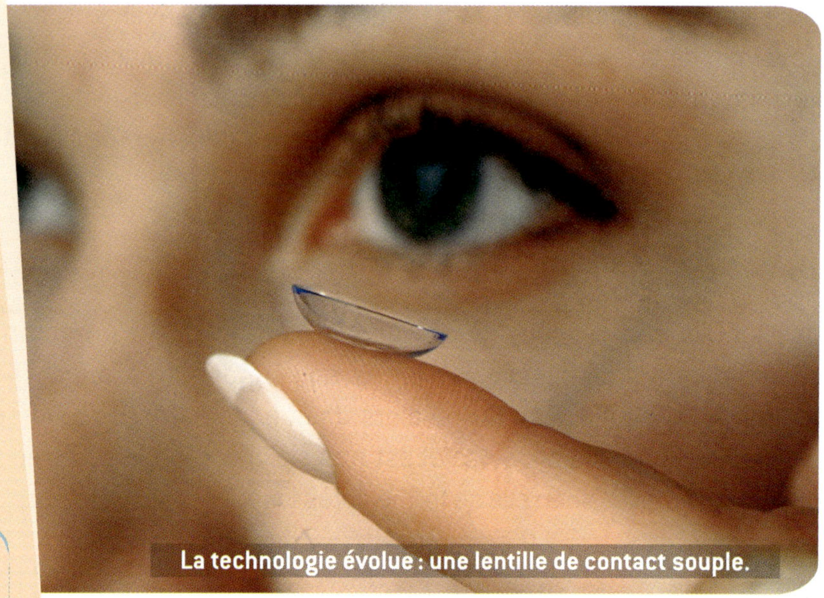

La technologie évolue : une lentille de contact souple.

La plus ancienne lentille de verre poli est datée du XIIe siècle av. J.-C., en Mésopotamie. Les premiers textes évoquent un « verre à feu » qui peut concentrer en un point l'énergie lumineuse du Soleil. À l'époque d'Archimède (287-212 av. J.-C.), les verres grossissants étaient courants. Plus tard, les écrits romains mentionnent des boules de verre remplies d'eau ou l'émeraude taillée de Néron. Mais jusqu'au Moyen Âge, les lentilles n'étaient que des objets amusants.

Avec l'invention de l'imprimerie, le nombre de lecteurs et donc de personnes qui avaient du mal à lire les textes alla croissant : la demande de loupes augmenta. Les techniques de fabrication s'améliorèrent. En 1609, Galilée perfectionna une lunette conçue en Hollande en associant plusieurs lentilles l'une derrière l'autre. Il l'utilisa pour observer les cratères de la Lune. En 1665, grâce à une nouvelle association de lentilles, Hooke inventa le microscope qui lui permit de découvrir des cellules végétales. L'observation scientifique changea alors d'échelle et de « nouveaux mondes » apparaissent.

Questions

1. Quelles étaient les premières utilisations des lentilles ? De quelle forme étaient-elles ?

2. Pourquoi a-t-on eu besoin de lentilles à partir de l'invention de l'imprimerie ? Comment Galilée et Hooke ont-ils procédé pour améliorer leurs appareils ?

3. De quels « nouveaux mondes » parle le texte ?

Que contient un appareil photo jetable ?

Capacité

✓ Distinguer une lentille convergente d'une lentille divergente

Qu'il soit avec ou sans flash, étanche, panoramique, l'appareil photo jetable contient toujours des lentilles. Ces appareils photos ne s'utilisent qu'une seule fois, vous faites vos photos puis votre photographe va ouvrir le boîtier de l'appareil pour en extraire la pellicule et développer les photos.

Ne fais JAMAIS cette expérience avec un appareil photo contenant un flash, tu risques de subir un choc électrique.

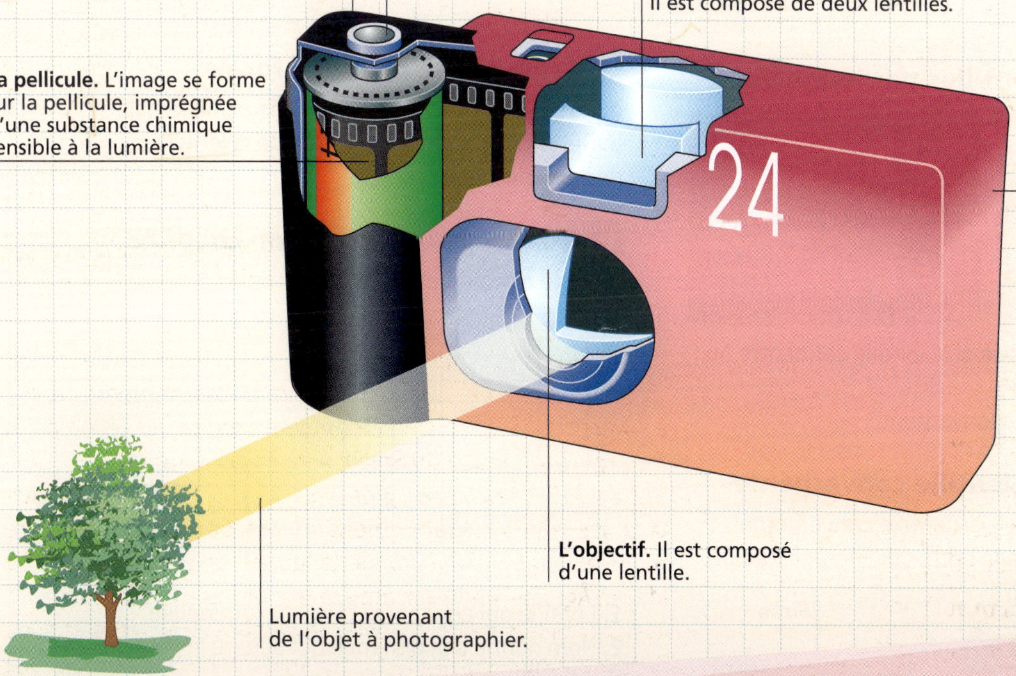

Protège la planète

Les boîtiers en plastiques sont généralement retournés au fabricant pour être équipés d'une nouvelle pellicule et servir à nouveau. Jetable non, recyclable, oui !

Mène ton enquête

Matériel

- ✓ Un appareil photo jetable sans flash, usagé, que tu auras récupéré chez ton photographe
- ✓ Un tournevis
- ✓ Une page de texte

Récupère les lentilles

1. Démonte l'appareil photo jetable à l'aide d'un tournevis.

2. Récupère les trois lentilles : la lentille de l'objectif et les deux lentilles du viseur.

Lentille convergente ou divergente ?

3. Observe les bords de chaque lentille.

4. Place chacune des lentilles sur un texte. Puis, éloigne-les du texte de quelques centimètres.

Comment apparaît le texte vu à travers chaque lentille ?

5. Conclus.

Coup de pouce

Type de lentille	Bords	Observation d'un objet proche
Convergente	Plus mince qu'au centre	L'image est agrandie
Divergente	Plus épais qu'au centre	L'image est réduite

Connais-tu le cours ?

1 Distinguer les lentilles par leur forme

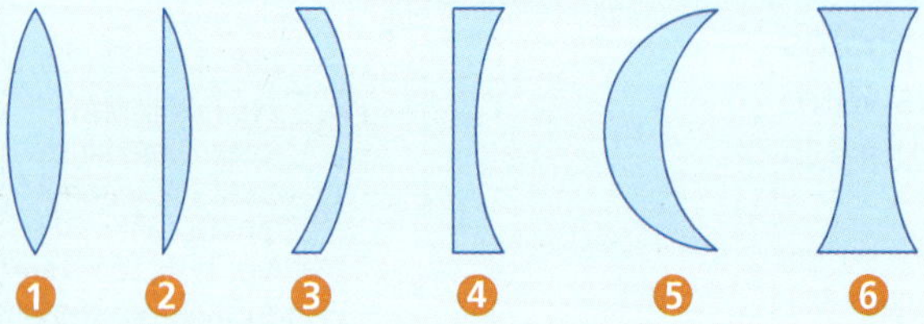

a. Quelles sont les lentilles dont les bords sont plus minces que le centre ?
b. Déduis-en celles qui sont convergentes et celles qui sont divergentes.

2 Distinguer les lentilles par leur effet

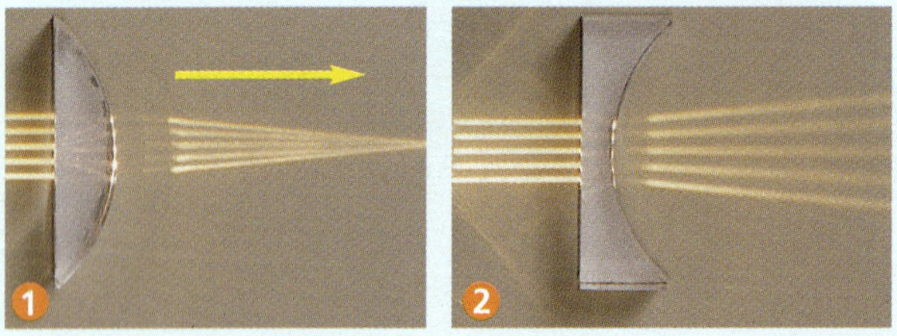

a. Dans chaque cas, précise si la lentille concentre ou éparpille la lumière.
b. Déduis-en celle qui est convergente.

3 Positionner une lentille convergente

Dans chaque cas, indique si la lentille convergente permet d'obtenir une image nette sur l'écran. Justifie.

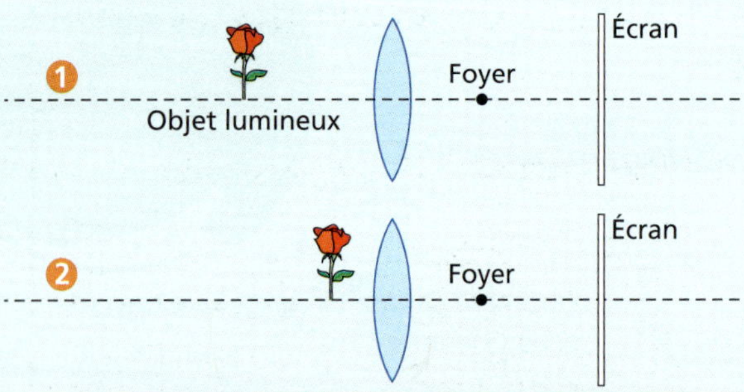

4 Trouver le foyer

a. Qu'est-ce que le foyer d'une lentille ?
b. Quel point du schéma correspond au foyer de la lentille convergente ?

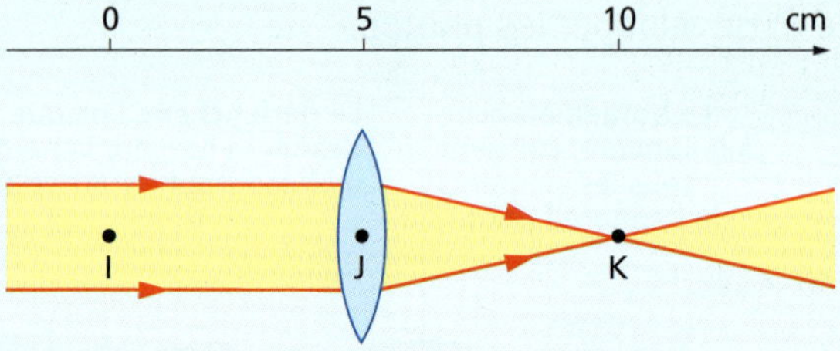

5 Estimer une distance focale

a. Qu'est-ce que la distance focale d'une lentille ?
b. Détermine la distance focale de la lentille convergente de l'exercice 4 ci-dessus.

6 Trouver les mots-clés du chapitre

Recopie et complète la grille.

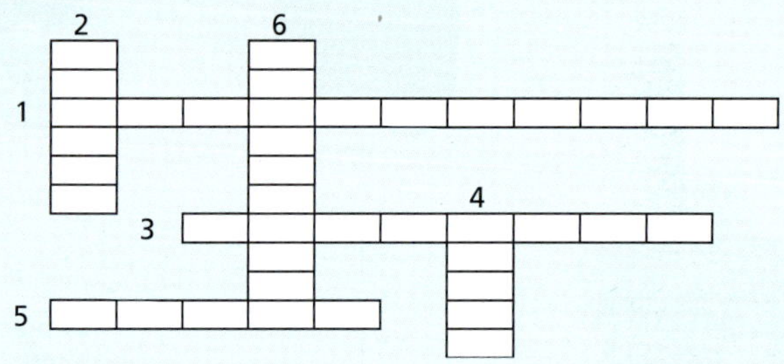

1. Lentille qui concentre l'énergie lumineuse.
2. Nom donné à la distance qui sépare le centre d'une lentille convergente et son foyer.
3. Bloc transparent qui modifie le trajet de la lumière.
4. Reproduction d'un objet à travers une lentille.
5. Point où se concentrent les rayons de lumière issus d'une source lointaine
6. Lentille qui éparpille l'énergie lumineuse.

As-tu compris le cours ?

Les deux types de lentilles

7 Distinguer les lentilles

a. Quelles sont les lentilles convergentes ? Justifie.
b. Comment appelle-t-on les autres lentilles ? Quel est leur effet sur l'énergie lumineuse ?

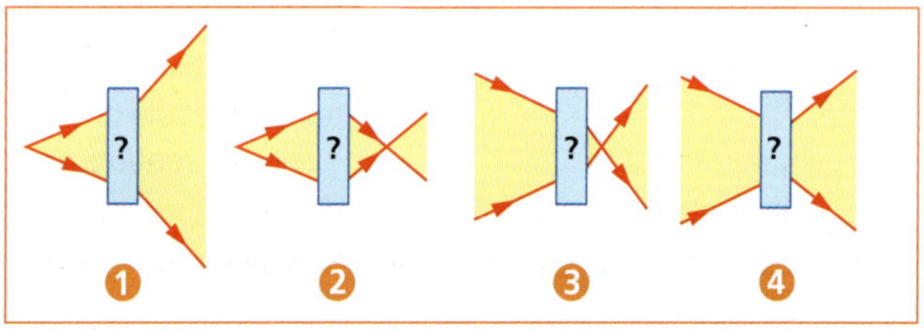

8 Observer une tache lumineuse

Nicolas observe la trace sur un écran du faisceau lumineux issu d'une lampe. Puis, il intercale une lentille entre la lampe et l'écran : la trace devient plus petite.

La lentille est-elle convergente ou divergente ? Justifie ta réponse.

9 Comparer deux lentilles

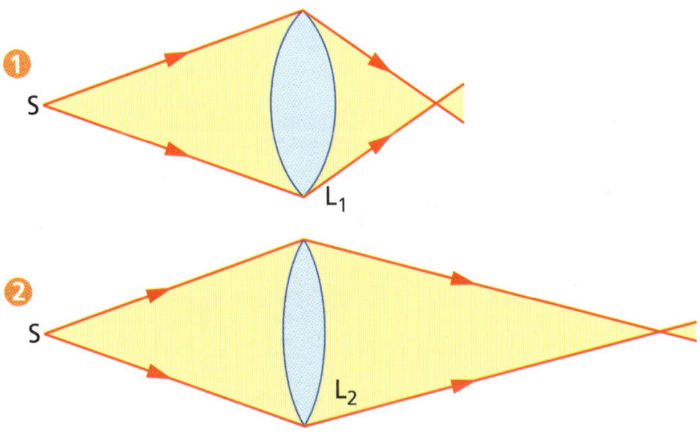

a. Ces deux lentilles sont convergentes : donne deux arguments qui le prouvent.
b. Quelle est la plus convergente ?

10 ★ Mesurer une température

Livia place la sonde d'un thermomètre derrière une lentille convergente éclairée par une lampe très éloignée.

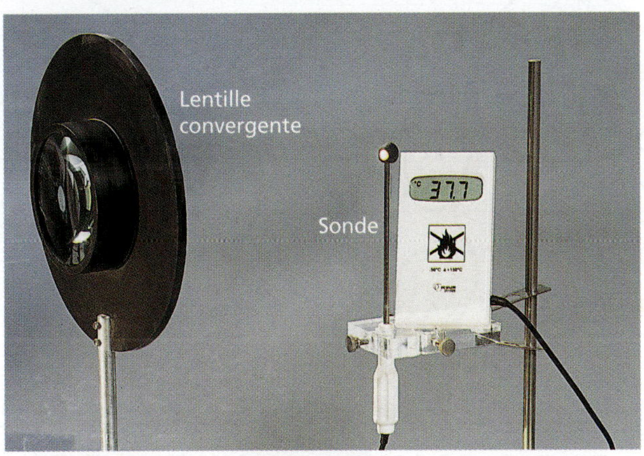

a. Explique pourquoi la température est aussi élevée.
b. À quelle distance de la lentille faut-il placer la sonde du thermomètre pour obtenir la température la plus élevée possible ?

11 Déterminer une distance focale

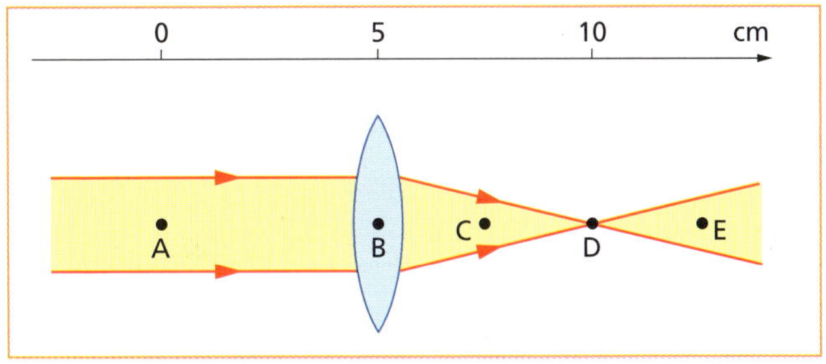

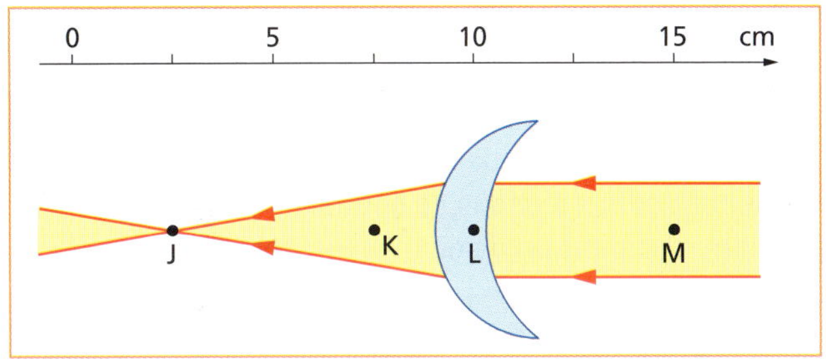

Pour chaque lentille convergente,
a. Indique le point qui correspond au foyer.
b. Détermine la distance focale.

12 Découvrir l'objectif de projecteur de diapositives

Un objectif de projecteur de diapositives est constitué de plusieurs lentilles.

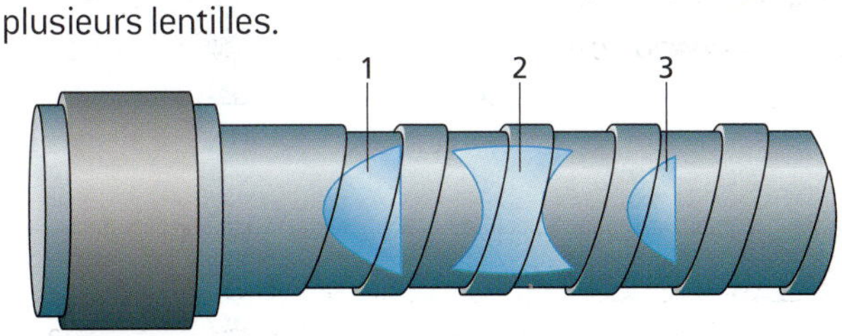

Précise le type de chacune des lentilles constituant l'objectif.

13 Utiliser une lentille pour grossir

Seule une lentille ayant des bords plus mince qu'au centre permet cette observation.
a. Quel est ce type de lentille ?
b. Quel nom donne-t-on à cette lentille utilisée de cette manière ?

14 Éviter les incendies Sécurité

Voici un extrait du journal de France 3 publié en 2004.

> Les premiers incendies de la saison viennent de toucher la région PACA, rappelant tristement le fléau de l'été dernier.
> En Provence et dans le Var, les acteurs de la lutte contre les incendies se préparent à une saison très « chaude ». Le 14 juin, ils se sont réunis pour s'y préparer. Mais la prévention suffira-t-elle à assurer la guérison d'un mal désormais chronique ?

Pour éviter les incendies, il faut donc informer le public des risques dus essentiellement aux mégots, aux barbecues et aux tessons de bouteille.

a. Recherche dans un dictionnaire la définition de tessons de bouteilles.

b. Explique pourquoi des tessons de bouteille peuvent causer des incendies.

Formation d'une image

15 Apprendre à rédiger un exercice

Énoncé

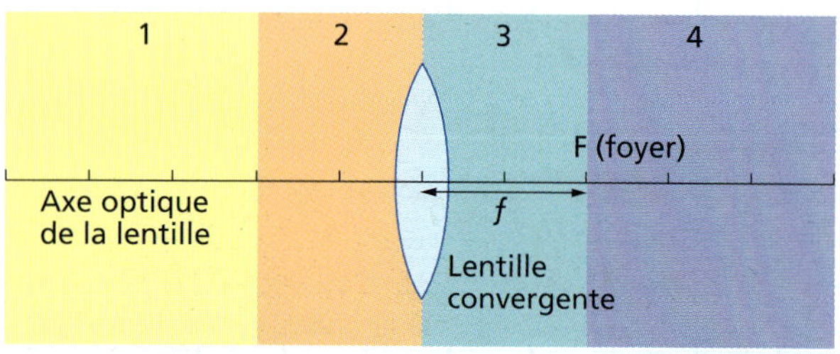

a. Dans quelle zone, à gauche de la lentille, doit-on placer un objet pour obtenir une image nette sur un écran ?

b. Dans quelle zone, à droite de la lentille, doit-on alors en rechercher l'image sur un écran ?

Rédaction de la solution

a. La distance objet-lentille doit être supérieure à la distance focale *f* de la lentille, donc l'objet doit être placé dans la zone 1.

b. L'image se forme alors après le foyer de la lentille, c'est-à-dire dans la zone 4.

▶ Pour t'entraîner : exercice 16

16 Positionner l'objet et l'écran

Edwin dispose d'une lentille convergente de distance focale 20 cm. Il souhaite obtenir une image nette d'un objet sur un écran.

a. À quelle distance de la lentille doit-il placer l'objet : 10 cm ou 40 cm ? Justifie.

b. À quelle distance de la lentille doit-il placer l'écran : 10 cm ou 40 cm ? Justifie.

17 Former une image

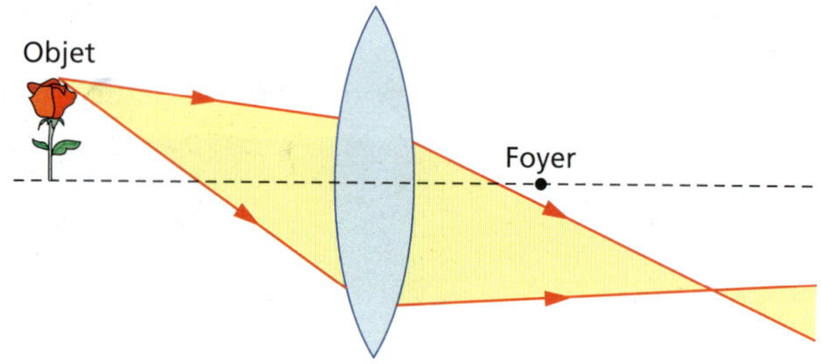

a. Cette lentille concentre-t-elle ou éparpille-t-elle l'énergie lumineuse ?

b. Recopie le schéma et dessine l'image formée par cette lentille.

c. Représente un écran par un trait vertical à l'endroit où se forme l'image.

18 Observer une image

Un objet lumineux est placé à 30 cm d'une lentille convergente de distance focale 15 cm. Lucile en observe l'image nette sur un écran translucide.

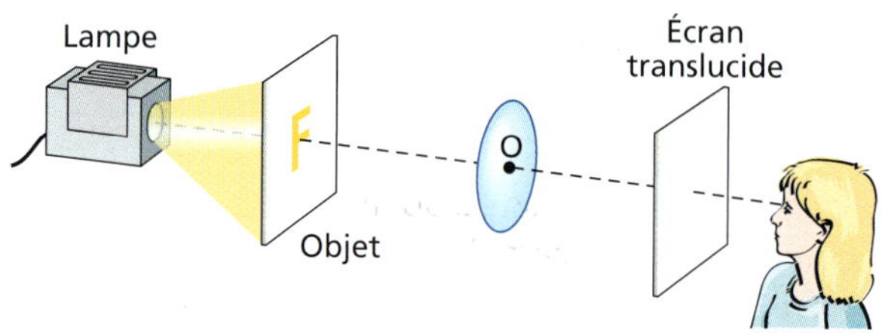

a. Reproduis l'écran et dessine l'image de l'objet lumineux constitué par la lettre F (à ne pas confondre avec le foyer).

b. La distance écran-lentille est-elle supérieure ou inférieure à 15 cm ? Justifie.

c. Lucile éloigne l'écran de 1 cm de la lentille. L'image observée est-elle toujours nette ?

19 Utiliser un projecteur de diapositives

Dans quel sens Sophie doit-elle placer la diapositive dans le chargeur du projecteur de diapositives ?

20 Soleil Sécurité

Thomas observe l'image du Soleil formée par une lentille sur une feuille.

a. Quel type de lentille Thomas utilise-t-il ? Justifie.
b. Que représente la distance entre la lentille et la feuille ?
c. Que risque-t-il d'arriver si Thomas fait durer cette expérience ?
d. Pourquoi ne faut-il jamais observer le Soleil directement à travers une lentille ?

21 ★ Photographier

Samuel photographie une statue très éloignée. L'objectif de son appareil photographique est assimilable à une lentille de distance focale de 50 mm.
a. Quel est le type de cette lentille ?
b. L'image de la statue formée sur la pellicule est-elle droite ou renversée ?
c. L'image nette peut-elle être obtenue à une distance de la lentille inférieure à 50 mm ?
d. Quelle est la distance entre la pellicule et l'objectif lorsque Samuel prend cette photo ? Justifie.

22 Vérifier une information B2i

Voici le travail d'un élève :

J'ai trouvé sur Internet que l'objectif d'un appareil photo standard a une distance focale de 24 centimètres. Pour obtenir une image plus grande il faut un objectif de distance focale plus petite.

a. Vérifie sur Internet la validité des informations, corrige-les si besoin.
b. Donne l'adresse complète du site que tu as visité.
c. Produis un document expliquant le rôle de l'objectif dans un appareil photo.
d. Imprime ce document.
e. Recherche la définition d'un objectif photographique dans un dictionnaire. Compare-la avec celle trouvée sur le site.

23 Réaliser une expérience à la maison

- Plaque ton œil sur une loupe.
- Regarde un texte éloigné à travers la loupe.
- Rapproche-toi progressivement du texte.
- Qu'observes-tu ?
- Évalue la distance entre la loupe et le texte pour laquelle le texte devient net. Elle correspond à la distance focale de la loupe utilisée.

24 Exercice de synthèse

Vérifie tes réponses p. 206

Voici un problème qui résume tout ce que tu dois savoir.
Si tu n'arrives pas à répondre à certaines questions, revois ton cours p. 156.

Mme Cinéma se demande comment un projecteur de diapositives permet d'obtenir une image sur un écran à partir d'une diapositive. Aide-la en répondant aux questions suivantes.

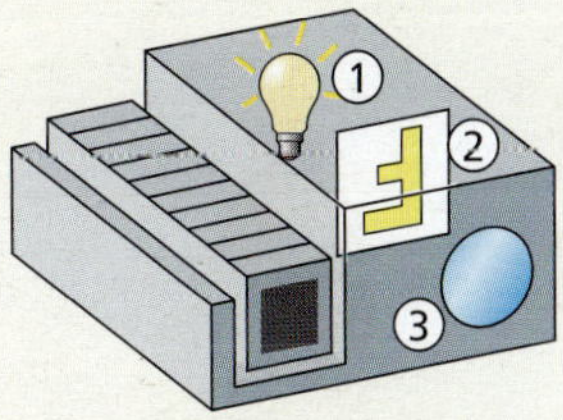

① Lampe ② Diapositive
③ Objectif

1. Explique pourquoi l'objectif doit jouer le même rôle qu'une lentille convergente.

2. Quel autre type de lentille connais-tu ? Éparpillent-elles ou concentrent-elles l'énergie lumineuse ?

3. Si l'objectif a une distance focale de 90 mm, à quelle distance se trouve le foyer du centre de l'objectif ?

4. La diapositive doit-elle être placée à plus ou moins de 90 mm du centre de l'objectif ? Justifie ta réponse.

5. Mme Cinéma a-t-elle raison de placer les diapositives à l'envers dans le chargeur du projecteur ? Justifie ta réponse.

Chapitre 13

L'œil et la vision

Objectifs

- Retenir que l'œil est assimilable à une lentille placée devant un écran
- Retenir que la vision résulte de la formation d'une image sur la rétine
- Retenir les façons de corriger les défauts de l'œil

Situation 1

Quand tu vois un objet, de la lumière issue de l'objet entre dans ton œil.

À ton avis, comment l'œil permet-il la vision ?

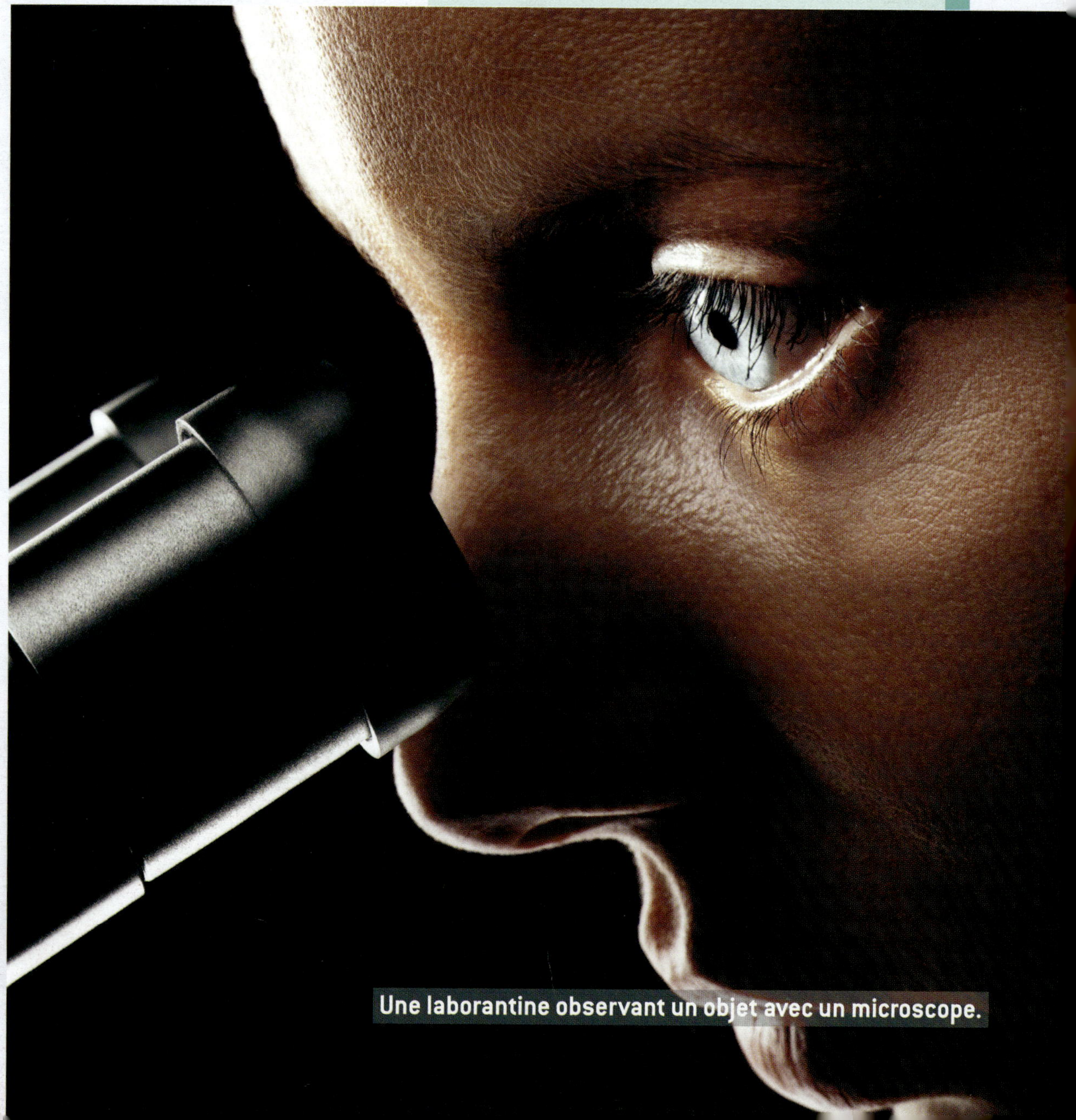

Une laborantine observant un objet avec un microscope.

Jeune fille ayant besoin de lunettes pour lire son magazine.

Situation 2

Pour corriger la vue, on porte des lunettes ou des lentilles de contact.

Selon toi, quel rôle jouent ces instruments de correction de la vue ?

J'expérimente pour répondre

Activité 1

Comment l'œil permet-il la vision ?

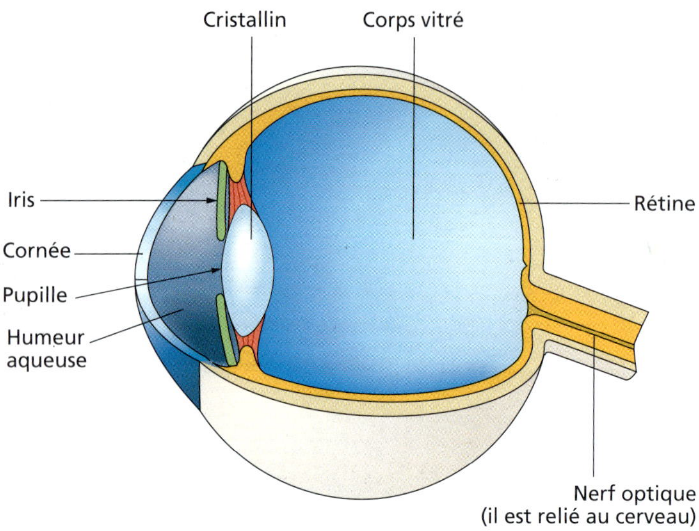

1 Coupe de l'œil. Un objet que l'on regarde envoie des rayons de lumière dans l'œil où ils sont déviés. L'association de la cornée, de l'humeur aqueuse, du cristallin et du corps vitré est comparable à une lentille convergente. Une image se forme sur la rétine. La rétine envoie alors des informations au cerveau par l'intermédiaire du nerf optique : nous voyons l'objet.

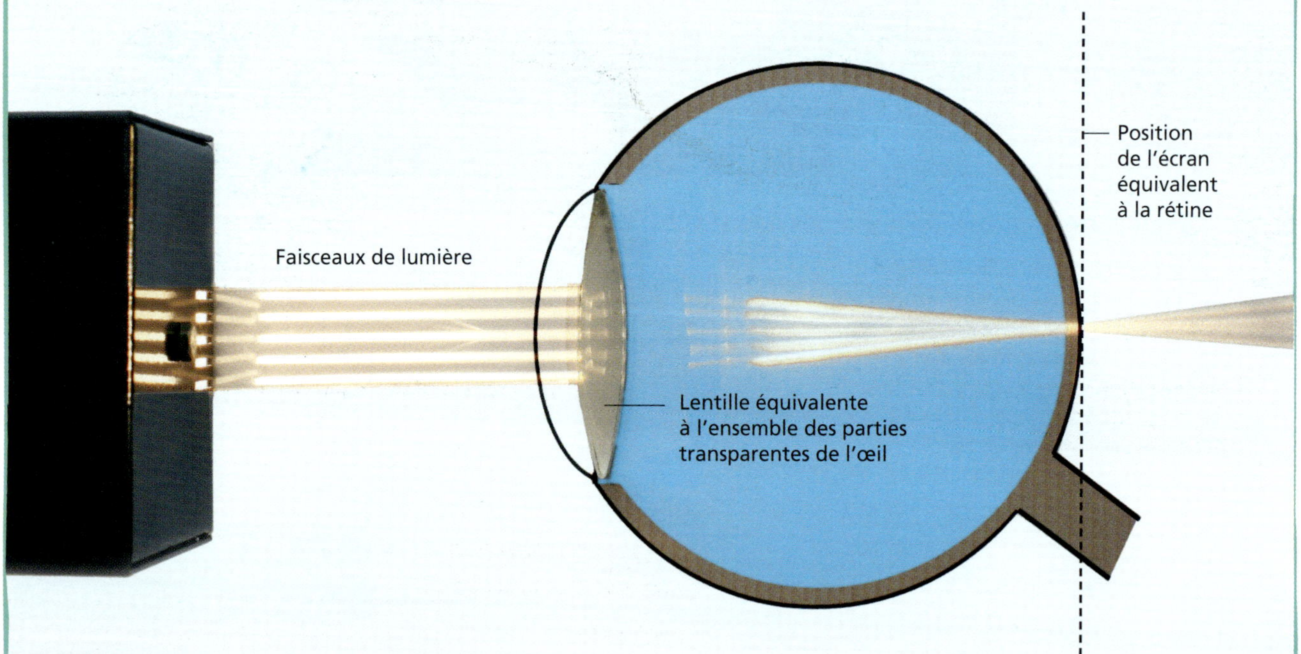

2 Modélisation de l'œil par une lentille et un écran. La maquette de l'œil est éclairée avec des faisceaux de lumière parallèle.

Guide de travail

1. L'œil est-il comparable à une lentille convergente placée devant un écran, ou à une lentille divergente placée devant un écran (doc 1 et 2) ? Justifie

2. Quelle partie de l'œil joue le rôle d'écran ?

3. L'image formée sur cet écran est-elle renversée ou droite ?

4. Comment l'œil permet-il la vision ?

Activité 2

Comment corriger des défauts de l'œil ?

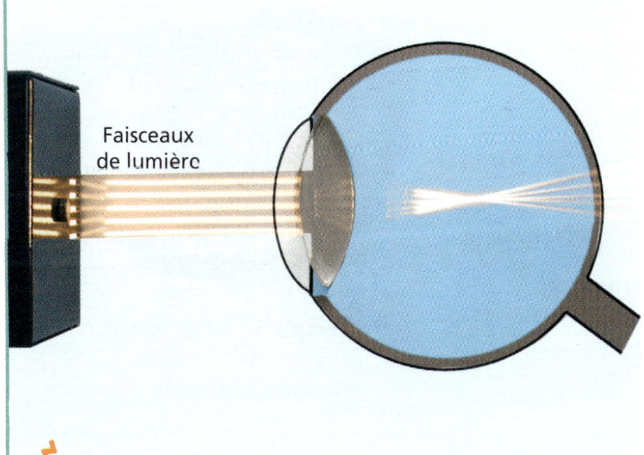

1 Modélisation de l'œil myope. La maquette de l'œil myope est éclairée avec des faisceaux de lumière parallèles.

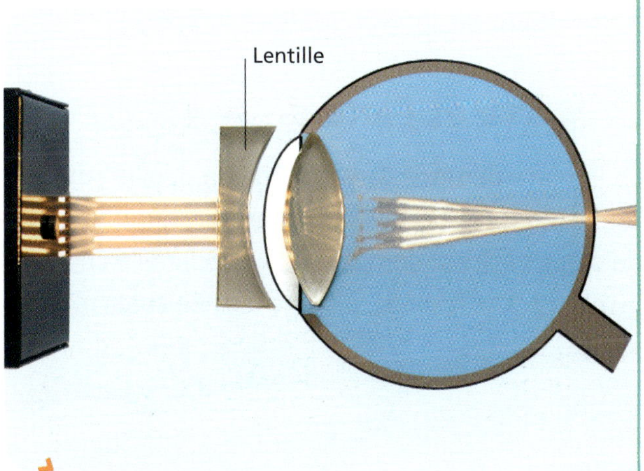

2 Correction de l'œil myope par une lentille.

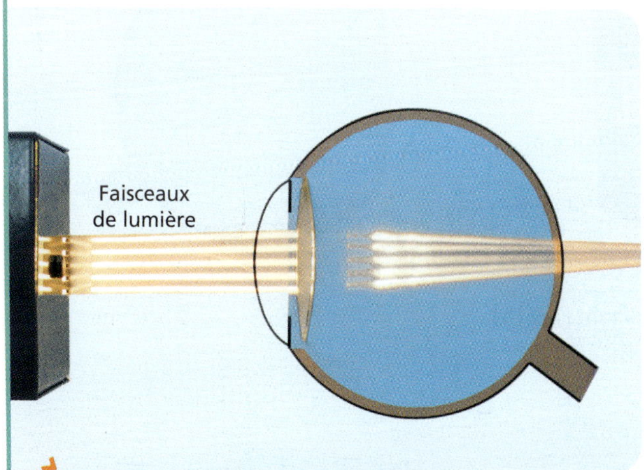

3 Modélisation de l'œil hypermétrope. La maquette de l'œil hypermétrope est éclairé avec des faisceaux de lumière parallèles.

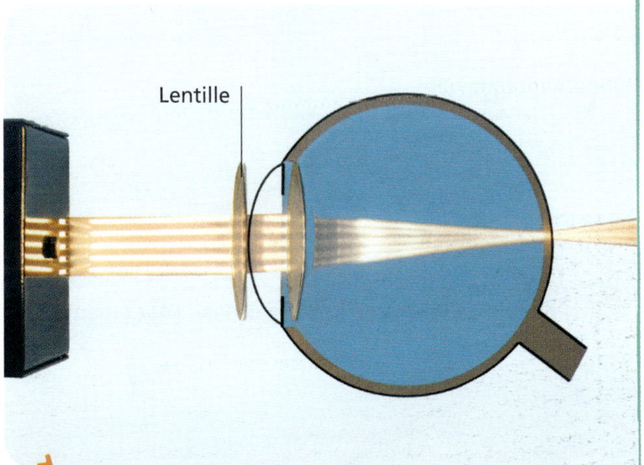

4 Correction de l'œil hypermétrope par une lentille.

Vocabulaire

- **Hypermétrope** : défaut de l'œil. Une personne hypermétrope voit trouble les objets proches.
- **Myope** : défaut de l'œil. Une personne myope voit trouble les objets lointains.

Guide de travail

La myopie

1. La lumière converge-t-elle devant ou derrière la rétine (doc 1) ? L'œil myope est-il trop ou pas assez convergent ?

2. Quel type de lentille permet de corriger la myopie (doc 2) ?

L'hypermétropie

3. La lumière converge-t-elle devant ou derrière la rétine (doc 3) ? L'œil hypermétrope est-il trop ou pas assez convergent ?

4. Quel type de lentille permet de corriger l'hypermétropie (doc 4) ?

1. L'œil et la vision

L'œil est l'organe sensoriel qui permet la vision. Il envoie des informations au cerveau qui les interprète.

J'observe et j'interprète Activité 1

La lumière pénètre dans l'œil par la pupille (doc 1) et converge sur la rétine. L'association de la cornée, de l'humeur aqueuse, du cristallin et du corps vitré est comparable à une lentille convergente. La rétine joue le rôle d'écran (doc 2). L'image formée sur la rétine est renversée.

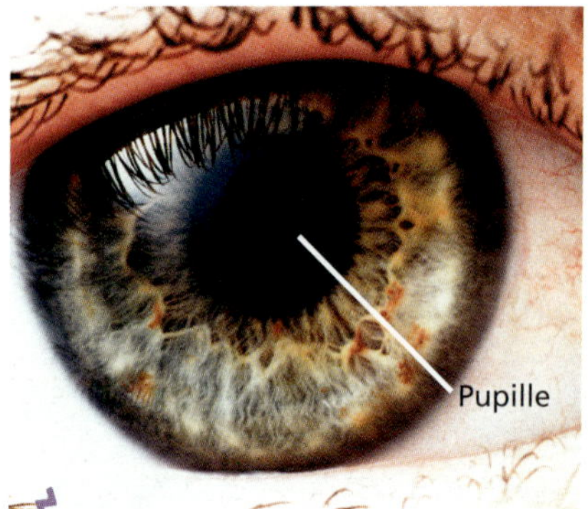

1 **Exemple.** La lumière entre dans l'œil par la pupille et arrive sur la rétine.

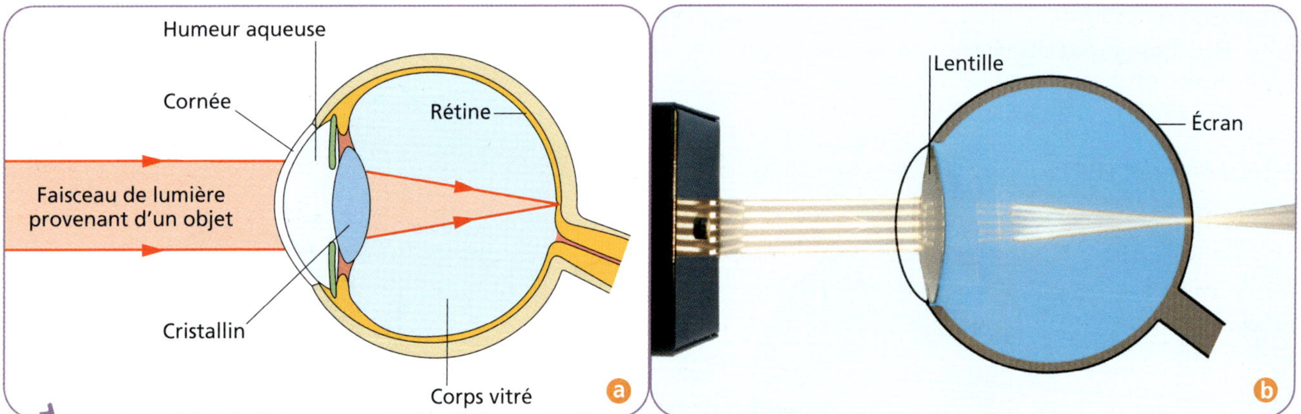

2 **Principe de la vision : schéma de l'œil (a) et maquette modélisant l'œil (b).**

Je conclus et je retiens

Pour t'entraîner ▶ **Exercices 10 et 11 p. 173**

- **L'œil est comparable à une lentille convergente placée devant un écran.**
- **La vision résulte de la formation d'une image sur la rétine jouant le rôle d'écran.**

Mots importants

- Œil
- Lentille convergente
- Rétine

► Voir Mini Dico p. 202

Je retiens par l'image

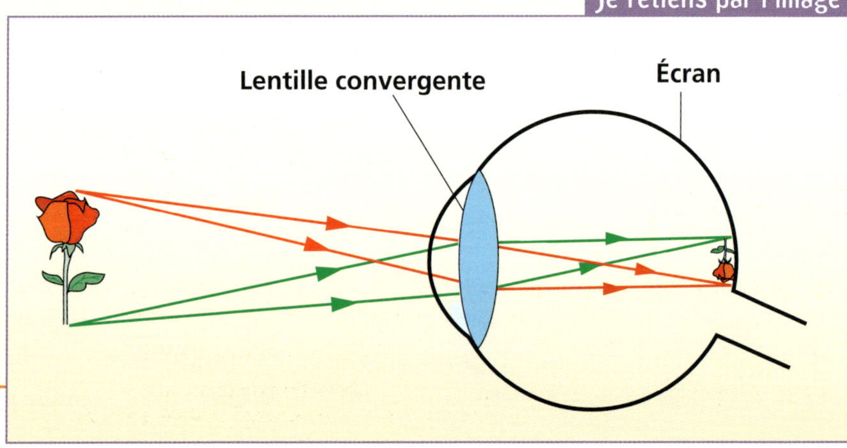

2. Corriger certains défauts de l'œil

L'**hypermétropie** et la **myopie** sont deux défauts fréquents de l'œil. Un hypermétrope voit trouble les objets proches, tandis qu'un myope voit trouble les objets éloignés.

J'observe et j'interprète Activité 2

- **Correction de l'œil myope.** L'œil myope est trop convergent. Une lentille divergente placée devant l'œil corrige la myopie : grâce à elle, la lumière est concentrée sur la rétine (doc 3).

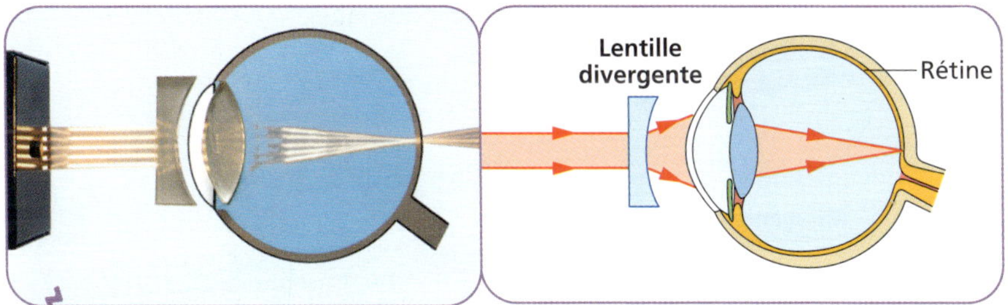

3 Correction de la myopie grâce à une lentille divergente.

- **Correction de l'œil hypermétrope.** L'œil hypermétrope n'est pas assez convergent. Une lentille convergente placée devant l'œil corrige l'hypermétropie : grâce à elle, la lumière est concentrée sur la rétine (doc 5).

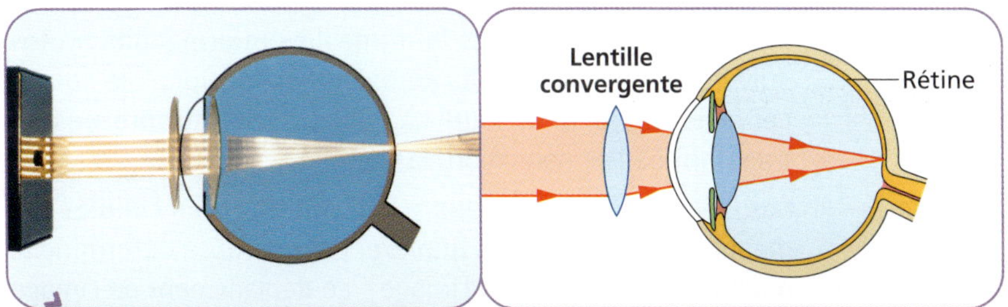

5 Correction de l'hypermétropie grâce à une lentille convergente.

4 **Exemple.** Vision de l'œil myope (a) et de l'œil myope corrigé (b).

Je conclus et je retiens

Pour t'entraîner ▶ Exercices 16 et 18 p. 174

- La **myopie** est corrigée grâce à une lentille divergente placée devant l'œil trop convergent.
- **L'hypermétropie** est corrigée grâce à une lentille convergente placée devant l'œil pas assez convergent.

Mots importants

- Myopie
- Hypermétropie

► Voir Mini Dico p. 202

Je retiens par l'image

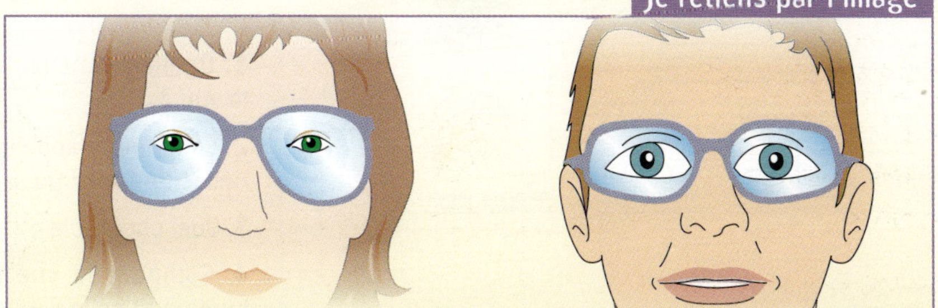

Correction de la **myopie** : lunettes avec lentilles **divergentes**

Correction de l'**hypermétropie** : lunettes avec lentilles **convergentes**

Documents

B2i

La vue des animaux

Les animaux ne visualisent pas le monde comme nous. Leur œil s'est spécialisé pour mieux survivre : les deux yeux d'un lion, côte à côte, peuvent fixer la proie. Celle-ci surveille toutes les directions grâce à ses yeux de chaque côté de la tête. Certains insectes, comme le moustique, voient les infrarouges, une lumière qui nous est invisible et qui leur permet de nous trouver pour nous piquer, même la nuit. À l'inverse, dans l'obscurité des fonds marins ou des grottes, les yeux sont inutiles et les animaux sont souvent aveugles.

✓ Donne les avantages et les inconvénients de l'œil du chat. À l'aide d'un schéma, montre comment un cheval sauvage se protège de l'attaque des éventuels prédateurs.

internet

- **Pour trouver tes réponses**

Rendez-vous à l'adresse suivante : http://ophtasurf.free.fr/animauxvue.htm

- **Surprenant**

Une fois ton travail fini, teste tes yeux et ton cerveau avec les illusions d'optique proposées sur ce site, tu seras surpris par tes erreurs.

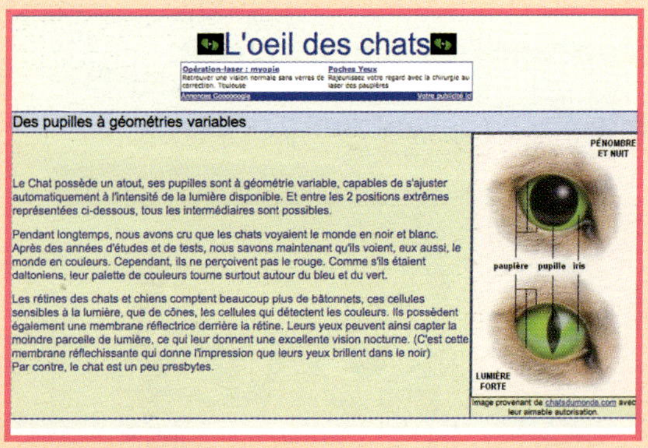

L'oeil des chats

Opération-laser : myopie
Retrouver une vision normale sans verres de correction. Toulouse

Poches Yeux
Rajeunissez votre regard avec la chirurgie au laser des paupières

Annonces Goooooogle — Votre publicité ici

Des pupilles à géométries variables

Le Chat possède un atout, ses pupilles sont à géométrie variable, capables de s'ajuster automatiquement à l'intensité de la lumière disponible. Et entre les 2 positions extrêmes représentées ci-dessous, tous les intermédiaires sont possibles.

Pendant longtemps, nous avons cru que les chats voyaient le monde en noir et blanc. Après des années d'études et de tests, nous savons maintenant qu'ils voient, eux aussi, le monde en couleurs. Cependant, ils ne perçoivent pas le rouge. Comme s'ils étaient daltoniens, leur palette de couleurs tourne surtout autour du bleu et du vert.

Les rétines des chats et chiens comptent beaucoup plus de bâtonnets, ces cellules sensibles à la lumière, que de cônes, les cellules qui détectent les couleurs. Ils possèdent également une membrane réflectrice derrière la rétine. Leurs yeux peuvent ainsi capter la moindre parcelle de lumière, ce qui leur donnent une excellente vision nocturne. (C'est cette membrane réflechissante qui donne l'impression que leurs yeux brillent dans le noir)
Par contre, le chat est un peu presbytes.

Image provenant de chatsdumonde.com avec leur aimable autorisation.

L'œil du chat, pourtant très sensible, ne voit pas le rouge.

SVT

L'œil : un capteur sensoriel

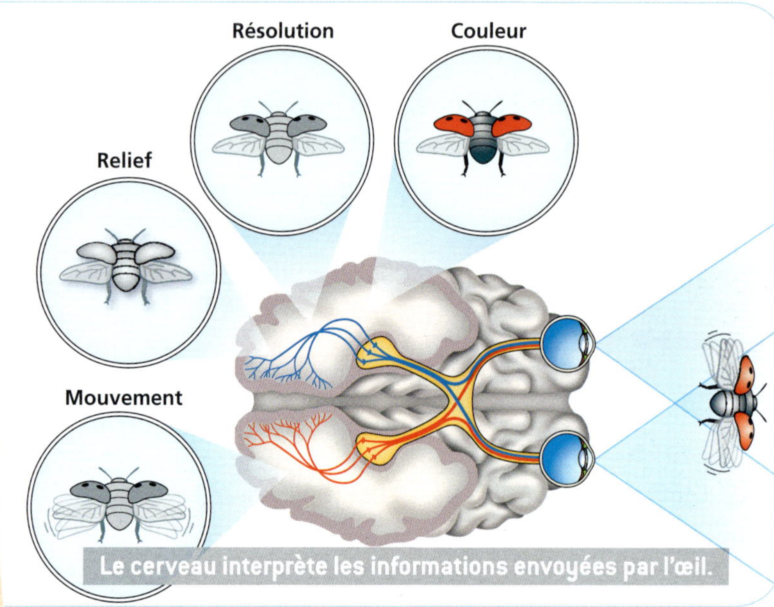

Le cerveau interprète les informations envoyées par l'œil.

À l'aide de l'iris et du cristallin, l'œil capte la lumière envoyée par le monde autour de nous et en forme une image nette au niveau de la rétine. Les informations brutes suivent les nerfs optiques jusqu'au lobe occipital, le lieu du cerveau dédié à la vue. Là, elles sont interprétées et transformées en sensation : la vue.

Sur la rétine, on trouve les « bâtonnets », des cellules qui mesurent la quantité de lumière. Leur nombre détermine la résolution (la finesse de l'image). Le déplacement de l'image sur ces bâtonnets donne la perception du mouvement. Trois types de « cônes », autres cellules de la rétine, captent les lumières rouge, verte et bleue. À partir de ces couleurs primaires, le cerveau recrée toutes les teintes. Autre interprétation, la sensation de relief : à partir de la perception légèrement décalée des deux yeux, notre monde nous apparaît en 3D.

Questions

1. Quelles sont les quatre informations apportées par la vue ?

2. Comment s'appellent les deux types de cellules sensorielles de l'œil ? Où sont-elles situées ?

3. Quel est le rôle du cerveau ?

4. Compare la vue (sensations et organes) d'un être humain et celle d'un ordinateur muni d'une webcam (aide-toi des résultats de la page ci-contre).

Comment fonctionne une webcam ?

Capacités
- Décrire un modèle simple de l'œil
- Comprendre le mécanisme de la vision

La webcam, caméra numérique de la taille d'une balle de golf, est considérée comme l'œil de l'ordinateur. Grâce à une lentille et un capteur photosensible (un capteur CCD), elle envoie un signal électrique vers l'ordinateur. Comparons son fonctionnement à celui de l'œil humain.

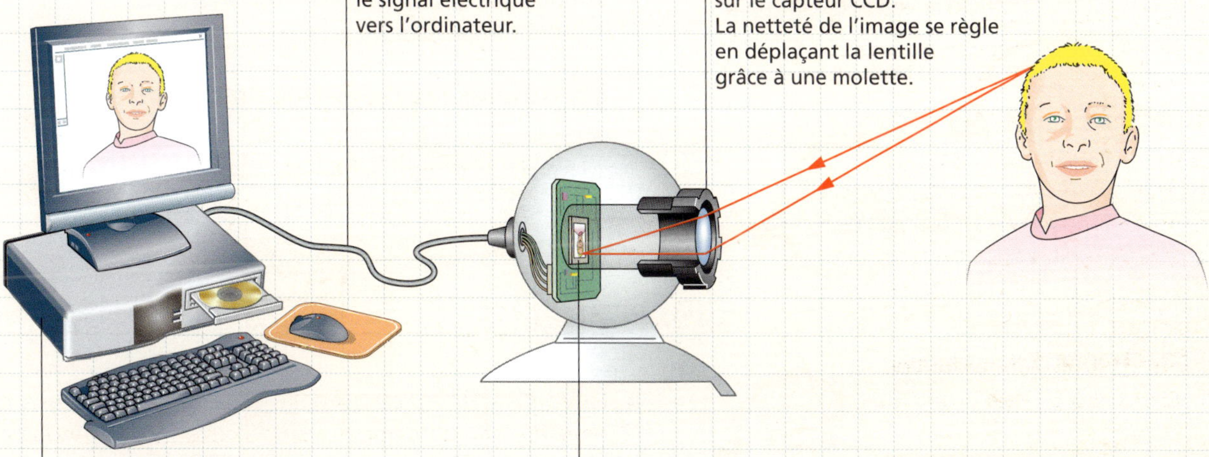

Un peu d'histoire

C'est en 1993 qu'est née la webcam. Elle diffusait l'image d'une cafetière installée à l'université de Cambridge en Angleterre.

Mène ton enquête

Matériel
- Une webcam

Fonctionnement de la webcam

1. Dévisse l'objectif de la webcam et détermine le type de la lentille.

2. L'image reçue par le capteur CCD est-elle droite ou renversée ?

3. Explique le principe de fonctionnement optique de la webcam.

Analogie avec l'œil

4. Associe les mots cristallin, rétine, nerf optique et cerveau aux éléments de la webcam.

5. Comment réalise-t-on la mise au point de la webcam ?

Coup de pouce

Une lentille convergente donne une image renversée sur un écran.

Connais-tu le cours ?

1 Modéliser l'œil

Recopie et complète les phrases avec les mots suivants : une lentille convergente, un écran, la rétine.

a. L'œil est comparable à …….. placée devant …….. .

b. Un faisceau de lumière parallèle arrivant dans l'œil converge sur …….. .

c. La rétine joue le rôle d' …….. .

2 Comprendre la vision

a. Cite le cas où la vision est correcte.

b. Où se forme l'image quand la vision est correcte ?

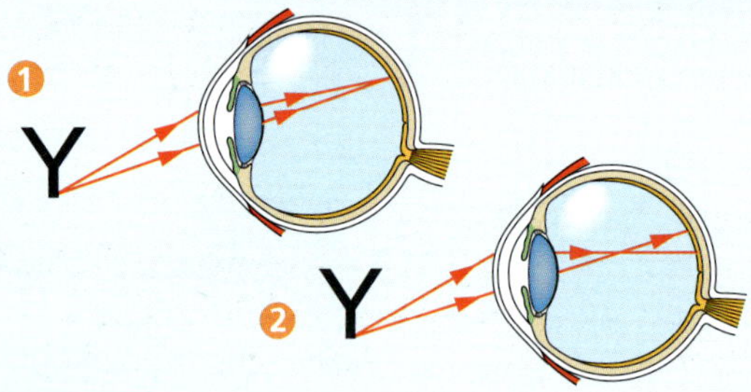

3 Corriger la myopie

Observe le schéma d'un œil myope.

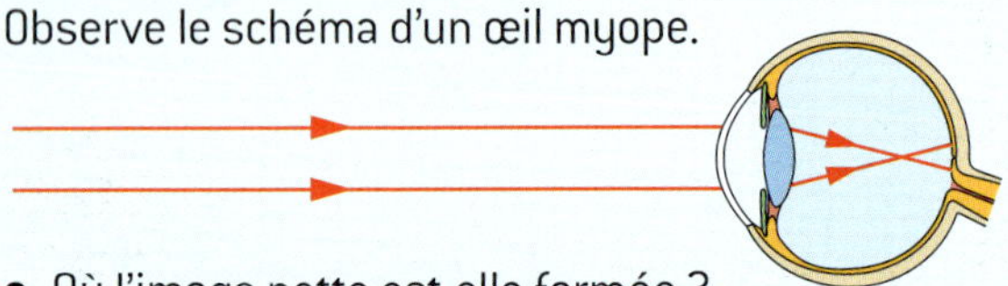

a. Où l'image nette est-elle formée ?

b. L'œil myope est-il trop ou pas assez convergent ?

c. Quel type de lentille place-t-on devant l'œil myope pour le corriger ?

4 Corriger l'hypermétropie

Observe le schéma d'un œil hypermétrope.

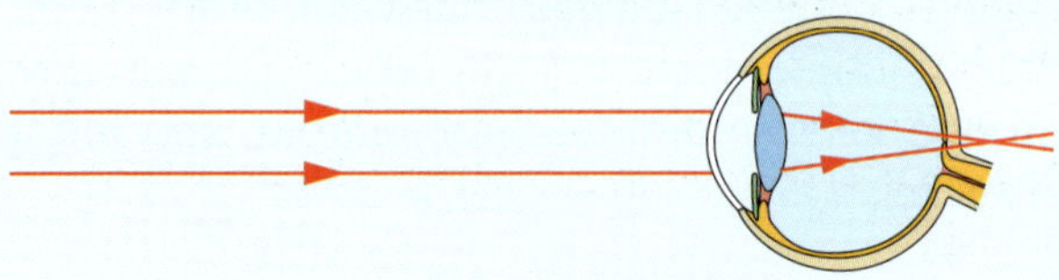

a. Où l'image nette est-elle formée ?

b. L'œil hypermétrope est-il trop ou pas assez convergent ?

c. Quel type de lentille place-t-on devant l'œil hypermétrope pour le corriger ?

5 Trouver les mots-clés du chapitre

Recopie et complète la grille : tu trouveras le mot caché.

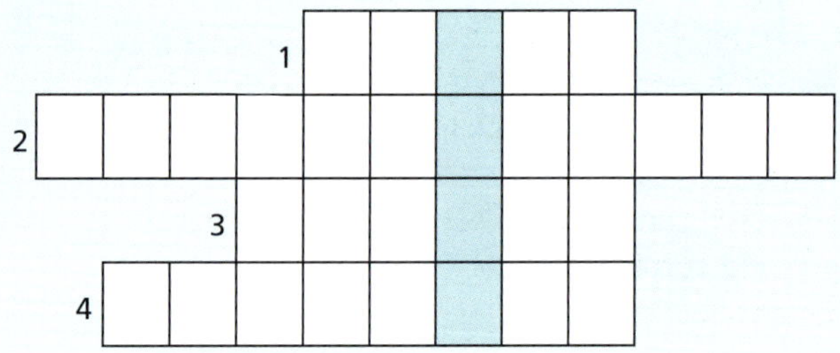

1. Œil trop convergent.

2. Œil pas assez convergent.

3. Fond de l'œil jouant le rôle d'écran.

4. Convergente, elle sert de modèle pour l'œil.

As-tu compris le cours ?

L'œil et la vision

6 Découvrir la constitution de l'œil

Observe la coupe du globe oculaire humain.

a. Quels milieux de l'œil sont successivement traversés par la lumière ?

b. Quelle partie de l'œil arrête la lumière ?

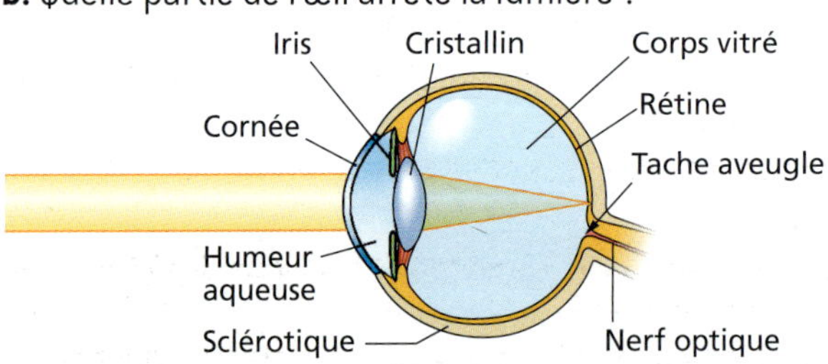

7 Énergie et pupille Thème de convergence

Le diamètre de la pupille d'un œil change en fonction de la quantité d'énergie lumineuse reçue. La pupille peut ainsi être dilatée (1) ou rétrécie (2).

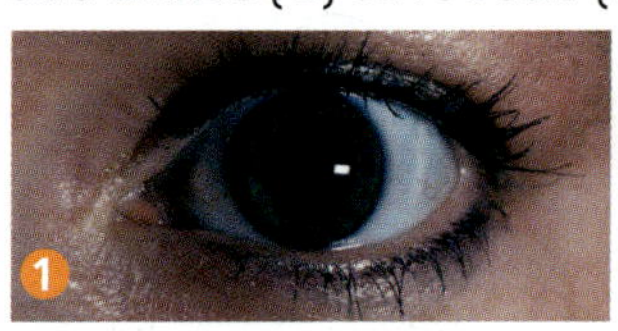

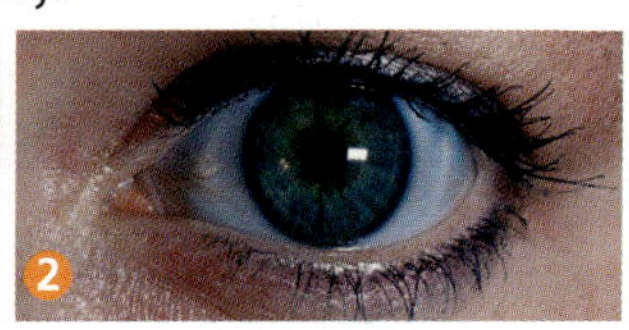

a. Par où la lumière pénètre-t-elle dans l'œil ?

b. Comment varie l'énergie lumineuse entrant dans l'œil si la pupille se dilate ?

c. À quel cas (1 ou 2) correspond un œil qui se trouve dans l'obscurité ?

8 L'œil, organe sensoriel SVT

La lumière émise par les objets entre dans l'œil par la pupille et frappe la rétine : une image se forme sur celle-ci. La rétine est tapissée de cellules sensibles à la lumière, exceptée sur une surface dite « tache aveugle ». Chaque cellule éclairée transforme l'information lumineuse en une information électrique transmise au cerveau par l'intermédiaire du nerf optique. Le cerveau interprète ces informations, nous donnant alors une perception des objets tels que nous les voyons.

a. Par où la lumière pénètre-elle dans l'œil ?
b. Quelle partie de l'œil est sensible à la lumière ? Pourquoi ?
c. Le cerveau est-il informé si de la lumière arrive sur la tache aveugle ?

Coup de pouce : schéma de l'œil de l'exercice 6 p. 172

9 Expérimenter

Réalise l'illusion d'optique suivante.

Penche-toi à 50 cm environ à la verticale du dessin ci-dessus. Masque ton œil gauche et concentre ton regard sur la croix avec l'œil droit. Tout en fixant la croix, rapproche-toi du dessin. Observe la disparition du triangle à une distance donnée.
À l'aide du schéma de l'œil ci-dessous, explique pourquoi le triangle rouge n'est plus vu à une distance donnée.

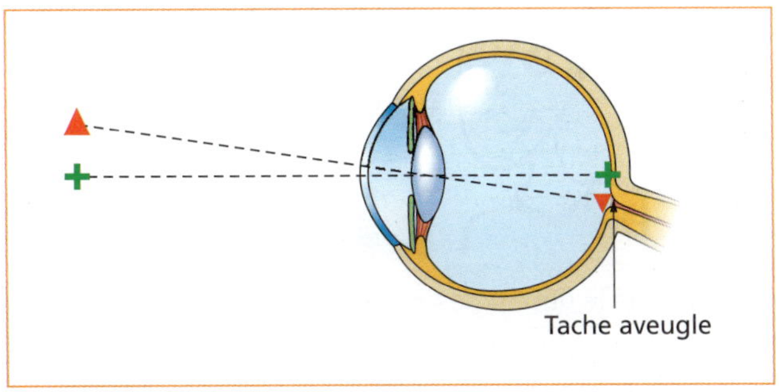

Coup de pouce : voir l'exercice 8

10 Former une image

Maxime se tient debout face à un arbre. À quel cas (1 ou 2) correspond l'image qui se forme sur sa rétine ?

11 Utiliser une maquette de l'œil

Cette maquette est un modèle de l'œil.

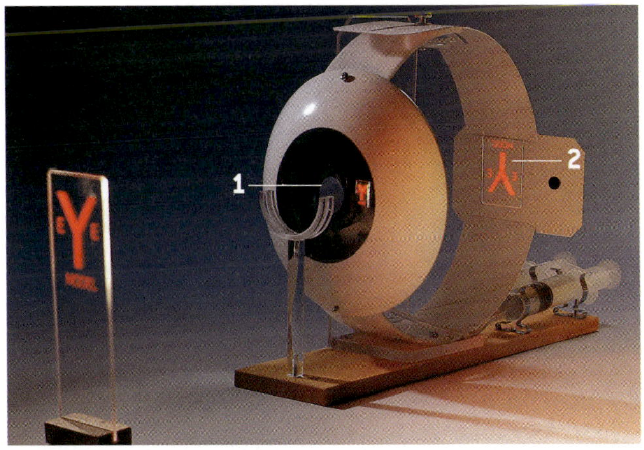

a. Quelle partie de la maquette modélise la rétine ?
b. Quel rôle joue la rétine ?
c. Comment est l'image formée par cette maquette ?
d. Déduis-en si l'œil est un système convergent ou divergent.

12 ★ Accommoder

Pour un œil normal, l'image d'un objet proche ou éloigné se forme sur la rétine. Quand l'objet est éloigné, le cristallin est dit au repos : l'œil n'accommode pas (1).
En revanche, lorsque l'objet est proche, le cristallin se bombe : l'œil accommode (2).

En changeant de forme, le cristallin modifie-t-il la distance entre la rétine et son centre, ou bien la distance focale de l'œil ?

13 Comprendre le rôle du cerveau SVT

Des chercheurs ont fait porter à des personnes des lunettes inversant les images. Au début, elles ont vu à l'envers, mais environ une semaine plus tard, elles ont vu de nouveau à l'endroit. On leur a alors enlevé les lunettes : elles ont vu de nouveau à l'envers pendant une semaine environ.

a. Les images formées par l'œil sont-elles droites ou renversées ?
b. Quelle durée s'est écoulée avant que les personnes ne revoient à l'endroit ?
c. Quel rôle joué par le cerveau est ici mis en évidence ?

14 Découvrir des illusions d'optique

Une illusion d'optique est une erreur de perception visuelle : l'apparence est différente de la réalité.
En voici un exemple.
Les disques jaunes ont-ils le même diamètre ?

15 Voir la nuit SVT

Certains animaux, comme les félins ou les hiboux, ont une vue particulièrement perçante la nuit ; on dit qu'ils sont nyctalopes. Dans l'obscurité totale, ils sont totalement aveugles, comme nous. Mais leurs yeux sont très sensibles à la moindre lumière. Celle diffusée la nuit par les objets éclairés (par la Lune ou les étoiles) est relativement faible, mais elle leur suffit.

a. Quelle condition nécessaire à la vision est mise en évidence dans ce texte ?

b. Cite un animal domestique nyctalope.

Corriger des défauts de l'œil

16 Distinguer la myopie et l'hypermétropie

En t'aidant des dessins ci-dessous, relie chaque défaut de l'œil à ses caractéristiques.

	• l'œil est trop court
myopie •	• l'image d'un objet éloigné se forme en avant de la rétine
hypermétropie •	• l'image d'un objet éloigné se forme en arrière de la rétine
	• l'œil est trop long

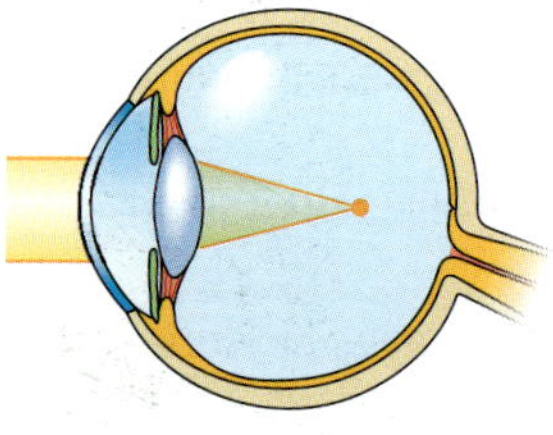

Œil myope

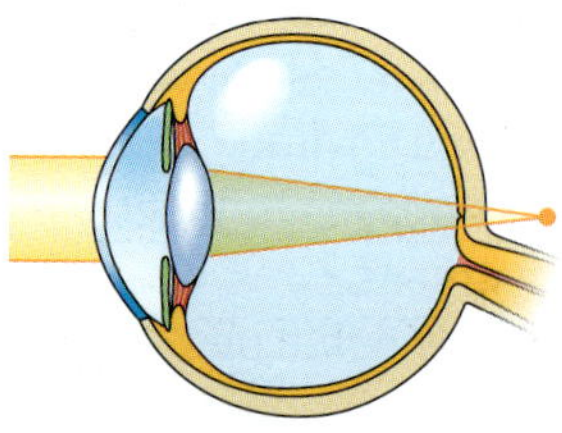

Œil hypermétrope

17 Apprendre à rédiger un exercice

Énoncé

Chacun des schémas ci-dessous représente un œil corrigé.

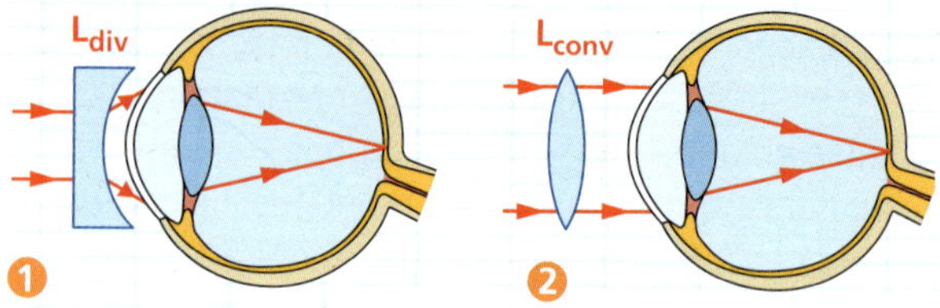

a. Dans les deux cas, où l'image se forme-t-elle ?

b. Dans chaque cas, indique le défaut de l'œil représenté.

Rédaction de la solution

a. L'image se forme sur la rétine.

b. L'œil (1) est myope, car il est corrigé à l'aide d'une lentille divergente.
L'œil (2) est hypermétrope, car il est corrigé à l'aide d'une lentille convergente.

▶ Pour t'entraîner : exercice 18

18 Regarder à travers des lunettes

As-tu deviné le défaut des yeux d'Anaïs ? Justifie ta réponse.

19 Découvrir l'astigmatie

L'astigmatisme est une anomalie de l'œil, due à une forme irrégulière de la cornée : un même point d'un objet donne alors deux images différentes sur la rétine. Pour corriger ce défaut, une lentille L_{cyl} de forme cylindrique est placée devant l'œil.

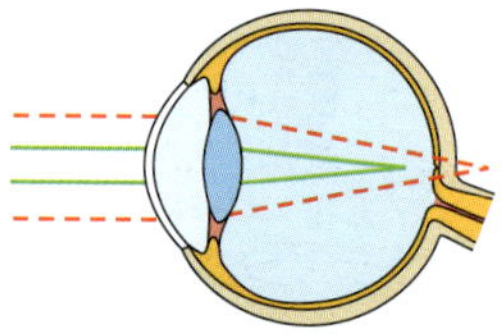

Œil astigmate

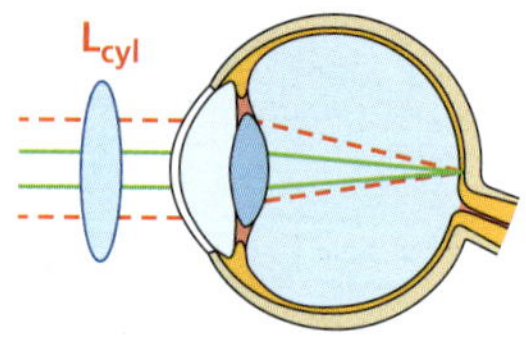

Œil astigmate corrigé

Combien d'image(s) un même point d'un objet donne-t-il quand l'œil astigmate :

a. n'est pas corrigé ; **b.** est corrigé ?

20 L'acuité visuelle B2i

On peut vérifier l'acuité visuelle d'une personne en lui faisant lire des caractères sur un panneau ou un écran situé à 4 mètres environ.

TEST	Taille	Acuité
Z N	115	2/10
W P J E	57	4/10
A C G F I	46	5/10
S Q B L M J	38	6/10
A Z E R T F O	33	7/10
S M S C O Q P	29	8/10
I O C Q S U W X T	26	9/10
H D F K X T D B N	23	10/10

a. Dans un logiciel de traitement de texte, recopie le texte ci-dessus en police Arial en appliquant la taille des caractères indiqués.
b. Imprime le texte sur une feuille A4 et place-la à 4 mètres.
c. Demande à un camarade de lire le texte en se masquant un œil et détermine son acuité visuelle. La ligne la plus fine qu'il peut lire représente l'acuité visuelle de l'œil testé. *Remarque :* ce test peut être fait avec ou sans lunettes.

21 Tester la myopie et l'hypermétropie

Place-toi à 3 mètres des « E » ci-après.
Teste chaque œil séparément en cachant l'autre.
Si tu vois le « E » sur fond « vert » plus net ou plus noir que le « E » sur fond « rouge », tu as tendance à être myope. Si c'est l'inverse, tu as tendance à être hypermétrope. Es-tu myope ou hypermétrope ?
Si oui, avec quel type de lentille ta vision est-elle corrigée ?

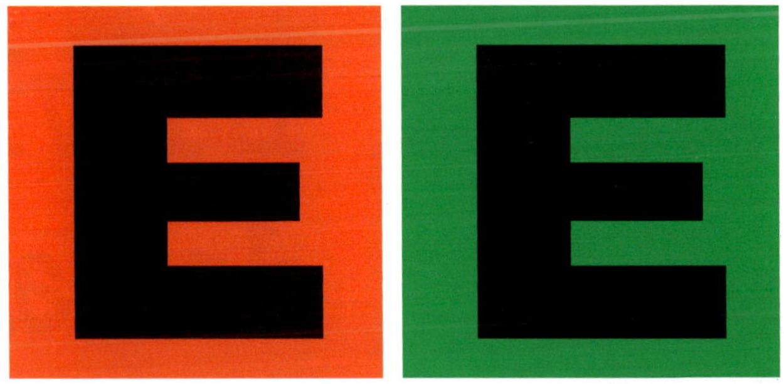

22 Réaliser une expérience à la maison

▶ Approche lentement un objet vers ton œil jusqu'à ce que l'image de cet objet devienne floue.
▶ Demande alors à un camarade de mesurer la distance entre l'œil et l'objet. Cette distance est la distance minimale de vision distincte, encore appelée « punctum proximum ». À cette distance, l'œil ne peut plus diminuer sa distance focale. Le cristallin est bombé au maximum.
▶ Le punctum proximum dépend, pour un œil normal, de l'âge. Vérifie si la valeur que tu as obtenue est correcte pour ton âge en réalisant une recherche sur internet.

Coup de pouce : voir l'exercice 12, p. 173.

23 Exercice de synthèse

Vérifie tes réponses p. 206

Voici un problème qui résume tout ce que tu dois savoir.
Si tu n'arrives pas à répondre à certaines questions, revois ton cours p. 168.

Mme Binocle regarde attentivement le dessin qui explique le défaut de ses yeux.

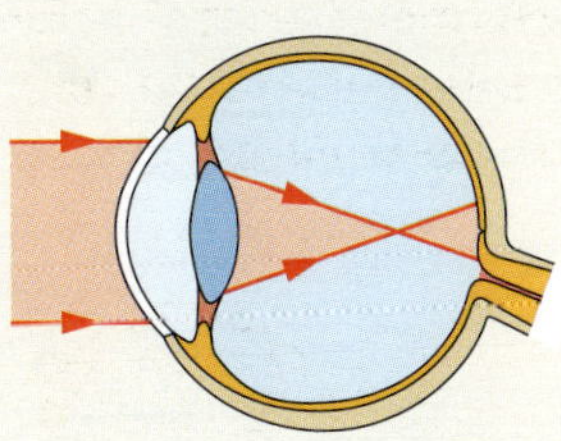

1. Quelle partie de l'œil joue le rôle d'écran ?

2. L'œil est-il comparable à une lentille convergente placée devant un écran, ou à une lentille divergente placée devant un écran ? Justifie.

3. L'image d'un objet éloigné se forme-t-elle en avant ou en arrière de la rétine de Mme Binocle ? Où devrait-elle se former ?

4. L'œil de Mme Binocle est-il myope ou hypermétrope ?

5. Quel type de lentille doit-on placer devant les yeux de Mme Binocle pour les corriger ?

6. Dessine, sur le modèle ci-dessus, l'œil corrigé de Mme Binocle en y faisant apparaître le faisceau de lumière et la lentille utilisée.

Chapitre 14

La vitesse de la lumière

Objectifs

- Retenir que la lumière peut se propager dans le vide et dans d'autres milieux
- Mémoriser la vitesse de la lumière dans le vide
- Citer des distances dans l'Univers
- Citer des durées de propagation de la lumière dans l'Univers

Situation 1

Lors d'un orage, un éclair est visible dans le ciel. Quelques instants plus tard, on entend le tonnerre.

La lumière se propage-t-elle à la même vitesse que le son ?

Vol d'un avion par temps orageux.

Observation du ciel avec une lunette astronomique.

Situation 2

La lunette astronomique permet d'admirer des myriades d'étoiles la nuit.

À ton avis, combien de temps la lumière des étoiles met-elle pour arriver jusqu'à nous ?

Je me documente pour répondre

Activité 1

Se documenter sur la vitesse de la lumière p. 178

Activité 2

Se documenter sur les distances astronomiques p. 179

Activité 1

Quelle est la vitesse de la lumière ?

● L'astronome Jean Dominique Cassini (1625-1712) observe le satellite Io de Jupiter. Son travail minutieux permet à l'astronome Olaüs Römer (1644-1710) d'affirmer en 1676 que la lumière ne se propage pas instantanément.

Machine de Fizeau.

● Le physicien français Hippolyte Fizeau (1819-1896) fait passer en 1849 un faisceau de lumière à travers une roue dentée pour éclairer un miroir situé à 8 633 mètres. Cette expérience lui permet d'évaluer la vitesse de la lumière dans l'air à 315 300 kilomètres par seconde.

Machine de Foucault.

● Le physicien et astronome Jean Bernard Léon Foucault (1819-1868) éclaire en 1862 un miroir qui tourne à 24 000 tours par minute. La lumière émise et la lumière renvoyée par le miroir suivent des chemins différents : leur différence de longueur permet à L. Foucault d'évaluer la vitesse de la lumière dans l'air à 298 000 kilomètres par seconde.

1 Histoire de la mesure de la vitesse de la lumière.

Aujourd'hui, la valeur exacte retenue pour la vitesse de la lumière dans le vide est 299 792 458 mètres par seconde. La lumière se propage pratiquement à la même vitesse dans l'air, mais moins vite dans les milieux transparents comme l'eau ou le verre.

Milieu	Vitesse approximative de la lumière
Vide ou air	300 000 km/s
Eau	225 000 km/s
Verre	200 000 km/s

2 Valeurs actuelles de la vitesse de la lumière dans différents milieux.

Vocabulaire

Notation scientifique Maths :
la notation scientifique d'un nombre décimal est son écriture sous la forme $a \cdot 10^p$, où a est un nombre décimal qui a un seul chiffre non nul avant la virgule.
Exemple : $350 = 3{,}50 \times 10^2$.

Guide de travail

1. Quel savant a montré que la vitesse de la lumière n'est pas infinie (doc 1) ?

2. Quel savant s'est le plus approché de la valeur admise actuellement (doc 1 et 2) ?

3. La vitesse de la lumière dépend-elle du milieu traversé par la lumière (doc 2) ?

4. Quelle est la vitesse approximative de la lumière dans le vide en mètre par seconde ? Écris le résultat en notation scientifique.

Activité 2

Quelles sont les distances dans l'Univers ?

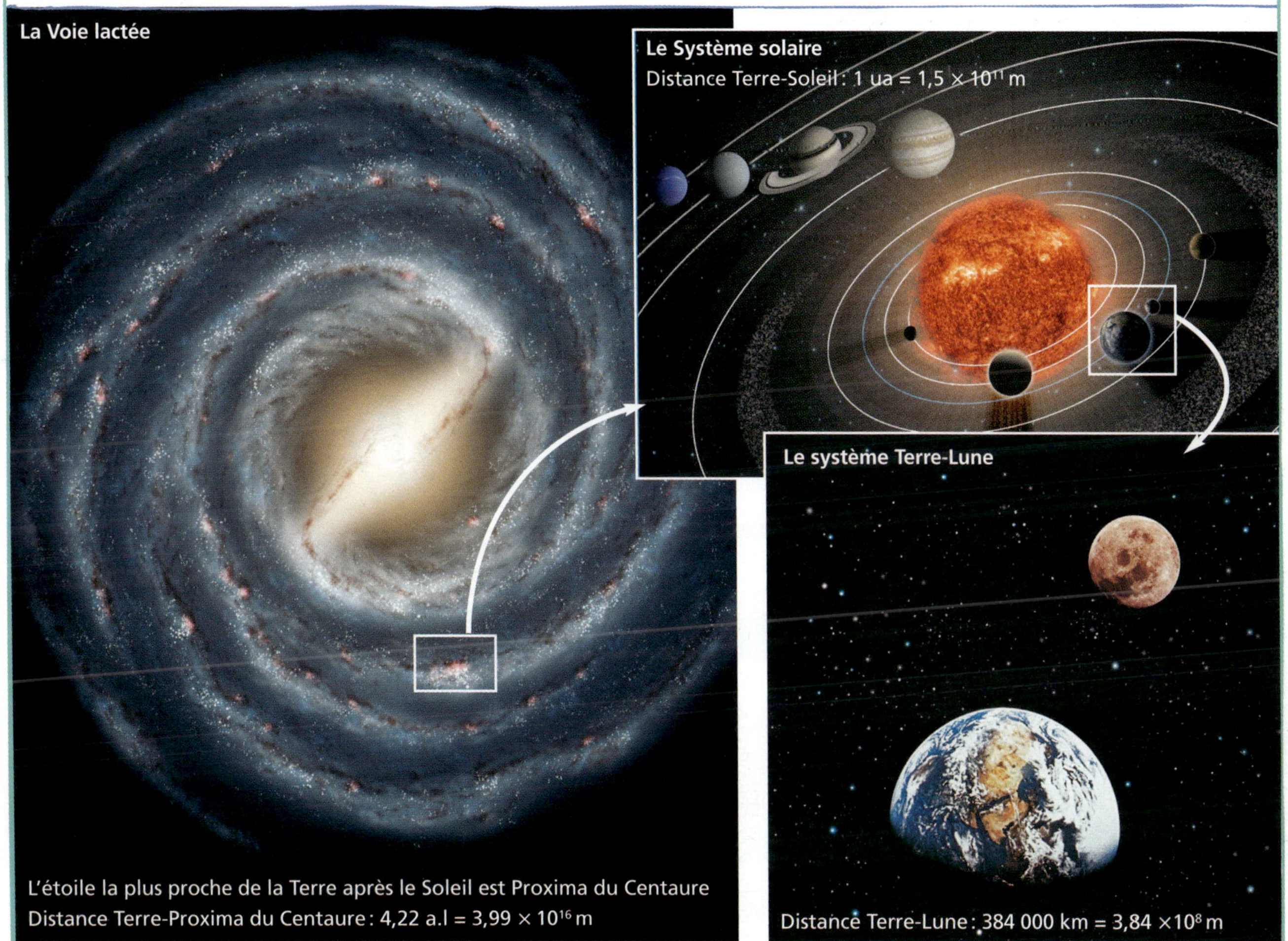

La Terre et son satellite naturel, la Lune, appartiennent au Système solaire. Le système solaire se trouve lui-même dans une galaxie appelée la Voie lactée.
Pour donner des distances dans l'Univers, on utilise une unité de longueur adaptée. Ainsi, les distances entre les planètes et leurs satellites s'expriment en kilomètre (km), les distances entre les planètes et le Soleil en unité astronomique (ua) et les distances entre les étoiles, dites distances intersidérales, en année de lumière (a.l). On estime la taille de l'Univers, constitué d'un très grand nombre de galaxies, à 50 milliards d'années de lumière.

1 Les distances dans l'Univers.

Vocabulaire

- **Ordre de grandeur** Maths : On détermine l'ordre de grandeur d'un nombre a en le plaçant entre deux puissances de dix consécutives ; la plus proche correspond à l'ordre de grandeur de a.
  Exemple : si $a = 7,51 \times 10^8$, alors $10^8 \leq a \leq 10^9$.
  L'ordre de grandeur de a est 10^9.
- **Unité astronomique** (ua) : distance moyenne Soleil-Terre soit 150 millions de kilomètres ($1,5 \times 10^{11}$ m).
- **Année de lumière** (a.l) : distance parcourue par la lumière dans le vide en un an soit 9500 milliards de kilomètres (soit $9,5 \times 10^{15}$ m). On dit également année-lumière (a.l).
- **Vitesse** (v) : $v = \frac{d}{t}$ avec d la distance parcourue et t la durée du parcours.

Guide de travail

1. Donne les ordres de grandeur en mètre des distances entre la Lune et la Terre, le Soleil et la Terre, l'étoile Proxima du Centaure et la Terre.

2. À l'aide de la vitesse de la lumière dans le vide, calcule le temps mis par la lumière pour parcourir ces distances.

1. La vitesse de la lumière

Pendant une seconde, la lumière parcourt dans le **vide une distance égale à** 300 000 kilomètres. Sa **vitesse** est donc de 300 000 km/s, soit 300 millions de mètres par seconde. Avec la notation scientifique, cette vitesse s'écrit 3×10^8 **m/s**.
La lumière se propage pratiquement à la même vitesse dans l'air, mais moins vite dans les milieux transparents comme l'eau ou le verre **(doc 2)**.

1 Exemple. Les fibres optiques transportent de la lumière à très grandes vitesses.

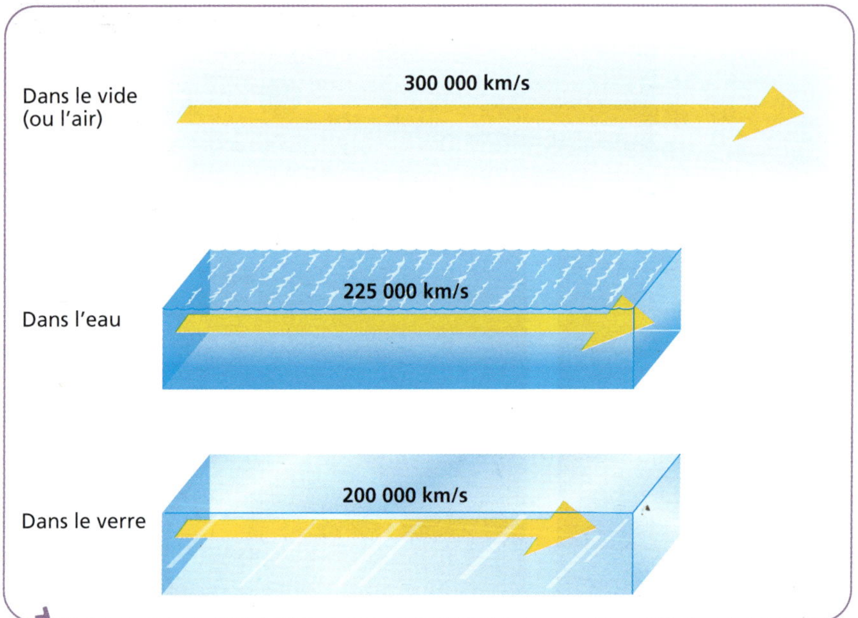

2 La vitesse de la lumière dans différents milieux.

Je conclus et je retiens

Pour t'entraîner ▶ **Exercices 8 et 13 p. 184**

La **vitesse de la lumière** dans le vide (ou dans l'air) est égale à 300 millions de mètres par seconde, soit 3×10^8 m/s.

Mot important

- Vitesse de la lumière

► Voir Mini Dico p. 202

Je retiens par l'image

Vitesse de la lumière dans le vide : 3×10^8 m/s

2. Quelques distances astronomiques

- Pour exprimer les très grandes **distances** de l'Univers, on utilise l'**unité astronomique** (1 ua = $1{,}5 \times 10^{11}$ m) qui est la distance moyenne Terre-Soleil, et l'**année de lumière** (1 a.l = $9{,}5 \times 10^{15}$ m) qui est la distance parcourue par la lumière dans le vide en une année.

- La durée t que met la lumière pour parcourir la distance d à la vitesse v (3×10^8 m/s) se calcule de la manière suivante :

$$v = \frac{d}{t} \quad \text{donc} \quad t = \frac{d}{v}$$

t en s
d en m
v en m/s

3 **Exemple.** La constellation de la Grande Ourse est située à une centaine d'années de lumière de la Terre.

Astre	Distance entre la Terre et l'astre (en mètre)	Durée t mise par la lumière pour aller de l'astre à la Terre (en seconde)
Lune	$3{,}84 \times 10^8 \approx 10^8$	$\frac{3{,}84 \times 10^8}{3 \times 10^8} = 1{,}28 \approx 10^0$
Soleil	$1{,}5 \times 10^{11} \approx 10^{11}$	$\frac{1{,}5 \times 10^{11}}{3 \times 10^8} = 5{,}0 \times 10^2 \approx 10^2$
Proxima du Centaure	$4{,}1 \times 10^{16} \approx 10^{16}$	$\frac{4{,}1 \times 10^{16}}{3 \times 10^8} = 1{,}33 \times 10^8 \approx 10^8$

4 **Quelques ordres de grandeurs de distances et de durées de propagation de la lumière dans l'Univers.**

Je conclus et je retiens

Pour t'entraîner ▶ Exercices 18 et 19 p. 186

- La **distance** Terre-Lune est de l'ordre de 10^8 m, la distance Terre-Soleil est de l'ordre de 10^{11} m et la distance entre la Terre et l'étoile la plus proche Proxima du Centaure est de l'ordre de 10^{16} m.
- Les durées de propagation de la lumière pour parcourir ces distances sont respectivement 10^0 s, 10^2 s et 10^8 s.

Je retiens par l'image

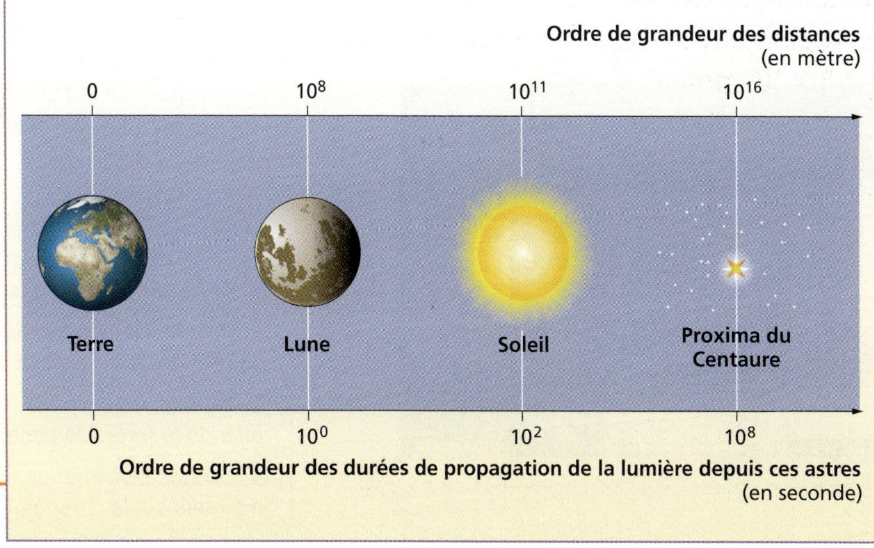

Mots importants

- Distance
- Unité astronomique
- Année de lumière

► Voir Mini Dico p. 202

B2i

Communiquer à la vitesse de la lumière

La place du téléphone et d'internet est devenue centrale dans notre société. Mais les réseaux électriques saturent. La lumière va jouer un rôle d'avenir : à travers les fibres optiques, elle permet de transmettre énormément d'information à grande vitesse (celle de la lumière !). Pour t'informer sur le sujet, consulte cyber sciences junior. Il comporte tous les composants d'un bon site d'actualité scientifique pour les jeunes : les dernières découvertes, des dossiers, un blog, des jeux…

✓ Retrouve quelles sont les trois formes prises par l'information lors d'une conversation transmise par fibre optique.

✓ À l'aide de ta leçon, indique quelle est la vitesse de la lumière dans la fibre optique ?

internet

- **Sur le site cyber sciences junior**

www.cybersciencesjunior.org/junior/fr/

Clique sur « les rescapés du Crétacé » et choisis la BD « parler à la vitesse de la lumière »

- **Reste à la pointe de l'actualité**

Si ce site t'intéresse, pour le retrouver plus facilement, tu peux enregistrer son adresse sur ton navigateur et t'y rendre en un seul clic.

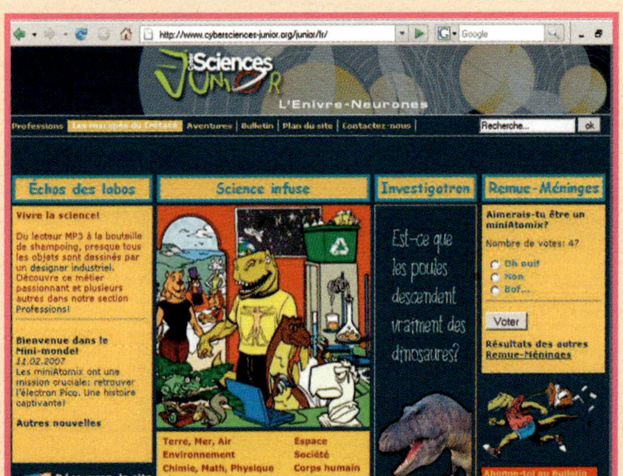

Histoire des sciences

La lumière pour mesurer des distances

Les réflecteurs renvoient la lumière exactement d'où elle vient.

Depuis 1969, plusieurs réflecteurs ont été posés sur la surface lunaire par des missions spatiales américaines et soviétiques. On les utilise régulièrement pour évaluer la distance entre la Terre et la Lune (voir Exercice 25, p. 187). Il faut d'abord mesurer la durée de trajet aller et retour de la lumière. Avec un puissant laser, on envoie un faisceau de lumière en direction de la Lune et on déclenche le chrono immédiatement. La lumière se propage puis est renvoyée par les réflecteurs. En revenant sur Terre, elle est captée par un télescope et le chrono est arrêté. Connaissant la vitesse v de la lumière, on en déduit la distance parcourue par une simple proportionnalité : $d = v \cdot t$. La précision dépend de la qualité du chronomètre : aujourd'hui, celui utilisé est précis au mille milliardième de seconde !

On remarque que la Lune s'éloigne très lentement de la Terre, de 22 cm en 14 ans. En 2004, elle était à 384 402 000,4781 mètres de nous.

Questions

1. Pour connaître la distance Terre-Lune, que mesure-t-on ?

2. Quel est le lien mathématique entre la distance d parcourue par la lumière et la durée t pour la parcourir ?

3. Calcule, en seconde, la durée que met la lumière pour aller de la Terre à la Lune.

4. Lors de l'expérience avec le laser, quelle sera la valeur indiquée sur le chronomètre ?

Les constellations en 3D

La constellation de la Grande Ourse est le nom donné par l'Homme, à l'un des plus beaux regroupements d'étoiles. Dans notre ciel de l'hémisphère Nord, été comme hiver, on peut voir ses sept étoiles former une « grande casserole » sur la voûte céleste.

Connaissances

- ✓ Citer quelques distances dans l'Univers
- ✓ Évaluer les durées de propagation de la lumière dans le vide

Étoile	Distance Terre-étoile
Dubhé (α)	124 a.l
Mérak (β)	79 a.l
Phekda (γ)	84 a.l
Megrez (δ)	81 a.l
Alioth (ε)	81 a.l
Mizar (ξ)	78 a.l
Alkaïd (η)	101 a.l

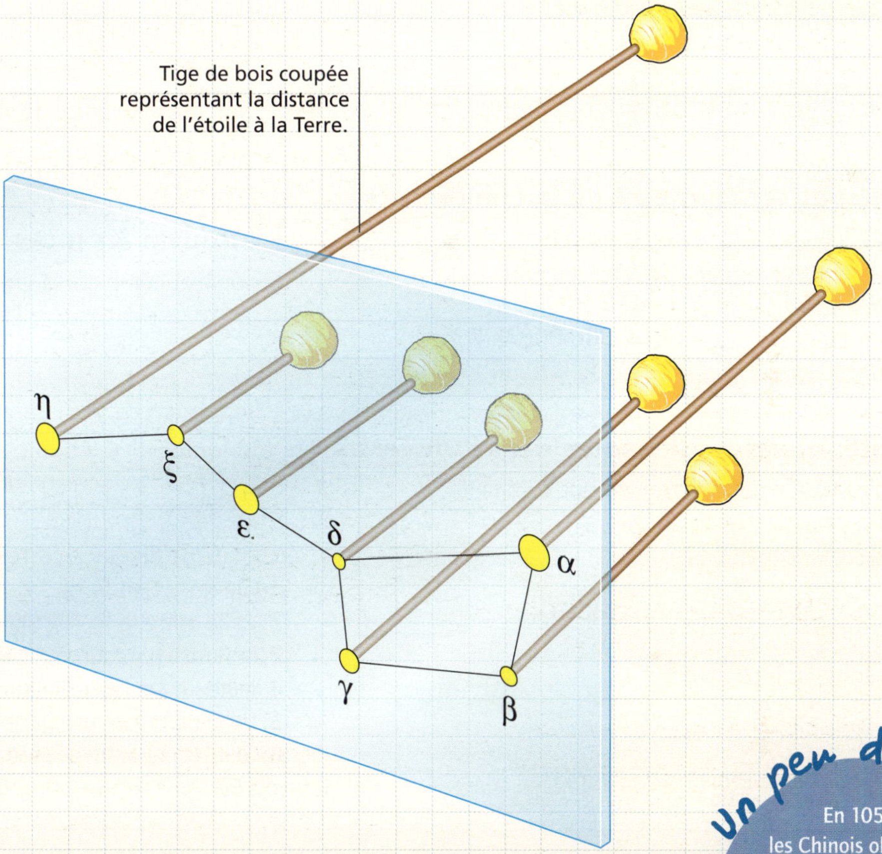

Un peu d'histoire

En 1054, les Chinois observent dans le ciel l'explosion de la nébuleuse du Crabe : vu son éloignement, elle avait explosé 4 000 ans auparavant !

Mène ton enquête

Matériel

- ✓ Boîtier transparent usagé de CD
- ✓ Pic à brochettes
- ✓ Cotillons
- ✓ Colle

Fabrique ta maquette

1. Décalque la Grande Ourse puis représente-la sur le boîtier.

2. Pour chaque étoile, coupe une tige de bois représentant sa distance à la Terre.
Échelle : 1 cm représente 10 a.l.

3. Colle la tige derrière le boîtier sur la position de l'étoile.

Utilise la maquette

4. Observe ta maquette selon différents angles. La constellation est-elle toujours visible ?

5. Quelle est l'unité utilisée pour mesurer les distances ? Exprime, en km, la distance nous séparant de Dubhé.

6. En quelle année a été émise la lumière nous parvenant de l'étoile Mizar au moment où tu lis ce livre ?

Coup de pouce

Une année de lumière est la distance parcourue par la lumière en une année. Elle est égale à 9 500 milliards de km.

Connais-tu le cours ?

1 Retenir des milieux de propagation

Chacune des affirmations suivantes est-elle vraie ou fausse ?
La lumière peut se propager :
a. dans l'air ; **b.** dans l'eau ;
c. dans le vide ; **d.** dans le bois ;
e. dans le verre ; **f.** dans la pierre.

2 Mémoriser la vitesse de la lumière

Choisis la ou les bonnes propositions.
La vitesse de la lumière dans le vide est :
a. 3.10^8 m/s ; **b.** 3.10^8 km/s ;
c. 300 000 m/s ; **d.** 300 000 000 m/s ;
e. 300 000 km/s ; **f.** 300 000 000 km/s.

3 Citer quelques distances dans l'Univers

Associe chaque objet astronomique à sa taille.

Distance Terre-Lune
10^8 m
10^{11} m
Distance Terre-Soleil
10^{16} m
Distance Terre-Proxima du Centaure

4 Citer des durées de propagation de la lumière

Relie chaque durée de propagation de la lumière à la distance correspondante.

10^0 s •	• Distance Terre-Proxima du Centaure
10^2 s •	• Distance Terre-Lune
10^8 s •	• Distance Terre-Soleil

5 Trouver les mots-clés du chapitre

Recopie et complète la grille.

1. Unité de distance correspondant à la distance moyenne Soleil-Terre.
2. Celle entre la Terre et la Lune vaut 384 000 km.
3. Distance parcourue par la lumière dans le vide en un an.
4. Milieu dans lequel la lumière a la plus grande vitesse.
5. Celle de la lumière dans le vide est 300 000 km/s.
6. Celui mis par la lumière pour aller du Soleil à la Terre est 500 s.

As-tu compris le cours ?

La vitesse de la lumière

6 Exprimer une formule

a. Exprime la formule donnant la vitesse *v* de la lumière en fonction de la distance *d* parcourue et de la durée *t* mise pour parcourir cette distance.
b. Donne l'unité légale de chaque terme de la formule.

7 Choisir la bonne formule

Pour calculer la durée *t* nécessaire à la lumière pour parcourir la distance *d* à la vitesse *v*, Lise a écrit les formules suivantes :

$v = \frac{d}{t}$ $d = v \cdot t$ $t = d \cdot v$ $t = \frac{d}{v}$

a. Quelles sont les formules correctes ?
b. Quelle formule Lise doit-elle utiliser ici ?

8 Connaître la vitesse de la lumière

Choisis et recopie la bonne réponse :
La distance parcourue par la lumière dans le vide en une seconde vaut :
a. 300 000 km ;
b. 300 000 m ;
c. 300 000 cm.

9 ★ La lumière et le mètre Histoire des sciences

Depuis 1983, le mètre est par définition : « la distance parcourue dans le vide par la lumière pendant 1/299792458e de seconde ».
a. Quelle formule lie la distance *d* parcourue par la lumière à la durée *t* de ce parcours ?
b. Recherche la vitesse de la lumière dans le vide, au « mètre par seconde » près.
c. Réalise le calcul qui permet de trouver 1 mètre.

10 Apprendre à rédiger un exercice

Énoncé

La lumière émise par le Soleil met environ 360 secondes pour arriver jusqu'à Vénus, l'une des huit planètes du Système solaire.

a. Rappelle la valeur de la vitesse de la lumière v dans le vide, en m/s.

b. À l'aide de la formule $v = \frac{d}{t}$, calcule la distance d séparant le Soleil de Vénus.

Rédaction de la solution

a. La vitesse de la lumière dans le vide vaut 3×10^8 m/s.

b. $v = \frac{d}{t}$ d'où $d = v\,t$

$d = 3 \times 10^8 \times 360 = 1{,}08 \times 10^{11}$ m.

La distance entre le Soleil et Vénus vaut $1{,}08 \times 10^{11}$ m, soit 108 millions de kilomètres.

▶ Pour t'entraîner : exercice 11

11 ★ La lumière et sa vitesse — Histoire des sciences

Au XVIIe siècle, le physicien Galilée fut le premier à tenter une mesure de la vitesse de la lumière. Placé sur une colline, il émettait des signaux lumineux avec une lanterne. Un de ses élèves situé sur une colline voisine devait, avec une autre lanterne, répondre le plus vite possible aux signaux émis. La lumière semblait se propager instantanément. Galilée conclut que la vitesse de la lumière était trop grande pour être mesurée.

a. Les deux collines étaient distantes d'environ 2 km. Calcule la durée du trajet de la lumière pour aller de Galilée à l'élève.

b. Explique pourquoi Galilée n'a pas pu mesurer la vitesse de la lumière.

12 Classer des vitesses

a. Quand la lumière passe de l'eau à l'air, change-t-elle de vitesse ? Si oui, comment varie la vitesse ?

b. Quelle vitesse approximative la lumière atteint-elle dans l'air ?

c. Recherche la vitesse maximale de la lumière. Dans quel milieu se propage alors la lumière ?

13 Voir sans entendre

Lorsqu'on fait le vide dans une cloche contenant un réveil, la sonnerie du réveil est inaudible alors qu'on voit la carillon vibrer.

a. Pourquoi cette expérience montre-t-elle que la lumière se propage dans le vide ?

b. Le son se propage-t-il dans le vide ? Justifie ta réponse.

14 ★ Découvrir un effet lumineux

On dit qu'un avion « passe le mur du son » quand il va plus vite que le son : une émission sonore très caractéristique se produit alors. Lorsqu'une particule va plus vite que la lumière, il se produit une émission lumineuse bleue très intense. C'est le cas, par exemple, dans les piscines de refroidissement de centrales nucléaires où, par radioactivité, des particules sont émises dans l'eau à très grande vitesse.

a. Quelle expression dans le texte signifie « aller plus vite que le son » ? Donne une expression similaire signifiant « aller plus vite que la lumière ».

b. Pourquoi certaines particules émettent-elles une lumière bleue dans les piscines des centrales nucléaires ?

15 Découvrir l'intérêt des fibres optiques

Une fibre optique est un fil de verre transparent très fin. Elle peut être utilisée pour conduire de la lumière entre deux endroits distants de plusieurs centaines, voire de milliers de kilomètres. La lumière s'y propage avec une vitesse environ égale à 200 000 km/s.

a. Compare la vitesse de la lumière dans le verre à celle dans le vide. Justifie.

b. Calcule la durée de propagation de la lumière dans une fibre optique pour un trajet long de 2000 km.

c. Quel intérêt des fibres optiques est décrit ici ?

Quelques distances astronomiques

16 ★ Faire le tour de la Terre Maths

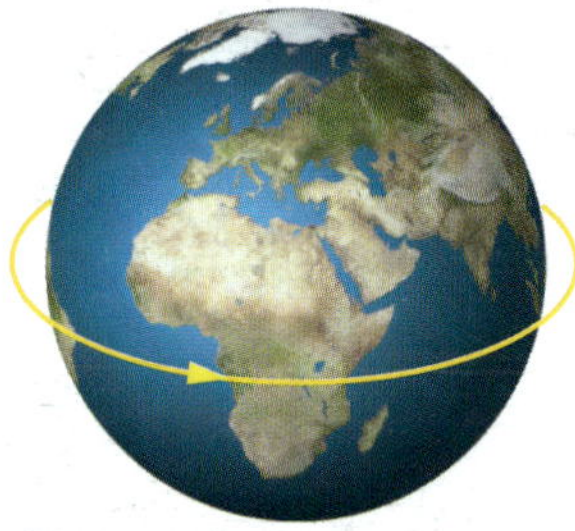

a. Quelle distance, en kilomètre, la lumière parcourt-elle dans le vide en une seconde ?
b. En supposant que la lumière puisse faire le tour de la Terre, combien de tours ferait-elle en une seconde ?
Coup de pouce : Diamètre de la Terre : D = 12 800 km

17 Tableau de proportionnalité Maths

Recopie et complète le tableau de proportionnalité suivant pour calculer la distance Terre-Lune.

	Terre-Soleil	Terre-Lune
Durée de parcours de la lumière (en s)	500	1,28
Distance (en km)	150 000 000	....

×?

18 Calculer la durée du parcours Soleil-Terre

La lumière émise par le Soleil doit parcourir environ 150 000 000 km pour parvenir jusqu'à la Terre.

a. Rappelle la vitesse en kilomètre par seconde de la lumière dans le vide.
b. Calcule la durée en seconde du parcours Soleil-Terre.
c. Convertis cette durée en minute et en seconde.

19 Calculer l'année de lumière

En astronomie, on utilise l'année de lumière pour les très grandes distances. Une année de lumière, notée 1 a.l, est la distance parcourue par la lumière pendant un an, à la vitesse $v = 3 \times 10^8$ m/s.
a. Convertis 1 an en seconde.
b. Quelle distance parcourt la lumière en une seconde ?
c. Calcule la distance parcourue par la lumière en un an.
d. Déduis-en la valeur de 1 a.l en mètre.

20 Mesurer la distance Terre-Lune B2i

Il est possible de mesurer la distance Terre-Lune grâce à un laser. Lors de missions lunaires, des réflecteurs ont été déposés sur la surface de la Lune. Depuis la Terre, on envoie une impulsion laser vers le réflecteur (voir Document p. 182). On mesure la durée mise par la lumière pour faire un aller-retour. Connaissant la vitesse de la lumière on en déduit la distance Terre-Lune. Les données obtenues sont disponibles sur Internet.
a. Télécharge le fichier MNC0507.DAT sur le site : www.obs-azur.fr/gemini/donnees/las_lune/ptn.htm
b. Copie les six lignes dans un tableur puis isole pour chaque ligne les 14 chiffres d'une série à partir du vingt-quatrième chiffre. C'est la durée du parcours aller-retour en dixième de millionième de seconde soit 10^{-13} s.
c. Calcule, en seconde, la moyenne des six durées de trajet.
d. Déduis-en la distance Terre-Lune sachant que la vitesse de la lumière est de 300 000 km/s.

21 Voir une étoile après son extinction

L'étoile polaire est la plus brillante étoile de la Petite Ourse. Elle indique la direction du Nord. Sa lumière met 431 années pour nous parvenir. Comme toutes les étoiles, elle finira, un jour, par mourir et s'éteindre.

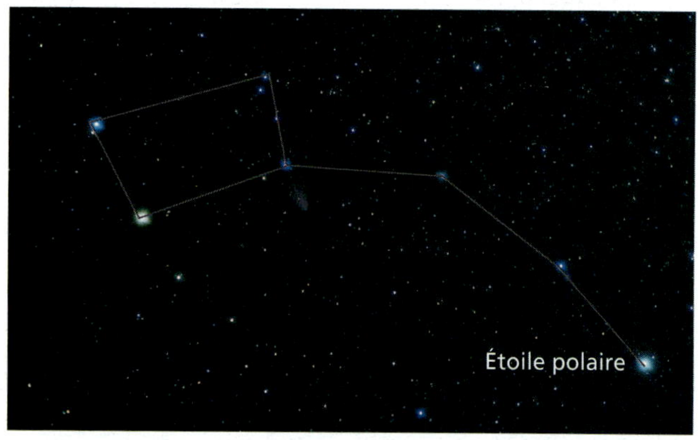

a. Quelle est la distance en année de lumière qui nous sépare de l'étoile polaire ?
b. Indique pendant combien de temps on pourra encore observer l'étoile polaire après son extinction.

22 Voir les dinosaures

Explique la réponse de Vivien.

23 Utiliser les puissances de dix Maths

La galaxie d'Andromède est située à 2,2 millions d'années de lumière de notre galaxie, la Voie lactée.

a. Convertis en mètre la distance qui nous sépare de la galaxie d'Andromède. Présente ton résultat en notation scientifique.

b. Calcule en seconde la durée du trajet de la lumière pour arriver d'Andromède jusqu'à nous. Présente ton résultat en notation scientifique.

Coup de pouce : 1 année de lumière = $9{,}5 \times 10^{15}$ m.

24 Réaliser une expérience à la maison

Lors d'un orage, tu observes tout d'abord l'éclair, puis tu entends le tonnerre.

- Compte le nombre de secondes entre l'observation de l'éclair et le bruit du tonnerre.
- Divise ce nombre par 3, tu obtiens la distance te séparant de l'orage en kilomètre.

a. Sachant que la vitesse du son dans l'air est environ égale à 340 m/s, calcule la durée nécessaire au son pour parcourir 1 km.

b. Quelle durée est nécessaire à la lumière pour parcourir cette même distance (1 km) ?

c. Si 6 secondes s'écoulent entre le moment où tu vois l'éclair et celui où tu entends le tonnerre, quelle est la distance qui te sépare de l'orage ?

25 Exercice de synthèse

Vérifie tes réponses p. 206

Voici un problème qui résume tout ce que tu dois savoir.
Si tu n'arrives pas à répondre à certaines questions, revois ton cours p. 180.

M. Tête-dans-les étoiles veut mesurer la distance Terre-Lune à partir des résultats de l'expérience suivante réalisée à l'Observatoire de la Côte d'Azur. Un faisceau laser est émis depuis la Terre, atteint un miroir installé sur la Lune puis revient à son point de départ. Cet aller et retour dure 2,6 s.

1. Rappelle la valeur de la vitesse de la lumière dans le vide, en m/s.

2. Cite trois milieux dans laquelle la lumière peut également se propager.

3. Calcule, en mètre, la distance parcourue par le faisceau laser au cours de l'aller-retour Terre-Lune.

4. Déduis-en la distance Terre-Lune que M. Tête-dans-les-étoiles doit trouver.

5. Rappelle l'ordre de grandeur, en mètre, de la distance Terre-Soleil. Compare-la à la distance Terre-Lune.

La lumière au cœur de mon

Opticienne lunetière

L'optique mise en scène

Spécialiste de la vision, l'opticien conçoit, réalise, délivre et répare les lunettes. En s'appuyant sur l'ordonnance du médecin ophtalmologiste, il choisit les verres les mieux adaptés au patient et à sa correction (myopie, hypermétropie, etc.). En bon commerçant, l'opticien-lunetier doit savoir conseiller le client et le guider dans ses achats.

Conseils : au croisement du médical, du commerce et des techniques, le sens du contact humain est indispensable.

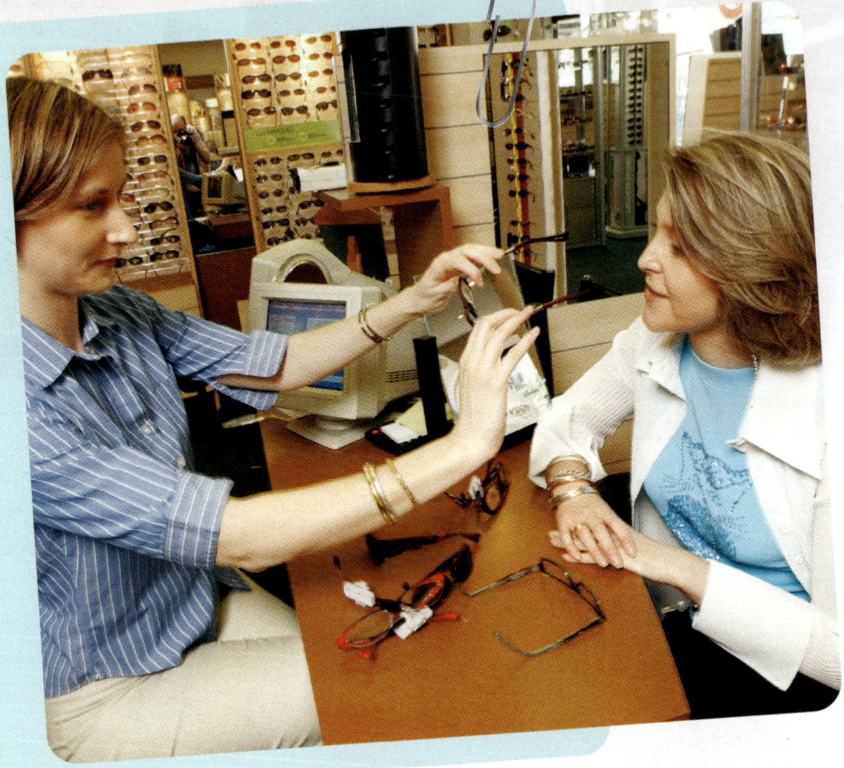

Rencontre

Édouard, élève de 2e année de CAP Opérateur projectionniste de cinéma, au lycée professionnel privé Saint-Genès à Bordeaux

Pourquoi avoir choisi ce CAP ?
J'ai eu l'idée de faire ce type d'études après un reportage en primaire, quand une équipe de cameramen et de monteurs est venue à l'école. On a fait des petits films. Avant de m'inscrire, j'ai visité la section pendant une demi-journée pour savoir exactement ce que c'était. Je m'intéresse aussi beaucoup au cinéma.

En quoi le lycée professionnel et le contenu des études sont-ils différents du collège ?
En lycée professionnel l'ambiance est familiale, on est douze en classe de 2e année et les profs ont plus le temps d'expliquer. L'enseignement est concret : on s'entraîne à faire du montage de film. Et puis il y a la formation professionnelle avec les stages hebdomadaires à effectuer.

Comment se passent les stages ?
On choisit un cinéma et on demande au chef opérateur s'il est d'accord pour nous prendre. On apprend beaucoup sur le terrain car il y a toujours des problèmes à régler. C'est à nous de changer le film, ça se fait manuellement et les

métier

Cameraman

C'est dans la boîte !

Émissions de variétés ou magazines, téléfilms… Derrière la caméra, ou caméra à l'épaule, c'est le cameraman ou la camerawoman qui filme. Technicien de l'image, il doit veiller à restituer le plus exactement possible l'idée du réalisateur. Il est souvent aidé d'un assistant opérateur qui, par exemple, nettoie les lentilles des objectifs et fait la mise au point pour obtenir une image parfaitement nette.

Conseil : les places sont rares dans un univers où le talent seul ne suffit pas. Non passionnés s'abstenir !

Éclairagiste de spectacles

Faiseur d'ambiances

Produire l'éclairage et les jeux de lumières pour tout événement artistique, que ce soit pour le tournage de films, de spectacles sur scène, telle est la mission de l'éclairagiste. Il doit maîtriser parfaitement le jeu des lumières colorées des projecteurs, l'utilisation de filtres de couleurs afin de retranscrire les intentions du metteur en scène.

Conseil : outre ses compétences techniques, l'éclairagiste doit avoir un réel sens artistique.

Comment en savoir plus sur ces métiers ?
www.onisep.fr/belin-pc-4e

ONISEP

bobines sont lourdes. Quand on démonte le film il y a une fiche de montage et démontage à remplir, dans laquelle on indique l'état du film, si la pellicule est rayée, etc. Si une ampoule est grillée ou tombe en panne, c'est au projectionniste de la changer avec son matériel ; ensuite il faut faire le réglage de la lumière.

Qu'apprenez-vous dans les matières technologiques ?
En physique, on fait de l'électricité avec la loi d'Ohm par exemple, pour calculer une résistance. On a des notions d'optique, on apprend les différents types de lentilles, les convergentes, les divergentes, qui sont utilisées dans les objectifs. On doit aussi connaître les trois couleurs primaires et le résultat de leur mélange. On apprend comment se comporte la lumière à travers un prisme ou un réseau (elle se décompose), ou ce qu'est la réfraction de la lumière. En fait on reprend un peu le programme du collège. Donc ça revient facilement.

1 Comment tracer un diagramme circulaire avec un tableur grapheur ?

On souhaite tracer, à l'aide d'un tableur grapheur, le diagramme circulaire donnant la composition des gaz que l'on expire.

Gaz expirés	Diazote	Dioxygène	Dioxyde de carbone	Autres gaz
Proportions en volume (en %)	78	16	5	1

1. Ouvre le logiciel tableur grapheur.
2. Remplis une colonne du tableau avec les noms des différents gaz, une autre avec leur proportion.
3. Sélectionne les colonnes contenant les données que tu veux voir apparaître sur le diagramme.

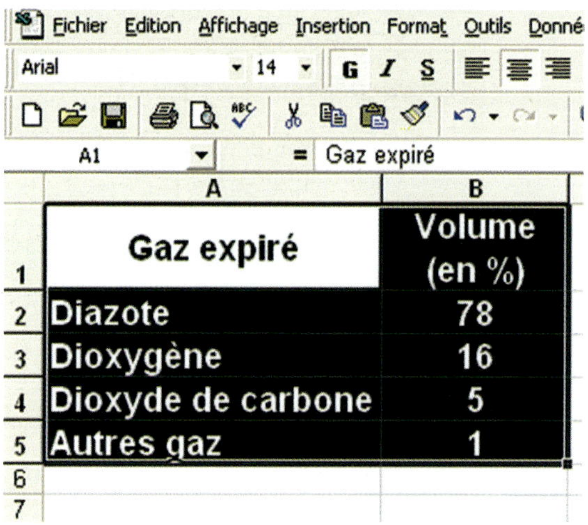

4. Clique sur l'assistant graphique  .
5. Suis les instructions fournies par l'assistant graphique.

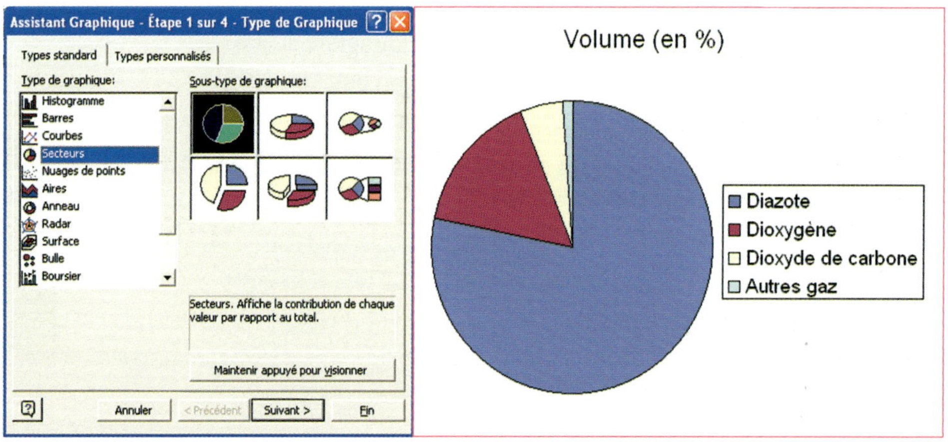

Est-ce que j'ai compris ?

1. Pour modifier les paramètres du graphique (couleur, police, type de graphique, ...), il faut .... deux fois sur le graphique.
2. Si on modifie une donnée du tableau, le graphique est *modifié automatiquement / n'est pas modifié.*

2 Comment utiliser un capteur de pression numérique ?

Fiche technique 2

On souhaite utiliser un capteur de pression numérique pour mesurer la pression de l'air dans un ballon.

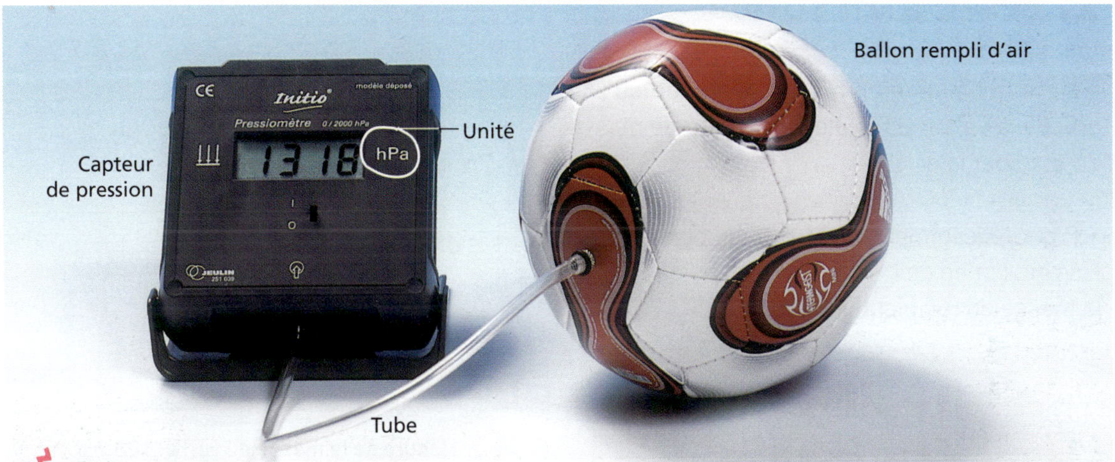

1 **Mesure de la pression d'air dans le ballon : 1318 hPa.**

1 Repère l'unité de pression indiquée sur le capteur de pression. Ici, l'unité est l'hectopascal (symbole hPa).

2 Mets le capteur de pression en marche. Attends qu'il affiche une valeur. Le capteur indique alors la pression de l'air dans la salle de classe.

3 À l'aide d'un tube, relie le capteur de pression au ballon **(doc 1)**.
Attention : tu ne dois pas provoquer de fuites d'air.

4 Lis la valeur affichée sur le capteur : il indique la pression de l'air dans le ballon.

- **Les unités de pression**

L'unité légale de pression est le **pascal** (symbole Pa), mais on utilise souvent son multiple l'hectopascal (1 hPa = 100 Pa). On appelle *pression normale*, la valeur de 1 013 hPa.
On utilise également le **bar** (symbole bar), l'**atmosphère** (symbole atm) et le **millimètre de mercure**.

- **Conversions de pression**

1 bar = 1000 hPa ≈ 760 mm de mercure ≈ 1 atm.

Est-ce que j'ai compris ?

1. La pression normale vaut .... hPa.
2. Dans la salle de classe, la pression de l'air mesurée vaut environ 1000 hPa soit .... bar ou encore .... atm.
3. Dans le ballon, la pression de l'air vaut .... hPa.

3 Comment mesurer une masse ?

On souhaite mesurer la masse d'un solide, ici un verre, puis d'un liquide versé dans ce verre.

1. Pesée d'un solide

• Mets la balance en marche. Attends qu'elle affiche la valeur 0,0 g. Repère l'unité de masse donnée par la balance.

• Pose délicatement le verre sur le plateau. Lis l'indication de la balance : elle indique la masse du récipient.

1 Mesure de la masse du verre : 106,4 g.

2. Pesée d'un liquide

• Appuie ensuite sur le bouton TARE : la balance affiche de nouveau la valeur 0,0 g.

• Retire le verre de la balance. Verse le liquide dans le verre.

• Repose le verre sur le plateau de la balance. Lis l'indication de la balance : elle indique la masse du liquide.

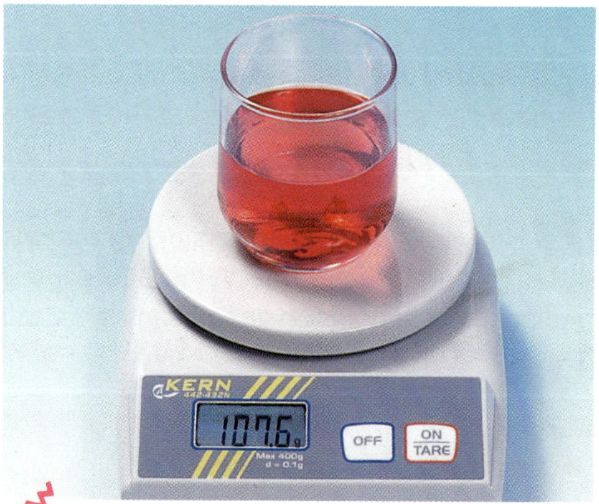

2 Mesure de la masse du liquide rouge : 107,6 g.

• **Tableau de conversion de masses :**

L'unité légale de masse est le kilogramme (kg). Pour changer d'unité de masse, on peut utiliser le tableau ci-dessous.

Par exemple : **1 kg** = 1000 g et **1 g** = 0,001 kg

kilogramme (kg)	hectogramme (hg)	décagramme (dag)	gramme (g)	décigramme (dg)	centigramme (cg)	milligramme (mg)
1	0	0	0			
0	0	0	1			

Remarque : 1 tonne (t) = 1000 kilogrammes (kg).

Est-ce que j'ai compris ?

1. Indique la masse m_1 du récipient sans oublier l'unité : m_1 = ...
2. Indique la masse m_2 du liquide sans oublier l'unité : m_2 = ...
3. Convertis la masse : m_1 = ... kg m_2 = ... mg

4 Comment réaliser une expérience de combustion ?

On souhaite réaliser la combustion d'un morceau de fusain dans le dioxygène.

1. Prépare le combustible et le comburant

- Fixe le fusain sur une tige métallique.
- Remplis un flacon de dioxygène.

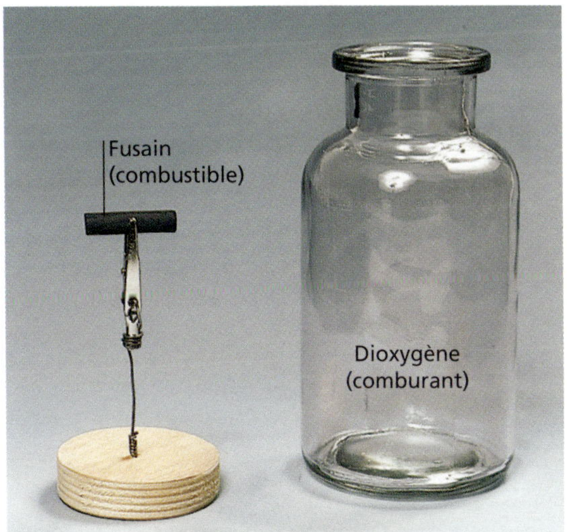

2. Déclenche la combustion

- Porte à l'incandescence le fusain en le chauffant.
- Plonge-le dans le flacon de dioxygène.

J'observe

3. Identifie les réactifs et les produits de la combustion

- À la fin de la combustion, verse de l'eau de chaux dans le flacon.

J'observe

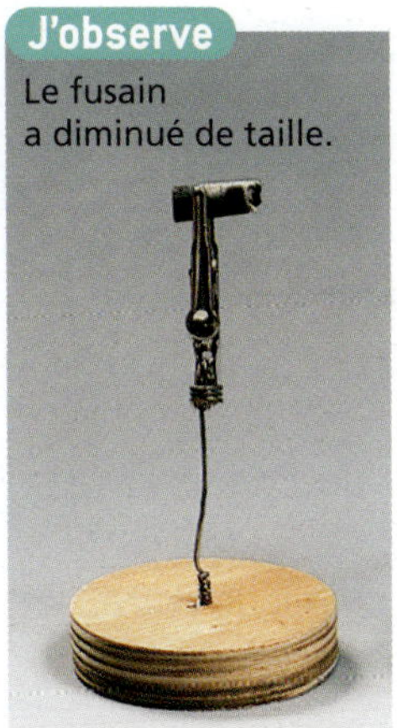

J'observe

Est-ce que j'ai compris ?

1. Pour amorcer la combustion du fusain, il faut....... le fusain.
2. Lors de la combustion du carbone dans le dioxygène, il *disparaît/apparaît* du carbone et du dioxygène tandis qu'il *disparaît/apparaît* du dioxyde de carbone.

5 Comment identifier certaines substances ?

1. Le test de reconnaissance de l'eau

Le sulfate de cuivre anhydre (c'est-à-dire qui ne contient pas d'eau) est blanc. Il devient bleu au contact de l'eau.

Remarque : la vapeur d'eau (gaz invisible) se condense sur du verre froid pour former de la buée (fines gouttelettes d'eau liquide).

2. Le test du dioxyde de carbone

L'eau de chaux, liquide incolore, se trouble en présence du dioxyde de carbone.

Remarque : le trouble de l'eau de chaux est appelé **précipité de carbonate de calcium** (c'est un produit de la transformation chimique entre le dioxyde de carbone et l'eau de chaux).

Est-ce que j'ai compris ?

1. Une boisson pétillante bleuit le sulfate de cuivre anhydre donc elle contient de ....
2. Le gaz dissous dans la boisson pétillante trouble l'eau de chaux donc ce gaz est du ....

6 Comment construire des maquettes de molécule ?

On souhaite construire les maquettes des molécules de dioxygène, de méthane, d'eau et de dioxyde de carbone.

1 Repère la maquette de l'atome de carbone, celle de l'atome d'oxygène et celle de l'atome d'hydrogène.
Les atomes sont représentés par des symboles (C, O, H, N etc.). Chaque atome est modélisé par une sphère de couleur déterminée **(doc 1)**.

Atome	Symbole	Maquette
Carbone	C	
Oxygène	O	
Hydrogène	H	

1 Symbole et maquette de quelques atomes.

2 Assemble les maquettes d'atomes pour réaliser la maquette de la molécule de dioxygène. La molécule de dioxygène est formée de deux atomes d'oxygène liés entre eux. On la représente par une formule O_2 : le chiffre 2 en bas à droite indique le nombre d'atomes d'oxygène dans la molécule **(doc 2)**.

Molécule	Formule	Maquette
Dioxygène	O_2	

2 Formule et maquette de la molécule de dioxygène.

3 Construis de la même façon la maquette de la molécule de méthane, celle de la molécule d'eau et celle de la molécule de dioxyde de carbone.
Chaque molécule est représentée par une formule. Le nombre de chaque atome constituant une molécule est indiqué par un chiffre en bas à droite de son symbole (le chiffre 1 ne s'écrit pas) **(doc 3)**.
Attention : respecte la forme de chaque molécule lorsque tu associes les maquettes des atomes.

Atome	Formule	Maquette
Méthane	CH_4	
Eau	H_2O	
Dioxyde de carbone	CO_2	

3 Formule et maquette de quelques molécules.

Est-ce que j'ai compris ?

1. Une molécule de méthane est constituée de .... atomes d'hydrogène (H) et d' .... atome de carbone (C).
2. Une molécule d'eau est constituée de 2 atomes .... et d'1 atome ....
3. Une molécule de dioxyde de carbone est constituée de 1 atome .... et de 2 atomes ....

Fiche technique 6

7 Comment utiliser un multimètre ?

Un **multimètre** peut être utilisé en **ampèremètre** pour mesurer l'intensité, en **voltmètre** pour mesurer la tension et en **ohmmètre** pour mesurer la résistance.

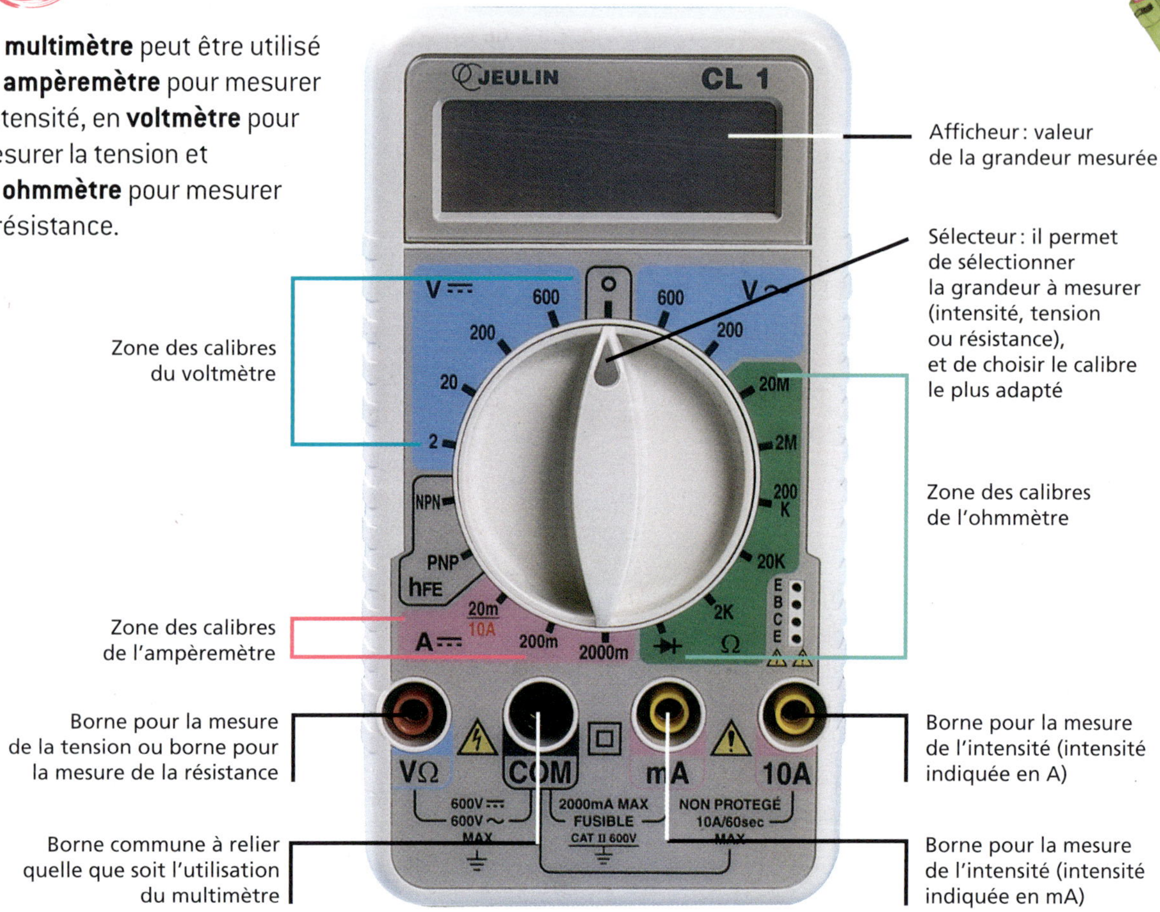

1. Utilisation en ampèremètre

On souhaite mesurer l'intensité du courant électrique dans une lampe branchée aux bornes d'une pile.

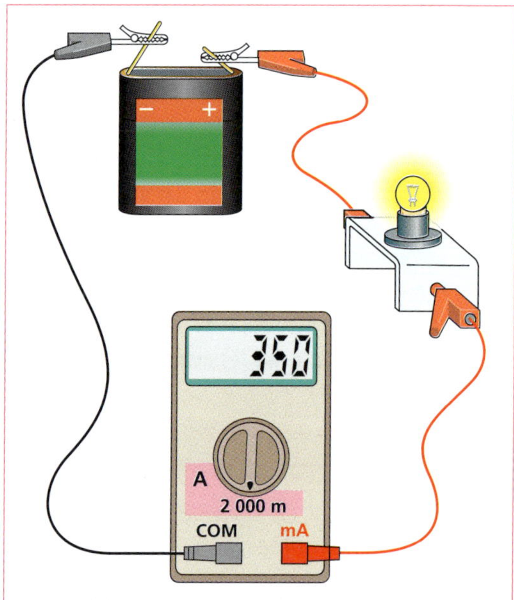

1. Place le sélecteur sur le plus gros calibre d'intensité en mode continu (ici 10 A).

2. Branche le multimètre en série avec la lampe : relie la borne 10 A du multimètre vers la borne positive de la pile, et la borne COM vers la borne négative.

3. Lis sur l'afficheur la valeur de l'intensité en ampère.

4. Pour augmenter la précision de la mesure, choisis le calibre immédiatement supérieur à l'intensité mesurée. Si nécessaire, utilise la borne mA au lieu de la borne 10 A.

Attention :

- si la valeur affichée est négative, inverse les connexions des bornes A et COM.
- si le chiffre 1 s'affiche, change de calibre ! Le calibre choisi est inférieur à l'intensité mesurée, tu risques d'endommager l'appareil.

Fiche technique 7

2. Utilisation en voltmètre

On souhaite mesurer la tension aux bornes d'une lampe alimentée par une pile.

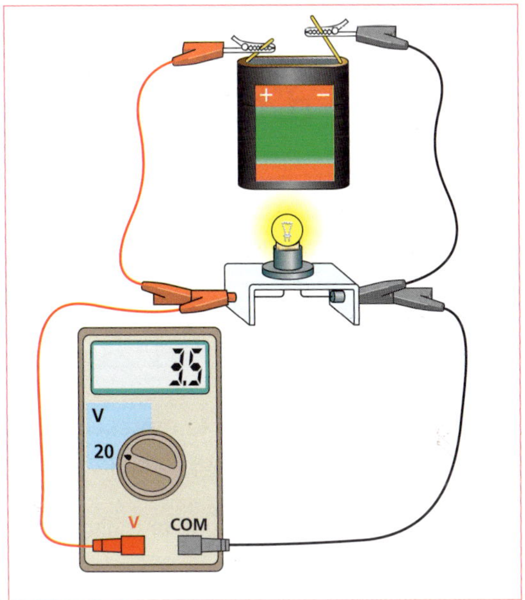

1 Place le sélecteur sur le plus gros calibre de tension en mode continu (ici 600 V).

2 Branche le multimètre en dérivation avec la lampe : relie la borne V du multimètre vers la borne positive de la pile ; relie la borne COM vers la borne négative de la pile.

3 Lis sur l'afficheur la valeur de la tension en volt.

4 Pour augmenter la précision de la mesure, choisis le calibre immédiatement supérieur à la tension mesurée.

Attention :
- **Si la valeur affichée est négative, inverse les connexions des bornes V et COM.**
- **Si le chiffre 1 s'affiche, change de calibre ! Le calibre choisi est inférieur à la tension mesurée, tu risques d'endommager l'appareil.**

3. Utilisation en ohmmètre

On souhaite mesurer la résistance d'une « résistance ».

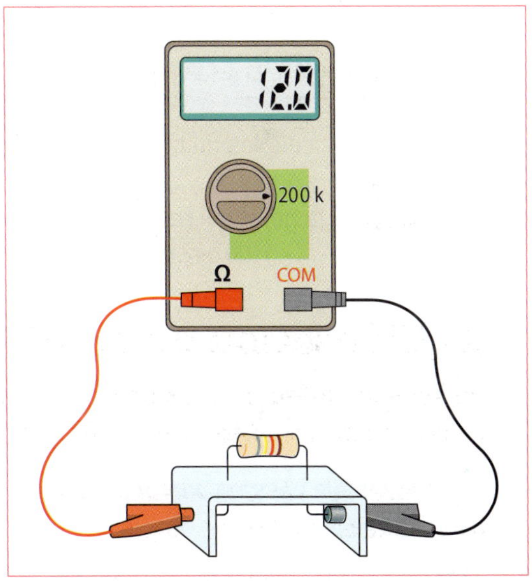

1 Retire la « résistance » du circuit électrique.

2 Place le sélecteur sur le plus gros calibre de résistance (ici 20 MΩ).

3 Relie la borne Ω du multimètre à une borne de la «résistance» et relie la borne COM à l'autre borne.

4 Lis sur l'afficheur la valeur de la résistance en mégaohm.

5 Pour augmenter la précision de la mesure, choisis le calibre immédiatement supérieur à la résistance mesurée.

Remarque :
si le calibre est inférieur à la résistance mesurée, le chiffre «1» apparaît alors sur l'afficheur.

Est-ce que j'ai compris ?

1. Indique l'intensité, *I*, dans la lampe sans oublier l'unité (doc 2) : *I* = ...
Si on utilise ici le calibre 200 mA, l'appareil affiche ....

2. Indique la tension, *U*, aux bornes de la lampe sans oublier l'unité (doc 3) : *U* = ...
Pour une mesure plus précise, il faut utiliser le calibre .... V.

3. Indique la résistance, *R*, du dipôle «résistance» sans oublier l'unité (doc 4) : *R* = ...

Fiche technique 7

8 Comment tracer la caractéristique d'un dipôle ohmique ?

On souhaite tracer la caractéristique d'un dipôle ohmique à partir du tableau de mesures suivant :

***I* (en A)**	0,000	0,025	0,039	0,049	0,061
***U* (en V)**	0,0	3,0	4,6	5,8	7,3

Pour cela, on construit la représentation graphique de la tension *U* aux bornes du dipôle ohmique en fonction de l'intensité du courant électrique *I* dans le dipôle.

1 Sur une feuille de papier millimétré, trace deux axes perpendiculaires.

2 Inscris :
– sur l'axe des abscisses (horizontal) : *I* (en A) ;
– sur l'axe des ordonnées (vertical) : *U* (en V).

3 Gradue régulièrement les deux axes en tenant compte de l'échelle choisie ici :
– pour l'intensité *I* : 1 cm pour 0,010 A ;
– pour la tension *U* : 1 cm pour 1 V.

4 Place les couples du tableau sur le graphique.
Par exemple, le point qui représente le couple
(0,039 ; 4,6)
Intensité *I* — Tension *U*
est l'intersection de :
– la verticale passant par un point d'abscisse 0,039 ;
– l'horizontale passant par un point d'ordonnée 4,6.

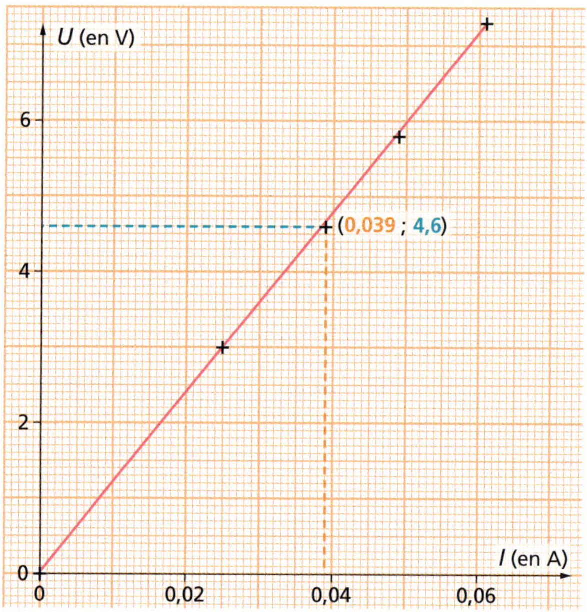

Caractéristique d'un dipôle «résistance»

5 Relie les points entre eux : trace la droite passant par l'origine du repère et le plus près possible de tous les autres points.

6 Donne un titre au graphique.

Est-ce que j'ai compris ?

1. D'après le graphique, si la tension aux bornes du dipôle ohmique vaut 5,0 V alors l'intensité du courant électrique dans le dipôle vaut ...... A.

2. Quand la tension aux bornes du dipôle ohmique est doublée alors l'intensité du courant électrique dans le dipôle est ....

9 Comment utiliser un spectroscope à réseau ?

On souhaite décomposer la lumière blanche diffusée par un écran en utilisant un spectroscope à réseau.

1 Éclaire un écran blanc avec la lumière blanche d'une lampe à incandescence.

2 Regarde, avec un spectroscope à réseau, la lumière blanche diffusée par l'écran.

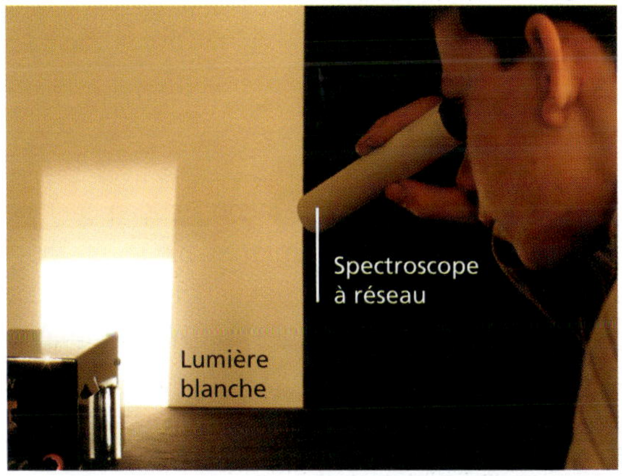

3 Observe, dans le spectroscope, le spectre de la lumière blanche.

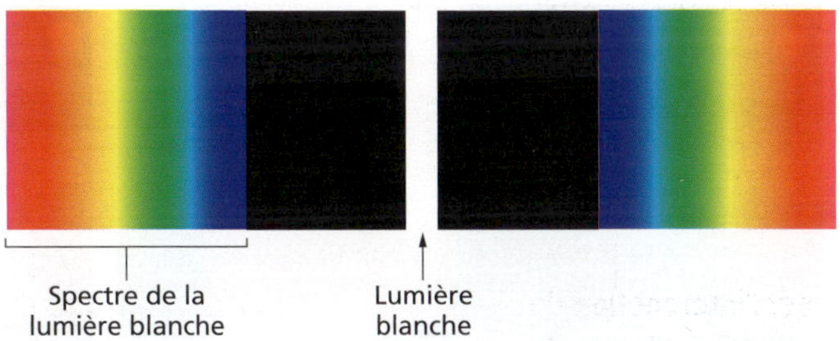

La lumière blanche est décomposée par le réseau. Le spectroscope utilisé est un tube en carton muni d'une fente et d'un réseau (alternance de bandes noires et de bandes transparentes).

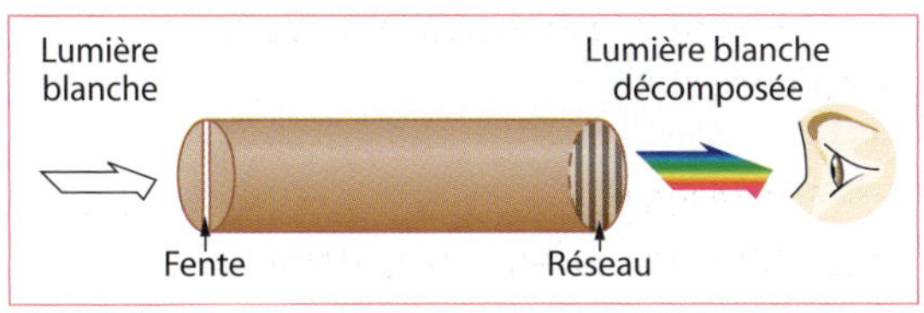

Fiche technique 9

Est-ce que j'ai compris ?

1. Grâce à la fente, le faisceau de lumière qui arrive sur le réseau du spectroscope est *fin/épais*.
2. Un réseau permet de ...... la lumière blanche.

10 Comment superposer des lumières colorées ?

On souhaite superposer, avec une lampe à miroirs, des lumières rouge, bleue et verte pour obtenir de nouvelles lumières colorées.

1 Place des filtres rouge, vert et bleu sur une lampe à miroirs **(doc 1)**.

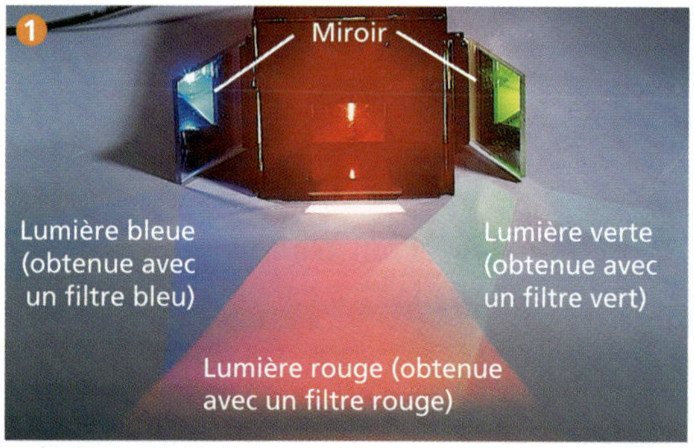

2 Oriente les miroirs de façon à superposer, sur un écran blanc, les lumières bleue et rouge **(doc 2)**, verte et rouge **(doc 3)** et enfin verte et bleue **(doc 4)**. Observe les nouvelles lumières obtenues.

3 Superpose enfin les trois lumières rouge, vert et bleue. Observe la lumière obtenue **(doc 5)**.

Est-ce que j'ai compris ?

1. En superposant des lumières bleue et rouge, on obtient une lumière ....
En superposant des lumières verte et rouge, on obtient une lumière ....
En superposant des lumières verte et bleue, on obtient une lumière ....
2. En superposant les trois lumières primaires (rouge, bleue, verte), on obtient une lumière ....

11 Comment mesurer la distance focale d'une lentille convergente ?

On souhaite mesurer la distance focale d'une lentille convergente.

1 Dirige l'axe optique de la lentille convergente vers une source de lumière très éloignée et très lumineuse (projecteur de diapositives par exemple). Place un écran contre la lentille.
Observe la trace lumineuse sur l'écran.

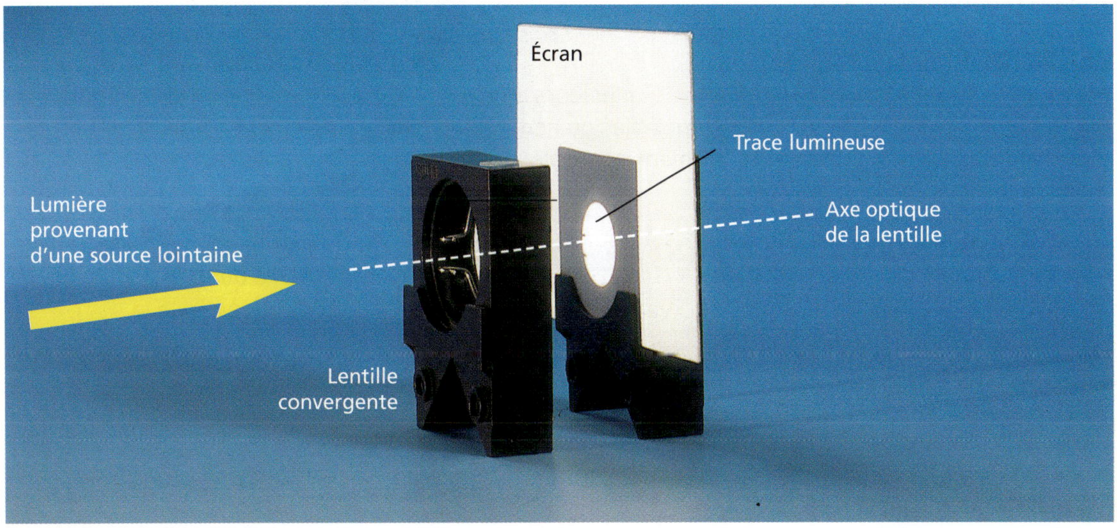

2 Éloigne progressivement l'écran de la lentille. Lorsque la trace lumineuse sur l'écran est la plus petite possible, repère la position de l'écran : il se trouve au niveau du foyer de la lentille.
Mesure la distance entre l'écran et la lentille : c'est la distance focale de la lentille.

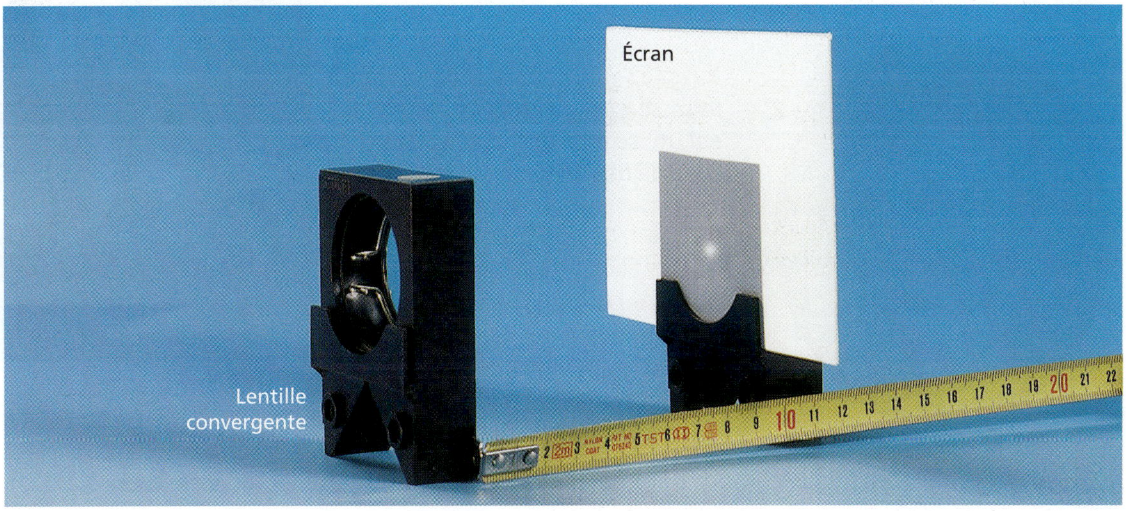

Est-ce que j'ai compris ?

La distance focale de la lentille convergente vaut ...... cm.

Fiche technique 11

Mini dico - Index

A

Absorbée (lumière) : lumière retenue par l'objet qui la reçoit et qui n'est donc pas diffusée par lui. ▶ P. 145

Adapté : se dit d'un dipôle qui fonctionne normalement. ▶ P. 108

Additivité (loi d') : les grandeurs concernées (intensité, tension) peuvent être ajoutées. ▶ P. 95, 96

Air : mélange de plusieurs gaz, constitué, en volume, de 21 % de dioxygène, de 78 % de diazote et 1 % d'autres gaz. ▶ P. 116

Air pollué : air qui contient des substances nocives (gaz ou fumée). ▶ P. 17

Ampère : unité légale de l'intensité du courant (symbole A). ▶ P. 180

Ampère, André-Marie (1775-1836) : physicien français dont le nom a été donné à l'unité d'intensité du courant.

Ampèremètre : appareil de mesure de l'intensité du courant électrique. Il se branche en série dans un circuit. ▶ P. 80

Année de lumière : distance parcourue par la lumière dans le vide en un an soit 950 milliards de kilomètres ($9,5 \cdot 10^{15}$ m). ▶ P. 180

Atmosphère : couche gazeuse qui entoure la Terre. Unité de pression : 1 atm = 1 013 hPa. ▶ P. 16

Atome : plusieurs atomes, semblables ou non, liés entre eux forment une molécule. ▶ P. 64

Azote (atome) : son symbole est N ▶ P. 64

B

Balance : appareil de mesure de la masse. ▶ P. 29

Branche dérivée : branche qui ne contient pas le générateur. ▶ P. 95

Branche principale : branche qui contient le générateur. ▶ P. 95

Branche : portion du circuit constituée de dipôles branchés en série. ▶ P. 95

Butane : gaz incolore et odorant de formule C_4H_{10}. Il brûle facilement. Il est utilisé pour le chauffage et la cuisson des aliments. ▶ P. 53

C

Caractéristique d'un dipôle : représentation graphique où figure en abscisse, l'intensité *I* du courant électrique traversant le dipôle et en ordonnée, la tension *U* aux bornes de ce dipôle. ▶ P. 129

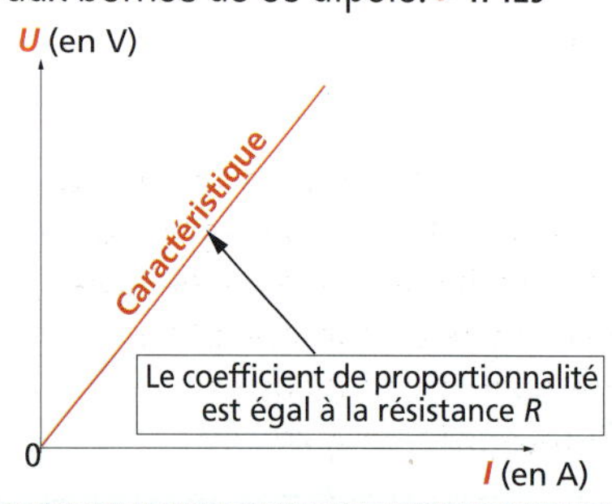

Capteur de pression : appareil servant à mesurer la pression. ▶ P. 28

Carbone (atome) : son symbole est C. Il est le principal constituant du charbon. ▶ P. 52

Comburant : corps qui permet une combustion. Le dioxygène est un bon comburant. ▶ P. 52

Combustible : substance qui, en présence d'un comburant, peut brûler et donc subir une combustion ▶ P. 52

Combustion complète : combustion qui a lieu en présence d'une quantité suffisante de dioxygène. ▶ P. 53

Combustion incomplète : combustion qui a lieu en présence d'une quantité insuffisante de dioxygène. ▶ P. 53

Combustion : transformation chimique libérant de l'énergie. ▶ P. 52

Compact (état) : état de la matière où les molécules sont rapprochées. ▶ P. 41

Compressible : qui peut être comprimé, c'est-à-dire dont le volume diminue quand la pression augmente. ▶ P. 28

Comprimer : diminuer le volume d'un objet en augmentant sa pression. ▶ P. 28

Convergent (faisceau de lumière) : faisceau de lumière qui se rétrécit : l'énergie lumineuse est concentrée. ▶ P. 168

Convergente (lentille) : lentille plus mince au bord qu'au centre. ▶ P. 168

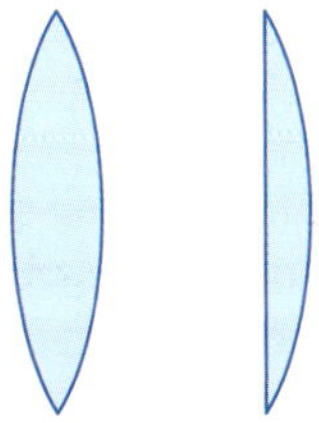

Corps pur : corps qui contient un seul constituant. ▶ P. 40

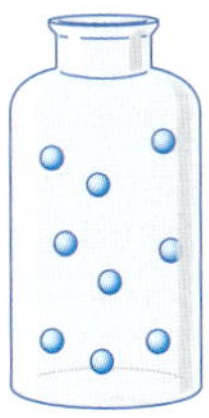

Couleur d'une lumière : couleur prise par un objet blanc éclairé par cette lumière. ▶ P. 144, 145

D

Dérivation : façon de brancher des dipôles. Un circuit comportant des dérivations possède plusieurs boucles. ▶ P. 81, 97

Désordonné (état) : état de la matière où les molécules sont mobiles les unes par rapport aux autres. ▶ P. 41

Diazote : gaz incolore et inodore de formule N_2. Il constitue, en volume, les 4/5 de l'air. ▶ P. 16

Diffusée (lumière) : lumière renvoyée dans toutes les directions par un objet éclairé. ▶ P. 145

Diffusion : action de se répandre. ▶ P. 41

Dioxyde de carbone : gaz incolore et inodore de formule CO_2. Il trouble l'eau de chaux. ▶ P. 64

Dioxygène : gaz incolore et inodore de formule O_2. Il constitue, en volume, 1/5 de l'air. Il est nécessaire à la vie. ▶ P. 16, 64

Dipôle « résistance » : dipôle électrique auquel est associée une résistance ▶ P. 118

Dipôle ohmique : dipôle dont la tension à ses bornes est proportionnelle à l'intensité du courant. ▶ P. 128

Dispersé (état) : état de la matière où les molécules sont très éloignées les unes des autres et séparées par du vide. ▶ P. 41

Distance focale : distance notée f qui caractérise une lentille convergente : c'est la distance entre le centre de la lentille et son foyer. ▶ P. 156

Distance : grandeur physique. Son unité légale est le mètre (symbole m). ▶ P. 181

Divergent (faisceau de lumière) : faisceau qui s'élargit ; l'énergie lumineuse s'éparpille. ▶ P. 168

Divergente (lentille) : lentille plus épaisse au bord qu'au centre.

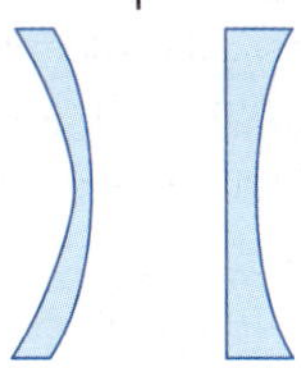

E

Eau de chaux : liquide incolore qui permet de caractériser le dioxyde de carbone. L'eau de chaux se trouble en présence de dioxyde de carbone. ▶ P. 52, 53

Effet de serre : phénomène naturel de réchauffement de la planète dû essentiellement à la vapeur d'eau, au dioxyde de carbone et au méthane présents dans l'atmosphère. ▶ P. 17

Équation de réaction : écriture symbolique qui traduit la réorganisation des atomes des réactifs pour former des produits lors d'une transformation chimique. Exemple : $CH_4 + 2O_2 \quad CO_2 + 2H_2O$ ▶ P. 64

F

Filtre : lame de verre ou de plastique qui absorbe certaines lumières colorées et en laisse passer d'autres. ▶ P. 144

Foyer (d'une lentille convergente) : point noté F, sur l'axe optique de la lentille, où se croisent les rayons de lumière provenant d'une source lointaine. ▶ P. 157

Fumée : constituée de microparticules solides en suspension dans un gaz. ▶ P. 17

G

Gaz : état dispersé et désordonné de la matière . ▶ P. 16, 41

H

Hétérogène (mélange) : se dit d'un mélange dans lequel on peut distinguer à l'œil nu plusieurs constituants. ▶ P. 40

Homogène (mélange) : se dit d'un mélange dans lequel on ne peut pas distinguer à l'œil nu les constituants. ▶ P. 40

Hydrogène (atome) : son symbole est H. ▶ P. 64

Hypermétrope (œil) : œil pas assez convergent. La vision proche est trouble. ▶ P. 169

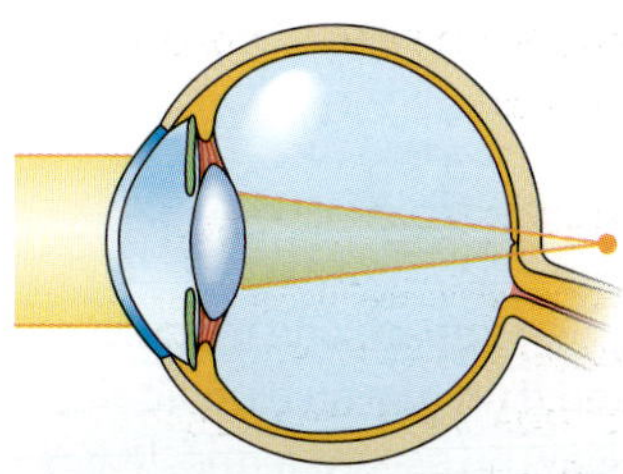

Hypermétropie : défaut de l'œil qui donne une vision trouble des objets proches. Elle est corrigée grâce à une lentille convergente. ▶ P. 169

I

Image : reproduction d'un objet formée par une lentille. ▶ P. 157

Incandescent : qui émet de la lumière quand on le chauffe. ▶ P. 52

Intensité nominale : intensité du courant qui doit exister dans un dipôle pour que celui-ci fonctionne normalement. ▶ P. 108

Intensité (du courant) : l'intensité du courant électrique correspond à un débit de « grains » d'électricité. Elle se mesure avec un ampèremètre et s'exprime en ampère (A). ▶ P. 80

K

Kilogramme : unité légale de la masse (symbole kg). ▶ P. 29

L

Lentille : bloc transparent possédant un axe de symétrie appelé axe optique. Il existe des lentilles divergentes et des lentilles convergentes. ▶ P. 168

Liquide (état) : état compact et désordonné de la matière. ▶ P. 41

Litre : unité de volume (symbole L). 1 000 L = 1 m^3 ▶ P. 27

Loi d'Ohm : la tension U aux bornes d'un dipôle ohmique est proportionnelle à l'intensité I du courant dans ce dipôle : $U = R \cdot I$ ▶ P. 128

M

Manomètre : appareil de mesure de la pression d'un gaz ou d'un liquide contenu dans un espace fermé. ▶ P. 28

Masse : se mesure avec une balance. Son unité légale est le kilogramme (kg). ▶ P. 29, 65

Mélange : contient plusieurs constituants. ▶ P. 40

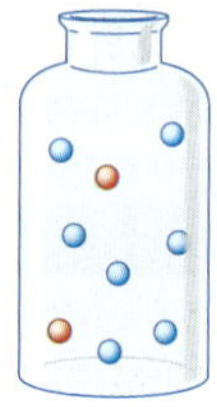

Mètre cube : unité légale de volume (symbole m^3). ▶ P. 28

Modèle moléculaire : assemblage de boules de couleurs et de tailles différentes représentant les atomes d'une molécule. ▶ P. 64, 195

Molécule : association d'atomes, semblables ou différents. ▶ P. 40, 64

Monoxyde de carbone : gaz incolore, inodore et toxique de formule CO. Il est formé au cours d'une combustion incomplète de matière organique. Il peut être la cause d'intoxications mortelles. ▶ P. 53

Multimètre : appareil de mesure qui peut être utilisé comme ampèremètre, comme voltmètre ou comme ohmmètre pour mesurer respectivement l'intensité du courant, la tension électrique ou la résistance d'un dipôle. ▶ P. 80, 81, 196

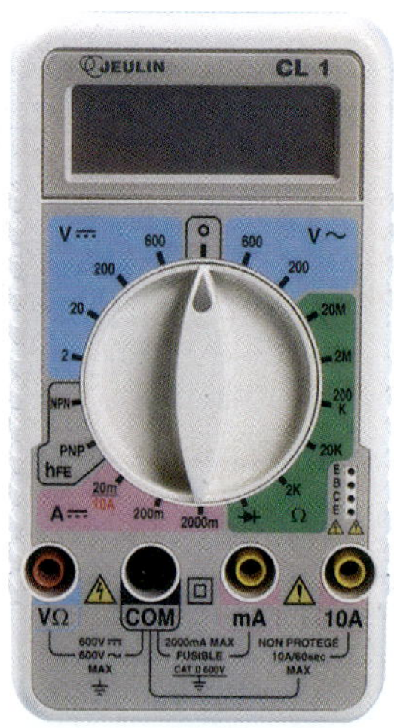

Myope (œil) : œil trop convergent. La vision des objets lointains est trouble. ▶ P. 169

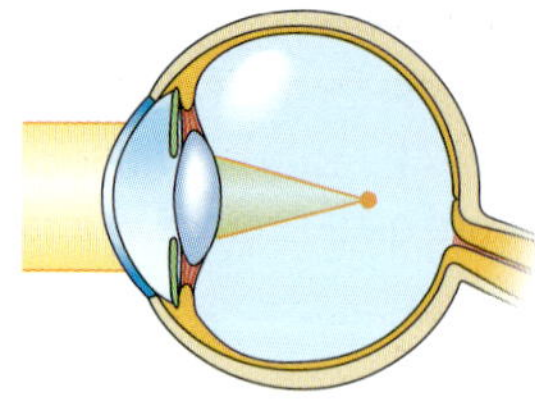

Myopie : défaut de l'œil qui donne une vision trouble des objets lointains. Elle est corrigée grâce à une lentille divergente. ▶ P. 169

N

Nœud : borne commune à plusieurs dipôles. À chaque extrémité d'une branche, il y a un nœud. ▶ P. 95

O

Œil : organe sensoriel qui permet la vision. ▶ P. 168

Ohm : unité légale de la résistance (symbole Ω). ▶ P. 119

Ohm, Georg (1787-1854) : physicien allemand dont le nom a été donné à l'unité de la résistance et à une loi (loi d'Ohm).

Ohmmètre : appareil de mesure de la résistance électrique. ▶ P. 119

Ordonné (état) : état de la matières où les molécules sont rangées. ▶ P. 42

Oxygène (atome) : son symbole est O. ▶ P. 52

Ozone : gaz bleu, odorant et dangereux à respirer de formule O_3. Il forme une couche autour de la Terre et nous protège des dangereux rayons ultraviolets du Soleil. ▶ P. 17

P

Pascal : unité légale de pression (symbole Pa). ▶ P. 28, 191

Pascal, Blaise (1623-1662) : mathématicien, physicien et écrivain français dont le nom a été donné à l'unité de pression.

Pluie acide : pluie chargée de substances acides, d'origine industrielle ou naturelle, nuisible aux êtres vivants. ▶ P. 17

Pollution (atmosphérique) : augmentation des quantités de substances nocives (gaz ou fumée) dans l'atmosphère. ▶ P. 17

Précipité : particules solides en suspension dans un liquide. ▶ P. 52

Pression : son unité est le pascal (Pa). Elle se mesure avec un manomètre, un capteur de pression. ▶ P. 28

Produit : corps formé au cours d'une transformation chimique. ▶ P. 52

R

Réactif : corps consommé au cours d'une transformation chimique. ▶ P. 52

Réseau : surface comportant des traits fins et permettant de décomposer une lumière. ▶ P. 144

Résistance : grandeur électrique, notée *R*. Son unité est l'ohm, de symbole Ω (lettre grecque oméga). Elle se mesure avec un ohmmètre. ▶ P. 118, 119, 128, 129

Rétine : mince membrane au fond de l' œil. Elle transforme l'image lumineuse en un message nerveux transmis au cerveau. ▶ P. 168

S

Série : façon de brancher des dipôles. Un circuit série comporte une seule boucle ▶ P. 80, 96

Solide (état) : état compact et ordonné de la matière . ▶ P. 41

Sous-tension : tension inférieure à la tension nominale. ▶ P. 109

Spectre : ensemble de lumières colorées qui composent une lumière ▶ P. 144

Surtension : tension supérieure à la tension nominale. ▶ P. 109

Superposition de lumières colorées : ▶ P. 144

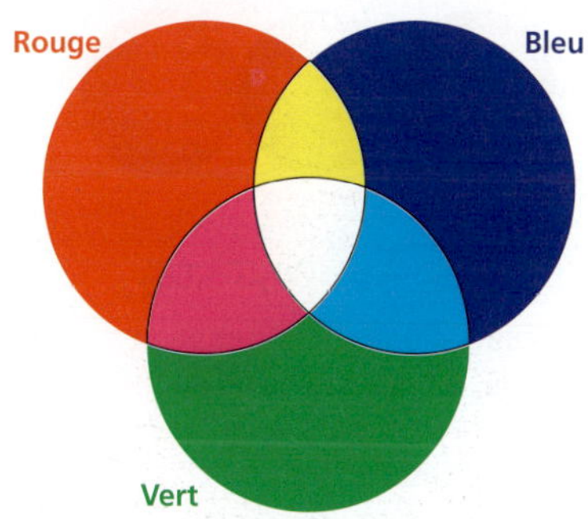

Système solaire : ensemble constitué du Soleil et des huit planètes tournant autour de lui. ▶ P. 81

T

Tension (électrique) : différence d'état électrique entre deux points. Elle se mesure avec un voltmètre et s'exprime en volt (V). ▶ P. 81, 96, 97

Tension nominale : tension électrique qui doit exister aux bornes d'un dipôle pour que celui-ci fonctionne normalement. ▶ P. 108

Transformation chimique : transformation où des corps sont consommés et d'autres formés. ▶ P. 52, 64, 65

Troposphère : couche basse de l'atmosphère, constituée par l'air. ▶ P. 16

U

Unicité (loi d') : la grandeur concernée (intensité, tension) garde la même valeur. ▶ P. 94, 97

Unité astronomique : distance moyenne Soleil-Terre, soit 150 millions de kilomètres ($1{,}5.10^{11}$ m) ▶ P. 181

V

Vitesse de la lumière : quotient de la distance parcourue par la lumière par le temps mis pour la parcourir. $v = 3.\ 10^8$ m/s. ▶ P. 180

Volt : unité légale de la tension électrique (symbole V). ▶ P. 81

Volta Alessandro (1745-1827) : physicien italien. Il est l'inventeur de la pile électrique. Son nom a été donné à l'unité de tension électrique. ▶ P. 71

Voltmètre : appareil de mesure de la tension électrique. Il se branche en dérivation. ▶ P. 81

Volume : espace qu'occupe un corps. L'unité légale de volume est le mètre cube (m^3), mais on utilise aussi le litre (L). ▶ P. 28, 29

Corrigés des « Exercice de synthèse »

Chapitre 1 Exercice 27

1. L'air est un mélange car il contient plusieurs gaz.

2. Une fumée est un ensemble de microparticules solides en suspension dans un gaz.

3. Le gaz restant dans l'éprouvette est le diazote.

4. Proportion du dioxygène dans l'air :
$\frac{100 \times 4{,}4}{22} = 20\ \%$

Proportion du diazote dans l'air :
$100 - 20 = 80\ \%$.

Chapitre 2 Exercice 28

1. Le volume du ballon diminue quand on pousse le piston.

2. La quantité de dioxyde de carbone dans le ballon fermé ne varie pas quand on pousse le piston, donc la masse du ballon est la même avant et après la poussée sur le piston.

3. La pression du dioxyde de carbone dans le ballon a augmenté quand on a poussé le piston.

4. La compressibilité du dioxyde de carbone est mise en évidence par cette expérience.

5. La masse d'un litre d'air vaut 1,2 g dans les conditions usuelles de température et de pression.

6. $1\ L = 1\ dm^3 = 1000\ cm^3$.

$100\ cm^3 = \frac{1000\ cm^3}{10}$ donc la masse de $100\ cm^3$ d'air vaut $\frac{1{,}2}{10} = 0{,}12$ g.

Chapitre 3 Exercice 30

1. Une molécule est une association d'atomes, semblables ou différents.

2. D'après la représentation moléculaire, l'air est constitué de molécules différentes : des molécules de diazote et des molécules de dioxygène, donc l'air est un mélange.

3. Les molécules de l'air comme les molécules de tous les gaz sont dispersées et animées de mouvements désordonnés.

4.

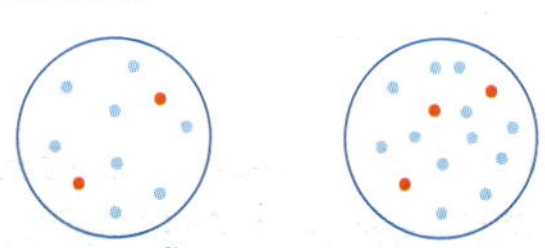

Avant gonflage — Après gonflage

5. Le nombre de molécules de l'air dans le ballon a augmenté, mais le volume n'a pas changé, donc les molécules de l'air sont plus rapprochées. La pression de l'air dans le ballon a donc augmenté. Le nombre de molécules de l'air dans le ballon a augmenté, donc la masse de l'air dans le ballon a augmenté.

Chapitre 4 Exercice 29

1. Le butane disparaît, donc le butane est un réactif.

2. Le mélange blanchâtre observé dans le tube 2 est un précipité.

3. Du dioxyde de carbone est mis en évidence dans le tube 2 par l'eau de chaux. Il a été formé au cours de la combustion du butane. Il s'agit donc d'un produit. L'autre produit formé est l'eau.

4. Butane + Dioxygène ⟶ Dioxyde de carbone + Eau.

5. Une pièce mal aérée ne se renouvelle pas en dioxygène. La combustion devient alors incomplète. Il se forme en plus du carbone du monoxyde de carbone, gaz très toxique.

Chapitre 5 Exercice 27

1. Molécule n°1 : molécule de méthane constituée d'1 atome de carbone et de 4 atomes d'hydrogène.
Molécule n°2 : molécule de dioxygène constituée de 2 atomes d'oxygène.
Molécule n°3 : molécule d'eau constituée d'1 atome d'oxygène et de 2 atomes d'hydrogène.

2. M. Prof est sur le point de représenter une molécule de dioxyde de carbone.

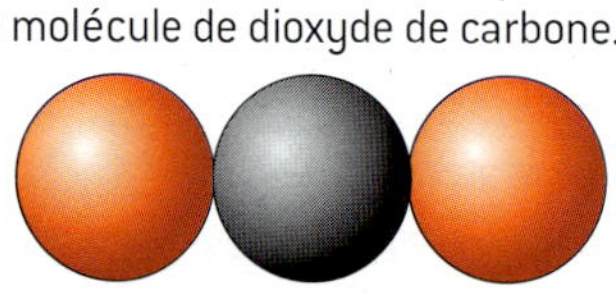

3. $CH_4 + 2O_2 \longrightarrow 2H_2O + CO_2$

4. Au cours d'une transformation chimique, les molécules ne se conservent pas, mais les atomes se conservent.

5. Au cours d'une transformation chimique, la masse se conserve car les atomes se conservent. La masse des produits est donc égale à la masse des réactifs consommés soit : 16 + 64 = 80 g.

Chapitre 6 Exercice 29

1. Pour mesurer l'intensité du courant, M. Pticurieux doit utiliser un ampèremètre. Pour mesurer la tension électrique, il doit utiliser un voltmètre.

2.

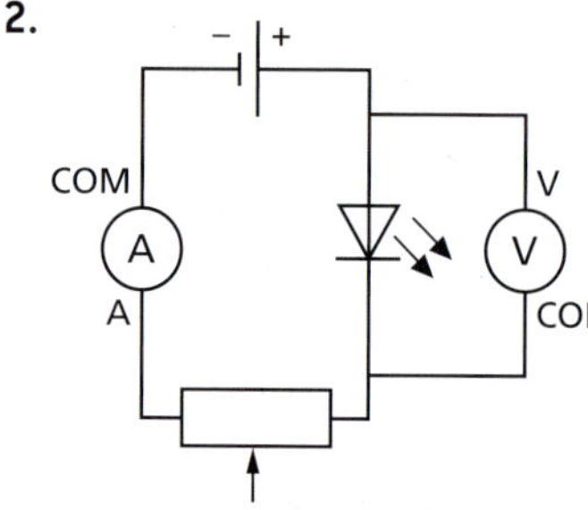

3. Tension : 1,5 V ; Intensité : 0, 01 A.

4. Tension : – 1,5 V ; Intensité : – 0, 01 A.

5. Si la DEL est en sens inverse, la tension mesurée est non nulle et l'intensité mesurée est nulle.

Chapitre 7 Exercice 29

1. Le point d'où partent les courants d'intensité I_R et I_D s'appelle un nœud.

2. La loi d'additivité des intensités s'applique pour les intensités I_G, I_R et I_D. L'intensité du courant dans la branche principale est égale à la somme des intensités dans les branches dérivées : $I_G = I_R + I_D$.

3. $I_G = I_R + I_D$ avec $I_D = 30$ mA = 0,03 A.
Il vient $0{,}15 = I_R + 0{,}03$
donc $I_R = 0{,}15 - 0{,}03 = 0{,}12$ A.

4. Le moteur et la DEL sont branchés en série. Donc, d'après la loi d'unicité de l'intensité, l'intensité I_M du courant dans le moteur est égale à l'intensité I_D dans la DEL.
$I_M = I_D = 30$ mA.

5. La résistance et l'ensemble diode-moteur sont branchés en dérivation. Donc, d'après la loi d'unicité de la tension, la tension U_R aux bornes de la résistance est égale à la tension $U_{D\text{-}M}$ aux bornes de l'ensemble diode-moteur : $U_R = U_{D\text{-}M} = 6{,}0$ V.

La diode et le moteur sont branchés en série. Donc, d'après la loi d'additivité de la tension, la tension $U_{D\text{-}M}$ est égale à la somme de la tension U_D aux bornes de la diode et de la tension U_M aux bornes du moteur :
$U_{D\text{-}M} = U_D + U_M$ avec $U_D = 600$ mV = 0,6 V.

Il vient $6{,}0 = 0{,}6 + U_M$
donc $U_M = 6{,}0 - 0{,}6 = 5{,}4$ V.

Chapitre 8 Exercice 19

1. Les valeurs indiquées sur le culot des lampes sont la tension nominale et l'intensité nominale de la lampe.

2. Les deux lampes sont identiques car elles ont la même tension nominale (6 V) et la même intensité nominale (0,1 A).

3. a. Pour que les deux lampes fonctionnent normalement, chacune doit avoir une tension de 6 V à ses bornes.
Si les deux lampes sont branchées en série, alors d'après la loi d'additivité des tensions, leurs tensions s'ajoutent : le générateur doit donc être réglé sur 12 V.

b. La tension aux bornes de chaque lampe vaut 4,5 V, donc les lampes brillent faiblement. Elles sont en sous-tension.

4. D'après la loi d'unicité de la tension, les tensions aux bornes de chaque lampe et du générateur sont identiques. Le générateur doit donc être réglé sur 6 V.

5. Si la tension aux bornes d'une lampe est de 6 V, alors l'intensité du courant dans la lampe est de 0,1 A. D'après la loi d'additivité des intensités, l'intensité du courant délivré par le générateur est égale à la somme des intensités du courant dans les deux lampes en dérivation soit : 0,1 + 0,1 = 0,2 A.

Chapitre 9 Exercice 21

1. L'unité de résistance est l'ohm de symbole Ω.

2. Après l'ajout du premier dipôle « résistance », la lampe brille moins, donc l'intensité du courant dans la lampe diminue.

3. La lampe brille moins dans le montage 2, donc l'intensité du courant dans la lampe est la plus faible dans ce montage. La valeur R de la résistance est donc supérieure à 33 Ω car, dans un circuit série, plus la résistance des dipôles « résistance » est grande, plus l'intensité du courant est petite.

4. M. Torche peut mesurer la valeur R avec un ohmmètre.

5. L'éclat de la lampe ne change pas car l'intensité du courant dans un circuit série ne dépend pas de la place d'un dipôle « résistance ».

6. Ordre croissant des valeurs des résistances : $R' < 33\ \Omega < R$.

Chapitre 10 Exercice 23

1.

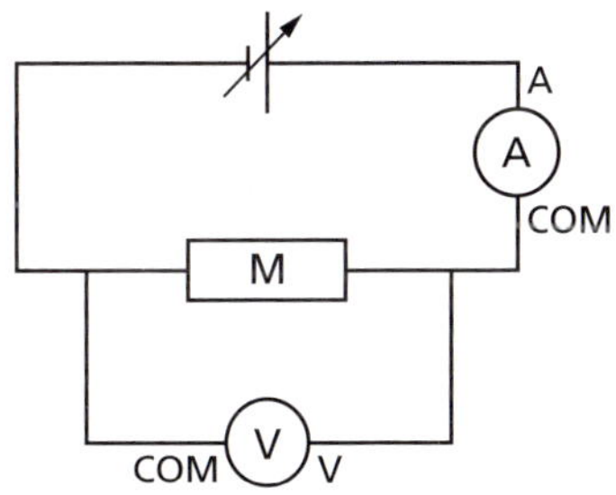

2.

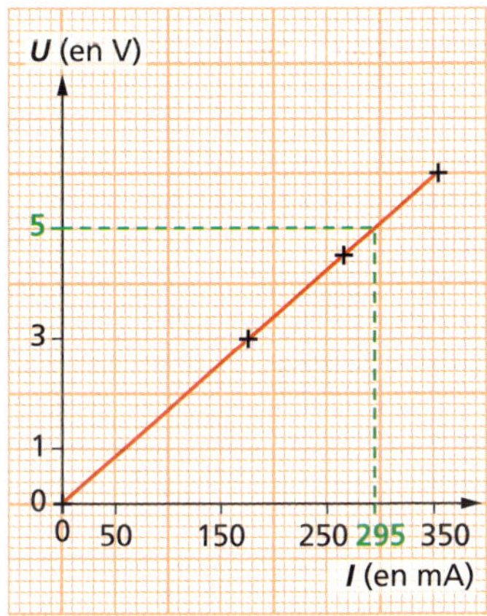

3. La caractéristique de la mine de crayon est une droite passant par l'origine, donc la mine de crayon est un dipôle ohmique.

4. $U = R\,I$ avec U en volt (V), R en ohm (Ω) et I en ampère (A).

5. Pour $U = 5{,}0$ V, on a $I = 295$ mA $= 0{,}295$ A.

6. $R = \dfrac{U}{I} = \dfrac{5{,}0}{0{,}295} = 17\ \Omega$.

Chapitre 11 Exercice 27

1. On peut montrer qu'une infinité de lumières colorées composent la lumière du Soleil en la décomposant avec un réseau ou un prisme.

2. Dans le cas 1, l'herbe reçoit de la lumière rouge car le filtre rouge transmet la lumière rouge du Soleil et absorbe les autres lumières colorées du Soleil.
Dans le cas 2, l'herbe reçoit de la lumière verte car le filtre vert transmet la lumière verte du Soleil et absorbe les autres lumières colorées du Soleil.

3. L'herbe verte absorbe la lumière rouge et diffuse la lumière verte. L'herbe pousse donc mieux quand elle reçoit la lumière rouge (cas 1).

4. L'herbe est vue noire dans le cas 1 et verte dans le cas 2.

Chapitre 12 Exercice 24

1. L'objectif permet d'obtenir une image sur un écran.

2. Il existe également les lentilles divergentes. Elles éparpillent l'énergie lumineuse.

3. La distance entre le foyer et le centre de l'objectif est la distance focale.
Le foyer est donc à 90 mm du centre de l'objectif.

4. Pour obtenir une image nette d'un objet sur un écran, il faut que la distance objet-lentille soit supérieure à la distance focale. Donc, la diapositive doit être placée à plus de 90 mm du centre de l'objectif.

5. Mme Cinéma a raison de placer les diapositives à l'envers car l'objectif, comme toute lentille convergente, forme des images renversées sur l'écran.

Chapitre 13 Exercice 23

1. La rétine joue le rôle d'écran.

2. La lumière arrive sur l'œil puis converge dans l'œil et parvient à la rétine. L'œil est donc comparable à une lentille convergente placée devant un écran.

3. L'image d'un objet éloigné se forme en avant de la rétine de Mme Binocle. Cette image devrait se former sur la rétine.

4. L'œil de Mme Binocle est myope.

5. On doit placer une lentille divergente devant l'œil de Mme Binocle pour le corriger.

6.

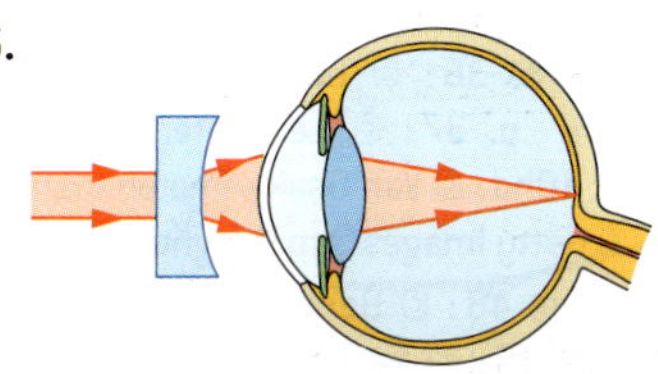

Chapitre 14 Exercice 25

1. La valeur de la vitesse de la lumière dans le vide est $v = 3.10^8$ m/s.

2. La lumière peut se propager dans l'air, dans l'eau et dans le verre.

3. Distance parcourue par le faisceau laser : $d = v\,t = 3 \cdot 10^8 \times 2{,}6 = 7{,}8.10^8$ m.

4. La lumière fait un aller et un retour donc la distance Terre-Lune
$\dfrac{7{,}8.10^8}{2} = 3{,}9.10^8$ m.

5. La distance Terre-Soleil est $1{,}5.10^{11}$ m. Elle est environ quatre cents fois plus grande que la distance Terre-Lune.

Le Système solaire

Phrase pour mémoriser l'ordre des planètes en partant du Soleil
Mercure Vénus Terre Mars Jupiter Saturne Uranus Neptune :
Mon Vieux Tu M'as Jeté Sur Une Navette

Planète	Diamètre (en km)	Distance Soleil-Planète (en ua)*	Durée du trajet de la lumière pour aller du Soleil à la planète
Mercure	4 880	0,38	3 min 10 s
Vénus	12 104	0,72	6 min 00 s
Terre	**12 750**	**1,00**	**8 min 20 s**
Mars	6 750	1,52	12 min 40 s
Jupiter	139 800	5,20	43 min 20 s
Saturne	116 460	9,50	1 h 19 min 10 s
Uranus	50 700	19,20	2 h 40 min 00 s
Neptune	49 250	30,10	4 h 10 min 50 s

*Unité astronomique (ua) : distance moyenne Soleil-Terre soit 150 millions de kilomètres.